本书是国家社会科学基金一般项目《当代俄罗斯国家治理现代化过程中的政党建设》(批准号2014BZZ006)(结项良好)的最终成果。

当代俄罗斯
国家治理能力现代化过程中的
政党制度建设

那传林 | 著

中央编译出版社
Central Compilation & Translation Press

图书在版编目（CIP）数据

当代俄罗斯国家治理能力现代化过程中的政党制度建设 / 那传林著. —北京：中央编译出版社，2021.2
ISBN 978-7-5117-3963-6

Ⅰ.①当… Ⅱ.①那… Ⅲ.①政党-政治制度-研究-俄罗斯 Ⅳ.①D751.264

中国版本图书馆 CIP 数据核字（2021）第 022012 号

当代俄罗斯国家治理能力现代化过程中的政党制度建设

责任编辑	李媛媛
责任印制	刘　慧
出版发行	中央编译出版社
地　　址	北京西城区车公庄大街乙 5 号鸿儒大厦 B 座（100044）
电　　话	（010）52612345（总编室）　（010）52612335（编辑室） （010）52612311（营销部）　（010）52612315（新技术部）
传　　真	（010）66515838
经　　销	全国新华书店
印　　刷	北京中兴印刷有限公司
开　　本	710 毫米×1000 毫米　1/16
字　　数	333 千字
印　　张	24
版　　次	2021 年 2 月第 1 版
印　　次	2021 年 2 月第 1 次印刷
定　　价	85.00 元

新浪微博：@中央编译出版社　　微　信：中央编译出版社（ID: cctphome）
淘宝店铺：中央编译出版社直销店（http://shop108367160.taobao.com）　（010）52612322

本社常年法律顾问：北京市吴栾赵阎律师事务所律师　闫军　梁勤
凡有印装质量问题，本社负责调换，电话：（010）52612317

目 录

导 言 ··· 1
  一、研究现状及研究意义 ·· 1
  二、本书的主要内容、基本思路、研究方法、重点难点、
      基本观点和创新之处 ·· 4
  三、俄罗斯国家治理研究的基本路径 ······························ 8

第一章 国家治理及政党制度建设 ····································· 9
第一节 国家治理及国家治理现代化的概念 ························ 9
  一、国家治理的概念 ··· 9
  二、国家治理现代化 ·· 19
  三、俄罗斯的国家治理现代化 ···································· 26
  四、小结 ··· 36
第二节 当代国家治理的主要范式 ································ 37
  一、20 世纪及之前的国家管理 ··································· 37
  二、21 世纪的国家治理 ··· 43
  三、小结 ··· 52
第三节 转型国家的国家治理及政党制度建设 ···················· 52
  一、转型理论和转型国家 ·· 54

二、苏联解体后各国政党制度的特点 …………………… 67

三、政党制度建设在转型的俄罗斯国家治理中的作用 ………… 74

四、小结 …………………………………………………… 79

第二章　政权和产权关系视野下的俄罗斯国家治理现代化和政党制度建设 …………………………………… 81

第一节　政权产权关系视角下的当代俄罗斯社会制度转型 ……… 81

一、问题的由来 …………………………………………… 82

二、从1991年至今的俄罗斯制度变迁 …………………… 86

三、俄罗斯制度变迁的国家主义导向 …………………… 89

四、小结 …………………………………………………… 90

第二节　叶利钦总统时期俄罗斯国家治理现代化过程中的政党制度建设 ………………………………………… 92

一、《俄罗斯联邦宪法》通过前的基本情况 ……………… 93

二、《俄罗斯联邦宪法》奠定了多党制基础 ……………… 95

三、第一次国家杜马大选前后的政党情况 ……………… 97

四、《社会团体法》和第二届国家杜马选举 ……………… 99

五、相关立法的修改和第三届国家杜马的选举 ………… 103

六、小结 …………………………………………………… 105

第三节　普京总统第一、二任期的俄罗斯国家治理现代化和政党制度建设 ………………………………………… 106

一、普京第一、二任期的国家治理现代化和政党制度建设的基本布局 …………………………………………… 106

二、普京第一、二任期的国家治理现代化和政党制度建设的具体做法 …………………………………………… 111

三、普京一、二任期内的国家治理现代化和政党制度建设的路径和理论问题 ……………………………………… 117

四、小结 …………………………………………………………… 125
第四节　梅德韦杰夫总统任期的国家治理现代化和政党制度
　　　　建设 …………………………………………………………… 125
　　一、梅德韦杰夫总统任期内的政治改革 ………………………… 126
　　二、梅德韦杰夫总统执政时期体制外的政治反对派 …………… 127
　　三、梅德韦杰夫总统对俄罗斯政党制度建设的理解和
　　　　具体做法 …………………………………………………… 131
　　四、小结 …………………………………………………………… 139
第五节　普京总统第三、四任期的国家治理现代化和政党
　　　　制度建设 ……………………………………………………… 141
　　一、普京新任期的问题和挑战 …………………………………… 142
　　二、普京第三、四任期的国家治理现代化 ……………………… 147
　　三、普京第三、四任期的政党制度立法 ………………………… 153
　　四、小结 …………………………………………………………… 156

第三章　当代俄罗斯国家治理现代化过程中的政治改革和
　　　　政党制度建设 ………………………………………………… 158
第一节　当代俄罗斯国家治理过程中的"政权党"现象探析 …… 158
　　一、东西方及当代俄罗斯国家治理中的政党制度建设 ………… 158
　　二、俄罗斯国家治理中的"政权党"问题的本质 ……………… 160
　　三、俄罗斯"政权党"现象的由来和作用 ……………………… 163
　　四、普京打造"政权党"成为"优势党"的战略 ……………… 167
　　五、"政权党"的问题和前景 …………………………………… 171
　　六、小结 …………………………………………………………… 175
第二节　普京的垂直权力改革和政党制度建设 …………………… 176
　　一、俄罗斯联邦垂直权力的形成 ………………………………… 176
　　二、垂直权力建设的具体措施 …………………………………… 180

三、"垂直权力"对俄罗斯的政党制度建设的影响 …………… 189

四、小结 ……………………………………………………… 190

第三节 当代俄罗斯选举制度的变化和政党制度建设 …………… 191

一、选举制度的类型 …………………………………………… 192

二、当代俄罗斯的选举制度 …………………………………… 198

三、选举制度对于政党政治制度的影响 ……………………… 200

四、小结 ……………………………………………………… 205

第四章 当代俄罗斯政党立法对政党制度建设的影响 …………… 206

第一节 俄罗斯《政党法》的颁布及影响 ………………………… 206

一、俄罗斯《社会团体法》的颁布 …………………………… 206

二、不同国家《政党法》的立法要求 ………………………… 212

三、俄罗斯《政党法》的基本内容 …………………………… 218

四、小结 ……………………………………………………… 225

第二节 当代俄罗斯国家杜马中政党有效数量的变化趋势
及其原因初探（1993—2016 年）………………………… 226

一、政治转型过程中的当代俄罗斯政党发展 ………………… 227

二、政党制度中有效政党数量的计算 ………………………… 233

三、俄罗斯国家杜马从第一届到第七届中的有效政党数量 …… 236

四、俄罗斯国家杜马中政党有效数量变化的趋势及原因 …… 247

五、小结 ……………………………………………………… 251

第三节 当代俄罗斯政党经费来源及其对选举的影响——
以第七届国家杜马选举为例 ……………………………… 251

一、政党财政以及政党选举财政 ……………………………… 252

二、关于俄罗斯政党财政和政党选举财政的相关法律规定 …… 254

三、俄罗斯各政党在第七届国家杜马选举中的选举财政
情况 ………………………………………………………… 259

四、俄罗斯各政党在第七届国家杜马选举中的选举财政
　　　　情况比较研究及结果 …………………………………… 272
　　五、小结 ……………………………………………………… 278

第五章　当代俄罗斯政党制度建设对国家治理的影响 …………… 281
　第一节　俄罗斯政党制度建设对联邦制的影响 ………………… 281
　　一、政党和民主以及国家治理建设 ………………………… 282
　　二、政党制度在联邦制国家中的作用 ……………………… 283
　　三、俄罗斯政党制度和联邦制在90年代的转型 …………… 285
　　四、俄罗斯联邦制度的改革和政党 ………………………… 289
　　五、小结 ……………………………………………………… 291
　第二节　当代俄罗斯政党制度建设对地方自治和联邦主体
　　　　　的影响——以鄂木斯克州为例 ……………………… 292
　　一、当代俄罗斯的行政区划和地方自治制度的法律基础 … 293
　　二、鄂木斯克州德鲁任斯基农村居民点的地方自治 ……… 297
　　三、德鲁任斯基农村居民点地方自治过程中的选举和政党 … 306
　　四、鄂木斯克州立法会议选举和政党 ……………………… 311
　　五、小结 ……………………………………………………… 320
　第三节　俄罗斯政党制度建设的未来和国家治理现代化 ……… 322
　　一、当代俄罗斯不同时期关于政党制度和国家治理的国家
　　　　政策 ……………………………………………………… 322
　　二、俄罗斯主要政党的现状及其在国家治理中的作用 …… 327
　　三、当代俄罗斯政党制度建设的未来 ……………………… 337
　　四、小结 ……………………………………………………… 339

结语　俄罗斯政治文化及其对俄政党制度和国家治理的影响 ……… 341
　　一、政治文化的基本含义和功能 …………………………… 341

二、俄罗斯和欧洲政治文化的不同 …………………………… 348

三、俄式政党、国家治理制度和西方政党及国家治理制度
　　的不同 …………………………………………………… 351

四、小结 …………………………………………………………… 353

参考文献 …………………………………………………………… 354

附　录 …………………………………………………………… 370

导 言

1991年苏联解体，俄罗斯成为一个独立国家。作为苏联的继承国和一个转型的大国，当代俄罗斯的国家治理的成败得失毫无疑问无论是在理论上还是在实践上都具有典型性。具体到1991年以来的俄罗斯国家治理的经验或教训，其从苏联的全能主义国家治理模式到普京的新威权主义国家治理，更是一个新的值得深入探讨的研究课题。

一、研究现状及研究意义

1. 国内外研究现状

国外方面，未见关于俄罗斯国家治理的系统研究成果，相关研究主要涉及以下内容：

（1）对国家治理的研究

20世纪90年代后治理成为政治学新的研究热点。斯托克、杰索普、罗茨、库伊曼的论文基本上代表了国际学界对治理问题的前沿研究。1997年世界银行报告中正式提出"国家治理"概念，认为国家治理对于提高本国的国际竞争力具有重要意义。国家治理的基本理论假设为：政府作为治理国家的公共机构，它有权制定政策与战略并付诸实施，这些政策和战略直接影响这个国家的发展。欧美学者们探讨了"新国家治理"的概念（Osborne D., Gaebler T., 1992；Peters G., 1996）、对国家治理的类型进行了分析（Marks G., Hooghe L., 2003），俄罗斯学者还对国家治理的机制进行了研究（Алексеев Ю. П. ，Алисов А. Н. ，2004）。

（2）对俄罗斯国家治理的研究

莫斯科大学设有国家管理系①。俄罗斯学者对于俄罗斯国家治理有专门的著作。相关的著作介绍了与俄罗斯国家治理问题的相关机构、法律、程序等，在各种不同的制度关系中运用权力去引导、控制和规范公民的各种活动，以最大限度地增进公共利益和在新世纪如何提高政府效率（Радченко А. И. ，2001；Е. В. Охотский，2008；Р. Абучакра，2018）。也有学者从各个角度关注俄罗斯国家治理的现代化问题，侧重于俄罗斯国家治理现代化的机制完善（Алексеев Ю. П. ，Алисов А. Н. ，2004；Гапоненко А. Л. ，Панкрухин А. П. ，2008）、俄罗斯国家治理现代化过程中的市政建设和地方自治（Гельман В，Рыженкова С，Белокурова Е，Борисова Н. ，2001；Игнатов В. Г. ，2010；Смирнов Б. ，2015）、俄罗斯国家治理现代化过程中的地方政治建设（Соловьев А. И. ，1996；Флямер М. Г. ，Якимец В. Н. ，1996；Кузнецова О. ，2015）。极个别几位俄罗斯学者从中央和地方的角度（Голосов Г. В. ，2006）以及政治制度角度（Сулакшина С. С. ，2014）探讨俄罗斯国家治理。当代俄罗斯国家治理制度的完善问题（Директ-Медиа，2015）。西方学者较为关注俄罗斯国家治理过程中的俄罗斯的帝国思想与国家治理之间的关系（James H. Billington，2004），还关注媒体在俄罗斯国家治理中的作用（Alexander Dyck，Natalya Volchkova，Luigi Zingales，2006）以及俄罗斯国家治理中的非正式制度的作用（Alena V. Ledeneva. ，2013）。

国内方面，相关成果大致可以分为两个方面：

（1）对国家治理的研究

国内学者分别从善治的角度（俞可平，2004）、转型危机的角度（陈明明，2011）、政策变迁的角度（严强，2008）、制度变迁的角度（杨光斌，2006）对国家治理进行了探讨。

---

① http：//www.msu.ru/address/index.html#fgu

（2）对俄罗斯国家治理的研究

我国学者运用政府—市场这一分析框架对俄罗斯国家治理模式的演化路径进行系统研究（张慧君，2009）。也有学者以国家治理为研究主线，分析观念的变化，研究观念对战略选择和制度变迁的影响，全面和系统梳理苏联解体后俄罗斯社会政治近二十年的发展过程（庞大鹏，2010）。还有以制度变迁为切入点进行比较研究时涉及了俄罗斯的国家治理（杨光斌，2011）。还有学者以论文的形式从国家权力与国家能力的关系入手，对俄罗斯20世纪中期以来的国家治理模式的演化路径以及期间的制度变迁与社会经济绩效变化进行了深刻剖析（景维民、许源丰，2009）。我国学者还探讨了苏联—俄罗斯转轨中国家形态与国家治理的关系（杨光斌、郑伟铭，2007）。此外国内学者从政治进程、政治思潮、政治文化、政治冲突、利益集团、社会分层等各个角度的一些研究也均对俄罗斯国家治理问题有不同程度的涉及。

总之，上述国内外已有研究成果为本书的研究提供了有力的支撑和重要的参考，但仍显薄弱：（1）在研究视角上，国内外虽有不少关于俄罗斯国家治理的文献，但缺少从政党制度建设的视角对俄罗斯国家治理进行系统研究的成果；（2）在研究内容上，伴生性研究较多，专题性研究较少。迄今尚未有人对此进行全面的考察和论述；（3）在分析框架上，也缺乏运用政治制度变迁分析俄罗斯国家治理演化的著述。

2. 研究意义

全面系统地研究俄罗斯国家治理的成败得失，有助于深化对政治学、社会学、政党学的研究，丰富国家与社会，政权和产权关系理论。特别是从对俄罗斯国家治理的研究中可以得出结论：国家治理必须和本国历史和文化的实际相联系和相结合。

二、本书的主要内容、基本思路、研究方法、重点难点、基本观点和创新之处

1. 主要内容

本研究将重点从下述五个部分展开：

第一部分：国家治理及其政党制度建设。任何国家治理的具体形式和内容都反映着特定的政治价值和政治文化。在欧美国家，自由主义背景下的国家治理有其特有的内容。而俄罗斯这种地跨欧亚的国家，其国家治理也与欧亚主义传统紧密联系，并发生着变化。国家治理的现代化体现在两个幅度上：一是国家治理社会的能力高低，二是社会的自治能力高低。从前者看，向高走势的国家治理社会的能力，体现为国家治理社会的活而不乱。在梳理和分析学界有关国家治理研究成果的基础上，作者提出政权和产权相互关系的变迁是国家治理方式变化的核心内涵的理论。

在历史和现实中，俄罗斯存在三大社会思潮：斯拉夫主义思潮、大西洋主义思潮、欧亚主义思潮。苏联时期全能主义的国家治理模式是斯拉夫主义思潮的体现。苏联解体之后的当代俄罗斯国家治理的变化和道路的选择实际上是这三大思潮交相竞长的反映。俄罗斯是一个转型国家，俄罗斯的国家转型到现在还没有最后完成。为什么政党实际上是社会转型的制度要素，但不是俄罗斯政治制度的重要和主导因素？为什么国家在俄国社会的社会转型和政治生活中起着决定性的作用？这些问题在第一章中进行了初步探讨。

第二部分：政权和产权关系视野下的俄罗斯国家治理变化。在笔者看来，政权和产权的关系的变化是社会变化的核心和本质，作为国家治理的变化的政党制度建设，也反映了政权和产权的关系变化。第一，政权和产权关系视野下的俄罗斯社会变迁及国家治理。国家治理方式的变化，其本质上反映着政权和产权的关系的变迁。所谓的社会变迁和社会转型的本质在根本上是政治文化的变化，在现实的政治经济活动中是政

权和产权之间相关关系的调整和变化。第二，叶利钦总统任期的俄罗斯国家治理和政党制度建设。叶利钦在1993年的府院之争、炮打白宫后颁布了俄罗斯1993年宪法，确立了其包括总统制、共和制和联邦制在内的宪政制度。但由于现实的原因，其统治时期是弱国家、弱社会，社会制度在确立过程中。第三，普京总统第一、二任期的俄罗斯国家治理和政党制度建设。普京在2000年正式成为俄罗斯总统后改变了叶利钦时期弱国家的治理模式，开始打造强国家，恢复社会秩序。俄罗斯开始形成新的威权国家治理模式。第四，梅德韦杰夫总统任期的俄罗斯国家治理现代化和政党制度建设。梅德韦杰夫总统是普京总统第二和第三任期之间的过渡，其国家治理基本上沿袭了普京的既有模式。第五，普京总统第三、四任期的俄罗斯国家治理现代化过程中政党制度建设。在2011—2012年俄罗斯社会的倒普风波结束之后，普京总统第三、四任期一定程度上改变了其国家治理模式，例如联邦主体最高行政领导人的产生方式。在政党政治领域，全国性政党登记标准由40000人降至500人；改变选举制度，2016年第七届国家杜马选举开始恢复到先前2003年的混合制选举制度，让小党有机会以单席位选区选举的方式进入到国家杜马，扩大执政基础。

第三部分：当代俄罗斯国家治理现代化过程中的政治改革与政党制度建设。俄罗斯通过全民公投通过的1993年宪法确立了俄罗斯的宪政制度和名义上的分权制度，解决了俄罗斯的政权合法性问题。在1991年到1993年期间，这一时期的俄罗斯事实上是议会制共和制。由于议会和总统互相掣肘，最后爆发了1993年炮打白宫事件。这一事件之后，1993年12月举行了第一届俄罗斯国家杜马选举，这也标志着俄罗斯包括政党制度在内的政治制度改革和建设的开始。

（1）政党政治制度

从"政权党"到"优势党"。俄罗斯不存在西方意义上的通过选举胜利组织政府的执政党。根据俄罗斯1993宪法的规定：总理由总统提名和任命。总理组织政府。但在俄罗斯国家杜马中存在支持总统的"政权党"。目前的"政权党"是"统一俄罗斯党"。在2016年国家杜马选举中该党获得杜马全部450个席位中四分之三多数,成为"优势党"。

（2）垂直权力

虽然根据其宪法规定俄罗斯是联邦制国家,但俄罗斯有联邦制之名,却无联邦制之实。普京执政以来,自2000年建立了联邦区制度,利用别斯兰恐怖袭击事件重新确立了联邦中央和联邦主体的关系。普京第一个措施是设立了联邦区。实行垂直权力的第二个措施是改组俄罗斯议会联邦委员会的人选。第三个措施是成立了俄罗斯联邦国务委员会。第四个措施是提高政党进入国家杜马的准入门槛。第五个措施是,改变联邦主体最高行政领导人的产生办法。

（3）国家杜马选举制度

俄罗斯的国家杜马选举制度发生了从1993年开始的混合制（单席位选举和比例制选举）选举制度到2007年的比例制选举制度,2016年又恢复到混合制选举制度的变化。

第四部分：当代俄罗斯政党立法对政党制度建设的影响。2001年俄罗斯《政党法》的颁布从整体上为俄罗斯的多党制度在联邦中央和联邦主体层面上确立了选举立法规范。这部关于政党的立法的通过是俄罗斯多党制形成的重要因素,在俄罗斯政党发展中起积极作用。俄罗斯《政党法》有多次修改,特别是对政党人数的规定有多次调整。这就直接影响到俄罗斯政党的有效数量。同时,俄罗斯《政党法》也对政党经费问题作了相应的规定。

第五部分：当代俄罗斯政党制度建设对国家治理的影响。这主要体现在俄罗斯政党制度建设对联邦制的影响,俄罗斯政党制度建设对地方自治的影响。在总结俄罗斯国家治理模式变化的基础上,具体分析政治文化对俄罗斯当代国家和社会、政权和产权关系建设的影响以及确立政治制度、保持政治稳定和延续性、利用政党制度建设来加强俄罗斯国家治理的路径。俄罗斯的政党制度和地方自治及联邦主体的关系是自上而下由国家通过相关立法推动进行的。俄罗斯非常关注地方自治制度的建设。

俄罗斯政党制度未来的进一步发展将取决于克里姆林宫将采取的政治模式。其中有"印度尼西亚模式"（在政权专制改造的情况下），"墨西哥模式"（在这种情况下，下一任总统的政治资源将不得不减少，使总统依赖政党），"意大利模式"（如果在选举之后就发展民主，"政党联盟"将部分解散）。事实上，在未来这三种模式都有可能。但是最大的可能性就是长期的"墨西哥模式"。

2. 基本思路

本书以马克思主义哲学为方法论原则，以国家和社会、政权和产权的关系（马克思主义理论的经济基础和上层建筑关系的现实体现）为理论框架，以当代俄罗斯国家治理现代化过程中的政党制度建设为研究对象，意在从政治合法性、国家权力的实现、选举制度与政治文化以及政治稳定特别是政府、市场、社会的相互关系等多个层面探讨俄罗斯国家治理现代化过程中的政党建设的成败得失，总结当代俄罗斯国家治理的经验及教训。

3. 研究方法

本书以唯物史观和辩证法为方法论总则，具体运用政治学研究法、文献研究法、案例研究法、比较研究法、跨学科研究法、宏观与微观相结合的方法等。

4. 重点难点

当代俄罗斯国家治理现代化过程中的政党制度建设的具体路径、相关立法和具体措施。当代俄罗斯国家治理现代化过程中的政党建设路径选择的动因，当代俄罗斯利用垂直权力来解决国家和社会、政权和产权关系的良性互动，在实现国家治理现代化中的政党制度建设的成败得失既是本研究的重点，也是本研究的难点。

5. 基本观点

(1) 政治权力的合法化问题事关当代俄罗斯国家治理现代化的实

现。(2) 政党制度建设可以解决国家和社会的关系问题，实现国家治理现代化。(3) 国家治理要从根本上调整政权和产权的关系。(4) 政治文化传统对俄罗斯国家治理有重要的影响。(5) 国家治理必须和本国实际相联系和相结合。

6. 创新之处

（1）在研究视角上，本书从政党制度建设的视角对当代俄罗斯国家治理的变化进行专门研究。既包括对其特点和策略的总体把握，也包括对具体时期和个案的剖析，从而实现宏观和微观的结合；（2）在研究方法上，本书在遵循政治学计量方法的基础上，结合社会学、历史学、经济学等相关学科的理论和方法，在进行定性分析的同时，适当运用定量分析，从而实现定性分析与定量分析的有机统一；（3）在分析框架上，运用国家和社会关系理论及政权和产权关系理论来分析俄罗斯国家治理现代化中的政党制度建设，也可以算是一种创新性的尝试。

三、俄罗斯国家治理研究的基本路径

本书具体研究了1991年后俄罗斯国家治理模式的变化。具体如下：

全能主义的国家治理模式→叶利钦时期自由主义的国家治理模式→普京第一、二任期新威权主义的国家治理模式→梅德韦杰夫时期自由主义和威权主义混合的国家治理模式→普京第三、四任期新威权主义的国家治理模式。

作为区域和国别研究的俄罗斯问题博大精深，涉及多种社会科学理论。本书对当代俄罗斯国家治理现代化过程中的政党制度建设研究是对俄罗斯问题研究的初步尝试。在研究中肯定有不足之处，敬请各位专家学者批评指正。

第一章 国家治理及政党制度建设

第一节 国家治理及国家治理现代化的概念

一、国家治理的概念

从 20 世纪 90 年代末，由于世界银行的倡导，国家治理作为一个政治学研究的新领域，进入到学者的视野。1997 年世界银行报告中正式提出"国家治理"的概念，认为国家治理对于提高本国的国际竞争力具有重要意义。国家治理的基本理论假设为：一个国家的政府作为治理国家的公共行政机构，它有权制定内外政策与国家发展战略并付诸实施，这些政策和战略直接影响这个国家的发展。

长期以来，人类社会一直是由统治阶级进行统治。在 20 世纪经历了两次世界大战之后，西方国家吸取历史教训，在 20 世纪六七十年代最先完成了从国家统治到公共管理的转变。这意味着，统治的主体发生了变化，统治的内容发生了变化，统治的结果发生了变化。从统治到公共管理的重要标志就是，建立和完备包括社会保障制度在内的各项社会制度，政府有意识地进行公共产品的提供和生产。

恩格斯在其经典著作《家庭、私有制和国家的起源》当中，讨论了国家的起源问题，也探讨了私有制以及相关问题。在笔者看来，人类最先产生的是社会共同体，从社会共同体到政治共同体是一个漫长的过程。人类进入阶级社会后最早出现的并不是民族国家，而是政治共同体。在政治共同体内，统治者实施统治，特别是进行税收的活动，而被统治者必须纳税，如果不交税，统治者就用暴力机器对被统治者进行惩罚。

经历了漫长的政治共同体过程之后，欧美民族国家的产生，具有主权意义上的国家的产生，是1648年《威斯特伐利亚和约》之后的事情。作为一个主权国家，按照法国哲学家布丹《国家六书》所写，国家是由许多家庭和共同财产组成的，具有最高主权的合法政府。其目的是要实现一种秩序。

在笔者看来，现代民族国家取得独立之后，对内要发展自己的经济，对外要捍卫和保障自己的国家主权和安全。在这个过程当中，国家治理得到积极的体现。

（一）对"国家治理"的不同理解

不同的学者对于国家治理有不同的表述和理解，这方面的表述可以说是汗牛充栋。20世纪90年代后国家治理成为政治学新的研究热点。斯托克、杰索普、罗茨、库伊曼的论文基本上代表了国际学界对治理问题的前沿研究。1997年世界银行报告中正式提出"国家治理"概念，认为国家治理对于提高本国的国际竞争力具有重要意义。国家治理的基本理论假设为：政府作为治理国家的公共机构，它有权制定政策与战略并付诸实施，这些政策和战略直接影响这个国家的发展。欧美学者们探讨了"新国家治理"的概念（Osborne D., Gaebler T., 1992; Peters G., 1996)、对国家治理的类型进行了分析（Marks G., Hooghe L., 2003），俄罗斯学者还对国家治理的机制进行了研究（Алексеев Ю. П., Алисов А. Н., 2004）。

在笔者看来，在21世纪，国家治理的主题就是国家行政机构依法管理社会公共事务的有效活动。这一定义的含义包括：首先，国家治理是一种政治活动，这一活动的主体一般来说是国家行政机构、立法机构，即通常所说的政府或者行政当局，一般来说不包括司法机构。其次，这一政治活动的客体是社会公共事务，与管理社会公共事务的主体相应的必然是具有社会公共权威的机构，而这一机构在现代社会中非政府莫属。第三，作为一种政治活动，它必须依法举行，而且必须是有效的。有效包含两层含义，即合法性和效率。

国家行政机构对社会的影响属于两个层面：政治管理和适当的公共行政。在政治管理方面，国家行政机构活动的基础是对"需要做什么"的理解，以及公共行政行动是在"做什么"和"怎么做"的基础上进行的。实际上，政治学中的公共管理不同于"国家行政管理"一词，公共管理强调的是它和政治治理在主体方面的区别。如果政治家参与政治治理，那么国家行政管理是官员的任务。

不同学者通过不同的学科切入点对国家治理进行研究。最常见的是：法学、管理学、社会学和政治科学。也有其他学者不借助于其他科学，而是通过确定行政管理的主题、通过公共行政理论直接进行研究。构成公共行政理论内容的主要是研究国家作为社会管理机构的重要职能，实施的模式和原则，公共政策的科学依据，研究在国家和国家机构的过程中出现的政治、法律和社会之间的关系。例如：公共行政理论领域的"公共行政管理"课程可能是我们感兴趣的进行利益分配的公共机构和方法。但是并非所有政府组织都属于政府系统，它不包括国有企业。

研究和理解公共行政本质的关键是研究和理解其社会条件和目标取向。公共行政是由客观需要引起的。公共行政源于国家实施公共政策的需要。确定公共行政的公共条件、公共管理需求，反过来反映各种各样公民的物质和精神需求。另外，公共行政影响政治目标，往往侧重于精简和发展，要求公共关系符合整个社会的利益。

国家是包含大量不同因素（子系统）的系统。这些都是以自然和人为界限（领土）和生物圈要素、技术、社会经济和社会文化相联系，以及居住在某个主权国家领土内的人民相联结的。现代民族国家包括人口、领土、政府、主权四要素。本文所指的国家管理中的国家，是在这种条件下使用的。从狭义上讲，"国家"是政治子系统的主要元素，它包括社会管理体制。由于汉语语义模糊性和多义性，需要我们更清楚地定义国家治理的概念，同时也不能忘记了系统方法。

国家治理在政治科学中的作用问题是"永恒的问题"。对于每个国家或者地区，国家治理问题均可单独解决。目前欧美发达国家的政治学界已经发展了国家治理理论并探讨以下基本问题。

从经济学角度来看，国家治理的作用可以量化。它的作用以国家预算对国民生产总值的大小表示。国家治理在现代意义上揭示了国家职能。作为一个国家的政府在国家治理的过程中，为了公众利益在公共生活的各个领域中具有重大社会意义的事务上作出决定。从这个角度来看，国家治理的使命是确保社会发展的可持续性，保持政府的组织生存能力和政治团结，以此来实现社会的共同利益。

国家在国家治理中发挥着重要作用，以此来实现国家的职能。国家治理中国家有内部和外部公共职能。国家的主要内部公共职能：经济、政治、社会、司法、环境等。国家的主要外部功能包括：军事、外交、对外贸易，文化和信息、全球合作和治理。

1. 国家治理的含义

国家治理，从广义上讲是历史和现实中所有国家机构的活动，在狭义上是指国家行政机构实施受到限制权力的活动。

治理是英语国家的日常用语，治理（governance）概念源自古典拉丁文或古希腊语"引领、导航"（steering）一词，原意是控制、引导和操纵，指的是在特定范围内行使权威。它隐含着一个政治进程，即在众多不同利益共同发挥作用的领域建立一致或取得认同，以便实施某项计划。

国家治理作为一个体系，体现在如下几个方面：

● 它是一种国家管理活动；

- 该活动具有法律权威性，执行性和行政性；
- 活动是连续不断地按计划进行的；
- 活动是在法律的基础上进行的；
- 以垂直（分层）和水平链接为特征；
- 以各种形式（法律和非法律）进行；
- 违反管理活动会导致负面后果的发生（权利限制）。

2. 国家治理的目标

国家治理是治理的主体在实施管理活动时寻求的预期结果。它包括以下内容：

- 公共生活的社会经济秩序和公共利益的满足，实现经济福祉，建立和维持一定的经济关系体系。
- 国家所有政治力量参与的管理，发展社会和国家的积极建议和进程，改善国家和公共结构，促进人类发展。
- 社会安全，确保公民的权利和自由、社会法治、公共秩序和公共安全。
- 组织和规则，在民主制度和法治机制以及职能实体的帮助下，形成有利于实施国家所有基本职能和解决其所有任务的法律制度。

3. 国家治理的基本原则

分为一般（社会、法律）原则和组织原则。

一般（社会、法律）原则有如下内容：

- 民主原则，人民是唯一的国家权力来源；直接或者通过行政机构行使权力；立法和司法机构控制执行机构的活动。
- 合法性原则，行政当局的活动应该严格遵守和执行宪法和法律。
- 客观性原则，在实施国家治理活动时，有必要充分认识正在进行的工作流程的客观性，并在制定管理决策及其实施时将其考虑在内。
- 科学原则，利用科学方法收集、分析和存储相关的信息，在制定和实施管理决策过程中考虑多种可能性并且建立好应对措施。

● 具体原则，治理的实施应基于特定的环境，即根据控制对象的实际状态和控制对象的资源具体情况来进行治理。

● 权力划分原则，将国家权力划分为立法、行政和司法权力，并以规定的方式赋予其特定职能。

● 效率原则，管理目标应以最少的成本、金钱和时间进行。

组织原则有如下内容：

● 部门负责治理活动的实施，治理系统的组织是在考虑到治理对象的共同性的基础上建立的，对特定的行业（工业、运输、通信、农业、教育、卫生等）进行治理。

● 地域治理系统的形成基于不同的地域基础（行政和地域划分）。

● 垂直治理执行治理活动的服务和部门的组织类型，主管在其职权范围内与下属有关的所有管理权利。

● 功能性，执行机构和执行治理的一般职能（财务、统计、就业等）。

4. 狭义上的国家治理

在当代，国家治理被理解为一个主权国家的政府行政部门和公务员的活动，旨在简化生活在某一领土上的人们的生活。更具体地说，狭义上的国家治理在积极的意义上，应被定义为世界各国实现社会生活最佳组织的科学过程。除了各个政府行政部门的运作，国家治理还包括各种行政管理和人员管理。从这个角度来说，国家治理分为政治领导和政治治理以及行政治理。

政治领导和政治治理包括政治决策制度，在所有社会和政治发展的优先领域制定公共政策和国家计划。行政和国家管理由公务员执行，当自上而下执行公共决策的责任时，通过行政机构系统实施公共政策。在国家治理过程中，政治和行政两个过程总是并行和相互依存。

除了国家权力之外，还有许多其他参与者也作为主体参与国家治理的进程：政党、社会团体、协会也包括具体的公民。媒体也积极参与现代国家治理的政治进程。重要的是，在世界上大多数国家的国家治理的政治进程中,立法和行政权是最积极参与的,而司法权较少参与。区域和地方权力也在一定程度上涉及这一过程,因为在很多国家特别是联邦制国家实行的是地方自治制度。

国家治理的行政过程,国家机器首先参与其中。在各级政府部门中,行政部门、立法机构和特殊服务部门最积极参与这一过程。其他国家权力部门(司法)参与其中的程度要低得多。但区域和地方权力积极参与这一国家治理的行政过程。

哪些学科的研究涉及国家治理?在笔者看来有这样几个学科,其中包括:

- 公共行政理论(研究公共政策和管理);
- 政治科学(研究政治和权力特别是利益的权威性分配);
- 行政法(研究公共行政的规则);
- 行为学(研究理性选择理论和组织理论)。

反过来,公共行政理论也关注研究以下几个问题:

- 制定社会管理战略问题;
- 设计不同层面的公共行政组织;
- 为国家机构准备和招聘管理人员;
- 改进公共管理技术。

5. 当代国家治理的新动向

国家治理的根本是有效性和社会性。当代的国家治理出现了至少五个方面的新动向:

一是利用信息和通信技术,进行政治分析和预测制定公共政策。信息和通信技术及服务目前是社会经济领域发展的关键因素。它们对提高公共行政效率、确保国家安全、有针对性的社会援助以及改善教育和卫生保健具有特别重要的意义。

二是利用现代社会政治和社会经济方法进行计算处理、信息汇总及判断、制定、实施和评估方案。有效地管理公共财政。对目标进行计划的主要优点是综合解决问题,通过权力和责任的分配有效地规划和监测计划实施的结果。

三是国家治理中出现了积极的预测趋势。除了众多政府机构外，研究所以及国家的"智库"（思想工厂）也参与其中：社会发展研究所、大学—高等经济学院、政治基金会、问题分析中心和国家战略研究中心。

四是综合分析和解读该区域和国家的社会政治和经济指标状况。主要涉及这个国家的国家统计局。统计局的相关数据是相关工作的基础。

五是研究该地区、国家的社会政治和社会经济进程时组织和开展田野调查和实证研究，以寻求最佳的国家治理决策，做出合理的决定。

（二）国家治理由得到授权的管理主体在法律规定的范围和方式下进行

在国家治理过程中，治理主体不仅在行政部门内，而且在立法活动领域内实施国家的内部和外部职能。例如，立法机构履行国家职能，如批准国家预算、控制预算执行；政府官员通过立法机构同意任命，担任行政职务。

国家权力机构在职权范围内为政府机构提供内部和外部支持。立法机构通过立法的形式决定国家行政机关、行政当局采取的管理行为。与此同时，所有立法和检察机关对其机构进行组织内管理，以提高其履行宪法规范的职能的有效性。

行政机关是国家行政部门和地方政府的重要部分（主要实施国家行政职能），在国家和社会中直接进行日常和实际组织管理。

为了有效地实施国家治理，国家行政部门采取各种国家强制措施提供保证的单方面行为的监管权力。国家行政部门也由相关的组织和国有企业的负责人部分地执行作为行政和政治领域、跨部门复合体以及经济和社会文化活动的行政和法律管理。必须强调的是，国家治理作为实施社会主要职能的活动范围比执行行政活动更广泛。因为各国的行政机构和代议机构仅仅行使一定范围的公共行政权力。例如在当代俄罗斯，《俄罗斯联邦宪法》第3条规定，俄罗斯联邦的主权的体现者和唯一的权力来源是其多民族的人民。人民直接地并通过国家权力机关和地方自治机关行使自己的权力。①在俄罗斯所谓人民直接行使自己的权利，就是通过全民公决的形式对涉及国运的重大问题进行表决。例如，1993年12月12日《俄罗斯宪法》的通过就是通过全民公决的形式进行的。

对国家和公共生活的各个方面进行治理并不是国家执行机构的专有功能。统一的主权国家权力的其他主体也积极参与这一过程。在这种情况下，控制行动的主要内容不在于做出相关决定，而在于其实施，即严格执行其法律要求。这是国家治理的执行过程。当然，需要立法者采取某些法律来确保他的行动得以实施。但鉴于社会关系的多样性，立法者无法完全承担这项职能，即通过法律控制一切行动。

一般来说，立法者本人不能执行法律。因此，需要特殊的管理部门，在执行和管理中执行法律规定。因此，执行基本上是直接的国家管理活动。同时，原则上谁是相关执行决定的国家管理主体，对于立法机构并不重要。

国家治理存在于影响国家公共生活的机制中，这主要是指市场经济占主导地位的国家。在市场经济国家，整个国家治理领域具有明显的公共特征，政府代表国家执行管理的功能。

国家治理通常具有一致性。关于国家治理的一致性，通常有三种政治逻辑的理解。

1. 作为国家治理控制系统的国家

在该系统的框架内，国家被视为一个大型的控制系统，通过政府机构不断地作用于社会（在各种社会系统上）。

---

① 《俄罗斯联邦宪法》，见俄罗斯总统网，http://constitution.kremlin.ru/（访问时间：2018年1月12日）。

2. 国家治理的公共行政的客观要素体系

在这个体系的框架内，国家（作为公共组织）被视为一个框架，承载着社会的主要动态（变化）要素：社会 > 目标 > 功能 > 结构 > 过程 > 原则。原则是唯一的无形控制。

3. 国家治理的主观系统

这意味着作为国家治理主体的国家使用许多作为人们意识创造的产物。这些包括：信息、知识、行政和监管资源、想法（模型）、专家评估、决策（控制行动）。在管理过程中，这些主观意识的产物的组成如下：信息 > 知识 > 资源 > 思想（模型）> 专家评估 > 解决方案 > 行动 > 结果。

国家治理系统意味着，在其要素中，没有一个能够完全包含国家治理的本质，并独立解决任何行政任务。因此一个国家的国家治理要求专业知识、实践经验和行为艺术的有机统一并非偶然。国家通过对人们社会生活的自我影响，以便权力进行精简、维护或改造，或在国家行政机器的帮助下进行政治和行政决策。而行政部门的一个显著特点是，它是根据国家组织的社会的各种要素实施的，即在全国范围内落实决策。公共行政或行政法律的实质是一项监管活动。因此，在行政和法律方面，它表现为行政权力的授权主体在某些活动领域对行政权力进行规范性监管。

政治制度包括整个国家的活动，涵盖最广泛的职能。从确保国家主权和国家利益到维持经济发展的社会、政治和法律条件。换句话说，政治制度是对整个社会事务的一种必要的政治管理，它以法律条件（合法性）为基础，在实施过程中，它是国家机器的权力，拥有强制手段。

政治治理不同于国家治理，这可以理解为，国家最高领导层制定和采用决定社会经济和政治发展的长期战略决策，并为其实施创造条件。国家治理确保公共生活主要领域的运作和发展，创造和维护其所依赖的基础设施。国家治理通过立法实现其政治影响，为所有人在公共生活的各个方面的行为建立一般的规范。国家不仅通过权力的力量，而且通过其他监管机制（经济、价值、规范、道德），不断扩大国家治理的范围。

二、国家治理现代化

（一）国家治理现代化的优先事项

过去几十年全世界发生的深刻变化涵盖了包括政治、经济、社会和技术在内的所有领域。现代化进程影响了政治方面、工业发展、信息技术和科学研究并对其产生直接影响。现代化如何影响社会，特别是现代化如何影响国家治理，以及国家如何进行变革，社会如何进行变革？

这些问题需要加以研究，因为它们是形成有效和可靠国家治理的必要条件和重要组成部分。由于社会和人口是任何国家的最高福祉，它必须具备社会（福利）国家的特征。社会国家在其行动、任务和目标中主要关注社会生活水平，提高生活质量和为人民提供服务。

在现代世界，新兴科学技术不断发展变化。社会各个领域的变化中，如果没有公共行政领域的相应变化，就很难做到社会的进步。毕竟政府是该国公共生活主要变化的源泉和监管者。因此，需要仔细研究公共行政领域。

应该指出的是，在一个强大的社会国家中，人们支持行政当局，他们相信建立秩序、打击各种违法行为。人们信任他们的国家，促进有效的政策，并为变革设定正确的道路。如果国家薄弱，它将无法满足社会的需要，无法为人们提供安全的生活标准，这反过来又会导致人们对国家的不信任、敌意和不满。

为了建立一个强大的国家，有必要打通渠道，使公民想要参与国家事务，采取积极的公民立场，表达自己的意见。如果从法律角度来支持公民权利，那么这一切都是可能的。这会使公民变得独立自信。这些公民将能够捍卫自己的立场，使未经授权的人无法接触权力，因为这些人可能以某种方式欺骗民众、误导他们。此外，具有法律知识的公民了解了自己的权利，这将使他们对未来充满信心。

值得注意的是，国家应该认真协助法律文化发展。公民必须根据其国家的水平对当局充满信心。因此，我们可以得出结论，国家和社会是一体的，相互依存的。显而易见的是，没有一个能够帮助公民完成一切事情的国家，所以必须要有一个强大的、有能力的社会存在。没有社会的支持，公民也不会有一个体面的生活水平，也不会尊重公民权利。关于国家也可以这么说，在缺乏相信国家、信任政府并希望该国实现和平与和谐的人口的情况下，该国不太可能强大和实行有效的治理。必须说，国家必须为社会及其利益而存在，只为了人民的利益而不是任何其他有关人士的利益。

为了考虑国家治理现代化的先决条件和后果，有必要开始了解现代化和行政改革是什么，找到这些概念的不同定义，并找出它们中的共同点和不同点。行政改革是一种转变，是行政当局为改善任何领域的某些事物而发起的变革。在公共行政方面，行政改革旨在采取各种有助于提高政府管理质量的措施。应该指出的是：在每个国家，行政改革的实施都有其自己的目标，旨在取得相应成果。

但总的来说，以下目标是国家治理现代化的优先事项：

- 提高公共行政效率，满足社会利益，满足社会需求；
- 提高公众对政府的信心；
- 为人民提供最优质的服务；
- 实现社会稳定；
- 改善公共服务；
- 提高政府工作的透明度；
- 政府与公民之间开放互动的出现；
- 通过宣传使公众获取可靠和及时的信息。

现代化事实上可以涵盖社会的所有领域：政治、经济、社会、文化和技术等。任何领域的现代化都是适应全球化进程所决定的变化和变革的能力。

每个国家都应该努力创造良好的生活条件，确保人民的体面生活水平。但是，如果不改变社会的各个方面，这很难实现。科学领域的不断发现和研究，信息技术的改进，新的通信手段的创造，经济关系的发展以及其他不断改进的活动领域需要国家采取措施来提高人民的生活水平。发展滞后可能会对该国在世界舞台上的地位产生不利影响。负面后果可能会影响经济形势、政治事务和社会问题。所有这些都可能导致民众的不满，政治的不稳定和其他一些问题。

这就是为什么需要特别关注和研究国家治理问题，因为整个国家的整体福利取决于有效和周到的管理。任何生活领域的任何创新，不仅是政治上的，都会遇到阻碍。这是因为创新必须首先被接受，然后他们才会开始行动并找到他们的应用。接受和采用新事物与这样一个事实有关：人们通常担心各种创新，怀疑地对待它们，怀疑它是否有效以及结果是否会产生积极影响。

接受的问题也可能出现变化，因为社会可能对变革持怀疑态度，因为人们认为生活的各个方面的变化是因为借用和复制技术过程。而国家治理，一般来说，需要借鉴他国的发展经验。在这里，人的心理因素在变化中起着特殊的作用，在引入新的东西之前也应该仔细研究。

国家在现代化进程中的作用是巨大的。它必须跟随世界的发展、变化的趋势，采取各种措施来遵守现代化的规律，并尽一切可能进行这些转变。如果遇到与后者有关的困难，国家必须找到解决问题的方法，利用一切可能性解决问题。在这里，重要的是国家能够迅速适应社会的挑战、解决问题，并能够及时采取适当的措施。

国家治理是国家工作中最重要的机制。政府在协调利益和满足所有人群、各种协会、机构和人群的需求方面发挥了特殊作用。如前所述，国家治理有效性的一个指标是人民的高质量生活水平，对当局工作的满意程度，但也应该指出，国家治理的效率和质量取决于公民参与现代化进程的程度，和他们影响上级决策的能力。

为了使国家治理现代化成功和有效，必须满足几个条件：

1. 政治领导人在这一领域具有经验和能力

政治领导人应该能够妥善组织所有程序和行动,实现国家现代化。领导必须有明确的目标,他们将始终如一地遵循。这很重要,因为政治家可能会受到变革对手的影响。这就是为什么在这种情况下,国家领导人应该遵循仔细考虑和分析的预定路径。

2. 在国家治理现代化过程中,管理层必须实行某些变革

每个变革阶段都应该有自己的时间和目标,以及实现目标的方式,这是必要的。从社会方面,各种创新的反对者一般来说不会有尖锐的抵抗,因为变革阶段涵盖的时间不是很长,并且不应该对社会产生根本性的影响。但是,尽管如此,这些阶段仍能够设定正确的变革方向并逐步实现它。

3. 必须正确选择改革的时间

很明显,在繁忙和不稳定的时期进行改革不太可能产生积极的后果。此外,这种行动甚至可能使该国的局势恶化。

因此,我们可以说,国家治理现代化是一个全局性工作,其发起者应该是有能力、有视野、有担当的领导。

(二) 国家治理现代化和公共服务

在国家治理现代化产生之前,国家治理问题就引起了人们的广泛的关注,并在孔子、柏拉图、亚里士多德、马基雅维利、霍布斯、洛克、孟德斯鸠、黑格尔、康德等思想家的体系中占据主导地位。托克维尔、马克思、列宁和其他人的研究也涉及了这个问题。

基于国家不同的权力来源开端决定了不同的国家治理活动。现代西方理论家没有停止关于国家参与社会经济发展规模问题的辩论。这就实际涉及政权和产权的关系问题。众所周知,对经济发展的两种理论学派和基于它们的许多修正都已建立。第一个理论学派是以英国经济学家凯恩斯(凯恩斯主义)的名字来命名,另一个理论学派是美国经济学家弗里德曼创立的(货币主义)。这些科学学派所倡导的观点正好相反:凯

恩斯主义者主张在市场经济中国家积极进行干预，而另一个流派则反对国家对经济生活的广泛的监管。

凯恩斯主义源于这样一个事实，即市场无法自我调整，不能提供宏观经济平衡，因此需要管理（指挥）。均衡发展的主要因素是需求，国家在各种杠杆的帮助下对市场进行干涉。它同意长期和短期发展目标和层级利益、管理经济部门、监测它们之间的比例、追求积极的货币和税收政策、控制价格。为了增加需求，鼓励投资，把税负转移到社会的中产阶层，政府积极进行采购和增加库存，从而提高了产能利用率。

货币主义者假设市场自动达到均衡，过度的政府干预只能造成损害（财政政策除外，他们没有否定需要）。由于货币供应与价格上涨（即通货膨胀）成正比，因此它们的平衡条件是稳定的货币体系和自由竞争。这种方法的支持者主张限制公共投资、社会计划、补贴，对货币和政府贷款问题进行限制，降低工资以降低成本和消费者的需求。

国家治理现代化总是影响着公共服务。当国家结构发生变化，这一领域发生各种变化时，对公共服务进行相应的变革非常重要，因为这个机构必须及时适应它们。公共服务改革的一个显著特点是短时间难以改变公共服务，需要很长时间。这是因为政府雇员习惯于旧的方式和做法，可能对创新持怀疑态度。此外，他们的专业技能和适应创新的能力也会影响变革的速度。

在实现国家治理现代化的过程中，需要高度重视提高服务效率和提高服务质量。为此目的，需要接受公民的信息，保证向公民提供服务的时间。此外，由于进行改革，所以有必要向公民提供知情权。为简化公务员与公民之间的互动程序，需要建立起专门的中心，以提供服务，协助解决法律问题，并提供咨询。此外，为了打击并防止在公务员的个人利益超过公务和权力时发生腐败案件，也需要采取措施。为此制定有关利益冲突的相关法律，公务员必须遵守这些法律。

应该指出的是，国家治理现代化的结果之一是吸引合格的专业人士到公共服务部门工作。可以通过竞争进行服务。除了专业技能外，还需要评估未来员工的个人素质。在不包括对申请人的个人同情和偏见的基础上进行服务竞争。

为了提高公务员的工作质量,需要对他们的工作进行各种评估。这将有助于激励员工,认识工作中的弱点和差距,并提高他们的活动效率。例如在美国,工资是根据所完成工作的质量、评估的执行情况以及履行职责所实施的控制数据支付的。

因此,在国家治理现代化过程中,公共服务改革发挥了重要作用,因为正是公共服务这个部门对政府与社会的互动负有最直接的责任。探讨国家治理现代化的主要方向,特别是改善各种社会行动者的组织性、主动性和独立性,加强人力资源管理。探讨形成不同管理主体相互作用的监管框架的新方法和趋势,确定立法创新的优点和缺点,使用它们的预期积极结果,产生的社会和经济后果;在联邦制国家,通过改善联邦、联邦主体、市政当局和民间社会机构的互动,确定与激活对其实施感兴趣的社会团体相关的公共行政管理现代化的主要机制;提出并在理论上证实国家治理现代化的新模式,其中包括行政和经济,集中和自由的方法的灵活组合,使公民更多地参与政府行政活动,增加管理活动的社会效率的责任。

实现国家治理现代化尽管存在困难和问题,但仍有必要的客观先决条件,可以通过政治意愿和对必要措施和行动的科学理解付诸实践。

提高管理系统的效率突出了其现代化的这些领域:改进旨在提高质量,社会效率和管理效率的立法活动;引入新的信息和社会技术,旨在发展各种政府结构与民间社会主体的互动,社会团体的发展和对政府的信心;加强人力资源,注重专业精神,能力和社会责任的增长;引入现代管理方法,旨在实施社会资本,发展倡议和社会行动者的创造力。

世界上主要的国家治理模式包括:

● **盎格鲁-撒克逊模式**(美国、加拿大、英国),其特点是最大限度的企业自由;

● **西欧模式**(法国、意大利、西班牙、葡萄牙),其特点是通过指示性规划积极进行政府监管，计划占公共部门的很大一部分；

● 社会模式（德国、奥地利、荷兰），其特点是强调社会的国家取向。例如在德国，国家预算的 1/3 和企业的重要资金用于满足社会需求。国家为教育文化发展，为穷人租房，为儿童、年轻人支付额外费用，以平衡社会的贫富差距。企业在社会需求上花费 30% 的类似政府支付；

● 斯堪的纳维亚模式（瑞典、丹麦、挪威），国家资本和私人资本平等，明确表达社会取向。这里的原则适用：生产是私人的，发展的目的要建立适合所有人的福利社会。几乎充分就业，预算支出约占 GDP 的 70%（投资、医疗保健、养老基金、社会保险等）。

● 家长模式（日本），基于加强政府监管的前提，在现代生产中使用传统文化和价值进行管理。

目前世界各国的国家治理发展的趋势是国家对经济和社会之外的其他领域的干预的扩展。发达国家在政治制度、经济和管理模式上存在差异，但它们都表现出对国家在社会中的作用加强政府干预。政府在任何地方都规范生产和市场两个因素，保护国家利益。

今天在当代俄罗斯社会，经济理论的极端自由主义趋势和所谓的"现实主义"之间也存在争议。前者惯性地指责国家坚持社会主义原则，因此，在理论和实践中，他们希望通过减少政府的预算来重新分配 GDP 份额。他们坚持减少各级预算提供资金的公共行政方案，以发展社会经济领域。他们的原则是"从非利息支出中清算预算"。

另一方面的代表是从俄罗斯市场尚未成为自我复制系统这一事实开始的，而发展向量则指明了混合的市场和国家计划经济的道路。因此，他们呼吁国家在实施经济和社会政策方面发挥更积极的作用。

对国家治理改革的方式是否也存在共性的问题，许多研究人员认为，最重要的是国家治理关系系统的变化，即对治理主体和对象的严格划分，在其中具有决定性作用。有必要克服治理主体的方法，即国家作为一个功能子系统"负责"维护社会秩序和社会的完整性。这种方法的一个极端表现是建立一个管理系统作为一个完整的行政系统，其原则在马克斯·韦伯的官僚理论中被提出。

今天对治理影响机制的理解正在发生变化，这反映在对公共行政基础的概念重新思考中。在这方面，有趣的是理论分析的经验，他们作为经典案例由美国知名管理专家戴维·奥斯本（David Osborne）和特德·盖布勒（Ted Gaebler）在《重塑政府》（*Reinventing Government*）一书中提出，该书已成为许多国家政府官员和管理者的必备书籍。

这两位学者的初步立场是，如果没有一个有效的政府，文明社会就无法有效运作，国家组织中的人不构成问题，而是他们运作的系统构成问题。国家和地方政府机构的非官僚化以及他们向"创业"机构的转变，证实了更新现代公共行政系统的原则：

- 在生产和提供服务中引入竞争原则；
- 通过转移对政府机构活动的控制权赋予公民权力；
- 按结果过渡到对国家机构工作的评估（按成本而不是按照预算惯例）；
- 将客户转变为有权选择服务提供商的自由消费者；
- 治理权力下放，权力转移到组织的下层；
- 市场机制优先。

这些观点概括起来就是，加强国家治理，其效率的提高在于加强社会与国家之间的社会联系，发展社会伙伴关系。正如世界经验所表明的那样，在文明国家的国家治理活动中，重新安排重要的职能优先程度，促进政府工作效率的提高。国家治理的主要任务是制定不同的行政组织的监管规则，把财务和经济职能委托给不同的治理主体，激励社会的真正发展，从而平衡个人和大型社会群体、不同的族群、宗教派别的不同利益。

三、俄罗斯的国家治理现代化

（一）当代俄罗斯国家治理现代化面临的问题

作为一个转型国家，俄罗斯社会自20世纪90年代发生的社会变革和发展的内部矛盾充分暴露了俄罗斯政府体制的缺陷：行政程序繁琐、效率低下、与民众隔离，国家治理远远没有实现现代化。

在过去的近30年中，俄罗斯国家和社会仍然没有能够实现在外部指令和社会生活的内部自组织起点之间平衡关系，这导致了国家和公共行政机构之间的国家治理的不足。实质上，过度国家机构行政指令的倾向开始显现，导致社会缺少主动，国家机构"从上而下"主动控制社会。对于俄罗斯来说，新的国家治理方式形成的目的在于，提高国家机器效率，促进社会的发展。但在俄罗斯，过度的官僚和行政活动损害了国家治理现代化的内容。首先，这反映在管理人员总数的增长，沟通机制的复杂化和管理结构的冗余，这加强了国家的控制职能，同时降低了处理问题的效率和个人责任水平。

现代俄罗斯国家治理现代化的关键问题是由近年来加剧的俄罗斯社会系统性矛盾决定的。其实质表现在管理活动的质量和水平与21世纪快速和不可预测的发展所带来的社会挑战之间的明显差异。当代俄罗斯现有的管理体系不仅无法充分有效地面对全球化，无法将其发展引向社会所需的经济、政治、精神和人道主义变革，而且不能够及时正确地理解变革的过程并正确评估发展前景。

改善国家治理的公共行政系统是俄罗斯现代化战略的一个组成部分。尽管国家和各级政府对行政活动进行了改革和现代化的认真尝试，但仍未达到预期的效果。行政改革并没有导致管理体制的发展，因为它们的目标主要是锁定在解决内部管理问题上，并没有充分影响管理层对社会主体领域的影响和实现既定目标的有效性。目前，客观上需要将公共行政改革与国家权力和行政机构的改革和发展联系起来，而且还与俄罗斯社会的社会经济发展联系起来。但是，对国家治理活动的有效性、效率和社会质量的基本原则和关键标准，目前在俄罗斯仍然没有明确的认识。俄罗斯国家治理现代化需要改变旧的单纯命令式的国家治理方式，因为旧模式不再适应现实，无论是内部还是外部的挑战。

为了俄罗斯社会的稳定和渐进发展，国家治理的行政系统的现代化至关重要。正是这一点决定了将基于科学的新公共管理模式付诸实践的社会意义，这种模式可以将管理活动的质量和效率跃升到现代水平。在社会变化的背景下改善公共管理、公共行政的问题是各相关科学领域密切关注的研究对象。

俄罗斯学者为研究国家治理体系现代化的问题做了大量工作。与此同时，这一主题尚未得到我国科学文献的全面报道。现代俄罗斯国家治理中的公共行政现代化的许多理论问题需要其与社会发展的需要相适应，但仍然很少被研究。目前，俄罗斯国家治理中的公共行政现代化的科学概念基本上处于发展和形成的过程中。总的来说，当代俄罗斯国家治理研究的重点是管理系统现代化问题的某些方面，缺少全面的研究。在现代管理的框架内研究了大多数现有的方法和问题，很少涉及国家治理问题的本质和机制。

考虑到在这个问题上缺乏系统知识，需要重点研究新政府模式的外部和内部轮廓的理论，也需要研究关于国家治理现代化的机制。还需要研究俄罗斯社会发展背景下管理体制现代化的过程；当代俄罗斯公共行政现代化的方向、机制和前景；确定改善管理活动的主导趋势和方法，并在理论上证实公共生活各个领域的公共行政现代化的最佳模式。该目标的实施涉及以下研究任务：

- 探索国家治理中公共行政现代化的理论和方法基础；
- 确定并研究公共行政系统面临的现代挑战；
- 分析和比较现有的提高公共行政效率的概念模型（"新公共行政"、"治理"、"理想官僚"），分析在现代俄罗斯条件下发展公共行政的可能性；
- 根据对"社会效率"、"社会绩效"、"社会公正"、"社会福祉"等类别的概念分析，确定公共行政系统现代化的主要标准和指标；
- 确定俄罗斯社会主要领域发展的特点，这些领域预先确定了现阶段公共行政的具体内容，以及其现代化的可能方向；
- 探讨公共行政现代化的主要方向，特别是改善各种社会行动者的组织，主动性和独立性，发展新的社会和人道主义技术，加强人力资源；

● 探讨形成不同管理主体相互作用的监管框架的新方法和趋势，确定立法创新的优势和劣势，使用它们的预期积极成果，可能产生的社会和经济后果；

● 通过改善联邦中央、联邦主体、市政当局、民间社会的互动，确定与激活对其实施感兴趣的社会团体相关的公共行政现代化的主要机制；

● 提出并在理论上证实俄罗斯国家治理现代化中公共行政现代化的新模式，其中包括行政和经济，集中和自由方法的灵活组合，公民更多地参与政府决策，增加管理活动的社会效率的责任。

实现现代俄罗斯国家治理的现代化，尽管存在困难和问题，但是仍然存在可以实现的客观条件，在实践中以必要的措施、行动的政治意愿和科学理解来实施。提高行政管理系统的效率突出了国家治理现代化的这些领域：旨在提高社会效率和管理效率；引入新的信息和社会技术，旨在发展各级政府与民间社会主体的互动，社会团体的发展和坚定对行政改革的决心；加强人力资源建设，注重专业精神，能力和社会责任的增长；引入现代管理方法，旨在实施社会资本，发展倡议和社会行动者的创造力。

公共行政现代化的主要机制包括：改善联邦中央、联邦主体和市政当局在管理活动权力下放情况下，提高下级政府的独立性；在平等关系和具有重大社会意义的项目基础上发展公私伙伴关系。

公共行政现代化的基本原则包括：灵活组合不同的管理方法，以正义、共同利益和个人利益为基础振兴社会资源；基于反馈的发展，管理活动的高社会效率和有效性；国家权力下放给非营利组织和其他民间社会机构；追求创新，依靠社会价值观。

新的国家治理模式立足于：现代方法与新的管理文化的有机结合，代表了过去最佳传统的综合以及科学、技术和信息创新；在不断考虑经济和社会生活不同领域的形势发展的基础上,综合运用计划和市场自由主义方法,重点关注社会资源和人类潜力的动员或积累。

(二) 俄罗斯国家治理现代化的研究方法

对俄罗斯国家治理现代化的研究方法要以唯物史观和辩证法为方法论总则,具体运用政治学研究法、文献研究法、案例研究法、比较研究法、跨学科研究法、宏观与微观相结合的方法等。在国家治理现代化的各种研究方法当中,结构—功能、比较分析方法在治理活动分析中发挥了重要作用,这决定了建立公共行政现代化模式的逻辑。对于理解本书非常重要的是国家和市政机构与俄罗斯社会和管理结构改革有关的官方法规和法律文件中的规定和结论。

首先确定国家治理现代化的标准。这些标准涉及社会管理绩效、社会资本和人力资本,表现为成本和收益的比例,如在现有的发展机遇下实现发展,防止尖锐的社会矛盾,防止误判不同社会实践领域的情况。

正确评估现代俄罗斯社会公共管理现代化的可能性、主要挑战,并在其实现方式上的"刹车机制"。在当代俄罗斯缺乏社会信任和社会和谐,社会交往的水平低,分析克服现有困难的条件,才能确定现代化的前景和必要的行动。

确定了公共行政现代化的主要方向,涉及公共行政方法、活动的法律框架、人力资源、新信息、网络、社会和人道主义技术等系统发展的关键要素。

其次需要研究公共管理的现代化。公共管理能够在一定的阶段,成为社会的"发展引擎",在活动中个人、集体和国家利益的加入,演进社会转型的周期使社会各阶层的社会动员的核心,承担社会责任和国家的未来,加入不同层次和不同领域的公共生活管理体系,分析联邦中央、联邦主体、地区、市政当局和民间社会团体的互动机制,社会伙伴关系的形成以及政府和企业在公私伙伴关系发展中的共同责任,确定了这些机制的形成和有效运作的以下必要前提和条件。这些条件包括:

● 在当代社会,加强社会创新、社会稳定的一个关键因素是公共管理的现代化,这意味着有针对性,及时系统地减少行政业务繁琐的程序,这符合当今新兴的全球挑战和国家的发展需要。

• 促进社会资本和人类潜能的发展,预防和解决急性社会冲突,克服族际关系中的紧张局势,这是整个公共行政系统现代化的社会效益的主要目标和标准。

• 分析俄罗斯社会的状况,社会活动的体制和组织基础,人类潜力的水平和质量。现代俄罗斯公共行政的现代化迫切需要补充作为市场固有的管理技术和方法。一方面需要建立自由民主型社会关系,另一方面需要加强行政管理方法的影响。

• 研究公共管理的特征,政府与企业的相互作用,各级政府机构的监管框架和决策实践。

• 经济发展的不同阶段和周期的公共行政现代化的主体可以是国家管理者、国家导向的工业家和企业家的社会群体、非营利组织和协会的代表、受过专业训练的专业人士。在不久的将来,新的主体应该是工程师、科学家等各类专业人士,他们将成为新的管理者。

• 拟议新的公共行政概念模型,采取综合方法,提高社会管理效率,为社会稳定和创新发展创造条件。

从理论上讲,在管理过程的发展中,俄罗斯国家治理现代化在寻找适合现代条件的社会生活基本方面的形式和方法方面已经迈出关键一步。在社会转型中建立现代化公共行政模式的同时,还需要考虑到现阶段俄罗斯社会的实际需要和发展可能性。

俄罗斯国家治理现代化存在的问题表现为社会不稳定,治理现代化和俄罗斯本身传统的异质性。事实上这些因素已经表现出来,所有这些都对政府的行为产生了影响。政府的行政能力现代化是社会进步发展、加强社会稳定、开拓社会发展新机遇的重要组成部分。它涉及管理方法的有针对性、可操作性和系统性的一致,以配合21世纪新出现的全球挑战和该国的发展需求。

在俄罗斯公共行政系统面临的其他挑战中,社会经济、社会政治、社会文化条件及社会和国家生活不同领域的状态都存在着一系列威胁着国家的可持续和有活力的发展的因素。其中包括落后的经济结构、政府腐败和各级管理落后、科学和教育退化、技术老化、民众的思想和道德出现真空、社会文化认同缺失。

在当代，国家治理现代化旨在巩固俄罗斯社会，在"风险社会"的条件下实现其生存和发展。从本质上讲，它代表了从旧系统到公共行政新模式的明确转变，侧重于周期性发展，具有持续过程的多向动态，高度不确定性。

旧的管理制度不再能自我定位导致社会断裂、对彼此的不信任和不容忍，以及公民对国家未来的共同责任的解体。建立一个真正的社会国家，在国家和社会的融合基础上，不同社会群体的合作，为社会经济和社会文化发展的利益，能够实现俄罗斯人体面生活的权利，这是国家治理现代化中管理系统现代化的主要任务。

在新的发展范式中的政府不仅应该关注"社会效率"和"社会绩效"，更要把关注的重点集中在"社会公正"、"社会福祉"、"社会责任"等概念上。这些问题目前在俄罗斯改革政府体制方面得不到足够的重视。

21世纪社会资本和人类潜能的发展，预防和解决急性社会冲突，克服族际关系中的紧张局势在现代条件中越来越受到重视，并被视为工作中作为整个公共行政系统现代化的社会效率的主要目标和标准。关于政府效力，权力社会主导公众情绪的性质表明，在这方面最具灾难性的是政府的社会信任程度低，实际反馈机制的不发达以及政府从上而下的社会控制，在实现经济和社会发展目标方面缺乏与民众的充分合作。

与此同时，一方面在大众意识中正在出现侵蚀国家和政府形象的消极过程；另一方面，国家规范公共生活的新制度、新社会观念正在发展。对目前俄罗斯社会状况、社会制度和组织基础的分析使我们得出结论，现代俄罗斯迫切需要国家治理现代化和国家行政现代化。在组织方面，最重要的是形成一种辅助管理技术和方法系统，一方面巩固市场,另一方面巩固社会关系,建立有计划的、规范的、命令式的管理方法。

在制度建设方面,关键问题是确立保证正义、平等的社会制度。作为社会发展的主要条件,事实上发展是社会自组织和社会互动调节的所有过程的核心要素。

(三) 如何实现俄罗斯国家治理现代化

就俄罗斯国家治理现代化而言,重要的方面在于实现社会的高度自我组织和自我调节,俄罗斯政府要为社会利益采取有效行动。如果不能实现这些,俄罗斯社会将无法解决与经济、社会、文化生活的许多重要方面相关的直接社会任务。

建立一个广泛的自组织社会体系有助于加强管理的民主基础,更充分地揭示个人的创造潜力,促进社区自身的发展,并使整个政府体系现代化。

由于基于"权力垂直"的管理制度,俄罗斯现有管理资源分配不均衡,某些层面和活动领域过度集中以及其他方面严重短缺的过程再次出现。这种不平衡不仅与加强权力垂直有关,而且与解决现代俄罗斯社会的经济和文化发展的具体任务有关。

国家治理的现代化涉及国家与社会、政府与企业、中心和地区之间管理职能的重新分配。公共行政的权力下放和现在由国家、公共组织和非营利协会及伙伴关系管辖的部分经济以及社会和其他职能的转移将显著优化整个管理系统,使其效率和质量提高到一个新的水平。

国家治理的现代化应更加注重加强公共行政民主和社会导向的基础,塑造和确立关于公民特定权利优先的法律规定、采取积极的政治权宜和促进经济发展的现代思想。

现代管理系统假定,根据社会活动某个特定领域的特定发展周期,优先考虑一种或另一种国家管理模式,重点是集中管理方法或自由制度。为了实现渐进和可持续发展的社会效应,加强社会自律的社会机制,确保进一步增长的资源,有必要灵活地结合不同的管理方法。一方面，迫切需要激励和国家支持正在衰退的行业，为他们提供最有利的发展模式。另一方面，需要对处于增长和最高发展阶段的行业进行积极的行政监管，使其成为发展其他公共生活领域的机车。假设在公共行政的每个领域都应该建立一个结合了自由市场和规划政策影响工具的制度体系，这些制度取决于当前的情况和发展优先事项，将在社会系统运作的一个或另一个阶段占主导地位，成为政府的对象。

国家治理现代化道路上的一个重要问题是个人的创造潜力与管理主体之间的矛盾。在这方面，管理活动现代化的关键问题是管理人员对创新的看法，对个人创造活动的态度，形成符合社会团体新要求的新思维方式的问题。至关重要的不是高级管理层的意见，而是他们的职责，履行职责，承担工作责任。

当前俄罗斯现代社会的管理危机在很大程度上是由于缺乏适当的社会管理机制和决策方法造成的，解决这些问题应该在现代管理文化的框架内进行。在综合已有的管理范式的基础上，结合管理文化发展的现代要求，可以形成现代管理文化。信息和分析、人道主义和社会责任、创新行为、思维、文化成为管理活动的关键"战略资源"，以此为根据，制定和实施有能力的管理决策。在这方面至关重要的是承认社会团体，人力资本是竞争力和经营业绩的决定性因素。管理活动现代化的人道主义理念源于认识到这样一个事实，即一个对社会负责、文明成熟、有创造力、自由和独立的人被置于所有社会变革的中心，并应该获得最大的机会来实现其基本力量以及精神和智力的潜力。

通过对现阶段社会转型的主要方向和公共管理机制现代化的分析表明，国家治理现代化的发展，需要制定和实施旨在开发人力资源潜力的立法，需要提高和协调联邦主体之间的合作发展。在社会伙伴关系和公私伙伴关系的基础上，形成企业和政府之间的相互责任。

公私伙伴关系的发展对于社会团体的非官僚化具有重要意义。通过转移以前由国家机构和商业机构执行的许多经济和辅助职能，可以减少官员总数。

外包、租赁、政府合同，特许权协议和生产共享等形式在经济的发展中开始发挥越来越大的作用。大型公私企业的创建将使他们能够在最突破的领域积累国家经济发展资源，并提高俄罗斯公司在全球市场的竞争力。商业和政府机构之间互利关系的发展不仅有利于互动的双方，而且有助于社会重要性，解决重要的社会、经济、社会文化任务。

与此同时，迫切需要提高企业结构和执行机构在发展公私伙伴关系方面的责任。这可以通过《反腐败法》，检查属于他们的官员及其家属的收入和支出申报的遵守情况，加强对官员活动的公共控制，提高司法系统的效率和执法的有效性。

随着经济的发展，政府干预经济的方法和程度应该降低。与此同时，自由主义的经济政策模式无法解决绕过国家并解决国家的所有问题。但是，它可以刺激俄罗斯经济的增长，为实现该国人口的商机创造了先决条件。众所周知，自由市场化进程导致社会两极分化，贫困加剧，生活质量下降，必须通过建设有针对性的国家社会保障制度来抵御风险。

非营利性生产者协会、保护消费者权利的公共组织、其他民间社会机构等可以承担国家现在履行的部分行政职能，并规范商品市场文明发展的许多部门问题。特别重要的是新模式的重点是解决实际经济生活中的具体问题，同时考虑到所有权和管理方法形式的变化，以及在不同经济实体和地区执行决策的具体机制。

在实现国家治理现代化时基本问题变得重要，如何可靠地将社会部门纳入市场，以便人们可以获得具有社会意义的服务，其质量符合现代标准；社会的稳定，为社会重要劳动力的增长创造有利条件，以及对政府机构的信任，上述这些将在很大程度上取决于医疗保健改革、养老金制度、住房和公用事业部门、人口的社会支持体系将如何运作。

社会管理的新方法一个关键的地方是加强社会的作用，另一个关键的地方是更明确地界定和提高各级政府在实施社会政策中的共同责任。

让国家和社会各自发挥自己的应有职能,并且把这些基本的职能结合在一起。国家治理现代化管理新方法的核心是培养人才,有效补充和提高行政管理人员的质量水平。

为了形成最佳的国家治理现代化的现代公共行政模式,将两种互补的方法结合起来很重要。一方面,利用市场经济资源配置的方法把社会资源按照动态配置到最需要的地方,这会对适应市场的人产生积极影响。另一方面,在某些情况下,对社会弱势群体使用国家计划方法进行资源的配置,建立完善的社会保障制度。

当代俄罗斯国家治理现代化的新概念模型应该基于以下原则:允许提高管理的社会效率并为社会主要领域的稳定和创新发展创造条件。组织管理主体互动的综合方法,在不断考虑变化的条件、发现新问题和矛盾的基础上,及时制定措施,在政治制度进一步民主化的基础上解决这些问题,并促使俄罗斯公民积极参与国家治理活动。这其中也包括俄罗斯政党对国家治理活动的积极参与。

四、小结

在历史上,人类社会从统治到治理是一个漫长的过程。这不仅仅是一个相应的主体的多少问题,更是方式、方法和目标的不同。伴随着现代民族国家的构建,国家治理问题日益突出,需要解决的问题多种多样。

国家治理的现代化应更加注重加强公共行政民主和社会导向的基础,塑造和确立关于公民特定权利优先的法律规定、采取积极的政治权宜和促进经济发展的现代思想。

在当代,国家治理和国家治理现代化研究是一个重要的研究课题。对俄罗斯这样一个较早面对现代化的国家,其在转型过程中如何进行国家治理和实现国家治理现代化,对于其他的国家有重要的借鉴作用。这其中也包括政党制度建设在实现国家治理现代化当中的借鉴作用。

第二节　当代国家治理的主要范式

没有一成不变的国家治理模式，社会发展中不同的国家治理模式会不断发生变化，采取新的治理方法，这是管理体制的危机和特殊的社会活动激增造成的。20世纪90年代东欧剧变、苏联解体之后，在当代欧美国家，各种社会团体也包括公共管理学团体开始向公众提供关于社会和国家结构的新概念。因为在历史的发展过程中，社会结构的复杂化、结构组成发生变化而引起的变化造成了社会变化。所有这一切都需要进行多因素多变量的分析，并考虑到社会经济形态转变的历史经验。只有在这种情况下，我们才能期望有适当的方法来进行对于国家治理现代化的研究，通过对具体国家治理的研究来推动国家治理相关理论的发展。

一、20世纪及之前的国家管理

1648年在西欧开始出现现代意义上的主权国家。在二战之前，这些主权国家以及没有主权的政治共同体有管理，但是还没有我们现在所说的治理。工业社会及之前的这些国家管理有各种各样的模式，也有各种模式实施的例子。

意识形态系统与政府类型之间存在相对明确的关系，可以在工业社会及之前的国家管理模式和政府类型之间寻找相应的对应关系：指令或专制管理模式，集体或民主管理模式，自由主义或无政府主义管理模式。

亚里士多德在其著作《政治学》中创建了一个"希腊城邦国家"的政体类型分析。亚里士多德进行比较研究的操作步骤如下：首先提出适合进行比较分析的问题；收集古希腊城邦国家的个案材料；在个案史研究的基础上按照三个相关性准则（最高统治者的数量、行为方式、阶级结构即不同阶级间权力分配的方式）对城邦国家进行分类。将这一分类

结果与社会的稳定和不稳定联系起来,研究何种政体最不稳定或者最为稳定。有这样的几种情况:

一个人的统治:(1)君主制。唯一的权力,关心社会其他成员的福利;(2)僭主制。唯一的权力,没有考虑到社会成员的利益。

少数人的统治:(1)贵族制。尊严的力量(尊严被视为一种不可或缺的特征),关心社会其他成员的福利;(2)寡头制。财产或其他资格的权力,没有考虑到社会其他成员的利益。

多数人的权力:(1)共和制。多数人的权力,关心社会其他成员的福利;(2)平民制。穷人的权力,没有考虑到社会其他成员的利益。

亚里士多德认为"唯有以中产阶级为基础才能组成最好的政体"[①],根据德性原则和平等原则,在一种政府的框架内可以实施各种形式的统治。例如,贵族和寡头政治是国家权力范畴内的有条件的极端形式,在这种极端下,少数人的权力得到保障,并且这种少数群体的统治以各种形式出现。减少参与管理的贵族人数可以使其更接近君主制,而寡头政治更接近暴政。根据亚里士多德的说法,政治品质因为财富的下降以及构成执政多数公民的品质的退化而退化。

每一个正确的(对应于正义,根据亚里士多德而言)政府类型的特点是执行相应工作的领导风格都有其自身的优点和缺点,并且是在特定条件下建立,这些条件决定了这个社会、这种特定的权力集中和分散的最可接受的比例。亚里士多德认为最好的政府类型是君主制、王权,与理想政体最危险的偏离是暴政,最不危险的是民主。

然而,在现代政治学中,"民主"一词并未采用亚里士多德的解释。事实上,考虑到整个社会或社会大多数成员利益的所有类型的多数人统治统统被称为民主。亚里士多德的"政体"一词没有根基,尽管它可以表明民主应该在其发展中的理想。实际上,今天现有的民主模式都不符

---

① 〔古希腊〕亚里士多德:《政治学》(英文版),〔英〕本杰明译,上海:世界图书出版公司2011年版,第85页。

合亚里士多德的多数统治理想政体。由于概念的演变,"民主"一词（在亚里士多德的解释中）在20世纪发生了变化。

20世纪不仅爆发了两次世界大战,更是不同的意识形态激烈斗争的时期,也是社会科学继续发展的时期。西方社会科学积极研究个人在历史中的作用,特别强调心理因素和个人在经济和社会领域中的作用。这对社会科学家来说更具吸引力,他们面临着寻找与精神领域相关的社会问题的解决方案的任务。

从马克思主义唯物史观的角度来看,社会发展过程的驱动力是经济因素决定的阶级对抗。因此,社会阶级、阶层和社会结构之间的相互作用（经济关系的决定作用）成为研究的对象。

与马克思主义理论相反,西方学者提出的理论在一定程度上将经济问题置于讨论之外。后工业和信息社会的理论出现在这一系列超越经济因素的范围内。

在笔者看来存在这样的事实,西方社会科学将社会存在的经济方面放在研究因素之外,这降低了它作为学科的价值。其中一个表现是缺乏严肃的政治学理论研究,仅仅研究国家与社会之间的关系,社会生产的结构与功能及其与社会领域的关系。缺少从政权和产权关系的视野来研究国家和社会的关系,政治经济学实际遭到破坏。西方的社会科学作为一种科学流派,人为地分为政治科学、宏观和微观经济学、制度经济学。因此,在这种情况下,对社会过程的研究失去普遍的方法。

结果,西方的国家治理理论没有得到适当的发展。在20世纪50年代末,利用社会控制论方法进行研究的科学趋势在西方基本消失了。由被批评的社会控制论学派的社会心理学和形式统计学方法所批评的新系统理论并未到来,该领域的研究实际上已经停止。西方社会科学在以前的立场上有所回落。利用数据在专家制定的综合指标和问卷的基础上分析和解释社会经济指标已成为社会学家工作的主要重点。

在20世纪末,西方社会科学主要围绕两种基本方法研究国家治理:协同治理和精英治理的方法。与此同时,经济领域通常被转移到自组织共同体的管辖范围之外或转移到等级治理体系（由精英统治形成）的力量之外。

这两种方法使研究人员能够心平气和地摆脱经济问题的羁绊，并以某种方式将他们的决定转移到管理的主管部门。大多数研究人员都假设自己是真正的精英。自己能最好地安排公共生活的所有方面。结果在20世纪，由于西方理论人士的努力，在精英表格的清单中增加了两个名额：

技术专家——工程、控制论精英的力量，在极限中重生为理想思维机器的力量，关注社会福利；

政治精英——最值得信赖的力量（最有天赋的，尊严在这里由智力衡量），也关注社会其他人的福利。

然而，除了不愿干预高度冲突的社会经济领域之外，还有许多现代作者认为知识精英是政府的最佳选择。在他们看来，知识精英统治是社会管理体系的理想组织形式，其中有战略目标设定和行政管理等主体的组合。因此，实现了以下目标：

- "凭借"选择原则，确保了高度的领导能力；
- 共同做出决策（个人和集体）；
- 由于决策过程中参与者人数较少，因此确保了高响应率；
- 批准的过程实现了最小的失真。

除了上述客观原因之外，为什么精英统治的观念经常成为哲学家、政治学家和社会学家关注的对象，也有主观因素。技术官僚和任人唯才的统治使社会的知识精英有机会接近公共资源，并为其提供最大程度的自我实现（这通常构成了知识分子和精神精英的动力基础）。

所有类型的管理都可以在科学和非科学的基础上实施。历史上有很多例子，正面和负面的属性。例如，法西斯德国是20世纪上半叶使用一个意识形态平台进行管理的最明显的例子。臭名昭著的第三帝国选择了一套精英神话作为构建意识形态平台的基础，在社会管理领域积极运用了深奥的知识，这些知识虽然没有得到足够的科学评估，但不影响管理的质量。

无论这些或其他形式的政府对不同的社会群体有多么吸引人，在现代条件下，人们不得不考虑传统。甚至马基雅维利也指出，要克服国家存在的行政传统是极其困难的，特别是在共和国建立君主政府的企图可能会引起公民的强烈抵制。

在19世纪和20世纪，西方社会开始习惯于民主政体制度的特殊优点。民主被视为社会治理和国家治理体系的基准，是公平和安全政府的唯一选择。如果对于评估标准，我们选择风险最有可能在相邻治理形式之间过渡，一直过渡到"最差"治理形式的政府，则最后一个陈述是有效的。民主的基本概念（个人对公众的首要地位、权力机构的选举、个人的自由，作为主要价值）在公众意识中根深蒂固。

在这种情况下，旨在建立一个根本不同，甚至是最完美的政府版本的努力不太可能成功。民主的非最优性，作为形成权力体系的原则，市场作为调节社会和经济过程的工具，民主概念不足以形成与社会经济领域现状相对应的意识形态，对公民来说并不明显。实际上，在现代条件下，民主作为一种政府形式仍具有很强的吸引力。理想情况下，民主型政府能够最佳地规范社会关系，具有很大的发展潜力。民主的一个非常有吸引力的特征是这种形式的政府变得非常可塑。如果不在基本层面上消除其外部属性（政府的选举等），它就可以转变为几乎任何已知类型的治理。这就是为什么近年来，研究人员的特别关注被社会信息管理的理念所吸引。

历史上有民主的政治共同体形成和长期存在的许多例子。然而，在整个历史时期，尚未制定出机制来防止民主的"不可察觉的"退化成为一种不同类型的政府。

信息传递和社会精英治理的一致性是国家治理另一个非常有趣的研究方向：概念管理理论。概念管理的核心是精英治理，其中非正式权力精英（概念精英）通过纠正正式权力精英（统治集团或个人）用来做出决定的标准基础来实施秘密控制。

还有其他理论提出了替代分类特征。例如，马基雅维利在他的著作《君主论》第一章"君主国有多少种类？是用什么方法获得的？"中写道："从古至今，统治人类的一切国家，一切政权，不是共和国就是君主国"。①

德国学者马克斯·韦伯展示了各种类型国家固有的三种合法性统治形式：

（1）传统统治（控制在该计划下继承权力的人：领主—仆人—臣民）；

（2）魅力型（由一个不是通过继承获得权力，而是拥有群众意识的人所管理）；

（3）法理型——"合法"（法律是一切的主人）。

所有这些方法突出了某些管理标志，这使我们能够区分各种类型的国家。但是作为构建国家分类的基础，这还缺少严格的系统标志，并且分类会相互矛盾，同时也不具有互补性。

一个国家的国内政治关系的形成和发展规律甚至不依赖于文明的发展水平，而只取决于在这一历史时期普遍存在的人际关系和道德规范的类型。反过来，他们依赖于一段时间内的公众意识水平。

道德在历史过程中的价值在于它们印记已经实现的道德进步，转化为具体的规则。道德在人群中的力量是巨大的，人类相当一部分的行为正是由当时的道德所决定的。当然，一个在自治法则之下的社会，就像国家管理体系一样，需要管理工具。如果国家权力通过所谓的创造和执行来治理。"法律"，然后是自治（或"社会专制"）需要不同性质的命令，所谓的"社会标准"，包括一套具体的、历史上确立的规则、态度等。

所有这一切都依赖于更完善的道德体系的形成，道德体系的下降目

---

① 〔意〕尼科洛·马基雅维利：《君主论》，潘汉典译，北京：商务印书馆1985年版，第3页。

前对社会稳定状态产生负面影响,并导致任何改善政府体制的积极努力的有效性大幅下降。

社会,作为一个分层次系统有着不同的结构(模型"国家—公共组织—个人")。现代社会与政治共同体、国家产生初期的社会根本不同,在于它分层程度更高,还在于它拥有更加发达的信息传递系统。这就确保了亚里士多德时期管理职能的主要问题,尽管当时各城邦在领土和人口方面较小,在现代电信技术允许收集和处理有关社会状况的条件下实际上并不是问题。这使人们有理由希望电信技术的潜力得到实施,社会的信息基础设施将确保理性管理的过程,将管理类型转变为真正的民主,这是亚里士多德所希望的。

很明显,政治共同体、国家产生的初期与现代国家社会形态不同,主要是现代国家社会的复杂性。与前几个阶段相比,社会内部结构的复杂性增加,公众意识的发展水平更高,需要从根本上的不同和质量上的社会管理新技术。

现代社会是一个可以以层级模式的形式表现的系统,包括三个基本类别的主体参与社会系统"国家—公共组织—个人"的目标中心的形成。在考虑社会时,这种观点尚未被社会学科学所使用,但恰恰是它使我们能够看到管理"基础"并发展和谐的管理原则。

这个先验模型包含协调社会有机体的不同元素的目标和利益、消除矛盾的机制,因为公共组织本质上是他们自己的社会"缓冲",能够在国家中发挥缓冲作用。当然,只要公共组织的目标与整个系统的发展向量相吻合,保持这种社会机制的完整性和可行性,就会对整个国家管理的可行性产生积极影响。

二、21世纪的国家治理

不同国家的国家治理是完全不一样的,东西方社会有着自己不同的发展传统,所以,西方社会在21世纪的国家治理形式也是不一样的。

现代国家正在逐步进入它应该在后工业时代占据的地方:保护人和

经济实体、公共组织和协会免遭虐待；在众多争议和冲突中发挥仲裁者的作用，规范经济和社会政治生活中的"游戏规则"，监督这些规则的实施；代表社会履行某些职能，控制环境污染，支持贫困地区；保护国家免受外部攻击，对外关系的监管，保护其公民和海外公司的利益等。

国家需要和社会发展的后工业阶段相适应，但很明显，国家作为社会安全和稳定保障者的作用远未消耗殆尽，包括恐怖组织的活动增加在内的许多事实表明了这一点。

对于俄罗斯来说，俄罗斯总统弗拉基米尔·普京于1999年在世纪之交确定了俄罗斯的发展战略，并指出后工业社会是俄罗斯改革所要达到的目标。他强调了这个社会的以下特点："社会经济结构发生变化，物质生产比重逐渐下降，而再生产和第三产业的比重不断增长。先进技术的不断更新和迅速推广，知识密集型产品生产的增加，信息和电视事业的蓬勃发展。首先注重的是社会生活各部门的组织和管理体制。此外，人处在领先地位。正是人、人的高度教育水平、职业素养和业务、社会积极性在成为社会发展和前进的主要动力。"①

在后工业时代，社会面临着解决以下全球问题的需要：

（1）生态和资源危机条件下的生存，寻求平衡，与自然和谐相处。

（2）适应社会关系的新形式，补偿管理带来的社会危机和经济后果。

为此，社会必须动员其所有资源（包括精神）。由于物质生产领域失去其首要重要性，重点从劳资关系领域（国家—个人关系模式）转变为个人与代表其利益的社会团体和协会的关系领域，并通过它们与国家（即该模型转变为"国家—公共组织—个人"系统）发生作用。后工业社会的特殊性恰恰在于它能够引起社会关系方面发生变化。

21世纪初社会结构的轮廓使我们能够谈到几个基本的社会群体及其

---

① РОССИЯ НА РУБЕЖЕ ТЫСЯЧЕЛЕТИЙ, https://myruwin.ru/vladimir-putin-rossija-na-rubezhe-tysjacheletij/（访问时间：2017年4月12日）。

各种变体：

（1）社会领域的熟练工人、技术人员、程序员、科学研究人员、工程师、教师；

（2）从事工业、农业、建筑、运输和服务业独立经营的中小企业家；

（3）依靠过去劳动产生的收入或证券投资股息的养老金领取者和出租房屋者；

（4）大规模的商人、高级阶层的公务员、军队的上层、政党的领导者，也包括黑社会的"领导者"，虽然是一个小阶层，但是拥有相当的经济和政治权力，影响着社会的一切生活和社会的发展趋势。

小群体的社会规律在于它们在后工业社会中形成社会关系的系统，由于在一个企业或机构内相当长的互动，集体的非正式结构是基于社会地位、行为未规定的共同利益和同情心而发生的。

21世纪有一种非正式的平行结构，一种无形的人际关系网络，其中领导的专业化、权威是可变的，因为没有正常的和横向化的人，不按照等级"平等"对待人，所以这种情况有利于人际沟通。在每个这样的非正式网络中，人们在不同程度上唤醒了团结、凝聚和忠诚的感觉，有利于为人们创造舒适的社交氛围。这些因素是人们在公共组织等社会形态中的利益团结起来的基础。与此同时，随着社会沿着信息化的道路前进，信息自由和言论自由将同时增加，将其转化为"后工业型"个人自由的主要特征。

社会科学家认为，"后工业型"个人自由应该导致出现所谓的以社会少数群体为特征的"融合社会"，也就是根据可影响权力的可持续社会形态的任何迹象联合起来。这些社会中的权力不仅是分散的、多中心的，而且还被证明是这种社会"少数群体"的协调力量。

因此，未来国家治理政策的一个重要原则应该是将公民和公共组织的目标转移到有能力做出适当决策和措施的政治权力层面，即决策的制定取决于问题本身的需要。鉴于这些趋势，作为战略层面政府的决策对于国家治理问题具有特殊重要性。例如，在地方政府层面上，人们可以协调地方公共组织的工作，这首先意味着根据民间协调原则建立一个"国家—公共组织—个人"的治理体系。

根据基本概念，社会"国家—公共组织—个人"的模型几乎与所有考虑的政府模型兼容，实际上所有已知的管理方法都可以在其上实施。该模型结合使用目标和程序层次结构的分析和综合方法，在有目的的活动方法中考虑允许实现社会等级。也就是说，上述论点使得有可能将"国家—公共组织—个人"模式视为在后工业社会，无论是在东方社会还是西方社会，将政府体系与公共自治体系相结合的最和谐的选择。

苏联解体之后，俄罗斯国内自由主义者的主要和最初的兴趣是在不花费太多精力的情况下在政治结构中占据领导地位，并使用看似成熟的陈词滥调，从有影响力的国外和国内力量中获得他们的财政和公共支持。这解释了一种有点自相矛盾的情况，当时，俄罗斯国家的自由主义者用一切手段希望获得国家权力。因此，同样清楚的是，尽管知识水平很高，但直到最近，这一运动的领导人才惊讶地蔑视对所宣布的立场的概念性理解，以及对他们积极协助的社会力量的分析。他们可以依靠这些力量。为了开始某种概念性的讨论，必须遭受选举的惨败，然而，这种讨论被归结为政治斗争战术领域的自我批评。

与此同时，自由主义的领导人仍然不愿意承认，他们参与的权力已经产生了一系列官僚主义、商业犯罪。他们没有理由不受任何法律、理性或社会义务的约束。自由主义者认识到俄罗斯改革开放出现了问题，他们寻找缺乏自由主义改革的理由。在这种情况下，"政治家"似乎是被自由主义者摧毁的祖国的唯一救世主。

俄罗斯自由主义者和左派意识形态对抗的僵局，其立场的弱点和缺乏实绩在20世纪90年代俄罗斯国家杜马议会的政治舞台上得到了充分体现。事实上，在2003年俄罗斯国家第四届杜马选举中，俄罗斯国家杜马的左右翼都被自由派的反对者占据。自由派失去了在国家杜马中的席位，只获得了与民族主义的细微差别。另一件事是自由主义意识形态的空虚并影响所有分支机构和其他类似机构的实践，即在实现自身利益时，否认任何人和任何人的自由。并且意识形态的空虚允许在实践中实施任何政策，用合适的、包括非自由主义的口号覆盖它。所以俄罗斯国家杜马的局势，左翼思想和空虚的自由派并不比昨天更好。"被冒犯的"自由主义政治家的力量在俄罗斯实际上已经摆脱了任何义务，但更坚定的是它需要在阳光下占有一席之地，并扩大了隐藏在国家口号背后的实际上代表的官僚机构。

自由主义，它不是俄罗斯唯一的意识形态和整合范式。改变这种情况的方法非常明显，即社会发展的其他范式的发展。不同范式的"战略路线"与整合活动的意识形态和整合技术相关联。法律意义上的分权，作为政治自由的条件，可以称之为社会力量的平衡。换句话说，英国的思想家不仅在自由主义范式（议会君主制反对绝对君主制）的框架内思考和行动，而且还在整合、解决组织社会整体的问题。今天一次又一次地发现在一个充满活力的创新环境下的社会正义和发展的问题，已经远远超出了正式的法律空间，其有前途的解决方案之一，是被视为政府、企业和公众的伙伴关系，以解决双方在国内和外部问题的分歧。

从伙伴关系的角度来看，同一企业与国家的关系看起来与各种自由主义者所想象的完全不同。揭露自由放任原则和自由放任者，经典自由主义者通常会补充说，"游戏规则"的确立仍然适用于国家，人们认为"守夜人"的角色一劳永逸地与他们同在。但值得将这一比喻改为对不断调整的俄罗斯政府政策更加现实的看法，在相同的税收和金融领域，对国内和国际小型企业的支持，将基础和应用研究领域的政策作为创新政策的要素显然非常重要。因为在俄罗斯，反国家主义的游戏变得没什么意义。伙伴关系中潜在感兴趣的参与者不断解决（或不解决）的问题是，根据在这种伙伴关系之前出现的许多任务，建立和再现社会力量的平衡。

作为普遍的共识，合并有可能重建导致的复杂性和参与公共流程导致的新的挑战出现的社会"权重"结构要求新的整合形式，使用杜尔凯姆的话，历史机制从机械团结到有机团结再到劳动分工的改进，"每个人都拥有自己的行动范围，都能自臻其境，都有自己的人格"。① 历史资料还可用于追踪利益博弈以及有关这些利益的观念和价值体系所引起的整合和分裂过程中的波动。顺便说一句，自由主义者的活动是这种波动的因素之一。最后，有可能分析文化和制度形式的历史动态，在这种形式中，经历过历史认可的整合活动得到巩固。

在整合范式中，回答现代俄罗斯国家治理和公共行政的问题。我们可以讨论构建基于旧模型的新管理模型并对其进行修改。

首先，社会是许多活动空间和参与者互动的集合体，它们以文化和制度的形式复制。这种空间的一个令人愉快的名字是"活动范围"，这在概念上非常模糊，并不排除其广泛和操作上相当高效的用途。在某种程度上，社会文化和法律规范并没有自动实施，而是在广泛的官僚机构——行政官员的帮助下实施。在俄罗斯，官僚机构带来的负面问题是众所周知的。它主要表现为主观形式，特定领导者无能力，易受腐败影响。但同样重要的是官僚机构的"客观"弊端：官员活动的内容仅限于他执行的法律的内容，并没有考虑到情况的丰富性，当你通过"概念"接近它时，这种情况就会体现出来。

处于类似立场的可能的自由主义立场是官僚主义与其所谓的国家利益的最大自由。从理论上讲，最后是将社会文化和法律规范的实施功能转移到另一个社会结构。

在这种背景下，有人呼吁巩固所有社会力量，使其处于类似卫国战争时期的紧张局势中。这种悲惨是可以解释的，因为已经获得全面发展的创新发展机制不仅在商业领域，而且在国家之间，使地方和全球竞争斗争的领域更加尖锐和成倍增加。如果谈论冷战后冷战已经变得不那么重要了，那么对公司、商品、国家、经济和社会文化活动指标的大量评

---

① 〔法〕杜尔凯姆：《社会分工论》，渠东译，北京：生活·读书·新知三联书店2013年版，第91页。

级的战争都会更加激烈。其中一种合并形式称为"伙伴关系",其中最重要的是政府、企业和民众的伙伴关系。如果人们认为民主力量通过其形成的方式似乎能够巩固社会,那么后者就是矛盾的。但正是这些悖论表明了俄罗斯政府的困难,或者更确切地说,当前需要俄罗斯政府的管理层面临困难。

尽管有其他国家的国家治理的先进经验和现成的制度形式,但在俄罗斯,今天的伙伴关系问题的建立正在重新提出,主要是对俄罗斯各级政府,更广泛地说是对俄罗斯公共行政都很重要。作为公共管理新模式的伙伴关系的实质是在所有参与活动空间中制定和执行管理决策的过程,作为管理主体,从而利用其资源,为全部社会和社会各方的利益服务。正是从这个角度来看,具有无限性的实际上是"民众"资源——人类的根本资源——对于政府来说才是重要的。

本世纪初,也就是 2000 年普京通过选举成为俄罗斯总统之后,俄罗斯出现了新型的治理方式也就是新国家主义的威权治理,这种治理方式不同于叶利钦执政时期的自由主义的国家治理方式。

新国家主义治理否认对国家职能的限制性解释,其特点是国家的这种活动的假设,其优先目标是确保个人和社会的利益。国家被认为是转型社会和促进共同利益的有效工具。它扮演的机制是确保社会的稳定,以及以公共利益的名义进行改革和转型。在国家主义的框架内,国家干预主义是国家主义的一种变体,其中国家干预的参数和界限,特别是在经济中是由需求决定的。

与此同时,应该指出的是,现代国家理论和实践中与新型国家主义的巩固相关联的大趋势与社会导向型国家的概念有关。随着工业社会的发展和复杂化,很明显,自由主义的潜在市场关系的本质暗含或明确地暗示了使用国家主义方法的权宜之计。"正如杜尔凯姆所说,"帕森斯指出,"高度发达的自由企业经济,如果与更原始的经济组织形式相比,需要一个更强大而不是更有限的国家结构。普遍主义的法律体系,没有强大的国家就不可能存在。此外,经济本身就像社会的其他组成部分一样，需要越来越复杂的监管职能，例如，控制周期危机震撼早期工业社会的经济。"①

现代国家演变中国家主义倾向日益增加的证据是凯恩斯主义学说的实践体现。有必要同意这样的观点，即现在"国家对多方面公共生活的影响不仅没有缩小，相反，正在扩大和增加甚至更多。这尤其是因为更多的'责任'是实施一系列社会方案、外交政策、经济和其他与区域化和全球化有关的进程的复杂性；私有财产概念的变化和所谓的扩大，管理型资本主义，旨在提高国家在经济领域的存在等等"②。

对于拥有欧亚国家政治传统的国家，特别是在俄罗斯，社会和政治发展的现实解释了对强国的需求。当代俄罗斯现代国家建构的演变实践证明，国家在公共事务管理中的自我排斥会导致社会退化。相反社会进步，应对当时新出现的挑战的能力直接取决于强大、积极和稳定的政府的存在。只有利用强大的中央权威的积极潜力、权威和影响力才能确保社会的完整性，并确保个人的安全和保障。正如曾任俄罗斯政治学学会会长的俄罗斯著名政治学学者伊里因教授曾经指出的那样，"国家的概念是人民的自治。国家的单一和客观目标是如此之高，要求公民具备这样成熟的法律意识。但从历史上讲，人民没有能力自治实现这一目标。国家的思想形式和历史面貌之间存在着很大的差别。"③

在国家治理现代化研究领域，现代的国家主义观点以及现代国家现实中的自然倾向仍然在很大程度上没有得到足够的系统概括。需要再积极研究"新国家主义治理"，更全面地理解自由主义的本质和自由主义思想。引入新现实主义的范畴，引发对国家主义的关注，适应现代历史条件，发展强国的意识形态，从而清除自由主义历史上的缺点。

在现代俄罗斯的意识形态基础上，新国家主义治理研究有助于提高

---

① Парсонс Т. Система современных обществ / пер. с англ. Л. А. Седова и А. Д. Ковалева；под ред. М. С. Ковалевой. М. : Аспект Пресс, 1998. C. 107.

② Марченко М. Н. Государство и право в условиях глобализации. М. , 2013. C. 150.

③ Ильин И. А. О сущности правосознания // Собрание сочинений：в 10 т. Т. 4. М. , 1994. C. 276.

国家治理的效率，实现现代国家的繁荣、竞争力和全球化条件下的国家的成功发展。

在新国家主义治理下理解现代国家的理论，这是基于对现代国家在社会生活中加强作用和扩大现象的客观认识，确定这一现象对现代国家的积极潜力。

在"新国家主义"下，有可能将现代国家发展作为以下三个重要方面的前景：民族文化认同；有效的国家（一个旨在发展竞争力和使国家机构现代化的功能国家）；能力国家（一个抵抗危机并能够找到社会冲突的法律解决方案的国家）。

现在，正如我们所认为的那样，人们可以将新国家主义称为积极的国家主义，其中现代国家不是目标，而是价值，它有义务在框架内和法律的基础上管理社会事务。这是新现实主义与经典（非法律）国家主义之间的主要区别。

新国家主义是国家主义的基本类型之一，其目标和内容与基于国家中心主义的经典国家主义根本不同。新国家主义不是以国家中心主义为前提，不是以人为中心，而是社会中心主义。对于俄罗斯的社会文化空间来说，作为西方人类中心主义的对立面，欧亚社会中心主义具有特征性。个人的利益在集体利益的背景下被理解，它是其中的一部分，个人利益不是绝对化的。只有被纳入集体生活活动的整体多样性中，个人才能获得独立主体的地位，"获得"是不可改变的。素养成为其自身活动的主体意识和权利，自由和责任得到支持。

新国家主义对国家机构特殊作用的理解是基于现代社会发展的现实，因为在复杂和充满活力的世界中，国家具有足够的动员潜力，可以进行必要的改革，由于拥有人力、政治、法律和物质资源而实现现代化。没有一个国家之外的民间社会机构拥有这样的资源。

在考虑现代国家和政府问题时，新国家主义概念可能具有很大的学术和启发意义。与此同时，重要的是要在"国家主义"概念的各种语义细微差别之间找到平衡，因为，当被带入逻辑极值时，人类中心主义者的方法可以导致重新评估国家在与社会互动中的作用。

三、小结

自 1991 年俄罗斯独立以来，在过去的差不多 30 年里，俄罗斯经历了不同的国家治理方式的转变。从国家主义到自由主义、到新自由主义再到新国家主义。在这个过程中，俄罗斯的历届总统，从叶利钦到普京到梅德韦杰夫再到普京，都对当代俄罗斯的国家治理作出了积极的探索。

作为一个地跨欧亚的国家，作为一个有着集权主义传统的国家，实行积极有效的新国家主义治理范式意义重大。作为具体的政治、经济、社会制度的确立和巩固，需要一定的时间。当代俄罗斯的新国家主义治理范式，对于其他转型国家秩序的建立、社会的发展来说具有一定意义上的启示作用。

第三节　转型国家的国家治理及政党制度建设

历史已经进入到 21 世纪，并没有出现福山所说的历史的终结。英国脱欧、欧洲民粹主义的泛滥、2016 年特朗普当选为美国总统任期四年，当今世界各个国家出现了国家治理现代化过程中的新情况。我们有必要对于当代世界上各个不同的国家治理模式，特别是转型国家的国家治理进行一个简要概括，并在这个基础上，归纳出转型国家的国家治理范式。同时对于不同转型国家的国家治理中的政党建设，作一个初步的研究。

在笔者看来，当代世界存在的国家治理模式主要有国家主义范式和自由主义范式，与此相对应，政党在不同的国家治理模式中，发挥着不同的作用。一般来说，自由主义的国家治理范式对应的政党制度是两党制或者是多党制。在国家主义的国家治理范式中,相对应的是一党制。

除了国家主义范式和自由主义范式,国家治理还有一种特殊的模式,就是在当代转型国家的国家治理范式。这也是本书所要探讨的,以俄罗斯为例的转型国家的国家治理现代化过程,以及这个过程当中的政党制度建设。当然,还有很多国家虽然有国家之名,但还处在现代民族国家建构的前夜,还处于国家发展过程当中的统治阶段而不是治理阶段,还谈不上有国家治理现代化的问题,这不在本书的研究范围之列。

一般而言,"党"这个词,来源于拉丁语"pars",其含义是部分。从词源学上来讲,政党派生于"pars"及"partire"(意大利语,含义是离开),这个词进入到法语之后,构成了 Partie 一词,它的含义是分享。当部分 part 变成政党 party 时,这个词就有了两个相反的词源,一个是"partire"表示离开,另一个同"参与"和"分享"有联系。正如俄罗斯学者佐托娃所述:"在现代政党形成之前很久,这个术语就是一群人在权力范围内相互竞争或影响权力。"[1] 政党是一个表达各种社会群体利益的组织。对政党进行分类,由此有了政党类型学。

政党有各种各样的分类和类型,从群众型政党和干部型政党的区分,到全能型政党和卡特尔党。[2] 法国政治学学者莫里斯·迪维尔热根据党派结构的差异和内部生活的组织来对政党进行分类,是最有成效。

迪维尔热首先对干部型政党和群众型政党进行了区分:干部型政党和群众型政党出现的历史、组织成员的数量与选民人数的比例、政党成员的性质、资金来源、政党活动的形式以及政党权力结构优先关系的性质。干部型政党是党员人数很少的政党,其特点是组织结构的无定形,通常缺乏固定的会员和会员费。这些政党的活动主要是在竞选期间以及

---

[1] Зотова, З. М. Политические партии России: организация и деятельность [Текст] / З. М. Зотова. -М. , 2001. – С. 3.

[2] Katz, R. S. , Mair P. , "Changing Models of Party Organization and Party Democracy: The Emergence of the Cartel Party", *Party Politics*, Vol. 1, No. 1. , 1995, pp. 5 – 28.

进入议会之后进行的。这些政党的组织核心是一群政治家，凭借他们的地位、财政能力、个人名声，能够确保党在选举中的胜利，不需要吸引广泛的有组织的支持。

与干部型政党不同，群众型政党的特点是在广泛的区域存在地方党组织网络，固定的成员，更严格的党纪，涉及支付党费时需要向党提供个人援助。除参加竞选活动、中央和地方代表机构的活动外，群众型政党还负责处理正在进行的组织工作，以加强自己的队伍，培养大量党员干部，并为其成员和支持者提供政治教育。此外，群众型政党的特点是对党内活动基础的更实质性的监管。

政党分类的本身并没有与社会环境和历史联系在一起，也没有揭示政党完整的特征。因此，选择一种或另一种"理想类型"（在马克斯·韦伯理解的社会学中）经常被证明是没有意义的，因为某一个政党可以同时对应几种类型。此外，这些分类通常仅限于西欧类型的政党，这大大减少了政党类型学的内容。

和干部型政党相比，群众型政党到了20世纪才出现，是以代议制机构运作为基础的政治制度的一个组成部分。应该指出的是，关于政党的理论思想，其在国家和社会中的本质和作用取决于相关时代的实际情况，也是由政治、法律理论的总体发展，不同历史时期关于社会和国家结构的思想、概念的发展所预先确定的。例如，"直接民主"、"议会代表"等。

一、转型理论和转型国家

20世纪80年代末90年代初，东欧巨变、苏联解体，这些国家出现了政治制度和经济制度的双重转型。如果我们放开历史的视野，实际上从20世纪的70年代，葡萄牙就开始了政治制度的国家转型。

（一）转型的概念

作为一种客观存在的社会事实、社会过程，社会转型可以被理解为

"任何社会对象的社会系统及其子系统的状态和要素的一致变化"①。在人文学科中,自20世纪中叶以来,"转型"一词被用来表示社会的根本性结构变化,向社会的新质量、新状态、社会结构、社会制度和组织的过渡,与社会需求引起的进化过程相对应,并表现为定量的社会状况,不会导致其质的特征发生变化。

在俄罗斯当代著名学者扎斯拉夫斯卡娅(Т. Заславская)、亚多夫(В. Ядов)、丹尼洛夫(Данилов, А. Н.)等那里,"转型"的概念通常用于指前社会主义国家的社会、经济、政治和文化发生根本变化的过程。按照他们的说法,经历这种社会变革的国家的转型过程有以下一般特征:

1. 规模、深度和系统变化

根据亚多夫的观点,转型过程是全面和系统的。包含经济、政治、价值体系,以及所有政治制度和公民的日常生活。②

2. 不平衡的发展阶段

转型过程通常经历以下阶段:(1)现有社会状况的社会判断,危机的内容和规模及根源;(2)评估危机的可能性和解决的方法;(3)消除过时的系统与现实的社会发展水平和趋势的明显不一致的因素;(4)社会的自我更新,进一步发展。转换过程由一系列连续的转换状态组成,每个转换状态代表在特定时期内现实的变化。③

3. 各种社会群体和阶层利益矛盾日益突出

社会流动性高、人口大规模边缘化。由于转型期经济和社会领域的结构性变化,社会结构发生了巨大的改变,社会分层的发展也随之而

---

① Российская социологическая энциклопедия [Текст] / Под общ. ред. Г. В. Осипова. - М. , 1998. – С. 426.

② Ядов, В. А. Современная теоретическая социология как концептуальная база исследования российских трансформаций [Текст] / В. А. Ядов. -СПб. , 2006. – С. 9.

③ Данилов, А. Н. Переходное общество: Проблемы системной трансформации [Текст] / А. Н. Данилов. -Минск, 1998. – С. 10.

来；一个常规特征是部分人口的边缘化。转型过程导致各阶层人口的社会地位突然发生变化，他们以前的经历变成负担，阻碍适应变化。①

4. 各种社会制度缺乏统一的转型

社会发展的转型是一个特殊的历史子系统，有其特定的结构、发展趋势和规则。转型过程发展的复杂性在于转型变革没有共同的规律，每个国家的最佳转型政策就是必须独立发展。

因此，国家的政党制度由于其制度设计的相似性而不管制度的类型——议会制或总统制或其变体，以及法律制度的类型（大陆法系或英美法系），在结构上相互接近组成类似的党派和基本立场。这些相似之处加强了政党内部机构日益重要的作用。

然而，在政治科学和社会科学方面尚未形成对社会转型过程趋势的共同理解，国家转型的标准和特征尚未系统化。基本的社会变革，其动态的增加和差异化的表现形式需要进一步深入研究"转型"类别、转型过程以及确定其一般规律、机制和特定表现形式，包括转型社会的条件。

一些作者提出了这样的论点，关于将苏联解体后的转型分为两个不同过程的必要性：第一，破坏已有的威权主义结构；第二，取而代之建立新的政治结构。我们研究的是苏联解体之后的俄罗斯，那么在这里，对于第二阶段来说重要的政党政治体制转型的过程还远未最后完成。

因此，重要的是要如何理解和解释变化社会中的政治转型？如何在社会变革的背景下确定政治转型的性质和方向？为了解释这一点，有必要诉诸社会科学和人文科学中存在的理论。对于这些问题的解释，有两种社会政治宏观理论最受欢迎：现代化理论和转型理论。

（二）现代化理论

现代化理论形成于20世纪的50—60年代。这一理论反映在亨廷顿

---

① Ядов, В. А. Современная теоретическкая социология как концептуальная база исследования российских трансформаций［Текст］/ В. А. Ядов. -СПб. , 2006. – С. 9.

等人的著作中。我国学者罗荣渠先生对现代化理论在中国的传播和发展作出了重大贡献。现代化理论的创立者之一艾森斯塔德认为现代化可以被描述为"形成一种能够容纳持续变迁的问题与要求的制度结构。正是这一点,构成现代化的中心课题和挑战。"① 根据杜尔凯姆的说法,现代化是社区向社会的过渡,从机械到社会的有机团结的转变。根据韦伯的说法,现代化是从工具理性到价值理性的转变。

现代化的社会是在各种传统的、不发达的社会的基础上发展起来的。在西欧,它们是在拥有强大城市中心的联邦或国家的基础上形成的。在东欧,更多来自于专制和较少城市化的社会。

一般来说,"现代化"一词被定义为一种运动,即从传统的农业社会向现代工业社会的转变。在这种情况下,通常我们指的是与西方工业社会模式接触的发展中国家。俄罗斯学者克拉西里西科夫(B. Красильщиков)认为,现代化与人的活动和发展相关,这种活动是由对环境的影响、征服自然和空间的积极愿望所驱动的,这也是将自己想象成整个宇宙的中心。这种人格在文艺复兴时期开始形成,当时基于个人依赖的封建关系开始在欧洲衰退。结果,一个独立于其他人的自由个体出现了。在此期间克拉西里西科夫还谈到了世界历史上第一次现代化的开始。②

作为社会学、政治学和经济学中"现代化"概念的同义词,可以找到诸如现代、创新转型、过渡发展等术语。让我们看一看大家普遍公认的、在公共生活的各个领域实现现代化的若干标准:

首先,在社会中,个人和群体在社会中扮演的功能角色分离;所有主要制度领域中的角色功能的区分和专业化,社会生产、政治、家庭中的职责分离;私人和公共生活的分离;基于等同的事物交换,在个人独

---

① 艾森斯塔德:《现代化:抗拒与变迁》,北京:中国人民大学出版社 1988 年版,第 49 页。

② Красильщиков, В. А. Мировые модернизации и судьбы страны [Текст] / В. А. Красильщиков // Свободная мысль. – 1999. – № 1. – С. 93.

立的基础上摆脱人与人之间的依赖关系。

其次，在经济方面，发展与实用科学（理性）知识的技术相关的工业系统；经济中的二级（工业、贸易）和三级（服务）部门的出现；深化社会技术分工；商品市场、货币和就业的发展。

第三，在政治上，中央集权国家的形成。在权力分立原则的基础上进行管理（在宏观和微观层面）；将广大人民纳入政治进程（至少通过扩大代议制的政治参与形式）；民主的建立及其随之而来的机构；形成各种社会群体的自觉利益；建立表达社会群体利益的新政治组织（政党）。

第四，在精神上，文化系统和价值取向的日益分化；教育和文化的世俗化；各种哲学、社会政治科学化趋势；宗教多元化；开发新媒体和传播信息的手段。

最初出现的现代化概念旨在为西方对发展中国家的政策提供理论支持。例如，美国在第二次世界大战后制定了保护其在第三世界国家的国家利益的方法。美国的目的在于：了解新独立国家的发展前景，向新独立国家转移美国的现代化经验和方法，使发展中国家能够稳定其政治和经济形势，进行必要的改革和变革，成为具有可预测的内部和外部政治的社会，以便美国能够掌控这些国家的政治和经济。

然而随着时间的推移，现代化的概念已成为全球文明进程的通用范式，其实质是描述从传统过渡的性质和方向，以及可持续发展社会的科技进步、社会结构的变化、规范和价值体系转型的结果。

各国的现代化及其在世界空间和历史时期的不平衡与各自社会发展的独立性有关。通常有两种类型的现代化。其中第一个是原始的、自发的或"有机的"现代化的类型，具有通过内部过程的逐步、长期发展向理性社会结构过渡的国家特征，通过在公共生活的各个领域中自发积累先决条件，其组合给出了定性的推动力（美国、英国）。第二种类型是外生现代化，不发达的国家努力追赶现代国家，寻求实现现代化。

现代化理论可以从三个方面展现出来。第一个是传统—现代的二分法，它将世界上所有国家分为两类："传统的"和"现代的"，现代化的过程被视为从传统社会向现代社会的过渡。第二个方面涉及社会发展的生产力和生产关系的内在原因。根据这一方面，由于人口普遍文化水平较低，许多发展中国家经历发展道路上的挫折的同时，生产力和生产关系的发展水平也在不断上升。第三方面，现代化是一个单线发展过程。发展中国家的发展进程与现代后工业社会发展有更多的相似之处。最常见的是，传统社会的现代化的尝试并未导致预期的结果。在发展中国家，贫困正在增加，传统机构和生活方式的破坏会产生许多副作用，这往往导致社会混乱和失范，越轨行为和犯罪增加。

现代化理论在很大程度上存在着理论自身的缺陷，比如对传统和现代的两分法、单线论等。在对现代化进行研究的过程中，出现了不同的现代化范式。例如，"后现代化理论"（亚历山大）、环境现代化理论（吉登斯）、"政治现代化理论"（卡尔·多伊奇）。

（三）转型理论和转型范式

在现代哲学话语中，作为概念的"现代化"和"转型"经常互换使用。然而在政治学中，当研究社会政治领域、政党的政治过程时，有必要将它们加以区分。在我们的研究中，我们将现代化理解为仅在外部，非基本方面发生的变化，其初始价值在本质上保持不变。在社会政治转型中"转型"是一种变化，其中发生了根本的结构性和实质性的变化，包括制度变革，表现为组织的新状态。

谈到当代俄罗斯，可以说俄罗斯的社会政治转型问题与1991年的"八月事件"有关。当时迫切需要为社会进一步发展寻找新的选择和方向，以制定更有效的方法来克服这种转变所产生的危机现象。这一问题的尖锐性和相关性至今仍在继续，仍然是社会科学和人文学科中最受争议的话题之一，如社会学和政治学。

所有这些都引起了人们对转型理论越来越浓厚的兴趣，转型理论的核心问题是对转型社会的分析。使用转换理论或过渡理论，可以解释过渡时期国家研究过程中"过渡"、"政治现代化和转型"等概念之间的关系。与此同时，将转型学作为一个综合的、系统的研究问题是可以的，但如果作为一个学科来研究并不合理。许多（大多数是西方的）转型学学者的不同立场不可能只是通过一种范式、一种"民主过渡"模式，或者更确切地说是"后威权主义过渡"的模式联合起来。因此不同的学者对于该模型及其构成要素的运作存在认识上的分歧。

关于后威权政治制度生活中明显表现出来的政治问题，人们注意到对过渡时期"不确定性"情况的评估发生了变化。这在很大程度上推动塞缪尔·亨廷顿的"第三波民主化"的理论方法上的争议：无论是过去还是现在，是否可以期待一个独裁的"低潮"（如果我们利用全球民主进程的"波"的模型）；今天，这个"波"处于什么阶段、是否继续，这涉及所谓民主化的标准是什么，以及它们对每个特定国家都是普遍的还是特殊的问题，等等。在全球范围内界定政治进程运动的一般愿望，作为向民主形式行使权力的明确转型，并不意味着我们这个或那个政治思想家属于"转型学家"。这需要进一步对转型学本质的理解。

重新思考"转型范式"的必要性引发了许多讨论。到目前为止，一些俄罗斯和西方作者正试图捍卫其应用的合法性。俄罗斯学者库兹涅佐夫提出以下论据来捍卫转型范式的存在。首先，可以将政治生活的过程想象成一个不断变化的思想、社会群体和制度的社会存在，而这些社会群体和制度并非固定在静态类别中，因为政治过程本身就是一个动态发展的现象。其次，转型范式侧重于识别和分析政治变革的因素。第三，转型范式成为在最困难的发展时期考虑发展或不稳定系统的基础，根据世界经验寻找最佳形式的政府，将全球趋势与当地进程联系起来。①

根据俄罗斯政治学家格里曼的说法，将民主视为唯一目标的"乐观"概念正在取代其他概念。甚至在作品的标题中也反映出这一点：

---

① Кузнецов, И. И. Парадигма транзитологии. Плюсы и минусы объяснительной концепции переходного периода [Текст] / И. И. Кузнецов // ОниС. – 2000. – № 5. – С. 47.

"过渡时期的不确定因素","民主的威胁和困境","整合的幻想"和"后极权主义的渴望"。①"不确定性"的概念被引入科学研究中。根据学者班斯的说法,"令人吃惊的是,在转型期间,结果的不可预测性与程序的不确定性相结合。因此,我们面临着双重的不确定性,如果加上政治和经济方面,甚至是四倍的不确定性"。②

换句话说,如果不彻底分析政权的过去和可能的未来及其进一步发展的方式,就不可能理解变革的本质。在这方面,转型学再次开始被理解为研究过渡进程的政治科学分支,而不是忽视超出民主问题范围的东西。梅尔维尔(А. Мельвиль)对"转型"给出了如此现代的定义:"这是一个将各个政治国家转变为多元化过程的概念,而巩固民主并不一定是过渡的最终目的地。"他补充说,转型本身并不意味着保证向民主过渡,更不用说它的巩固了。这是指从一个社会和政治国家向另一个国家过渡的多态过程的方式,并且如上所述,民主不一定是最终目的地。③在他的定义中,并非所有过渡都在向成为社会发展基础的民主政权的过渡中结束,而变革过程应该被理解为从最广泛意义上的政治和社会制度的一种定性状态转变为另一种定性状态。

根据萨科瓦的说法,"转型作为社会发展的逻辑阶段,从众所周知的起点到同样众所周知的最终结果的概念,植根于现代性的基本元素中,即所有社会所面临的线性和普遍发展模式的概念。"④换句话说,世界政治现实展示了各国发展道路的广泛发展选择,创造了"突变体"和"混合体",这导致学者们谈论国家发展的转型道路。将转型学框架中所进行的比较研究的全部内容简化为表面的"转型范式"是不正确的。

---

① Гельман, В. Я. Трансформация в России: политический режим и демократическая оппозиция [Текст] / В. Я. Гельман. - М., 1999. - С. 16.

② Банс, В. Элементы неопределенности в переходный период [Текст] / В. Банс // Полис. - 1993. - № 1. - С. 48.

③ Мельвиль, А. Ю. Категории политической науки [Текст] / А. Ю. Мельвиль. - М.: «РОССПЭН», 2002. С. 252.

④ Sakwa, R. Postcommunism [Текст] / R. Sakwa/-Buckingham, 1999. - p. 119.

"转型范式"缩小了研究领域,并没有解释为什么一些专制政权是民主化的,而另一些则没有,或者为什么民主化进程在不同情况下如此显著不同。

相反,梅尔维尔充满信心地谈道"作为一个分支学科的转型学,研究现代性的多元化和多向政治变革的模式,并没有将其作为建立普遍适用和普遍的民主化矩阵的目标"。这种"转型"学科概念的核心是将所有形式的过程联合起来,无论是形式还是内容。梅尔维尔指出,作为"转型"的结果,事实上,作为一项规则,这种或那种民主结构被假定,而现实表明这种结果并不总是可以实现的。①

转型学中的许多问题仍然是热烈讨论的主题。特别是库兹涅佐夫质疑转型学作为政治科学的一个分支的合法性。他的观点是,许多(大多数是西方的)转型学家的各种立场都是通过"民主"转型模式——更准确地说是"后威权主义转型"的模式联合起来的。

转型学有两个维度:第一,研究"转型期"并与转型的概念相关;第二,检验转型范式是否是普遍的。但这种区别并不是苏联解体后政治发展进程的特征。因此俄罗斯学者格里曼认为,将"转换"和"转型"的概念用作同义词是恰当的。通过这种术语,"转型学"一词的使用可以被理解为政治学的一个分支,探索任何形式的政治变革。事实证明,这个学科的中心概念"转型"包含了所有形式的转型过程,任何形式和内容从非民主状态到另一个民主的转型是全球发展的基本变量。② 梅尔维尔建议区分民主转型的结构和程序方面,并以俄罗斯"政治领域"为例,说明转型过程的特殊特征。因此,显而易见的是,俄罗斯"转型学家"方法的主要内容仍然是对"转型"的研究,他们试图考虑苏联解体后国家发展的模糊性,并远离转型的目的。

---

① Мельвиль, А. Ю. О траекториях посткоммунистических трансформаций [Текст] / А. Ю. Мельвиль // Полис. – 2002. – № 2 . – С. 66.

② Шириков, А. С. Транзитология: затянувшееся прощание? [Текст] / А. С. Шириков // Полис. – 2005. – № 2. – С. 172 – 178.

对转型学的兴趣激增是由于苏联的解体和东欧国家的变革浪潮造成的。虽然这些变化本身并不是由转型学家预测的，但当时存在的进行变革的愿望却是很大的。在 20 世纪 90 年代初，俄罗斯被明确地视为走上民主化道路的国家。这是转型学的鼎盛时期，他们发展和完善了他们的理论计划，积累了关于民主运输过程的经验知识。但几年后，"民主化"专家开始感受到他们建造的世界画面的不完整性，即使在拉丁美洲，成功转型的结果也不多。

根据美国学者的说法，现在关于修改俄罗斯发展研究观点的问题已经具有了新的意义。有必要将"转型学"（транзитология）作为社会和政治研究的适当分支与"转轨学"（транзитонология）进行比较，这是美国著名学者科恩（Stephen Cohen）所引入的术语，揭示了 20 世纪 90 年代研究俄罗斯的主导范式的特征。现在是"俄罗斯转型"这一概念占主导地位的时候了。在此期间，"转型学"的倡导者——对西方民主和市场关系的过渡时期的研究占了上风。特别是科恩将"转轨学"定义为研究"没有俄罗斯的俄罗斯"的一种方式，其中研究的对象就消失了。[①]

在介绍"转型学"这个术语时，学者们确定了这项研究，其作者在考虑变换时运用理想的典型模型，试图将世界上的事件融入理想模型的框架中。因此，作为"具有结果不确定性的程序确定性"的转轨开始被视为从一个社会状态向另一个社会状态转轨的多态过程。现阶段转轨学的主要问题是寻找问题的答案：未来是什么？

关于转型过程的观念转变反映了考虑转型这一现象的制度、结构和功能，主体活动方面的理论和方法的多样性。社会政治制度转型的制度和社会文化组成部分之间的相互联系可以追溯到新制度方法，综合了制度、系统、结构—功能、政治—行为和政治文化方法的成就。笔者将社会政治制度理解为一系列制度和行动者（具有规范、价值观和资源），

---

① Прозоров, Б. Л. О судьбах советологии [Текст] / Б. Л. Прозоров // Вестник МГУ. – 2001. – № 6. – Серия 12. – С. 7.

将政治变革定义为制度、价值观、规范、行为模式的相互依存变化。

政治转型反映了社会政治制度能够适应当时新的动态变化的需求，维持理性的传统结构，并建立新的制度，以确保政府与公民之间的反馈机制的优化。转型过程的制度和社会文化组成部分之间关系的性质取决于方向性、动态和绩效，多层次内部和非系统性变化的共轭。事实上，这些是共同进化的过程，反映了制度、价值规范和社会其他子系统的相互依赖性。制度和社会文化的变革不会同时发生变化。在此基础上，"环境"滞后性影响制度变迁的有效性，因为现行的非正式价值体系填补了与最初投入的内容不同的正式态度和规范。因此，转型社会中新兴的新制度市场受到多种制度扭曲的影响。有必要考虑到政治体制的转变，其结构组成部分、运作方式和合法性是非线性过程。它们不是基于新旧共存，而是基于质量上不同的结构和联系的形成。

这一方向将政治转型视为转轨的一个组成部分，这主要是制度和社会文化机制的质变，进而影响社会生活的社会领域。总之，由于政治转型对社会领域的强大影响，研究人员开始将其定义为一种改变社会结构的机制（社会地位和人口流动的大规模变化），以及社会结构的重大制度变迁。社会转型是通过在权力和所有权形式方面彼此不同的先前社会群体和阶层的构成和质量的变化而发生的。

因此，对政治转型进行研究也包括研究包括政党在内的政治制度和政治结构的转型机制。当然从本质上讲，政治转型是社会转型的一部分。

俄罗斯的转型是一系列复杂的结构、功能和相互作用方式的质变，系统转型与制度和社会文化子系统相互适应的共同演化过程相关联。

转型过程的内容是社会政治制度的社会结构和功能的质的变化，其动态和有效性取决于政治结构和政治行动者应对内部和外部的能力。与此同时，政治转型包括政党转型，可以被视为社会转型的系统要素，但不是连续的过程，包含三个相互关联的方向：创新（与创建新的更有效的系统要素相关）、惯性（稳定，限制激进变革）和功能失调（表现为破坏旧体系的元素，并因此破坏社会生活）。因此，在转型国家，政治转型首先是政党转型，反映了政治制度适应新的社会要求，维持理性的传统结构，建立新的制度以确保政府与公民之间的反馈机制最优化的能力。

如果从利用体制和社会文化方面分析：政治制度转型在很大程度上是由内"程序"（政治行动者、形式和活动规则）和非系统性的"环境"的相互依存关系发生变化（社会文化政治发展因素的其中之一是价值体系）而引起的转型。转型过程的不平衡往往是社会文化变化滞后于制度结构变化的结果。从这一点出发，将政治转型视为一个由上升和下降组成的改革和变形、巩固和分解的交替过程是准确的。

政治转型的一个重要系统因素是政党。由于约束国家和社会的关键制度是政党制度，政党转型问题不仅是政治体制转型的本质问题，更是一般社会转型的问题。

现代俄罗斯政治制度的制度结构再现了传统制度模式的主要特征，它决定了各种政治制度与社会之间的性质、功能和系统的相互关系。由于保留了制度发展的这些特征，在转型过程中公民投票民主制度的出现以及强大的行政权力成为可能。

政治多元性和多党制已成为俄罗斯公共生活的一个组成部分。《俄罗斯联邦宪法》中对这一条款的强调意味着民间社会形成过程的不可逆转性，其中各方发挥民间社会与国家之间的中间人的作用。所采取的行动为利用各方在公共生活所有领域实施国家政策的潜力奠定了基础。同时，正如梅德韦杰夫曾给联邦议会的一封信中指出的那样，民主机构为了实现社会福祉"必须在所有社会阶层扎根"，国家社会和政治职能的一部分必须"直接转移到公民组织和自治"。

探讨现代俄罗斯国家和政党关系的转变，我们可以得出结论：国家和政党关系从情境和冲突逐渐转变为更加系统和有效的家长式相互关系。俄罗斯多党制（1988—1992年）[①] 初期的碎片化政党制度与情境国

---

① 当代俄罗斯的政党制度起源于苏联时期的1988年。

家—政党关系模式相对应。在此之后，俄罗斯极端多元化的政党制度（1993—2000 年）是一种冲突关系的典范。2000 年之后具有优势政党（"统一俄罗斯"党）地位的现代政党制度，其形成始于 2001 年，其特点是国家与政党之间关系中的家长作风模式。反过来，如果向两党制或向有权力选举和独立政党的有限多元化制度过渡，就可能形成最先进的伙伴关系模式。但是，俄罗斯联邦没有这些（独立）政党。

俄罗斯的案例在许多方面都很特殊。俄罗斯联邦不像其他民主国家那样，政党的存在是客观历史发展和公共生活民主化的结果。由于自由选举胜利而执政的执政党在过去和现在都在俄罗斯缺席，因此必须改变现有的政党制度分类。适用于俄罗斯现实，人们可以谈论一个不完整的政党制度，其中既没有公共控制权的制度，也没有任何政党在塑造国家制度中的作用是决定性的。

政党制度的作用在于形成一套稳定的规范和程序体系，确保和规范政府与社会之间的互动，构成了现代俄罗斯转型过程的重要制度组成部分。政党的制度变革不仅与分析制度结构的所有要素有关，也在于它们之间相互关系的性质、功能和系统性。与此同时，政治制度与环境相互作用的适应性和效率取决于其融合正规和非正规制度的能力。在这方面，似乎有理由相信使用"社会制度模型"的概念，表示一套基本制度，即构成整个社会的制度结构骨架的基本内部相互关联和相互依存的游戏规则体系。

为什么政党制度实际上是社会转型的制度要素，同时又不是俄罗斯政治制度的重要和主导因素？为什么国家在俄罗斯的社会转型和政治生活中起着决定性的作用？因为俄罗斯的文化和历史发展预定了权力形成作为一种专制权力。权力形成的所有阶段都以某种方式在俄罗斯人民心目中确定了专制的权力模式，其结果是威权主义成为俄罗斯其他形式权力再现的典型模式。俄罗斯对威权主义的道德（内部）接受导致了社会文化环境中政治结构的统治，结果是当局试图为了自己的利益而打破文化，将其变成国家机构之一。在俄罗斯，国家在"社会文化"结构中取代了社会。因此，现代俄罗斯政党的转变与制度设计问题的关系不同于俄罗斯政治文化传统问题,而俄罗斯政治文化源于拜占庭人的政治价值观。

没有政党制度,现代国家是不可想象的,政党不仅是最重要的政治制度之一,而且是一个行动者、一个党政体系中的积极参与者。与此同时,政党制度的转变是一个非常复杂的过程,由许多不同因素决定,并取决于现代俄罗斯社会变迁背景下的具体历史条件。

现在,俄罗斯联邦已经建立了多党制政治制度。对现有俄罗斯政党在国家治理中的作用的研究是当代俄罗斯国家治理相关研究课题的优先研究领域之一。

二、苏联解体后各国政党制度的特点

1991年底苏联解体之后,包括俄罗斯在内的15个国家获得独立,除了波罗的海三国加入欧盟之外,在其他加盟共和国基础上诞生的新国家的政党的产生和发展有如下的特点。

(一) 新独立的国家出现了新的政党

苏联解体后,在15个新独立的国家中再一次出现了独立的政党。但是没有政党宣布继承苏联的遗产,他们都宣布遵循民主价值、普世性原则,并且学习西方政党的经验。

但这些经验没能够影响新的政党进行新的党的建设,大多数新的政党都保留了共产党管理时期的党的代表大会制度,它们不仅建立了党的支部,也建立了党的青年组织。新的政治组织在新独立的主权国家中利用苏联共产党的经验、党纲、宣传口号和斗争方式来组织群众性政党。在这种情况下,就出现了要求国家干预党的建设,政党在转型的道路上实现作为民主代表机制的社会要求。在大多数新独立国家出现了对政党建设的立法要求。例如,对党员的数量、代表大会、种族、职业特征等进行限制,这就影响了政党数量的增长,排除了许多在不合理的范围内已经建立的政党。

在相应的法规通过之后,哈萨克斯坦减少了近一半数量的政党。而且，在一些国家有着严格的政党注册制度，准备参加选举的政党，必须达到要求才能够进行登记和注册，这也减少了繁杂的政党数量。例如在吉尔吉斯斯坦，虽然政党众多，但是在 2010 年议会选举中只有 29 个政党或者联盟①参加了政党选举前的选举注册。

(二) 新政党产生的政治市场化背景

新政党的产生直接和政治社会生活领域当中的市场化——政治市场化原则相联系。正因如此，在比较政治学当中分析苏联解体后出现的政党更多地利用被称作"政治营销"的研究方法。

"政治营销"包括理论和方法。政治组织利用公开的权力来形成自己的目的和纲领。同时，影响着相应的公民的活动。与此相应，在俄罗斯政治学中，形成了一个基本的概念，这就是政治消费主义。这种方法要求政治购买者，也就是选民在购买政治产品时有这样或那样的取舍。这些政治产品包括：政治纲领、意识形态、承诺、政治家的形象、政治协商。除此之外，现在的政党利用政治营销技术，把自己变成了政治市场中的营销公司的一种特殊形式。

存在的政治资本意味着政治市场和空间、地区的公民对选举的纲领以及政治决策者的决定进行选择。但是由于国家权力的碎片化，公民本身不一定能够直接参加政治管理，无法获得收益。

与此相应的就是政党在政治市场当中发挥着以下的作用：政治市场的需求，确定了纳税人和管理者的财政情况。在地区的财政中，一些妄想者，要求自己的政治商品被代议制制度广泛接受，并且通过选举被购买。但是事实上，政治商品不同于现实商品的购买，在政治市场中政治商品买卖的发生依赖于集体行动的选择。这种选择依赖于政党的选举。

也就是说，新的政党制度是社会利益代表制度化的体现，并且无一例外地转变为选举竞争机制。但由于很多政党不能代表民众利益，并且

---

① Роза и боевики, https://rg.ru/gazeta/rg/2010/09/15.html (访问时间：2017 年 10 月 3 日)。

和社会相隔绝，政党在现今的社会中并不是政治产品需求者统一利益的中介。

(三) 新政党中"卡特尔政党"的出现

西方的政党学学者卡茨和梅尔提出了"卡特尔政党"的概念，政党和国家相互渗透，在选举中建立了一定的稳定联系，政党变成了国家机器的一部分。在他们的概念中，卡特尔政党是"剧场民主"的变量，而不是现实中不同社会利益代表之间的竞争。国家和政党一体化有既定的游戏规则，他们对于公开的政治协议没有兴致。政治参与者倾向于通过"卡特尔政党"的形式进行资源的分配。

在世界各国的政党发展过程中，由于丧失了群众性以及自身的组织资源，一些政党开始退出历史舞台，或者进行自身的转型。加强自身的领导以及党的成员在国家机构中的作用。但是也要承认，相对的也发生了政党在一定程度上数量的减少。

政党和国家的一体化使政党在一定程度上获得了更多处置资源的能力。这其中也包括通过立法形式对干部任命施加影响。尽管在立法过程当中，政党丧失了作为特定阶层代表的作用，但公民在民主的加速发展当中认识到，政党是一个必要的民主制度的工具。

新的政党在社会上通过政党领导人被记起。关于这一点，沙俄时期的政治学家奥斯特罗果尔斯基写道：政党的组成，要求自身是现实的鲜活的力量。自身必须获得群众的广泛支持，核心必须获得制约权力的现实的政治分量。对现实力量，奥斯特罗果尔斯基写道：受到制约的力量，在意识和意志上发挥作用。支持他们意识到自身的存在。通过自身的考量，共同形成自身的行动。奥斯特罗果尔斯基特别强调了失去了社会支持的、却在必须的民主制度下被人格化要求的政党的核心作用。社会出现了这样一种对于政党的倾向：阻碍权利的拥有者，无论是国家还是财阀去对权力和物质资源进行分配。另一方面，也出现了这样一种巩固社会的意识来支持政党作为民主制度的地位，要在政权上模仿西方的民主来巩固自身的合法性。

大多数新独立国家的政党划分了国家和社会的界限。这就引起了政治的商业化，政党作为一种规范性的资源，具有有选择性地配置政治资源的权力。对于这一趋势，卡茨和梅尔在他们的著作当中写道：政党在国家机器中的作用加强、政党在社会中的消失。党的组织在国家机构中占主导地位，在这种情况下，政党在社会中的地位发生转型，成为选举工作的职业机器。对政党制度发展趋势的研究，形成了这样一个有代表性的概念，政党不再被看作是社会利益群体的代表，而成为国家政治系统和机器的一部分。对于这个问题乐观的争论，就是国家保留了政党的机制，在一定程度上对社会利益进行调整。先前的研究者认为，政党一定要有社会的支持。

由于在一定历史阶段缺少阶级和群体对于政党的社会支持，政党类型和认同发生了新的变化。德国政治学家基希海默（Otto Kirchheimer）认为，政党组织和它的社会基础，因为确定的价值认同，使政党成为中介人，政党被认为是社会群体和国家之间的中介人。

（四）占有优势地位的政党现象

苏联解体后出现的政党，有着自己的特点，这就是在相应的政党系统中，出现了占有优势地位的政党。在大多数情况下，这种占有优势地位的政党，都是因为政治制度设计的结果。在对墨西哥、日本、瑞士以及其他国家研究的基础上，美国的政党研究学学者罗伯特·格林创立了优势政党理论。格林认为20世纪的政党制度出现了这样一种倾向，一些国家的政党在相当长的时间内处于执政党地位，成为占有优势地位的政党，他把这种现象称为占有优势地位的政党现象。之所以形成这种现象，有历史的原因，也有现实的原因。政党紧密的和国家机器相结合，彼此之间进行资源的交换，保持政局的稳定。

俄罗斯的政治学者克拉西利尼克（Красильников）的著作中对优势政党现象做了三种分类，一种是执政党，另一种是政权党，还有一种就是亲政府的政党。不同于其他政党的作用在于创立和政治权力相互作用的机制，执政党不仅仅支持现在的政治权力，也和政治权力相结合，参与到表决和实现政治决策当中。而亲近政府的政党和政权党，他们支持现有的政权以及支持他的政策，但是不能够参与政治和行政决策的制定。①

除此之外，政权党意味着在议会中支持总统或者是行政执行权力的政党。政权党和亲政府的政党的基本区别就在于，亲政府的政党不能够创立政治权力。并且他在议会中的地位，也与官方的政治路线的变化相伴。

而占有优势地位的政权党的出现是和除了波罗的海三国之外的新独立国家的现实的政治制度设计紧密联系的。

新政党在政治地位上有两种形式的划分，这就是政权党和执政党。最主要的就是政党组织的前景受到不同的新独立国家的社会历史的制约。在执政党的条件下，政党组织和潜在的政治精英共同体发生作用，政党远离了民族的利益。在政权党的条件下，作为权力执行机构的群体通过民主制度的形式，获得了公民的信任和政治的合法性。对于执政党在新独立国家当中比较典型的例子就是：摩尔多瓦的"支持欧洲一体化执政联盟"、玫瑰革命之后上台的格鲁吉亚的"统一民族运动"、2010年到2014年乌克兰的地区党。

而对于政权党来说，毫无疑问，俄罗斯的"统一俄罗斯"党、阿塞拜疆的阿塞拜疆人党、哈萨克斯坦的努尔阿丹党、乌兹别克斯坦的自由民主党，这些都是苏联解体后的政权党的代表。

政权党明显地控制着立法资源，并且在立法过程中与社会和权力发生作用。中央的权力执掌在国家领导人的手中，并且领导人的领导特性总是伴随着社会情绪发生变化。哈萨克斯坦的领导人纳扎尔巴耶夫针对哈萨克斯坦社会中不断出现的反西方的情绪在2012年改变了社会经济发展的战略。他说道，今天面对着全世界的特别情况可以确认，西方的

---

① Красильников Д. Г. Межсистемные политические ситуации в России в XX: вопросы и теории и история-Пермь 2001.

自由主义意识形态是有害的，在发达国家当中民众的福利透支是全球化危机的主要原因。西方的意识形态无论如何不能够在全世界都得到实现。即使在发达国家，自由主义的意识形态也能找到积极的替代。这个替代就是全社会都要参加劳动的思想。这是领导人的意识形态宣传，配合领导人的就是政权党的战略。这个目的伴随着社会的情绪，给予政权党积极的结果或者是声望的逐渐变化。

（五）政党在新独立国家政治系统中的地位和作用不同

在新独立国家中，政党在不同的国家政治系统中的地位和作用是不一样的。总体而言，政党作为政治制度在不同的国家中起了不同的作用。

自由派别的政治学者认为，政党在政治参与的过程中失去了社会的信任是一种普遍现象，而政党，总的来说是现代文明不可或缺的因素。借助于政党，可以把社会的不同意见加以凝聚。和这个逻辑相适应，在新独立国家政党作用的弱化是暂时的，最终会建立类似于西方的政党制度。新独立国家的政党特别紧密地和国家政权联系在一起。伴随着社会的发展，政党承受了自身的转型，与此相应的就是国家政治现代化的深入发展。一方面，1991年以来新独立国家为了巩固政治制度，出现了政治权力垂直化的现象。政党作为公民和国家之间的制度连接者的作用正在弱化。另一方面，新独立国家走向西方民主形式制度的转型，又离不开西方民主制度传统的代表——政党。

总的来说，新独立国家的政党的作用并没有发生根本的改变。多党制、议会制、分权制，这些都在其政治制度中得以体现。权力也没有必要冒着风险建立政党的不同的游戏规则。与政治垂直权力的单中心相适应的就是在议会当中如何进一步补充支持政权的政党。

对于可控式民主来说，在多党制的政治系统当中，反映特定群体的利益，需要一定的条件，考虑到社会当中存在着不同的社会分层，议会选举中不同的社会阶层都能够参与到选举当中，表达自己的利益。选举是利益的分配，不同利益的支持者有不同的利益，社会是由不同的部分来组成的。就是那些反对者也是有着自己的利益的。通过政党选举这种合理的方式来表达自己的利益在一定程度上实现自己的政治地位。在新独立国家普遍缺少社会这一现实条件下，政党民主很难通过选举现实化，也很难反映不同群体的利益。对于政党来说，也包括反对党，他们的领导人，更多的是对于政治权力和政治资源感兴趣；而不是对公民的支持、选举人的支持、独立学者和专家的意见感兴趣。与此相联系的是，公民问题没能进入到政党的选举计划当中，这也导致了政府官员的不满和政治系统中政党制度的损坏。

考虑到在苏联解体后空间的政体中，政党作为一种实现权力的机制和社会力量的抓手，首先需要对物质基础进行控制，在新独立国家的这些居民的认知当中，政党是和具体的政治家、对社会群体大多数的感知，以及确定的意识形态和社会利益的代表联系在一起的。

新独立国家的政党的作用，在社会共同体中有以下的特点：首先，政党失去了作为特定社会群体利益代表的特点。它只是一定共同政治意识的人的联合体。政党阶梯的机制，保证了政党高层领导人的地位，并以此为基础进行政治意识形态宣传。而在物质基础上和政党的分层相联系，不同级别的政党领导人在政党体系中拥有不同的权力。作为权力制度转型的工具，政党成了现实的政治商品，保证了一定范围内直接的物质利益，一定范围内统一政治系统的自治。作为转型资源的携带者，现有议会内的政党成为民主体制政党建立的反对者。狭隘的阶层利益阻碍了政党把推动社会、国家内部变化的想法变成现实，政党也失去了在政治过程中的组织更新。

在苏联解体后的空间，政党还保留了一个重要的政治作用，这就是交际作用，保证信息流从基层民众到达权力结构的高层，反过来也是这样互相影响。执政党并不能现实地控制群众，而政权的合法性与民众的支持紧密相联系。

今天提及苏联解体后的空间的政治系统，特别是执政党的能力问题，是一个非常现实的问题。一方面，在过去的20多年中，民众对政党的兴趣明显丧失。只有一部分民众参与到政治生活当中，通过非传统的网状联系，实现政党的作用。另一方面，政党的变化是和选举制度，以及议会政党的演化联系在一起，在大多数国家，现实的利益是通过非正式的形式获得的。

无疑，完全相同的政党发展道路是不存在的。今天的现实是，新独立国家出现了社会的分层，孕育了新政党产生的社会前提。保留和巩固政党制度的作用，在新独立国家可以有两个方面的努力：首先，在国家政策的立法过程中，政党应该发挥积极的作用，权力应该成为党的权力。第二，排除影响政党发挥作用的政治、法律基础。这是和社会利益的代表，以及行政部门的强力监督紧密联系在一起的。只有排除这些，才能加速在社会共同体中政党制度的进一步发展，让政党政治制度在国家政治制度中进一步完善。政党作为特定阶层利益的代表参加到政治生活中去，才能够更好地促进新独立国家政治制度的发展，推动社会的进步。

三、政党制度建设在转型的俄罗斯国家治理中的作用

在国家治理的过程中，政府与政治制度的互动是国家行政机构和公共权力功能最重要的特征之一。一般来说，政治系统被理解为包括政府系统在内的系统。公共行政作为一个经典的管理体系，既包括主体、客体、价值；也包括目标、方法（机制）、资源、决策、实施、结果、监督和纠错等一系列关系和进程。政治体系在环境中代表社会、政府内部、政府与社会之间的一系列关系，影响国家治理的情况。政党制度也与国家行政部门的职能相关联，是代表政治制度的独立子系统。

政治学中的一种常见的研究方法是结构—功能的方法，包括社会政治制度中的国家机构（政府机构）的结构和功能研究。然而，这种方法限制了考虑公共权力职能实施的有效性、与公民和组织（协会）互动的可能性，因为它没有确定运作的管理特性。因此需要的不仅仅是应用结构—功能的方法，也包括其他的方法，对政治和政治制度及国家治理的

相关问题进行研究。

公共行政被视为国家通过其结构体系对公共生活和个人生活的实际影响，以便依靠其强制的力量精简、保存或改造它。政治制度被理解为与国家权力的形成、分配和行使有关的所有制度的总体。政党制度被纳入政治制度的子系统。

按照传统观念，政治体制的结构包括国家（国家机器）和非国家政策主体。国家机构（政府机构）来自政治体系，因为掌握权力可以使用法律强制手段使其成为一个特殊主体。同时，以公共行政系统与政治制度进行对比，如果公共行政系统参与政治进程，包括公共行政程序、群众运动，那么公民团体和个人、政治中的非国家行为者在理论上也可以被认为是政治制度的组成部分。在社会中为了满足尽可能多的人的利益，在选举中产生的权力代表与选民和普通公民的异化以及社会对现有政治权力的幻灭中，参与民主模式（参与民主）意味着建立直接的民主制度变得越来越重要。该模型的一个特征是公民参与政治讨论和决策。然而，由于在俄罗斯社会公民参与的政治活动较少，选择这种模式作为改革政治制度的唯一可能方式似乎是错误的。在大多数公民的主要目标是生存的情况下，参与政治进程变得次要。除非谈到一个极端的情况，即革命。在代议制民主危机和越来越多的俄罗斯人口与政府机构和民选结构隔离的情况下，这种情况结合了上述两种民主模式的要素：代议民主和参与民主。这种组合的主要目的是提供公民影响力的最大可能渠道的数量：公民群体、整个社会与政府机构，以及由他们创建的准替代结构（政党、工会、公共商会等）。与此同时，我们必须承认宪法保障公民参与俄罗斯联邦国家事务管理的权利在很大程度上是一项宣言。

直接民主研究怎么直接授权管理公民机构、公民的管理决策和直接立法（公民投票、民众立法倡议、民众否决、居住地公民的集会），确保公民直接参与公共组织（选举、弹劾民选官员）。公共行政在建立政治制度中通过并反复修改联邦《政党法》和其他一些联邦法律发生了初期的民主倾向。

公民通过他们创建的社会团体和公共协会，也就是独立于政府的非营利组织间接参与国家治理，但这种可能性也一直在缩小。但是这种非国家政治中的角色和地位问题不能被认为是充分明晰的。在本研究的框架内，作为与政府机构互动的个别非国家政策行为者，有以下内容：

- 政党；
- 传统意义上的工会；
- 工会（专业的公共组织和协会，主要包括雇主、企业家和商业组织协会以及自律组织）；
- 宗教组织；
- 其他未提及的公共协会，主要是非营利组织（NGO）；
- 不同社会团体的代表；
- 犯罪团体；
- 媒体，包括互联网。

以上列出的主体是传统的与政府机构互动的参与者。选举制度的变化导致了选民地位和作用的变化，选民实际上被剥夺了个人主动权。多数制选举制度消除了与"特定选民"的直接联系。尽可能出现明显的人际关系人格化，破坏了特定人员的责任。选民越来越多地与选民利益的代表无关。

代理人与政府之间互动的一个重要因素是代理人的要求，以及代理人参加称为"政府间"的会议。不幸的是，在俄罗斯，作为立法机构的国家杜马也越来越失去其实用性和有效性，国家杜马议员中大多数都是出于同一目的：将行政代表从批评中删除，并从承担任何义务的需要中删除。权力分权的想法几乎消失了。在与当局互动的一组独立的非国家政策行为者中选择犯罪团体做政府这一结论，是基于不同的、各种级别的代表和政府首脑的刑事起诉的无数事实，并反映了在转型的过程中，俄罗斯的国家治理存在着贪污腐败、效率低下等一系列的问题。

2017年10月19日，新西伯利亚中央地区法院发现新西伯利亚州的前州长瓦西里·尤尔琴科（Василия Юрченко）超过他的权限在市中心出售土地。自 1996 年以来，俄罗斯司法部门已针对 27 个俄罗斯联邦地区领导人（包括尤尔琴科案）提起刑事案件，其中包括 16 名俄罗斯联邦主体的在任行政领导人。与此同时，直到 2006 年，逮捕作为一种限制措施才开始适用于涉嫌犯罪的州长。第一个在任期间被逮捕的联邦主体的在任行政领导人是 2006 年被逮捕的涅涅茨自治区的领导人阿列克谢·巴里诺夫（Алексей Баринов）。①

包括互联网在内的媒体作为非国家政策主体在国家治理的过程当中将加速进行信息技术的形成和发展群众意识。媒体不仅沟通代理人、政府机构和社会，还宣传代理人政府机构的工作。为了理解所引入分类的性质，参考历史经验是有用的。在俄罗斯，地方自治机构仅出现在 19 世纪下半叶亚历山大二世的自由改革之后，在全国范围内举行了第一次代表性会议。1905 年革命后的国家杜马、非公共结构和其他公共结构（贵族会议、商人行会、教育社区）在专制下具有阶级性，权力极其有限，并受到当局的监督。这同样适用于村社（"米尔" Мир），后者成为了在连坐责任的基础上征税的工具。公共协会是俄罗斯的商业组织。公共协会在 1906 年的沙皇法令中第一次被提到。根据俄罗斯的法令，帝国允许组织社会和工会，但是没有提到协会。在通过该法令之前，该立法允许公共倡导慈善和教育。

1905 年革命成为 20 世纪俄罗斯国家政治体制转型的开端。俄罗斯开始出现大量工会、农业和信贷合作社、公共协会，发生了持续的社会政治变化。在 1913 年的《俄罗斯帝国法典》中，规定了几种形式的公共协会。公共协会可以分为三组：阶级协会、城市和地区协会以及政府协会，后者已成为一种创新。政府协会成立了委员会、理事会，直接参与政府的工作和决策。

1917 年以后，苏维埃政府废除了以前存在的一切沙皇的权力机构，

---

① Уголовные дела в отношении глав российских регионов. Досье，https://tass.ru/info/4179725（访问时间：2018 年 3 月 25 日）。

以及与公共协会有关的机构。俄罗斯政治开始了他们的国有化进程。任何公共协会的组建都应该遵循社会主义民主的原则。苏联公民的几乎所有协会，包括专业、创意、体育，都实行了一种"国家秩序"：它们在某种程度上是在共产党的领导下建设社会主义（共产主义）国家政策的推动者。

20世纪80年代后半期苏联社会关系民主化进程也反映在公共社团的立法中，根据1990年10月9日颁布的苏联《社会团体法》，社会团体成为公共法律关系的主体。因此，俄罗斯国家与社会各种组织之间相互作用的历史传统非常有限。

而在历史上西方国家有着完全不同于俄罗斯的国家和社会关系。这种关系模式为西方经济、文化、法律和政治关系的发展创造了条件。社会成员、社团和国家之间，在自由主义框架内限制国家对公共生活的干预；支持和促进公共倡议、运动，政党、群体根据其利益和信仰建立宗教和慈善社会、公共基金会、自治领土联盟。在许多情况下，这种政策旨在将一部分国家权力移交给自治的社会团体。但是西方的社会团体事实上为了受益者的利益，存在一种极其严格的潜在管理制度。

对于俄罗斯国家与社会各种结构关系的现代评估，有必要考虑这种西方社会团体的相互作用。俄罗斯很明显缺少西方多党制度建设积累的传统经验。自20世纪90年代以来俄罗斯政党的形成如火如荼，关于政党和选举的立法不断变化。党的建设过程的参与者复制了政党参与社会的机制和程序。通过党的建设这种方法，统治精英的代表实现了他们的主要目标、在权力中复制自己。但是整个社会的问题在联邦中央、各联邦主体层面仍未得到解决，各机构的相互作用与社会团体和其他团体代表的政府管理仍然非常薄弱。"国家（权力）—社会—政党"制度的进程在一定程度上停滞不前。在选举和代表程序中，"民主"一词绝对不足以评估权力形成的制度和政治制度本身。少数人操纵决定影响了大多数人的意志。现代俄罗斯在这方面是一个非常生动的例子。但世界其他各地也是如此，欧洲民粹主义的兴起，表明民主已经筋疲力尽。如何替换民主？如何确定民主？如何评价相关问题呢？

时至今日，当代俄罗斯政党制度的建设尚未完成。首先，政党与公民群体的联系缺少规范。事实上，政党和国家联系的主要渠道是俄罗斯联邦总统与国家杜马派系领导人的会晤。这些会议是非正式的，有关它们的信息非常有限。其次，国家杜马根本没有监督权，同时议会代表没有监督权。党派议员，事实上他们的行为与普通公民的作用相同。当然俄罗斯也有特定的、非正式的方式和行动，一个透明和合法的官方机制，以权威为后盾对错误的执行代表实施制裁。但是现阶段政党在当代俄罗斯国家治理中的作用很难正式化。

今天，俄罗斯政党在国家治理现代化中的作用似乎无足轻重。确实自2011年以来，政党的影响力逐步下降，即便如"统一俄罗斯"党也只扮演了一个在国家杜马当中，赞成政府提案的作用，实际上其在俄罗斯政治舞台上的政治进程被关闭了。俄罗斯的权力根本不属于这个党。

在苏联时期所有重要的政治决定都是由政治局委员或通过党的代表大会作出。相反，今天俄罗斯的这些政治决定都是由总统和各级政府作出，"统一俄罗斯"党在国家杜马和各级议会的代表确保这些决定获得正式法律批准。有理由这样说，包括"统一俄罗斯"党在内的俄罗斯政党制度根本就不是真正的欧美政治运作中的政党制度。但是笔者认为，问题应该有所不同：俄罗斯的政党是一种不同于欧美的新的类型的政党制度，在俄罗斯议会选举中获胜的政党不再执掌和执行政权力。俄罗斯政党制度在国家治理现代化中所发挥的作用究竟是什么？这正是本书所要研究的问题所在。

四、小结

一般来说，自由主义的国家治理范式对应的政党制度是两党制或者是多党制。在国家主义的国家治理范式当中，相对应的是一党制。

除了国家主义范式和自由主义的范式，国家治理还有一种特殊的模式，这就是在当代转型国家的国家治理范式。

苏联解体后转型国家的政党产生发展各有其特点，但总的来说，除了波罗的海三国之外，其他的国家直到现在政党制度仍在建设的过程中。特别是，在这些国家出现了支持行政权力或者是总统的政党，我们把它称为"政权党"。这种现象不仅在俄罗斯出现了，在哈萨克斯坦和其他的国家也出现了。

在苏联解体之后，俄罗斯从1991年到1993年间，出现了短暂的议会制共和制。1993年在宪法通过之后，俄罗斯建立了总统制共和制。总统提名总理组织政府。直到今天，俄罗斯政党在俄罗斯政治生活中的作用仍然极其有限。在国家杜马选举中最终获胜的政党不能组织内阁，目前只在国家权力运作当中起了一个基本的立法机构表决和通过的作用。所以俄罗斯的政党制度是一种新型的政党制度。

第二章 政权和产权关系视野下的俄罗斯国家治理现代化和政党制度建设

第一节 政权产权关系视角下的当代俄罗斯社会制度转型

国家的兴起和衰落是人类社会永恒的话题。仅仅是国民生产总值GDP的产出和重商主义的外贸盈余根本称不上国家崛起,因为国家崛起其本质都是一种制度变迁过程中的社会全方位进步和可持续发展。1991年12月25日苏联的解体不仅意味着冷战的结束、雅尔塔体系的终结,也意味着俄罗斯作为一个新生独立主权国家的开始。作为一个有世界影响力的大国,自1991年底苏联解体叶利钦成为俄罗斯独立后的首位总统,到2018年普京第4次当选为俄罗斯总统,直到现在俄罗斯的国家和社会转型还在过程当中。

政党连接国家和社会,作为国家和社会的中介,它自身的变化本质上反映着政权和产权之间关系的变迁和转型。从这一章开始,关于当代俄罗斯国家治理现代化过程中的政党制度建设的问题,就进入到系统的研究阶段。笔者以俄罗斯的政治社会制度变迁为时代背景,以当代俄罗斯的政党政治制度为研究对象,从政权、产权关系变迁的视角初步探讨苏联解体之后二十多年间俄罗斯国家治理过程中的政党政治制度建设。

自公元 1500 年以来大国兴衰的历史已经证明，可持续的国家崛起都起因于一种适宜所有权演进的环境。这种环境包括有效的土地所有制、自由劳动力、保护私有财产、专利法以及对知识产权的保护和鼓励等措施，也包括完善的市场经济制度的建立。在这个过程中荷兰与英国最早进行了产权方面的变革，即确立了私有财产权制度，明晰了政权和产权的关系，从而在制度建设上激发和保护了产权。产权（Property Rights）与政权（Political Power）是社会经济体系的两大基本制度，其相互关系的制度重构属于制度建构以及社会转型的核心内容。

一、问题的由来

自 1991 年苏联解体俄罗斯独立以来，俄罗斯一直进行着制度建构：政权、产权关系的探索，并表现为不同的路径过程。与此同时，俄罗斯的政党建设也在进行中。在叶利钦执政时期，俄罗斯的政党处于自由发展时期，制定了《社会团体法》，也第一次在国家杜马中出现了"政权党"（当时是我们的家园—俄罗斯）这种有俄罗斯特色的政党现象。在普京执政的第一任时期，俄罗斯第一次制定了《政党法》，并且在 2001 年 7 月颁布和执行。在梅德韦杰夫执政时期，俄罗斯对于小党的政治权力进行了规定。2012 年和 2018 年，普京再次当选为俄罗斯的总统，《政党法》也根据形势的需要多次进行了修改。

对于一个国家来说，在设计制度的过程中，已有的制度如何变革为一个新的制度并能够推进国家的可持续性发展？如何找到合适的嵌入点进行制度创新？在《经济史中的结构与变迁》中，诺思明确指出："制度创新来自统治者而不是选民。这是因为后者总是面临着搭便车问题。对统治者来说，既然他没有搭便车问题，他就要不断进行制度创新以适应相对价格的变化。因此，使得劳动更加稀缺的土地与劳动相对稀缺性的变化就会促使统治者变革制度以适当地增加劳动的租金。只要劳动的机会成本不变（即其他统治者潜在竞争不存在变化），这些创新就会实行。"① 诺思认为制度的发明与创新，来自统治者、经济的和政治的企业家们的理性计算和心智建构，是他们在发明、设计和制定产权形式、意识形态和社会活动的各种博弈规则，这些人才是社会制度变迁的最终动力。

要理解制度变迁特别是制度创新对大国兴衰的作用，有必要从建构主义视野（美国学者温特的观点：人的观念可以建构社会）进行思考。建构主义指出，作为"世界文化"的中心组成部分，国际规范与国际制度通过一定的国际生存空间去建构个体的国家。这种建构即对单个国家的政治经济文化予以确立，又对该国家的存在、认同及其利益自身予以确定。

在人类历史进程中，先发展国家和后发展国家有着不同的社会发展道路。我们注意到，在可持续的国家发展和崛起过程中，可持续的国家崛起都起因于一种政权、产权关系明晰的环境。这种环境包括有效的土地所有制、自由劳动力、保护私有财产、专利法和对知识产权的鼓励等措施，产权明晰直到完善的市场经济体系的制度安排。从理论上讲在可持续的国家发展和崛起过程中，政权和产权有如下关系：

一是产权与政权主体互相分离。一方面，产权的主体是个人。现代产权制度的基础是自然人产权，以个人产权为基本原则。个人产权原则既反对所有现存的特权，也不承认政府对个人产权的限制。在个人产权原则下，适应市场经济发展的现代产权制度的确立、现代产权制度观念的形成，是一场深刻的社会革命，其基本特征是所有公民在进入经济和政治领域享有完全的平等权利。另一方面，政权的主体是政府。社会的公共事务必须要由权威方面出面管理，这就会出现政府进行价值的权威性分配。在一定程度上，政府是有着不同利益追求的个人自愿合作的一种形式，是人们通过理性选择来实现公共目标的组织方法，特别是在计

---

① 〔美〕道格纳斯·C. 诺思：《经济史中的结构与变迁》，陈郁、罗华平等译，上海：上海人民出版社、上海三联书店1994年版，第32页。

划经济条件下人们相信，通过政府进行价值的权威性分配是实现这些公共目标的最有效的方法。而在计划经济体制下，政府类同上帝的角色，于社会生活的方方面面进行干涉，无所不能；在市场机制完全到位的条件下，现代政府经济职责的基本特色是：积极不干预和建立完善的社会保障制度。积极不干预是指政府保证规则的实施，积极不干涉企业、市场和个人本身的活动，只要他们按照市场规则进行资源的配置。建立完善的社会保障制度是为了保证市场竞争条件下的社会稳定，避免资本唯利是图带来的负面社会效应。

二是产权主体与政权主体在市场配置过程中的地位与力量平等。从本质上讲，市场经济等价交换规则的存在不仅意味着私人产权主体和政权主体本质上是两个平等、独立的民事关系主体，而且意味着产权主体与政权主体有着各自独立的经济利益，政权主体不应干预按照市场规则进行的资源配置。对个人作为产权主体的外部影响、干涉，实际上意味着个人作为独立的民事主体与利益主体受到了侵犯。为此，产权主体与政权主体的相互关系应该建立在相互遵守契约原则的基础上，如果发生契约受到侵犯的情况理应受到法律的追究。

三是必须由作为产权主体的私人主导市场经济。计划经济是由政权主体主导的经济，市场经济则是由产权主体主导的经济。现代市场经济的基本特征是"小政府、大社会"，实质就是政权主体在进行国家治理的过程中，政府的运行成本尽可能地减少与降低；相应地，为了提高效率和产出，私人作为产权主体无论是在数量上还是其在社会经济生活的主导性影响上，都应不断扩大与提高。从计划经济向市场经济的转型过程的本质，就是经济产权的主体从政权产权主体向私人产权主体转换的过程。私人产权主体的兴起，意味着中产阶级在社会中广泛存在。这无论是对社会的稳定，还是对国民经济长期健康发展，都具有决定性的重要影响。

当然，无论是计划还是市场，都是资源配置的手段。在经历了20世纪30年代世界经济大萧条之后，在经历了凯恩斯和弗里德曼经济学之争之后,除了上面的三原则,在现实生活中,更多的是很多国家采取混合制经济来促进经济发展。

在现实中与政权和产权关系理论问题相关联的问题就是:什么样的产权制度是最为有效的?到目前为止,人类社会经历了三种形态的产权制度:共有或公有产权、国有产权和私有产权。苏联解体、东欧剧变都说明,传统的共有产权是无效和不可持续的。任何国家都没有绝对的单一产权制度,产权制度是一个演进的过程,问题在于如何找到国有产权和私有产权分布的"黄金分割点"。

后发展国家和地区在崛起的过程中目前只有"亚洲四小龙"等为数不多的成功案例,这些国家和地区为我们提供了有说服力的制度建构实证,特别是政府的善治在制度创新、国家崛起中至关重要。也证明了政治制度决定着以产权和市场为中心的经济制度,成功的国家和地区崛起是由制度创新、有效的所有权持续供给决定的。下面我们把权力产权和私有产权以表格的形式加以比较:

表 2-1　权力产权和个人产权的不同

比较项目	权力产权	个人产权
所有制形式	社会职能部门所有	个人所有
产权主体	政府官员	个人
所有权形式	事实上的权力控制产权	个人产权
分配形式	权力等级中的资源分配	产权所有人决定
主体作用	不合理地进行资源配置	合理地进行资源配置
行为动机	指令和强迫	利益追求
分配机制	命令	契约
所有权的主体保证	中央和地方的各级官员	法律和法庭
所有权保证机制	行政权力	法律契约

和上述的产权制度相适应的就是和个人产权和权力产权相适合,会有不同的政党政治制度。例如和权力产权相关联的是没有政党(例如在沙特阿拉伯)、一党制(我国是多党合作制并非一党制)或者是多党制

中的优势党制。和个人产权相联系的就是两党制或者多党制。当然具体在以政权和产权关系来界定政党类型的划分过程中，这些问题可以继续进行深化的研究。

从表 2 - 1 中，我们不难对两种产权在资源配置中所起的作用进行判断，得出初步结论：个人产权在资源配置上优于权力产权。

俄罗斯是有着千年文明历史的古国，他是最早面对东西方问题的国家。从彼得一世开始，俄罗斯一直寻找着现代化的道路，这中间的历史进程多有起伏，经常发生停滞。克里米亚战争失败之后，俄罗斯又开始进行新的改革。从 1861 年农奴制改革到斯托雷平改革；从新经济政策到斯大林模式；从赫鲁晓夫改革到勃列日涅夫的"发达社会主义"；从苏联解体到普京新政。在俄罗斯历史和现实存在改革趋势的同时，我们也注意到，俄罗斯社会存在着反西方的传统。这个传统反应在冯维津命题中，也就是：俄罗斯和西方的关系问题；俄国文化与西方文化的差异性；俄罗斯的民族性格是什么；俄罗斯文化胜于西方文化。在冯维津看来，只有俄罗斯才是西方文化的拯救者，才代表真正的希腊罗马文明传承。俄罗斯这一反西方的传统和俄罗斯东正教的"第三罗马"理论一脉相承。

近现代以来俄罗斯国家发展的起伏过程特别是苏联解体以来政权和产权关系的调整直到现在还未结束。俄罗斯国家兴衰道路上的坎坷在于俄罗斯不能真正确定和落实产权制度，国家政权始终在产权明晰、权责明确上错位，直接参与资源的配置，国家政权制度干涉产权制度，俄罗斯的私人产权制度不能得到落实和实现。

二、从 1991 年至今的俄罗斯制度变迁

制度可以分为内生制度和外生制度。[①] 从 20 世纪 80 年代，东欧国

---

① 〔德〕柯武刚、史漫飞：《制度经济学》，韩朝华译，北京：商务印书馆 2000 年版，第 36 页。

家和俄罗斯先后发生了社会转型。如果按照美国的政治学学者亨廷顿所说的第三波而言,东欧国家和俄罗斯的转型已经不是历史的第一次。

我们谈到社会转型和国家转型,转型国家的制度转型到底转什么?制度变迁到底变的是什么?在笔者看来,转型国家转变的是资源配置的具体方式,根本上是政权产权相互关系的变化。已有的研究已经证明,民主制度不一定带来经济的发展,而经济的发展也和民主制度没有必然的因果联系。俄罗斯在普京第一任期的经济发展更多是"石油美元"的结果,和制度变迁没有必然的联系。

俄罗斯1991年取得独立后,继续进行着自20世纪末以来的制度转型。与此相关联的制度转型,也包括当代俄罗斯政党制度的转型。正是在这个基础上说,政党政治制度转型的本质是政权和产权关系的转型和变迁。伴随着俄罗斯政权和产权关系的转型,俄罗斯的政党政治制度从叶利钦时期的多党制,演化为普京时期的"统一俄罗斯"党为代表的"优势党"或者说是一党独大的制度。

表 2-2 俄罗斯产权私有化的进程

私有化阶段	时期	基本方法	获利集团
自发私有化	1987—1991年	股票分发	任命制领导干部、共青团
群众私有化	1992—1994年	生产资料的出卖	内部人(经理、工人)
货币私有化	1994—1997年	出卖和转卖股票	寡头和一些内部人(经理)
私有化的中断	1997—2000年		寡头
部分领域的私有化	2001年—至今	出卖股票	寡头、外国投资者、一些内部人

自20世纪80年代至今,苏联、俄罗斯在政权产权关系上进行了新的探索,并经历了三个阶段:一是任命制条件下领导干部进行私有化改革(1988—1991年);二是个人所有制的尝试建立(1992—2000年);三是新的权力所有制的制度化(2001年—至今)。通过表2-2,我们可以看到这三个时间段的具体过程。

俄罗斯是欧亚结合部,虽然其首都在东欧平原但是俄罗斯并不是欧洲国家。俄罗斯是人类历史上最早面临东西方问题并奋力追赶的国家。在俄罗斯政治舞台上，由于其历史上所形成的专制主义国家传统，长期受拜占庭帝国和蒙古帝国的专制统治影响，俄罗斯在自身的历史变化中，由于路径依赖，不能够在自身和通过其内部找到合适的嵌入点对已有的权力所有制进行制度创新，始终不能形成合理的产权和政权关系对资源进行有效、合理配置，这从根本上阻碍了当代俄罗斯的发展以及俄罗斯的创造力。

苏联解体之后，走过了二十几年风风雨雨的私有化道路，俄罗斯的所有制结构和产权结构已经发生了重大变化，但由于产生市场的制度化前提不足，俄罗斯的私有化产生的是寡头经济，而非真正的市场经济，由此新生的俄罗斯自2000年以来，在政权产权关系上、在政治权力的不同层面上虽然也有新的变化，但变化不大。

表2-3 当代俄罗斯国家各个层面的经济发展

政治权力层面	发展商业的基本资源	发展商业的战略	有成效的影响范围
联邦层面	土地所有权的变化、贷款资源、出口配额、海关优惠	国家扶植	贷款金融领域、少部分工业出口领域
地方权力（大城市和石油富产区）	基本建设、人力资源、投资需求	和国家保持距离（自由企业模式）	和出口相关的商业、建筑业、不动产和通信
其他地方权力	缺少资源	缺少明确战略	传统制造业

自普京2000年当选为俄罗斯新一届的总统后，俄罗斯逐渐形成了以总统行政权力为主导、多元化所有制体系为基础的权力市场经济框架。虽然美国和欧盟于2002年夏秋分别承认了俄罗斯的市场经济国家地位，并于2011年12月16日下午在瑞士日内瓦举行的世界贸易组织第八届部长级会议上通过了《关于俄罗斯加入世界贸易组织的决定》；但俄罗斯权力主导下的市场经济中，政权高于产权，还不能够完全按照产权的归属进行资源配置，产权保护还存在问题，未来俄罗斯的发展还不

完全确定，俄罗斯的制度建设还在过程中。

在近现代以来的俄罗斯发展进程中，沙皇政府承认私有产权，但在沙皇俄国时期缺乏保护产权的制度。苏联时期政府不承认私有产权，更谈不上私有产权的保护制度。1991年独立后的俄罗斯政府承认私有产权，但保护产权的制度根本不到位，还在建设的过程中。

三、俄罗斯制度变迁的国家主义导向

国家的本质是界定产权的制度。一国之内的宪法和法律，决定着立法、行政、司法的运作，归根到底，是界定一个国家之内每个人享有怎样的资源权利和产权权利。我们翻看那些专制和集权制度国家的宪法可以发现，这些国家的宪法和法律都公然或者隐蔽地规定集权者的特殊地位，这种产权安排便是集权者直接影响着该国资源和财富的产权权利的分配，并直接影响着该国的社会公平和公正。在俄罗斯的政权和产权关系历史演变中，俄罗斯的国家政权始终处于强势地位。在经济建设方面，国家主义导向的计划经济对于短时间内的单纯的经济指数赶超可能是有效的，但这种方式破坏人性、破坏自然，所以不具有可持续性。

在历史上俄罗斯是一个有着长期专制主义传统的国家。拜占庭、金帐汗国、奥斯曼帝国的东方专制主义在不同的时间段对俄罗斯有着深刻的影响并深深积淀在俄罗斯文化中。俄罗斯是一个靠掠夺和侵略起家的国家，俄罗斯各级统治集团长期以来没有建立一套有效的鼓励和保护商品经济发展的法律体系和政府管理体系来推动私有经济的发展，没有在保护产权和促进市场发育、维护市场秩序方面发挥政府的应有影响。在这样的制度规则和政治环境下，非人格化的、保护产权、维持公平竞争的经济交易规则难以建立起来，这就导致经济活动交易成本极高。企业领导人既是制定市场游戏规则的政府高级官员，又是市场活动的主要参与者，其双重地位造成的利益冲突造成政权产权关系不明晰，国家难以制定和执行公平、公正的市场经济的游戏规则。国有企业获得了更多的保护，但民间经济活动的环境则进一步恶化，健康的市场秩序不可能建立起来，私人企业很难得到有效的产权保护与充分的发展。

在苏联时期竞争性的市场体系无法建立，从而使经济不能得到持续增长。由于政府活动全面代替市场，政府成为经济活动的主体，而企业和家庭扮演被动、从属的角色，不能充分发挥市场在资源配置中的积极作用。在这一时期，产权的作用也有所弱化，缺少了最有效的激励机制，不能发挥非公产权的节约功能、内化外部性、激励约束等功能。这抑制了经济的内在活力，导致经济活动效率低下，资源浪费严重。国有企业产权名义上属于全民，但实际所有者事实缺位。为了解决这一个问题，俄罗斯国家治理机制需要从根本上重构政权和产权的关系。但特权阶层为了维持自己的垄断利益，一味延误改革，终于使通过体制内解决的时机和可能性消失，最终1991年底苏联解体。

在苏联解体后的20多年，历经变化的俄罗斯在普京执政后又出现了新的权力所有制趋势，在处理政权产权关系、资源配置方面俄罗斯的社会制度转型远未结束。俄罗斯的政党政治制度的转型只是初步建立了政党政治制度的基础，俄罗斯的政党政治制度在国家的政治生活中并不扮演重要的作用，它存在的意义就在于参加选举、获得议会的席位、批准执行机构的政治决策，而不是连接国家和社会、反映民意。总统的权力在三权之上，超越政党，当代俄罗斯的政党制度转型已经基本形成，但是远未结束。

四、小结

第一，政治制度决定着以产权和市场为中心的经济制度，成功的国家和地区崛起是由制度创新、有效的所有权持续供给决定的。叶利钦时期和普京时期（含梅德韦杰夫时期）俄罗斯政权和产权关系重建的路径大相径庭。今天在普京的领导下，俄罗斯再一次在国家发展的道路上前行。俄罗斯国家兴衰道路上的坎坷在于前面所说的，俄罗斯不能够确定产权制度，国家始终在产权明晰上错位，国家制度干涉产权，产权制度不能够得到落实。自2008年欧债危机以来，国际政治和经济的走向发生重大变化，如果普京政权不能利用国际经济调整期进行确实有效的保护产权制度落实，真正解决政权和产权的关系，俄罗斯的国家发展会再次出现起伏。与此相适应的就是2016年9月18日第七届俄罗斯国家杜马的选举再一次采取了混合制选举制度，选举的结果再次出现了"统一俄罗斯"党一党独大的政治局面，这一现象的出现和目前普京在俄罗斯国家建构中的威权主义路径相吻合。

第二，俄罗斯的社会转型过程也包括政党制度的转型，不仅是经济体制转型的过程，也是一个前现代国家实现全面现代化的发展过程，面临着体制转轨、经济增长、文化与意识形态转变等多重任务。在俄罗斯国家治理现代化过程中，通过政党制度的建构和转型实现国家的善治是一个漫长的过程。而要完成这一目标，关键以及核心是建立政权与产权两者关系良性化互动的制度框架。俄罗斯截至目前的转轨虽然在较低的起点上实现了经济增长，但并未最终建立政权产权之间具有良性互动关系的制度结构。在政权和产权之间的关系没有明晰、整个社会结构没有发生根本变化的条件下，硬性地去改变正式制度，结果只能是"显规则"和"潜规则"各行其是，表面上运行的是"显规则"，实际运行的却是"潜规则"。所以在转型国家，政府的善治在制度创新、国家崛起中至关重要。而目前自2000年普京上台以来通过垂直权力、颁布《政党法》所打造的俄罗斯的政党政治制度，已经出现了"统一俄罗斯"党在国家杜马中独大的固化局面。

第三，俄罗斯政党制度的转型远未结束。在普京3.0版的六年任期里，俄罗斯的威权政治并没有结束，俄罗斯也没有找到一条属于自己的社会发展道路。2018年普京的当选开始了普京总统的4.0版。与此相伴，俄罗斯政权控制产权的权力产权制还会延续，不会有根本的变化。当代俄罗斯社会的政治转型也包括政党政治制度的转型还有相当长的路要走。当代俄罗斯经济的所有权、产权保护问题还未根本上解决。俄罗斯能否从权力产权走向个人产权在未来还存在着多种可能性。与此相应的就是俄罗斯政党制度的演化仍然存在着多种可能性。未来在普京之后，俄罗斯的政党制度向何处走仍然有待观察，虽然表面上看"统一俄罗斯"党一党独大，但实际上这种建构在精英基础之上的政党，其生命力有待时间的考验，需要继续观察。

作为一个传统的欧亚结合部国家，俄罗斯的转轨进程不仅是从计划经济体制向市场经济体制转型的转轨过程，也是一个前现代国家实现全面现代化的发展过程，在这个过程当中俄罗斯面临着体制转轨、经济增长、文化与意识形态转变等多重任务。而要完成这一目标，关键是建立政权与产权两者关系良性化的制度框架。在政权和产权之间的关系没有明晰、整个社会结构没有发生根本变化的条件下，硬性地去改变正式制度，结果只能是"显规则"和"潜规则"各行其是，表面上运行的是"显规则"，实际运行的却是"潜规则"。所以对于转型国家来说，政府的善治在制度创新、国家崛起中至关主要。这对于政党制度的建设来说，也是至关重要的。

第二节　叶利钦总统时期俄罗斯国家治理现代化过程中的政党制度建设

当代俄罗斯国家治理中政党建设和东西方的路径截然不同。俄罗斯是世界上最早面对现代化问题的国家。俄罗斯的现代化建设从17世纪的彼得一世就已经开始。直到1905年，在相当长的历史时期俄罗斯没有政党。为了维护对多民族国家的治理，超大型的俄罗斯帝国依靠的是专横的权力和强势中央集权的国家机器，由此带来个体对权力和国家的臣服。

在过去的一个世纪里俄罗斯先后在1917年和1991年发生过两次大的政权变更。1905年到1917年俄罗斯帝国曾有过短暂的多党制的历史。1917年到1922年为苏俄时期。1922年12月30日到1991年12月26日苏联共产党执政69年。1991年苏联解体，俄罗斯国家独立，但原有的立法制度—苏维埃制度还在。1991年到1993年间俄罗斯的政治制度实际上是议会制共和制。为了解决已有的总统制和原有的苏维埃制的矛盾，1993年10月叶利钦炮打白宫，以武力最终解决政府和议会权力之争。

1991年俄罗斯独立后，特别是在1993年10月4日府院之争结束后，新生的政权面临着重建国家、社会以及政党的任务。1993年12月12日《俄罗斯宪法》颁布并确认俄罗斯的政治制度为总统制共和制。① 不同于东方和西方国家治理中的政党建设，地跨欧亚的俄罗斯的国家治理以政治权力为中心，政治权力造政府和政党。俄罗斯国家治理中的"政权党"现象正是当代俄罗斯国家治理中政党建设的特有现象。

1991年苏联解体后，俄罗斯多党制的重新建立、当代俄罗斯政党的发展为转型国家的国家治理现代化过程中的政党建设提供了一个新的值得探讨的课题。叶利钦执政时期的相关的政策，为这个时期政党的发展提供了时代的背景和条件。在当时，叶利钦政权实行产权的私有化政策，政权没有过度的干预产权，这就为社会的发展提供了一个宽松的环境，也为政党的建设提供了相对自由的基础，俄罗斯开始出现了多党制的趋势。本节拟对叶利钦执政时期俄罗斯国家治理中的政党建设进行初步探讨。

一、《俄罗斯联邦宪法》通过前的基本情况

苏共停止活动之后，俄罗斯政党的形成过程处于一个新的时期。如果说以前各政党及政治组织的政治活动有不同的导向，但最终归于反对苏联共产党。那么，现在没有了这个目标，他们需要寻找新的自我表现和活动。在选举面前他们需要确立自己的思想系统、价值观念和意识形态。对他们来说最重要的就是通过选举这条道路进行进一步的发展。应

---

① 原文见俄罗斯总统网《俄罗斯联邦宪法》，Конституция Российской Федерации, http://constitution.kremlin.ru/（访问时间：2018年1月12日）。

当指出，这一阶段政党的发展出现了两种可能。一种是再一次回到国家先前的局面，恢复一个政党的主导地位；另一种方式是采用西方国家的经验，建立带有多样化性质的政党制度，创立多党制度，不同的党有着不同的意识形态和方向。

在不同政党的发展过程中，选举成了新的政党制度形成的条件。但当代俄罗斯政党制度的形成并不顺利：政党间激烈的斗争、分裂、对政治的兴趣下降。在社会变革的过程中，大量的民众贫困化和社会的分层导致很多公民失去了对改变自己政治环境状况可能性的信念，从总体上对政治和政党的兴趣下降。苏联末期成立到1993年12月还存在的政党事实上处于公开的政策之外，有组织的参与政权之外。政党失去了他们政治上存在的目的，变成了无意义的争斗：纲领的转变、分裂。① 这样或那样的党经常基于政治利益试图立刻形成同盟，而他们在方针上是那样的不同，这就破坏了民众关于政党捍卫利益能力的认识。调查表明，在1992年49%的俄罗斯公民对任何政党都没有好感，还有40%的人不知道或很难确定他们和政党的关系。②

在这样的条件下共产党人开始加强和巩固自己力量。在1993年2月14日重新恢复后，俄罗斯联邦共产党作为一个选举团体积极地投入到1993年新的立法机构的选举中。在社会政治生活改变的过程中，许多政党实际上没有与之相适应的干部队伍和统一的目标。在日益变糟的经济局面中，叶利钦以前的同盟者——俄罗斯民主党、俄罗斯苏维埃最高主席哈斯布拉托夫，副总统鲁茨科伊变成了他的反对派。"不同的力量联合起来反对更强大的占据政权的敌人，这一次不是苏联共产党而是叶利钦的领导。"③ 这一形势改变了自由的政治策略，就像阿勃拉莫夫强调的

---

① Щербак А. Н. Коалиционная политика российских партий // Социс. – 2002. – №1. – С. 120.

② Кулик А. Партийная демократия：Политические партии в формировании открытого общества на Западе и в России – С. 39.

③ Абрамов В. Н. Многопартийность в постсоветской России：Тенденции, проблемы, общественные потребности – С. 15.

那样"不可避免地导致先前的政治舞台中幕后斗争传统的兴起"①。

叶利钦执政时期的政党和活动的发展具有过度的类似拼图组合的趋势。除了自身的分化，政党缺少作为一种制度化的标志：众多的党员、地区组织，只在地方发展自己的拥护者。同时，政党建设显得还不稳定，他们不能解决自身的内部矛盾，不能为了共同的目标妥协。每个政党虽然不一定能够代表社会具体哪一阶层，但却努力试图使自己变为全体民众的代表。

接下来政党的活动是激起权力代表和权力执行机构间冲突的深化。结果在1993年9月到10月间发生了戏剧性事件"府院之争"，斗争的本质是在俄罗斯建立议会制共和制还是总统制共和制．在1993年10月4日，叶利钦炮打白宫，取得了和哈斯布拉托夫之间斗争的胜利。紧接着叶利钦颁布了俄罗斯联邦总统法令《关于俄罗斯联邦宪法改革的决定》。1991—1993年俄罗斯短暂的议会制共和制和原有的苏维埃制度垮台，国家处于新的发展道路。通过武装斗争，叶利钦战胜了对手，并为俄罗斯宪法草案的全民公投创造了条件，在紧张的局面下新宪法在较短的时间内得以通过，新的权力代表机构形成。

叶利钦通过掌握在自己手中的执行权力去实现一系列措施，他亟需在社会上获得支持。为了保证措施的合法性，需要以社会政治力量和运动为基础的协商和参与。在这种条件下就要求现有的政党广泛地参加到1993年俄罗斯议会选举中来，这和俄罗斯联邦宪法公决赶到了一起。

二、《俄罗斯联邦宪法》奠定了多党制基础

1993年俄罗斯联邦总统令的颁布宣告了国家杜马议员选举大幕的拉开，规定第一届国家杜马选举在1993年12月11日到12日举行。此外，总统令还建立了俄罗斯选举制度的新原则：混合制选举制度，也就是比例制原则和多数制原则相结合，这被看作俄罗斯多党制产生和形成的有

---

① Абрамов В. Н. Указ. соч. – С. 15.

利条件和因素。确认在国家杜马中各政党通过选举分配半数席位保证了政党和政治组织最大限度地参加选举，但却明显与政党在社会和政治过程中的现实地位和作用不相符合。

尽管在1993年全年不同的社会阶层对政党在国家生活中的信任持续增长（在4月有60%被调查者不信任政党或者很难对他们中的任何一个表示支持，在六月这一数字降到54%，在11月降到43%），但在选举前这些公民中的绝大多数不对政治力量中的任何一个表示好感。[①] 可见，总统令不同于以往的任何一个调节政党制度的法律，它没有限制事实上正在复杂化、多样化的社会关系的合法化，第一次开始着手尝试加速俄罗斯政党制度的发展。为了形成新的权力代表机构，为宪法有组织的通过创造条件，让没有参与两个权力分支争斗的左翼力量参与到选举中，总统令规定禁止一系列社会团体（官员联盟等）参与选举，专门强调公民不能被剥夺通过政治团体表达自己利益和政治兴趣的权利。在当时的条件下，这样一个方针在总体上是可行的。它实际上降低了非议会内的政治活动，促进了这一时期政治局面的稳定。到了1995年几乎所有的反对派政党和政治组织都作为选举中的主体参加了竞选。

后苏联政党制度形成的重要时刻是1993年12月12日《俄罗斯联邦宪法》的通过。《俄罗斯联邦宪法》要求加速在俄罗斯建立完全意义上的政党制度。《俄罗斯联邦宪法》第十三条第三款确定了多党制和政治多元化，承认政党体现的是不同群体的利益。

政党制定自己的竞选纲领，以此表达自己如何解决社会发展问题的方案。普选表达了民众对有着不同政治纲领的政党的判断。当然，多党制是以政治多元化和政治民主化的形式出现的。政治多元化在宪法中的一个重要体现是意识形态的多元化。"俄罗斯联邦承认意识形态的多元化"[②]，这意味着每个人、政党和社会团体拥有自由地表达宣

[①] Лапаева В. В. Указ. соч. – С. 12.
[②] 原文见俄罗斯总统网《俄罗斯联邦宪法》第13条第1款，Конституция Российской Федерации, http://constitution.kremlin.ru/（访问时间：2018年1月12日）。

传关于经济、社会、政治思想、理论概念，公开捍卫自己观点和观念的权利。此外，禁止任何一种意识形态作为国家支持的意识形态，承认意识形态多样性。所有政党和其他社会团体一样在法律面前平等。他们同样需要登记，建立财产申报。但这不意味着在任何情况下都平等，例如如果政党在征集候选人支持签名数量没有达到法律要求时，它将被取消将其候选人列入到选举中的资格。这些个别条件在所有党派面前都是一样的，它没有破坏所有社会团体参与政治生活的平等权。同时，如果这些活动与其章程相一致，它也没有破坏政党和其他社会团体在立法机构的自由活动原则。

此外，对社会团体的目的和任务的要求也没有不同，"禁止目的或行为旨在以暴力改变宪法制度基础、破坏俄罗斯联邦完整性、破坏国家安全的社会团体的建立和活动，禁止建立军事组织，煽动社会、种族、民族和宗教纠纷。"[①]

政党通过选举进入国家杜马，国家杜马议席的一半也就是225个席位由政党按照比例制原则分配。宪法的通过意味着在社会中政党的作用正在逐步加强。公民不仅有了有着不同意识形态的政党和参与他们活动的可能性，也能够自由地寻找最适合的政党。

通过宪法，政党获得了权利和自由，同时在现实中也有许多权利和自由被践踏和扭曲。事实上《俄罗斯联邦宪法》第109条有这样的规定：强势总统有权限制议会的权力，这样一开始就形成了俄罗斯弱议会的基础；在20世纪90年代俄罗斯形成了"没有执政党"的议会制度，政党事实上仅仅是为了争夺立法权和议席而竞争。

三、第一次国家杜马大选前后的政党情况

政党以权力参与为基本目的，在国家治理中发挥着作用。对政党形

---

① 原文见俄罗斯总统网《俄罗斯联邦宪法》第13条第5款，Конституция Российской Федерации，http://constitution.kremlin.ru/（访问时间：2018年1月12日）。

成的最有力的刺激因素是选举,选举是民众与政党互相联系交互作用的机制和纽带,1993年12月首次俄罗斯联邦国家杜马选举事实上开启了俄罗斯政党制度的形成,政党为了权力相互竞争。

作为选举团体和选举联盟必须提前以政党或社会团体的名义登记,在选举中获得5%及以上的选票的联盟或团体才能获得议会议席。议会席位由获胜的政党按照比例制在他们之间分配。通常这些都与竞选人的分配方案一致。还有参加选举的团体必须在选举前35日在至少7个联邦主体收集不少于10万人的签名。1993年拥有选举权和被选举权的政党和社会团体的数目是147个,有35个希望参加选举,但仅有13个参加了选举,其中有8个突破了5%的选举门槛。投票的结果,在比例制选区,俄罗斯自由民主党获59个席位,俄罗斯联邦共产党获32席,俄罗斯农业党获21席,俄罗斯民主党获14席。其余的在选举之前组建并参加选举获胜的政党是:俄罗斯选择40席,俄罗斯妇女运动21席,"苹果"党20席,俄罗斯统一和谐党18席。①

大选表明,新的选举制度暂缓了政治关系激化速度。俄罗斯联邦共产党参加大选及其随后在国家杜马的活动显著地确定了其作为反对派在议会政治背景下以合法的手段进行权力斗争以及赋予共产主义运动新的方式,也就是说俄罗斯联邦共产党改变了自己传统的方向,在意识形态的基础上发生了改变。此外许多政党出现了分裂的趋势,关键时刻一些政治团体遭受了失败。比如"公民联盟"及其他一些团体出现离心的趋势,"民主俄罗斯"运动丧失了部分活动分子,这些人加入到别的选举团体——"俄罗斯选择",为此领导人盖达尔建立了"俄罗斯民主选举"党。同时为了"俄罗斯选择"的继续存在,从民主运动中分化出"前进——俄罗斯"党和"共同事务"党。

---

① Выборы в Государственную думу (1993), https://ru.wikipedia.org/wiki/%D0%92%D1%8B%D0%B1%D0%BE%D1%80%D1%8B_%D0%B2_%D0%93%D0%BE%D1%81%D1%83%D0%B4%D0%B0%D1%80%D1%81%D1%82%D0%B2%D0%B5%D0%BD%D0%BD%D1%83%D1%8E_%D0%B4%D1%83%D0%BC%D1%83_ (1993)(访问时间:2017年6月20日)。

但因为俄罗斯出现了议会政党，政党通过民众选举的议员表达意愿，就说俄罗斯已经进入到了民主国家的行列还为时尚早。苏联之后的俄罗斯还没有完全改变以前的情况。创造一个新的政党制度，俄罗斯正走向一条不同于以往的新的道路。在当时民众的政治意识非常不明显，几乎没有政党纲领、派别的分化。根据当时独立的"社会意见"论坛的调查，整个俄罗斯在1993年选举前三个星期仅仅有16%的选举者确定了自己的政治倾向，同时有50%的选举者不对任何一个政党有政治好感，其余的还未能确定。①

俄罗斯选举制度的序幕确定了社会政治形势稳定的方向。政党和社会团体政治意义的加强没有使政治活动的基本方面和相应的法律规则平衡。众所周知，这一时期联邦法律《社会团体法》的目的是刺激政党的产生，这已经明显与这一时期的现实不相适应。这一时期政党活动的目的是获得国家杜马中的半数议席。

需要一部政党法不仅仅解决国家政治制度也解决政党自身的组织与活动问题。此外俄罗斯的政治组织离成为议会的政党还有差距，特别是缺少社会福祉的思想，以及指引自身活动的纲领。在1993年大选之后，清楚地展现出制定一部新的调节新的政党活动的法律的必要性。"制定一部关于政党的法律，规定政党作为选举过程中主体的地位，不符合那些在第一次杜马选举中获胜的社会运动的利益。"② 缺少相关政党法导致选举过程的无组织和选举过程的小范围，并造成对议会议员本质的曲解。这些可以说都是俄罗斯社会政治局面不稳定性的表现。

四、《社会团体法》和第二届国家杜马选举

尽管在《俄罗斯联邦宪法》通过后，政党地位开始明显加强以及新的选举制度开始运作，但政党还不能在选举过程中占据适当的位置，发

---

① Кулик А. Указ. соч. – С. 42.
② Лапаева В. В. Указ. соч. – С. 16.

挥自己在国家中的作用。1995年夏在选举前几个月的民意基础调查中，大多数公民不对任何一个政党、政治组织持信任态度。[1] 在对社会和政治的信任调查中对政党的信任排名最后。此外，选民在选举中宁愿依照政党的领导人来确定自己的选举而不是依据政党。

联邦法律《关于俄罗斯联邦公民基本权利的保证》从1994年12月6日开始生效。随后《俄罗斯国家杜马议员选举法》从1995年3月24日起生效。所有社会团体必须在选举前半年通过注册登记方能参加选举，进而获得国家权力机构中的位置。俄罗斯联邦《社会团体法》从1995年4月14日生效。该法规定了社会团体产生和活动的基本原则、权利和义务、登记和其他的规则。政党的位置事实上没有变化，分析这个法律，需要强调的是，它的作用是指引所有社会团体的登记活动，发起公民的建立活动而不论政党的目的。也就是说，该部法律没有将政治组织和社会团体加以区分，这就使所有组织都有了参加选举的可能性。此外，这部法律中原则上没有界定政党和社会团体的概念，这就使任何组织都能置身其中，权力机构能容许与政治和政治问题没有关系的组织参与其中。

1995年通过的联邦法律《社会团体法》成为社会团体的基础，但却是没有反映政党特点的法规。换句话说，俄罗斯90年代政党制度的发展没有确定与之相适应的法规基础。但出现了影响政党制度的积极时刻。

首先，政党应该有章程规定它的基本目的和任务。参加国家权力机关和地方自治机关的选举需要通过推荐候选人以及选举前的宣传，加入到组织和指定机关的活动中。其次，政党拥有登记或不登记的权利。已经登记的社会团体拥有政党登记机关（司法部）赋予其国家登记的证明文件或放弃登记，赋予通过法律程序上诉的书面文件。另外，这部法律规定了对政党活动的基本要求及义务，破坏了义务的政党需承担与法律

---

[1] Лапаева В. В. Указ. соч. – С. 16.

相适应的责任。值得注意的是：这部法律扩大了公民的权利，给予公民自由参加政党的可能性，遵循法律法规，同样也可以根据需要退出政党。①

在1995年国家杜马选举前，依据法律登记的250个社会团体中的111个尝试参加大选。涉及的政党，在联邦范围内有超过80个进行了登记。但这不能证明社会政治利益的增长，这种想法过于武断。像分析家认为的那样，它仅仅反映了寡头政治精英和经济精英的数量。他们之间为国家的权力而斗争，为绝大多数重要职位而斗争。在斗争中他们渴望利用在政治制度中给予政党的地位获取利益。需要注意，通常民主社会在党和他的领导人之间的关系中，党推荐领导人。而在俄罗斯，领导人利用作为精英所拥有的资源，为了自己政治现实的需要而去创造党。

俄罗斯联邦第二届国家杜马选举在1995年举行，投票结果仅有四个政党胜出：俄罗斯联邦共产党、俄罗斯自由民主党、我们的家园—俄罗斯和"苹果"党。不同于以前的选举，在1995年政党和政治组织事实上没有可能依靠"偶然的原因"取胜，这种稳定的原因之一就是在国家存在着在90年代中期就确定的国家杜马选举制度，它成为政党政治制度发展的良好开端，政党政治制度成为完全确立的政治制度。

根据1995年俄罗斯中央选举委员会的消息，有43个参加选举的团体获得了不少于20万签名的支持。特别重要的是他们中的8个参加了上次选举，证明了代表不同社会群体的政党的延续性。在1995年第二届国家杜马选举获胜的是"我们的家园—俄罗斯"（从这个政党产生了俄罗斯的"政权党"现象，第一次出现了亲总统、支持政府的政党）。这些获胜的政党促进了新的立法变化，并根据自身的性质设立了参加选举的门槛。我们注意到在1997年9月5日通过的《关于俄罗斯联邦公民选举权和参加公决权力的基本保障》确定了政治团体参加选举的权力。在

---

① Федеральный Закон от мая 19.05. 1995 г. №82 – ФЗ «об общественных объединениях», https: //base. garant. ru/10164186/（访问时间：2017年2月20日）。

1995年国家杜马选举中，有超过半数的选票被左翼所获得。他们是俄罗斯联邦共产党和农业党。所有这些都给叶利钦总统和俄罗斯政府进行国家变革带来了压力。同时更多的党和体制内的反对党没有发挥在通过决议时应起的作用。就像总统委员会成员格卢申指出的那样："新的国家杜马还没有深层的政治阶层变化，也没有改变政府，尤其是改善人民的生活。"① 俄罗斯联邦共产党发生了一系列变化，特别是适应了新的条件并在第二届国家杜马选举中获得了多数票，在获胜的党派中占据了第一的位置。

政党政治制度开始慢慢在俄罗斯议会中发挥重要作用。在1995年大选中获胜的党很多在上一届杜马中已经有了席位。这证明了首先俄罗斯政党已经走过了自己形成的第一阶段，在国家结构中占有确定的地位。在议会中形成了稳定的党派构成。这些党形成了自己的选民，在选举中支持他们。这些参选政党、团体让选民能够进行选择，减少了选民支持某一党派但在投票中却把选票投给其他候选人的情况，以选民投票给自己支持的党作为基础。存在和确定的选举制度证明了苏联解体后俄罗斯政党制度的形成和发展。

分析从1995年到1999年的政党形势，可以看到当时在俄罗斯政党还很弱小，精英们没有显著的社会基础。类似的趋势也在这一时期其他的社会学研究中体现出来。根据全俄社会舆情研究中心（ВЦИОМ）的研究结果：认为政党完全获得了信任的受访者仅仅从1%上升到6%，认为他们没有完全和完全没有赢得信任的，从38%上升到超过60%。对于社会意见的调查表明，在俄罗斯人的意识中对于哪一个政党属于左、中、右派还表现得不十分明显。② 另一方面，一些人认为很多俄罗斯政党仅仅服务于自己的权力兴趣，是权力的二流武器。但仍有许多人相信

---

① Охотский Е., Шмарковский Л. Выборы –95：три дня до и после. // Власть. – 1996. – №2. C. 58.

② Кисовская Н. К. Партии и перспективы демократизации в России// Политические институты на рубеже тысячелетий. -Дубна：ООО « феникс +», 2001, C. 450.

政党的作用正逐步加强，在社会中产生了形成党的意识趋势。

五、相关立法的修改和第三届国家杜马的选举

叶利钦国家治理时期俄罗斯社会中政党制度作用的逐步改变在很大程度上要归结于立法制度的变化。自1998年7月19日起《关于〈社会团体法〉的补充和修改条款》在俄罗斯联邦生效。首先这部法律界定了政治社会团体的含义（包括政党和社会团体）。通过固定的条款借助于公民的政治意志的形成与影响，确立了该法律的基本目的。需要强调的是这个法律的第一部分确定了这样一个事实，政党连接着国家和社会。他最主要的目的：表达公民的利益。其中对它们的一个基本要求，特别是对政治团体的基本要求是登记："政治社会团体一定要按照一定的程序进行国家登记"。[①] 政党名单应当在指定的日期登记后加以公布，并且符合选举委员会的规定。此外这部法律改变了关于社会团体和政治团体不加区分的情况。"社会团体是否是政治团体应当在它的章程中体现。"[②] 依照俄罗斯联邦立法的规定，以下团体不被承认是政治团体：被登记为工会联合会、宗教组织、民族文化组织，以及登记为公益性基金会、社会机构、社会自治机关的联合组织；其章程允许外国公民、外国组织或国际组织成为其成员或以其他形式从属于其的联合组织；其章程规定无权成为政治性社会团体成员或无权隶属于政治性社会团体的人成为其成员或从属于其的联合组织；致力于通过实施企业家活动来达到获取利润，并在其成员之间分配利润的组织；为了实现自己的爱好或其他非政

---

① Федеральный закон от 19 июля 1998 г. №112 – ФЗ 《О внесении изменений и дополнений в Федеральный закон 《Об общественных объединениях》，https：//base. garant. ru/179062/（访问时间：2017年6月11日）. Федеральный закон от 19 июля 1998 г. №112 – ФЗ 《О внесении изменений и дополнений в Федеральный закон 《Об общественных объединениях》，https：//base. garant. ru/179062/（访问时间：2017年6月11日）.

② Федеральный закон от 19 июля 1998 г. №112 – ФЗ 《О внесении изменений и дополнений в Федеральный закон 《Об общественных объединениях》，https：//base. garant. ru/179062/（访问时间：2017年6月11日）.

治利益而成立的联合组织（这一部分内容已经在2012年3月12日被修改后的相关的法条替代）。① 需要注意的是，所有规范完善政党活动的立法都没有考虑到全部可能的细微差别，特别是在社会团体和政党的经济活动。俄罗斯政治学家拉帕耶娃指出：调整新的政治团体法律地位的立法还处于明显的不完备状态，这就存在着重新评价这个立法的趋势。②

《关于〈社会团体法〉的补充和修改条款》给1999年的第三届国家杜马选举以影响，结果国家杜马的政党构成发生了明显的变化。问题不仅在于独立议员数量的增长，而且在于在议会中是行政指令而不是政党在发挥作用。新的公共政策不是完全依靠投票形成。1998年在俄罗斯联邦内务部有139个全俄的政治团体登记在案（79个政党中有44个有权参加1999年的国家杜马选举），但在实际选举中只有26个参加。在选举前媒体推测将有3个团体获胜：俄罗斯联邦共产党、"祖国—全俄罗斯"（其后更名为"我们的家园—俄罗斯"）和"苹果"党。俄罗斯自由民主党的选票将部分被俄罗斯联邦共产党和"祖国—全俄罗斯"、特别是新国家主义导向的"祖国—全俄罗斯"瓜分，而右翼自由主义者在很大程度上倾向于"苹果"党。但在议会选举后有6个政党或联盟胜出：俄罗斯联邦共产党、"统一"党、俄罗斯自由民主党、"苹果"党、右翼力量联盟和祖国—全俄罗斯党。在杜马中"统一"党自称中派，是新的"政权党"，和"祖国—全俄罗斯"属于同一性质。按照比例分配的原则，根据获得的选票数进入1999年国家杜马的这些老的政党和上一届选举相比几乎没有增加在议会中的席位。没有一个政党获得多数选票。1999年国家杜马议员的构成更新了2/3，并且议员缺少议会工作经验。政治舞台上新的政党的出现产生了重新分配议会权力的条件。很多政党要赢得更多选民的支持，试图占据更靠近中心的位置。对于"政权

---

① Федеральный закон от 19 июля 1998 г. №112 – ФЗ «О внесении изменений и дополнений в Федеральный закон «Об общественных объединениях», https://base.garant.ru/179062/ （访问时间：2017年6月11日）。

② Лапаева В. В. Указ. соч. – С. 32.

党"来说，现在成了"统一"党。也许反对党只剩下了俄罗斯联邦共产党，它尝试对俄罗斯的政治进程产生影响。"统一"党成功地参加选举努力地成为现实的政党，在政治空间中占有优势。这证明了一个政治现实："统一"党拥有的政治资源主要是来自总统的支持。

用一些学者的话来说，1999年俄罗斯国家杜马选举促进了俄罗斯两党制的形成，大多数民众理解两党制，因为这一次的杜马选举支持了复杂的趋势："俄罗斯的选民以两个主要的政治力量作为投票基础：拥有权力的党和反对党，所有第三方干涉这个过程的尝试暂时还没有结果"。[①] 1999年第三届国家杜马选举证明了俄罗斯政党的形成方式，展示了俄罗斯政党的前景。俄罗斯政党的形成方式是自上而下产生、成长，在俄罗斯，政党是政治家手中的武器而不是某一阶层利益的代表。

六、小结

通过上述对叶利钦总统时期俄罗斯政党政治制度的建设的初步研究，笔者对于叶利钦时期俄罗斯国家治理过程中的政党建设有如下基本结论：

首先，在叶利钦担任总统时期俄罗斯的政党在国家治理现代化过程中处于弱势地位。叶利钦时期俄罗斯政党的演化继续以不断完善的立法为基础，它规范了俄罗斯政党在选举过程中的行为。叶利钦时期俄罗斯国家治理中的政党建设虽然在总体上造成专制主义的削弱，但在俄罗斯的政治文化条件下，专制主义与政党依旧紧密相连。所以叶利钦时期的俄罗斯国家治理中，政党和政党制度是在多种因素作用下发展的，最主要的就是国家最高执行权力介入到选举过程中。这就出现了国家权力执行机构在选举前为了自己的利益改变选举立法，推动了行政资源成为官僚组织私有，所以俄罗斯的政党在国家治理过程中处于弱势地位。

---

① Фролов А. Выборы-99: дрейф в сторону двухпартийности？//Власть. -2000. -No2. -С. 144.

其次，在国家治理中，由于俄罗斯政党在国家杜马中没有组阁权，所以与国家行政权力绝缘，只承担立法和监督职能。这和西方国家政党制度中，在选举中获胜的政党的党首，有权力组织内阁，成为执政党不一样。

最后，叶利钦执政时期不存在转轨背景中为政治统治提供社会基础的政党体制。在国家治理过程中，政党具有代表社会阶层或利益群体的代表性。表达功能和沟通功能是政党的两个最重要的功能。但是在叶利钦国家治理时期，政党只是充当政治权力的工具和合法性来源，除了俄罗斯联邦共产党之外，其他任何政党都没有社会和群众基础。由于俄罗斯政治的两极分化，使得政党区分在很大程度上体现在支持或反对总统的立场上，而非以选民的社会结构为基础。因此，尽管叶利钦执政时期俄罗斯政党数目激增，但是依然不存在转轨背景中为政治统治提供社会基础的政党体制。

第三节　普京总统第一、二任期的俄罗斯国家治理现代化和政党制度建设

经历了苏联解体、东欧剧变的政治动荡、叶利钦时期的激烈政治纷争后，作为叶利钦选定的接班人，2000年普京当选新一任俄罗斯总统，俄罗斯政治开启了普京时代。早在普京正式就任总统之前，在1999年发表的《千年之交的俄罗斯》一文中，他就已经认识到了俄罗斯国内的国家治理的重重困难局面，也包括政党制度建设方面的困难。

一、普京第一、二任期的国家治理现代化和政党制度建设的基本布局

当代俄罗斯国家保留了威权主义制度的人格化权力体系。自普京执政以来所推行的所有政治改革措施基本上是围绕着巩固总统和中央的权

力、建立权力的垂直体系而展开的,包括设立联邦区、改组联邦会议上院、建立国务委员会,以及别斯兰事件①以后地方领导人由联邦总统提名、通过对《选举法》的修改、国家杜马议员席位全部实行政党竞选、按比例制分配(2007—2016年期间)等,都是为了恢复政治稳定和巩固政治稳定,实现国家治理现代化。

如何准确认识普京第一、二任期的国家治理现代化和政党政治建设呢?这就涉及政治稳定的两个层面:政治秩序性稳定和政治制度性稳定。笔者认为:普京第一、二任期在政治制度领域包括政党制度建设方面已经建立了政治秩序性稳定,并且正在从政治秩序性稳定走向政治制度性稳定。

自20世纪中叶以来,伴随着现代化的研究,对于政治发展、政治稳定的研究也逐步深入。特别是以美国学者亨廷顿为代表,形成了一系列关于政治稳定的著名观点和判断标准。在东西方政治学者中,政治稳定是一个认同程度极高的概念。但由于中外学者立场、观点和方法的不同,导致对政治稳定的认识和理解存在着明显的差异。亨廷顿在1968年发表的《变革社会中的政治秩序》一书中,系统地阐述了他的政治稳定理论。他认为,政治稳定是公民政治参与能力与政治制度化程度之间的平衡关系,认为发展中国家公民参与政治的要求一旦超出了制度化载体所能容纳的范围,则社会政治运动必然会导致政治不稳定发生。而政治动乱"主要是社会飞速变革,以及新的集团被动员起来涌入政治领域而同时政治制度却发展缓慢的结果"②。

一般来说,政治稳定主要是指一国政权稳固、政局平稳、社会有序、人心安定,它与一国的政治体制、政党制度、政党的执政能力、国民凝聚力、民族精神、国家的纠错机制、民族宗教问题等有密切关系。

---

① 该事件是指2004年9月1日,车臣分离主义武装分子在俄罗斯北高加索北奥塞梯共和国别斯兰市第一中学制造的一起劫持学生、教师和家长作为人质的恐怖活动,到2004年9月3日事件基本结束。

② 〔美〕塞缪尔·亨廷顿,《变革社会中的政治秩序》,李盛平、杨玉生等译,北京:华夏出版社1988年版,第4—5页。

笔者认为政治学所研究的政治稳定有两种表现形式：政治秩序性稳定和政治制度性稳定。所谓政治秩序性稳定是指通过强制性的高压手段或政策来获得政治稳定，这表现为集权或威权政治。通过暴力控制和组织控制确立的政治秩序性稳定建立在对政治稳定的封闭性理解的基础之上，认为政治体系和政治生活的稳定只要通过政权自身建立的某种调节机制就可以获得，而忽视了这种调节机制是否为社会成员普遍接受。缺乏社会成员认可和支持的政治秩序性稳定的实现机制是不稳定的。所谓政治制度性稳定是通过建立稳定合理的政治经济制度，彰显政权的合法性获得政治稳定。

政治不稳定的根本原因在于利益冲突，因而经济的发展和物质生活的丰富是维护社会政治稳定的根本要求。但是，如果社会成员在国家政治生活中不能获得应有的政治权利和地位，不能对政治决策产生决定性的作用，那么，他们享有的物质利益是无法得到保障的，即使是物质丰富的社会中，也会发生政治不稳定和社会动荡。因此，社会成员只有平等、自主地参与社会利益分配和政治决策的过程，才能获得对物质资源的自由支配。民主体制就是一种提供社会成员自由、平等地参与政治生活机会的机制。在这种体制下，公民直接或间接地参加政治生活，提出自己的利益要求，影响利益分配的决策活动，使自己的利益在社会资源的分配过程中实现最大化。而且，民主体制通过法治和宪政对国家权力的行使制定了严格的条件和程序，有效防止了权力被滥用和腐败。民主体制保障的社会成员在任何情况下，都可以通过合法、正当的途径表达自己的要求，消解了政治参与带来的不稳定因素，从而形成了一种有效运行的政治制度性稳定，并进一步为社会发展提供了稳定的条件。从理论上讲，民主机制是迄今人类所能够实现政治制度性稳定的最理想模式。然而，建立完善的民主体制过程，却又充满困难，这也可以解释为何当代世界许多名义上的民主国家经历着政治动荡和社会断裂。

在历史上，俄罗斯一直有着长期的专制主义传统。即使是在叶利钦时期，俄罗斯式的民主制度虽然开始建立，却没有真正发挥作用。在混乱与无序中，叶利钦只能以无数个总统令来代替民主程序。叶利钦结束了苏联，他"破旧"有力而"立新"无术，不仅俄罗斯经济一直没有走上市场经济的正常发展轨道，而且政治上也没有建成完善的民主法治制度，以完成向民主的过渡。叶利钦担任总统时期俄罗斯一直处于社会转型期的危机之中。1993年10月的"炮打白宫"表明俄国还没有民主政治，其后的新宪法体现的总统集权也有违于民主制下的权力制衡原则。由于规则不健全，机构无效率，加上地方"诸侯化"，使俄政府的实际行政能力低下，形成"集权的弱政府"状况，这与现代法治民主国家实现的"权力制衡的强政府"形成了鲜明的对比。

虽然叶利钦时代俄罗斯没能建立完善的民主程序与有效的权力制衡，没能实现政治秩序性稳定，但俄罗斯毕竟已经有了经过全民公投的宪法、公认的议会与总统选举，有了强大而合法的反对派，有了基本的政治自由与公民政治权利。正是在这个基础上，2000年普京当选总统之后实现了俄罗斯目前的政治秩序性稳定。

伯克认为："一个政治体系要想保持稳定，就必须有秩序地（也就是说相对和平地）改变其参与者、领导人和政策，提供有组织的和为大家所接受的手段。"① 普京一方面充分利用了叶利钦建立的威权主义权力架构——宪政制度赋予总统的权力，另一方面将自己的个人魅力融入其中，使政体的"民主"成分更加形式化，从而体现出威权主义的"人治化"特点。他发展了叶利钦构建的宪政制度，如运用法律规范政党和议会、颁布《政党法》规范政党行为、培植壮大"统一俄罗斯"党、加强控制议会，使俄罗斯的民主建制更加完善和具有现代性。普京理顺了总统与议会的关系：建立"政权党"②——政党制改革。以俄共为首的反对派的存在，是造成总统与议会对立的主要原因。因此，普京进行政党制

---

① 〔美〕格林斯坦、〔美〕波尔斯比编：《政府学手册精选》（下卷），储复耘译，北京：商务印书馆1996年版，第156页。

② "政权党"俄文是 партия власти，在俄罗斯的政党政治中没有真正意义的执政党，却存在着支持政府的党。

度改革的目的在于培育一个可与俄共抗衡但支持总统的中派政权党。普京一方面通过"怀柔"政策消解俄共的对抗，另一方面积极促成亲普京政权的中派力量的联合。在1999年末的第三届国家杜马选举中全力支持普京的"团结联盟"因得到普京的支持而获得了戏剧性的胜利。经过若干次改组合并，于2001年12月1日正式组建了"团结与祖国党"，亦称"统一俄罗斯"党。该党的全部纲领和政策概括地说就是支持普京，而普京充分利用了自己的个人声望为其助威，如参加其成立大会、宣布"统一俄罗斯"党是他执政以来所依靠的政党，等等。在2003年的国家杜马选举中，"统一俄罗斯"党获得全面的胜利，不仅稳坐国家杜马第一大党的席位，而且与俄罗斯联邦共产党拉开了相当大的距离。

此外，普京通过立法制定政党政治的"游戏规则"，以加强政党的规范化建设和政权对它们的控制。2001年7月正式出台了《俄罗斯联邦政党法》，该法用了10章48条对政党的组成及活动方式等给予明确规定，基本排除了小党和地方性政党参与国家政治生活的权利，从而整理了政党队伍，同时也使政府可以对政党从资格审查到内部组成实施"全程"监控。在俄罗斯多党制快速发展的20世纪90年代，实际上只有不超过12个政党和团体在发挥作用，但这也刚好满足了政党政治形成的最低要求。对于这些政党来说每一次选举都非同凡响，而选民在这种多样性的情况下投出自己的选票则是非常困难的。对于只有数量保证的俄罗斯政党来说，政党还没有起到自己应有的作用。根据2000年秋天ФОМ（Фонд"Общественное мнение"社会意见基金）的调查结果，57%的俄罗斯人赞成提高政党在俄罗斯生活中的作用，这其中有55%的受访者确信政党没有给俄罗斯带来利益，有25%的受访者持相反观点。而54%的俄罗斯人认为，政党间的斗争妨碍了权力有效地工作。有意思的是，那些认为政党间的斗争妨碍了权力有效地工作的人中有38%认为政党给俄罗斯带来了益处。①

---

① Макаренко Б. И. Парламентские выборы 2003 г. как проявление кризиса партийной системы //Полис. －2004. －№1. С. 54.

在这种情况下，通过《俄罗斯联邦政党法》促进政党制度的发展，确定政党在国家中的地位和作用已经具备了条件。需要注意，叶利钦时期尝试过制定和通过这样的法律，遗憾的是没有成功。1995 年 7 月国家杜马通过的《俄罗斯联邦政党法》在当时没有被联邦委员会批准。之后在 1999 年国家杜马再次审议了政党法草案并加以补充。在普京执政期间，国家杜马 2001 年 6 月 21 日通过《俄罗斯联邦政党法》，联邦委员会 6 月 29 日批准并最终得以在 2001 年 7 月 11 日颁布执行。

二、普京第一、二任期的国家治理现代化和政党制度建设的具体做法

首先是提高政党在政治制度中的地位。在国家杜马和中央联盟新的关系中有效地缩短在克里姆林宫和政党间沟通的距离。在总统行政权力的压力下，2001 年的《俄罗斯联邦政党法》开启了权力机制中的多党制度的转变。政党地位的提高在权力制度中的又一证明是政体在"政党化"方向的转折，这一转折以克里姆林宫的政治利益为条件。强势政党企图造成压力集团，从地方精英那里巩固总统权力的政治自主。控制在执行集团中"部落"和"氏族"间无休止的"战争"，保证国家政治利益。

（一）《俄罗斯联邦政党法》对政党制度建设的作用

《俄罗斯联邦政党法》实质上改变了选举立法，成为俄罗斯多党制发展中的积极因素。这部法律把政党定义为俄罗斯公民以参加社会政治生活为目的，形成和表达自己的政治意向和参加选举而结成的团体。最重要的是《俄罗斯联邦政党法》成为政党标准的基础。这部法律约定了对政党的几个要求：不能建立地区之间、地区和地方性政党；政党应当在联邦超过一半的主体拥有地区分部，一个联邦主体至少有一个地区分部；每个政党党员不应少于一万人。每一地区分部党员人数不少于一百人。这部法律的一个新措施是国家对政党的经济资助，特别是在选举期

间；并提出了硬性规定，如果政党在五年内不参加选举将取消其存在。

除了《俄罗斯联邦政党法》的颁布，2004年10月13日，国家杜马又通过了对《俄罗斯政府法》第11条的修正案，允许政府官员加入政党，改变了禁止政党成员担任国家官员的规定。政党的成员担任官员的措施实际上继承于苏联时期，保证执行权力进行政治上的领导。但是在此之前禁止政党成员担任国家官员的规定却明显地处于与其他立法改革提高政党在国家政治中的作用相矛盾的境地，开启了形成"政权党"的道路，反映了整个俄罗斯权力内部的不一致性。2004年12月12日普京签署了议会通过的《关于修改〈俄罗斯联邦主体立法（代表）和执行国家权力机关组织总原则联邦法〉和〈俄罗斯联邦公民选举权和参加全民公决权基本保障联邦法〉》，它从2005年1月1日起生效。根据该法案总统在现任联邦主体行政长官任期结束前35天提出俄罗斯联邦主体领导人的候选人，这一法案加强了以总统为首的"垂直权力"。

随后在2005年4月22日，俄国家杜马又通过新的《俄罗斯国家杜马代表选举法》，宣布取消"混合选举制"，实行全部按照政党选举产生的"比例代表制"，从2007年起，杜马席位全部由政党按比例分配。只有在2006年1月1日之前获准登记的政党有权参加杜马选举；政党进入杜马的得票界限由原先的5%提高到7%。各政党的选举基金最高为四万卢布。此后，政党进入议会的"门槛"将更高，大型政党的作用将进一步加强。这些法律的通过对俄罗斯政党建设和发展起了制度性保证作用。如果按照7%的标准，2003年第三届国家杜马选举只有两个党"统一俄罗斯"和俄罗斯联邦共产党达到这个标准，确定地超出这一规定进入国家杜马，而一些小党将因此离开政治舞台。这一新的修正给俄罗斯的政党活动和建设以新的动力，并建立了一个与政党紧密联系的极重要的立法措施，这就是规定了进入议会的政党有权推荐总统候选人。无疑，这些新出现的措施事实上提高了在复杂的选举条件下政党在国家杜马中的地位和作用。

《俄罗斯联邦政党法》限制了极端主义的党的政治活动并给那些众

多的小党以确定的障碍,打下了法律协商机制并带来了先发制人的影响。尤其是在2003年5月16日普京的国情咨文中充分坚定地表达了对政党经费的支持。

《俄罗斯联邦政党法》为俄罗斯政党制度的发展创造了一个重要条件,从整体上为俄罗斯的多党制度在联邦和地方层面上确立了选举立法规范。这部关于政党的立法的通过是俄罗斯多党制形成的重要因素,在俄罗斯政党发展中起积极作用。俄罗斯联邦中央选举委员会主席维什尼亚科夫(А. Вешняков)说:"政党制度被确定为社会的一部分,政党法的通过解决了一系列问题:刺激了政党的活动,接近公民,以政党建设为开端加强民主,保证了政党的经济活动。"①同时《政党法》与现存的重要的法律规范一起,保证了政治团体创建过程及其活动的信息公开性,扩大了国家和社会在这个领域的监督,保证了党内生活的内部民主。《政党法》中包含了保证政党积极发展趋势的条款。

首先是只有政党才能参加选举,确定了政党的地位,他的成员不少于一万人(之后党员数目在2004年12月20日修订为不少于5万人)。许多小党因此结束了自身的存在。杜马中的大党,将再次整合形成几个大的联盟,这种数量上的优势影响了政治进程:最主要的是只有那些大的政党才被承认有参加选举的权力,本质就是谁能够在政治舞台首先在国家杜马中占据位置。就像拉帕耶娃指出:"在当前民众对政治冷漠的条件下,对于那些必须获得一万人数量的党来说,他们没有力量形成公民政治团体,他们没有大量的支持者和行政资源。"②这就证明了社会一部分的阶层在议会中没有自己的代表,不能够表达自己的政治意愿。这并不奇怪,把西方模式移植到俄罗斯的土壤的过程中,政府首先关心少数人的权利和利益,而忘记了多数人。

---

① Динес В., Николаев А. Партийный дизайн в России: теория и реалии // Власть. – 2003. – No5. – С. 47.

② Лапаева В. В. Закон о политических партиях: в чем суть альтернативных подходов// Журнал российского права. – 2001. – No2. – С. 11 – 12.

《俄罗斯联邦政党法》使俄罗斯政党制度有可能巩固自身的存在。首先，它确立了多党制的原则、政党建立和政党活动自由的原则，他们在法律面前一律平等，以及政党参加选举和公决的权利。需要强调，参加选举的责任确定了政党的法律地位。保证尊重民主，要求政治过程的参与者积极地进行政治建设。正因如此，在民主国家里，公民也参加选举。此外，考察新的政党概念，确定了政党为公民表达政治意愿的政治组织。在这部法律第 3 条第 1 款中政党被理解为："社会联合组织，俄罗斯公民通过其参与政治生活，形成和表达自己的政治意愿。通过其参与社会和政治活动、选举和全民公决，目的是在国家权力机构和地方自治机关中表达公民的利益。"[①]这就在法律中确立了政党的一个重要作用：国家和社会间的中介，表达和代表公民的利益，保证了俄罗斯多党制的存在及多元化的形象。

（二）选举制度的改变

别斯兰事件后，2004 年 9 月 28 日普京提出新的《俄罗斯国家杜马代表选举法草案》，规定议会选举由"混合代表制"改为"比例代表制"，即杜马席位全部由政党按比例分配，政党的地位和作用因此得到加强。2005 年 4 月，由普京总统提议，俄国家杜马通过新的选举法，宣布取消"混合选举制"，实行全部按照政党选举产生的"比例代表制"，使国家杜马所有 450 个议席都按政党得票比例进行分配。同时规定，参选政党须得票 7% 以上，才能进入未来的国家杜马。此后，政党进入议会的"门槛"将更高，大型政党的作用将进一步加强。这一系列措施都是为了支持发展全国性质的大党，但由于"政权党"的存在，所以加强了谁的地位和作用就不言自明。同年 10 月 13 日，国家杜马又通过了对《俄罗斯政府法》第 11 条的修正案，取消原来政府总理和部长级官员不得担任政党领导职务的规定，从而打破了长期以来政权与政党相脱节的

---

① 《俄罗斯政党法》，http://www.kremlin.ru/acts/bank/17169（访问时间：2017 年 8 月 5 日）。

局限，为政府官员直接参加政党活动开了绿灯。这对"政权党"特别有利。

2002年年底《俄罗斯联邦联邦会议国家杜马议员选举法》对国家杜马选举制度作了修改，对政党活动产生重要影响。例如杜马议员候选人的提名权。新选举法规定只有根据《政党法》有权参加选举并提出候选人名单的政党才能提出全联邦选区的杜马候选人名单。在此之前，对参加选举的政党没有这些严格限制。还有在2003年之后的杜马选举中得票率超过7%的政党才可以进行杜马议席分配。事实上这一修改成了地方精英、政治自治在逻辑上的延续。中央选举委员会的"垂直性"和在政治资源分布上中央监督的提高（媒体、慈善事业、行政资源），被弱化的州长"政权党"和对地方"非系统化"的游戏者在政治上的监督被加强。选举立法带来了不同方向的特性，但却服从于一个共同的任务：保证借助于"优势党"培育和发展垂直权力制度。这同时也产生和带来了新的问题："优势党"的方案对地方精英的监督客观上从俄罗斯的重大利益方面加强了党的影响。

在2002年上半年后克里姆林宫和国家杜马的多数派转变为长时间的政治合作。普京在其任期建立了垂直权力的政治结构，希望开启克里姆林宫与社会的联系，这是他的主要政治资源。传统的"政权党"在政治垄断中不再被完全接受，但是"政权党"的形式在最低限度将会被复杂地保留着。

（三）加强联邦中央对联邦主体的管制

按照1993年《俄罗斯联邦宪法》的规定，俄罗斯是一个联邦制国家。在联邦制国家中，联邦中央和联邦主体并不是一个上下级的关系。这就需要联邦主体和联邦中央进行权力划分。在叶利钦总统执政时期，联邦中央和联邦主体没有很好地解决分权问题，甚至造成车臣战争的爆发。

2000年普京执政后，开始推行"强总统、弱议会、技术政府"，强化以总统为核心的"垂直权力体系"，抓牢各强力部门，并派驻总统全权代表对各联邦主体实施监督,加强中央对地方的管制。

首先,普京在2000年5月13日和18日连续发布总统令,将全国89个联邦主体按地域原则划分为七个联邦区,并派驻由总统任命的全权代表。其主要职责有四项:(1)在联邦区内组织实施总统确定的内外政策和基本方针;(2)监督联邦宪法和联邦最高权力机关的决议执行情况;(3)确保总统的干部政策得到落实;(4)定期向总统报告联邦区内的安全、社会经济和政治局势等情况。

其次,普京建立了联邦中央约束地方领导人的法律干预机制。2000年5月17日普京通过电视讲话宣布,"将首次向国家杜马提出一套法律草案",其中对《俄罗斯联邦主体国家立法与执行权力机关基本原则的修改与补充法案》及《俄罗斯联邦地方自治设置原则的修正法案》的重大修正在于,明确规定联邦中央有权解除违反宪法的地方领导人的职务和解散不遵守联邦宪法的地方立法机构。这实际上是把裁定地方领导人、地方立法机构违宪行为的权力收归联邦中央所有。当然,地方领导人也享有解除其下属权力机关领导人职务的权力。这样,垂直的法律干预机制就树立起来了。

第三,改革议会上院联邦委员会。普京首次向国家杜马提出的法律草案实际上是一整套改革联邦制的方案,其中还包括《联邦委员会组成原则修正法案》。这一法案改变了以往议会上院—联邦委员会由地方领导人和地方立法机关领导人兼任的状况,而由他们的代表来担任经常性的和专职的议员。这使联邦委员会成为真正意义上的立法机关,但最主要的效果是地方领导人被剥夺了进入联邦委员会的权利,他们的影响力被限制在处理地方事务上,对联邦中央的影响力自然是大大削弱了。

以别斯兰事件为契机,在2004年9月14日,普京在俄联邦政府扩大会议上宣布,将对现行的政治体制进行彻底改革。其中之一就是要改变现行地方领导人的直接选举制,用任命政府总理的方式来替换全民投票选举制。9月28日,普京向国家杜马提交了《俄罗斯联邦主体领导人选举程序的法案》,规定地方行政长官的产生由俄联邦总统提名,然后由地方议会批准。但如果地方议会两次否决总统提出的人选，总统可以解散地方议会。这一措施实际上是触及了中央与地方关系的最核心问题，总统最终掌握了地方大员的任免权。

三、普京一、二任期内的国家治理现代化和政党制度建设的路径和理论问题

（一）具体路径，首先解决体制内的政治反对派问题

在2000年俄罗斯又一次出现了形成两党制的可能性，在当时的杜马中除了俄共外还有两个根本政治价值接近的政党——"团结"党和"祖国"党，他们的区别仅在于一个稍微多一点地支持中央克里姆林宫，一个稍微多一点地捍卫地方卢日科夫的利益。然而普京却更愿看到他们之间的精英团结以对抗政治反对派，由此有了两党合并，2001年7月12日支持普京政策的"团结和祖国"联盟产生，之后跨地区政治组织"全俄罗斯"又加入其中。2001年12月1日，三大亲总统的中间派组织成功地合并为"全俄罗斯统一和祖国党"，即"统一俄罗斯"党。2003年的杜马选举结果"统一俄罗斯"成为第一大党，杜马中的多数不再是政治反对派。2007年"统一俄罗斯"党更是在选举中获得杜马席位三分之二的多数，"政权党"成了"优势党"，一党独大。政治反对派俄罗斯共产党只获得了57个席位，而"苹果"党和右翼力量联盟在2001年《政党法》颁布后的选举中就没有达到最低7%的选票门槛，进而无法进入到议会。俄罗斯的政治反对派再一次像亚历山大二世时期分为体制内的和体制外的反对派。

根据《俄罗斯联邦宪法》，在俄罗斯实行政治多元化和多党制。普京曾经提出在俄罗斯建设有两三个或者四个政党参加的多党制目标。2006年10月普京促成"祖国"党、"退休者"党和"生活"党组建成"公正俄罗斯"党。这个"人造中左"政党最大的特点在于，它既支持普京又对"统一俄罗斯"党持反对立场。而"统一俄罗斯"党是政权

党，是普京支持的党。显然普京打算以自由保守主义的"统一俄罗斯"党和社会民主主义的"公正俄罗斯"党建立起互相制衡的议会政治。类似的进展将意味着为了权力的现实斗争有着通往两党制的可能的转换道路，国家杜马内的"政权党"在最低限度内将会在后普京时代被复杂地保留着。总的来说，普京政权加强了政党的作用，当代俄罗斯政党制度处于发展期。

多党并存、一党独大，"优势党"成了普京时期第一、二任期政党建设的目的。不同于传统的"政权党"，"优势党"保留着精英对于克里姆林宫的政治自主。"优势党"还有一个不公开的但却是不能排除的作用：在自上而下的政党建设过程中，在权力面前建立起正常的俄罗斯政党制度。

（二）理论基础，新国家主义改革的背景和前提

苏联解体之后，旧的制度已经被打破，新的制度还没有建立起来，并且是迟迟没有建立起来。叶利钦领导下的部分俄罗斯精英进行的激进的自由主义改革在20世纪90年代末彻底失败了。统治精英被迫改变国内政治路线和方针，否则国家的最终衰退无法避免。从2000年开始，俄罗斯的广大民众要求"从下面"进行政治体制变革的群众基础也成熟了。然而，进行政治体制的改革，也包括政党制度的建设，不是因为叶利钦之后新的政权希望根据大多数人的兴趣开始解决问题，而是因为这是"新主人"想要的。正如俄罗斯评论家贝佐夫写道："总的来说，普京作为国家领导人对俄罗斯'新保守派'的要求几乎是完美的回应。明显的实用主义者，拥有非常微不足道的魅力，更可能是一个经理，一个'农场上的德国人'，而不是一个人的领导者。那些继续为国家救世主的角色寻找'英雄'的保守派无法与这样的'领导者'达成协议。"[1]

普京掌权标志着政治体制发展新阶段的开始。执政体制向"保守的

---

[1] Бызов Л. Г. Социокультурная трансформация российского общества и формирование неоконсервативной идентичности // Мир России. 2002. №1. С. 105.

现代化"转变，在传统专制主义政治文化基因的影响下，导致新生的俄罗斯最终形成人治为导向的社会政治制度，这是传统社会的特征。

我们可以区分这种现象的一般特征。首先，这是国家元首都改变不了的专制模式的形成。普京政权的问题并不在于反对派，而在于形式和内容的不成功的结合。在俄罗斯，虽然经济发展保持无效，但是事实上，国家经济（官员主导）建立了纯粹的个人专制。这是一种自治的阿拉伯君主制，但没有适当的条件（既不是阿拉伯人也不是苏联人）。所以它发生了民主形式下的个人集权。

在俄罗斯国内出现了个人集权，在经历了20世纪90年代的混乱之后，专制权力体系抵消了"自由主义政权"所固有的机制。与此同时，所有民事和民主机构都正式出现在俄罗斯政治体系的架构中。在该国有一位合法的总统，有民选的国家杜马代表、多党制、"言论自由"等。悖论是整个结构只能被有条件地称为"民主"，因为已建立的社会和政治实践的所有领域（如果单独分析）实际上明显地从属于威权主义的逻辑。这是一种在转型国家典型的传统政权，具有随之而来的正面和负面后果。

这种威权主义制度的分类"标记"之一是存在非"封闭"的权力精英，俄罗斯政治领域越来越像一个具有显著的公司和地产特征的结构。一些政治科学家表示："这个体系与其他欧洲国家建立的体系的不同之处在于，俄罗斯是唯一一个在整个后共产主义时期从未有过权力轮换的欧洲国家。"[①] 这种情况是事实，即大部分人口仍是一个特殊的苏联心态的载体，他们不能在社会捍卫涉及自己的政治利益，以及主张自身更多的权力。主要是出于这个原因，在叶利钦时期俄罗斯的金融寡头在没有太大阻力的情况下在90年代进行利益的掠夺。著名的社会学家孔尔东斯基（Кордонский Симон）认识到话语与当局行为之间明显的矛盾，

---

① Дмитрий Фурман НАША ПОЛИТИЧЕСКАЯ СИСТЕМА И ЕЁ ЦИКЛЫ// Свободная мысль. 2003. № 11, с. 9.

他写道:"在公共领域,在政治和言论中,民主和市场主导的信徒显然是依赖进口的自由理论,而传统主义者则基于似乎是边缘的保守理论。然而,国家建设的实践主要是一种未经反思的传统主义范式。"①

根据传统主义的支持者的观点,这种差异对政府本身是危险的,因为国家的分裂在这种情况下恐怕难以避免。但是,为了使这种情况发生根本变化,首先,俄罗斯联邦的统治精英本身必须承认自己是一个作为传统价值观载体的"保守"的少数群体。需要明确的是,在"中产阶级"基础上建立俄罗斯自由民主国家的进一步过程需要统治政权进行自我清算。

社会政治制度的产生不可能是自发的。当一个利维坦被摧毁时,由于新的权威没有建立起来,叶利钦时期的俄罗斯出现了前所未有的地方主义混乱。

2000年普京开始成为俄罗斯的新一任国家领导人,他所进行的新保守主义改革主要是为了打破地方主义的抵抗,并人为地构建一个无定形和分散的后苏联社会。政府最终承担了调解人的职能。

谈到俄罗斯统治政权有目的地对现代化的模仿,当局不能表现得不同,因为真正的现代化,如果随着俄罗斯民众意愿一样被激活,将立即启动最终导致俄罗斯精英整体更替的过程。

事实上,在现代化修辞和"将经济转向创新"的谈论背后,俄罗斯当局是无力产生真正的创新冲动的。允许逐步现代化的苏联机制被打破,并且没有出现新的"资本主义"制度。换句话说,这种制度上的僵局是由新保守主义权力的双重性质产生的,是衡量过渡国家的另一个指标。传统主义者也认为,亲欧美的俄罗斯精英以及以美国为代表的西方本身早已公开抨击以普京为代表的现任政府所采取的改革政策。

自2008年以来,俄罗斯自由主义者公开表示"俄罗斯目前的抗议

---

① Сословная структура постсоветской России, https://detectivebooks.net/book/25817611/?page=31(访问时间:2017年8月5日)。

只是反对普京政权最新行动的第一阶段"。谢夫佐娃写道:"普京的支持率会下降吗?显然,这个系统不能通过上面的演变来改变。俄罗斯还没有为自由化做好准备,因为任何自由化都会破坏对权力的垄断。普京、他的团队以及为这个团队服务的各层都没有准备好失去对权力的垄断。这导致失去对财产的控制和不可预测的个人命运。因此,与其他类似的政权一样,该制度不会和平地离开,也不能和平地改革自己。仍有一种选择可以解决这个问题:非系统性压力系统的根本转变及其原则。这是一场革命。我们害怕这个词。但革命是不同的,也有天鹅绒式的,这是改变的唯一方法。"①

根据贝佐夫的说法:"由于非常严重的原因,俄罗斯除了当前的社会状况和政治制度之外别无选择。一方面,沉浸在政治冬眠中的社会本身并没有准备好接受大众消费意识形态的替代品,而大众已经开始消费。另一方面,没有任何机构能够克服国家现状的惯性,即使不顾最高国家官员的意愿,更不用说公民的情绪了。因此,即使经历了一些不可避免的转变,俄罗斯社会政治秩序的总体结构也将持续很长时间。普京的新保守主义的改革尚未耗尽精力。"②

孔尔东斯基认为:"俄罗斯是一个资源国,领土幅员辽阔,这个国家建立了一个复杂的、多层次的行政管理机构网络。他认为,俄罗斯形势的独特之处在于,没有任何其他国家有保留和管理如此广阔领土的任务。通过将物理空间转换为管理空间来解决这个问题。保留管理的形式是行政删除、分配和资源的再分配。因此,现代俄罗斯学者面临的紧迫任务之一是帮助俄罗斯统治政权代表解决对于这个时代的政治认同问题。"③

---

① Лилия Шевцова: система сама провоцирует революцию в России, https: //newsland. com/community/129/content/liliia-shevtsova-sistema-sama-provotsiruet-revoliutsiiu-v-rossii/1273261(访问时间:2017年8月15日)。

② Бызов Л. Г. «Неоконсервативная волна» в современной России: фаза очередного цикла или стабильное состояние? // Мир России. 2010. №1. С. 43.

③ «Главным социальным слоем в России были, есть и будут помещики», https: //openuni. io/course/15-course-7 – 8/lesson/4/material/998/? lang = EN (访问时间:2017年8月5日)。

弗拉基米尔·普京是新保守派的杰出代表，与自由派不同，新保守派认识到传统价值观对社会发展的重要性。在他的领导下，形成了一种专制的类似于苏联时期的官员名册治理模式，并建立了不可动摇的国家元首制度。尽管正在进行现代化，但该国没有任何机构能够克服现状的惯性，即使不顾最高国家官员的意愿，更不用说公民的情绪了。俄罗斯仍然没有自己的创新发展体系。权力充当调解者，以打破地方主义的抵抗，人为地构建一个无定形和分散的后苏联社会。

（三）普京总统的国家行政管理优先权

在目前的工作中，分析现代俄罗斯政治和政党制度状况的标准是政府的国家治理的有效性（质量）。有条不紊的方法是从其有效性的角度考虑政治和政党制度的内在功能。该研究可以得出结构性和实质性的结论和建议。

在普京时代，建立和选择了国家行政管理优先权。在这种情况下，俄罗斯政党的机构和政治制度如何与国家行政部门联系起来？这涉及两个方面的问题。首先是管理本身。在威权主义条件下，在实现国家政治稳定的过程中，政党应该发挥什么样的作用？第二个方面涉及权力的形成。国家治理的过程中，治理的主体作为一种机制、程序和过程而存在。特别是治理的主体依赖于权力，管理的对象是一个与社会各方面有着各种联系的国家。存在直接的状态管理影响（主体→对象），同时，反馈系统（对象→主体）也影响着管理。因此出现了一种周期性的国家治理行为，每一个周期与选举周期和反馈空间相吻合，这使我们更加感兴趣。

确定了反馈领域最重要的三个功能：信息功能、社会参与国家权力事务的功能以及国家权力形成的功能。在国家治理的过程中谁来执行具体的相关功能？所需的机构至少有这样几个：议会和行政管理机构、政党和工会、东正教会和其他信仰的教会、媒体、非政府组织。他们都是社会政治传播者。特别是政党，连接国家和社会，起到了一个非常重要的中间人和联系人的作用。

在国家治理的过程中，事实上，任何时候任何权力都要进行自身的再生产。权力再生产的道路可以通过合法性的道路，比如说选举来进行。但是也可以有另一种选择和方法，就是不合法性的权力再生产，比如说政变。在当代俄罗斯，进行政党的建设对于俄罗斯权力的再生产来说，是一个独特而有效的行政和社会建构。当代俄罗斯的"政党建设"的结果表明，总统、政府、议会、俄罗斯联邦的联邦主体以及这些互动的政党在参与制定政府和管理决策时，其中最基本的作用是监管和国家管理决策。

在俄罗斯所谓的权力制衡，所谓独立的权力之间的竞争，并没有脱离联邦政府和总统对权力的实质性垄断。俄罗斯联邦总统的效力超越俄罗斯的三权。国家杜马已经脱离了有效的公共行政的真正过程，正在成为一个装饰体。作为联邦会议上院的联邦委员会实际上已不再履行议会活动和区域代表的职能。

与此相反，普京时期开始时政治模式便包含了垄断的治理行政体系，在该国治理行政体系稳步发展（"权力垂直"的委婉语）已成为一种标志。政府部门与相应机构和国家当局之间多边和多方互动的政治立法进程实际上已经崩溃，取而代之的是行政权力一家独大的行政决策。

在普京总统治理的第一、二任期，也出现了政治话语的话语空间崩溃。在最佳安排的政治体系中，社会通过不同的思想竞争，表现出来美德、智慧和创造力，从而实现产生和提出想法以及发展计划的能力。"杜马不是一个讨论的地方"，这不是一个高级别的废话，而是一个真实的政策声明。正如我们所见，这些在实践中系统地变为现实。社会竞争和选择机制在俄罗斯被关闭了。自上而下的任命，只与领导者及其随行人员的个人特征相关联。这样的政治人事建设可称为"肩负建设"。每个后续的层次级别，每个后续的领导层能力都不能提高。很明显，这条道路只会导致退化和破坏。我们所讨论的俄罗斯国家治理过程的实际做法表明了这种机制下管理者的特征最大或最优的程度。俄罗斯的代议制民主也经历了某种逆转。在社会方面最糟糕的结果是现代政党的建设模式发生了变化，再次出现了一党独大的情况。

这个结论与许多其他研究的结果具有一致性。尽管主要政治行为者的职业生涯遭受了失败，尽管他们明显被社会拒绝，但他们仍然进一步显而易见地强化这种模式，特别是党派模式。政府在维持政治稳定方面的支出扩大，其有效性以负值衡量，表明这个建设正在与集体公众的心态相悖，这与政党政治制度建设有效性的详细功能、理论和方法论分析相反。因此，社会——权力系统的这种状态肯定会影响政府的质量和实践中观察到的国家的发展成果，这并非偶然。当今俄罗斯的国家治理和公共行政质量普遍较低，特别是其水平在20世纪90年代剧烈下降，并且至今没有恢复。在俄罗斯，现有的政治和政党制度模式中几乎没有机会处理和解决这种遗留下来的公共行政质量下降的问题。

2000年，普京出人意料地走上俄罗斯政坛之巅。一上台，他迅速掌控最高行政权力，形成自己的执政理念和风格。俄罗斯特殊的地缘政治文明、历史文化特点以及集权与专制传统特别是普京的强国战略使其获得广泛的民众支持。最初，普京并不是通过"高压"推行"可控式民主"，执政能力大大强化，实现了俄罗斯的政治秩序性稳定。国家的最高行政权力集中在总统手中，以保证国家统一、权力集中、政令畅通。但是总统的权力超越了一切社会政治力量，国家的行政、立法和司法之间也就失去了有效的制衡，在国家统一和可控的目标下潜藏着一种危机，那就是俄罗斯的命运过于依赖普京。这同时也说明了俄罗斯还没有能够实现政治制度性稳定。俄罗斯还处在从政治秩序性稳定走向政治制度性稳定的过程中。在这个转变过程中，俄罗斯需要解决发展民主与加强国家机关权力的关系问题，具体来说就是如何形成一个合理的符合俄罗斯国情的权力制衡机制问题，以及加强总统权力还是加强议会权力的问题，现在的俄罗斯是一个超级总统制国家，巨大权力掌握在个人手中。对俄罗斯来说，普京的去留问题已经不是一个人政治权力的延续问题，它关系到俄罗斯国家政权和制度的延续性问题，关系到国家的政治稳定和发展。为了解决这个问题，在俄罗斯的政治史上破天荒地出现了普京和梅德韦杰夫的政治默契和角色互换，在不破坏俄罗斯宪政体制的条件下，普京担任了新一届的政府总理。

四、小结

自21世纪以来当代俄罗斯的政党建设如火如荼。"统一俄罗斯"党正在有力地发展，有数百万党员参加了各级选举。同时关于政党和选举的立法不断变化。关于这些过程的有用性标准问题，对于政党建设的参与者而言，实用主义是显而易见的。对于统治集团的代表来说，涉及在"民主"（如人民）程序中形成权力机构，即权力的再生产。但是，除了列出的问题之外，还有社会的其他部分问题，需要在国家治理的过程中解决。

"民主"一词在俄罗斯已明显不足以评估当局和政治制度本身在选举和代表程序中的形成系统的有效性。操纵性系统地取代了大多数人的意志。现代俄罗斯在这方面是一个明显的例子。自2008年欧债危机以来，当今欧美发生的一系列负面事件，表明西方民主也普遍存在问题。如何找到解决转型国家政治制度变迁这个问题的关键？如何评估和解决相关问题？普京第一、二总统任期在2008年结束，但是俄罗斯的国家治理现代化和政党政治建设还没有结束。

第四节 梅德韦杰夫总统任期的国家治理现代化和政党制度建设

2008年梅德韦杰夫在总统大选中获胜，当选为新一任的俄罗斯总统，成为俄罗斯第三位国家总统。对于普京总统在第一、二任期所遇到的政治稳定问题，梅德韦杰夫如何解决？这成为梅德韦杰夫总统任期的俄罗斯国家治理现代化和政党建设的关键所在。

一、梅德韦杰夫总统任期内的政治改革

在现代国家治理的过程中，政党发挥着重要作用，特别是政党在俄罗斯国家杜马选举、国家总统选举、联邦主体议会选举和联邦主体领导人的选举过程中起主导地位。在梅德韦杰夫总统2008—2012年执政时期，他特别关注落实宪法中的政治多样性原则，并将总统年度报告的要点通过立法程序落实。

总统任期内，梅德韦杰夫并没有摆脱那位有影响力的前任、时任总理弗拉基米尔·普京的影子，如果没有普京的权力垂直体系，实现承诺的改革是不可能的。

（1）修改宪法

2008年11月俄罗斯联邦会议两院通过了《关于修改俄罗斯总统和国家杜马任期的法律》，总统职位任期从4年变为6年，国家杜马任期从4年变为5年。这再一次加强了总统的权力。普京创建的"统一俄罗斯"党也获得了更多的权利，在联邦主体议会中拥有多数席位，有权提名州长和联邦委员会成员。

（2）反腐败改革

腐败一直是俄罗斯的国家顽疾，权力寻租，官商勾结。根据列瓦达民意中心调查，贿赂的平均规模在过去两个危机年度几乎翻了一番。2008年12月，国家杜马批准了总统提交的"反腐败一篮子法律草案"，但发现其中一些提案没有必要，并投票支持修改。2009年7月国家杜马通过了一项总统法案，授权检察官办公室和司法部当局检查所有可能的腐败行为。

（3）内政部的改革

将相关人员配置减少近一半，而该部的资金仅来自联邦预算。此外，内政部将摆脱一些功能。比如，进行车辆检查，罚没款项将进入私人手中。新法案应排除此类贿赂。他们还被剥夺了将外国人和无国籍人

驱逐出俄罗斯的权力。此外，内务部门的醒酒站将转移到卫生部的系统。鉴于一些事件的主要被告是执法人员，俄罗斯总统提议惩罚警察的刑事犯罪要比普通公民更严厉。

(4) 军事改革

该计划未能将军队改革落实到合同上，因为合同制士兵工资微薄（8—10万卢布），并没有机会购买住房。包括病人在内的所有人现在都被征召入伍，并且很快就会延长服役时间。谢尔久科夫（前国防部长）宣布彻底改变指挥和控制的顺序，以美国的方式建立由不同类型的武装部队组成的作战部队，改革者认为这应该增加军事部队的战备状态和机动性，但没有提高士兵们的工资和改善军队服役条件。

(5) 教育改革

积极实施统一的国家考试，引入欧洲教育博洛尼亚进程的要素，将俄罗斯高等教育体系转化为欧洲和美国的统一标准，这些都是最引人注目的内容。由于人口赤字，教育质量急剧下降和俄罗斯东正教会对教育过程的参与，学生数量开始减少，农村学校的社会教师、社会工作者以及辅导员减少了。这个趋势也很快将在城市学校发生。教育部并不认为上述的这些职业是必要的，它可能只是想减少教育和医疗保健方面的开支。

二、梅德韦杰夫总统执政时期体制外的政治反对派

在民主体制正常运作的条件下，不同的政治反对派团体都会进行活动，尽管受到一些限制，但是他们都能参与选举，制定政治选择，履行政党的职能。

不同于普京的第一、二任期，在梅德韦杰夫执政时期，俄罗斯的政治反对派开始走向联合，并专注于抵制俄罗斯当局的行动，并且这些行动往往是未经批准的。几乎每年都会出现新的组织、运动、非正式政党，有的时候他们是具有相似组成和成员重叠的联盟。

在梅德韦杰夫任期，公共组织与正式/非正式反对党、体制内的政治反对派（主要是民主党派）的互动以几种不同的形式进行：

（1）建立广泛的联盟，其中包括人权组织，还有不同意识形态的政党。从2004年到2008年，大致在相同的时间出现了"2008委员会"、"其他俄罗斯"（"民间代表大会"的政治部分）、"国民议会"。2008年建立了一个联盟，将自由主义组织、来自"苹果"党的一个小团体，以及那些不同意将"公正俄罗斯"党"重新格式化"为亲克里姆林宫的人。（2）在莫斯科和各地区寻找非政府组织之间的盟友，并利用其网络组织抗议行动（捍卫言论自由、反法西斯游行、集会）。（3）各方参与民间倡议的抗议行动。被称为反对派的议会党派采取了不同的行动。俄罗斯联邦共产党与共产主义团体和政治组织一起工作，适用于"每月"和传统的群众示威（例如，每年的11月7日和5月1日）。"公正俄罗斯"党也倾向于组织街头抗议行动。自由民主党以"自力更生"的原则组织了行动。因此议会外的反对派在正式化（非营利组织）和非正规化（公民倡议）表现形式中与民间社会互动的真正兴趣在于参与的强度的不同。这并非巧合：其基本的，也许并非总是明确表达的价值观的基础是意识到俄罗斯需要发展民主制度，以扩大公民影响政治决策的可能性。

2008年俄罗斯金融危机说明，普京2000年执政以来所采取的经济增长模式和战略选择并没有从根本上改变俄罗斯固有的经济结构问题。普京受到包括政治反对派在内的各界越来越多的质疑和指责。

体制外的政治反对派出现在普京2000年就任总统之后。其来源复杂，政见不一。既有作为自由主义者的前世界棋王卡斯帕罗夫、前副总理涅姆佐夫、前总理卡西亚诺夫、2000—2005年担任普京总统经济顾问的伊拉里奥诺夫，也有民主主义者克雷洛夫、社会民主主义者古德科夫和左翼人士乌达利佐夫，还有既是新自由主义者也是民族主义者的律师纳瓦利内和左翼自由主义者、"团结运动领导人"雅辛。除了共同反对普京，这些不同政治理念的反对派之间并没有相同的政治纲领和方针。

他们认为，普京2000年上台后采取的政治和经济措施改变了俄罗斯在苏联解体后的发展道路，原有的国家经济政策和经济模式已经改变。

这些体制外的反对派既可以粗略地分为激进的反对派（左翼人士、民族主义者）和温和的反对派（自由主义者），也可以按照他们对普京的态度进一步细分：

（1）"影响"派

代表人物是著名电视节目主持人克谢尼亚·索布恰克、记者帕尔霍缅科、社会活动家卡茨等人。他们的基本思路是在不改变现有政治制度的情况下对普京施加影响，寻求纠错，推行地方自治。他们最大的目标是以现有的精英取代普京。部分商界精英和自由主义媒体支持他们。

（2）"革命"派

代表人物是纳瓦利内等人。他们认为与普京互动或参与选举毫无意义，倾向于不惜以任何方式，甚至暴力方式彻底改变现状和执政者。部分商界精英支持他们。

（3）"圆桌会议"派

代表人物是卡斯帕罗夫、雅辛、涅姆佐夫和霍多尔科夫斯基等人。他们主张采取波兰社会变迁的"圆桌会议"方式，逐渐过渡到议会制共和国体制，确保激进市场改革与和平的宪政改革。他们认为普京完全逆转了叶利钦时期的改革措施。

（4）"修正"派

代表人物是左翼人士和民族主义者。他们支持议会制共和国的想法，致力于对叶利钦时期的改革进行修正，认为普京继续了叶利钦的改革但有偏差。强烈支持加入到集会中去，以敦促现政权做出改变。

（5）"实践"派

代表人物是环保运动领导人奇里科娃等人。他们希望普京能够促进"小企业"的发展战略，积极推行地方自治、发展人权、改革地方选举方式。

为了共同反对俄罗斯当局，体制外的政治反对派从2008年开始走向联合，同年12月13日成立了"团结"政治运动。除了卡斯帕罗夫、雅辛等著名反对派人士，遇刺身亡的涅姆佐夫当时也是"团结"政治运动的组织者之一。"团结"政治运动提出了被视为俄罗斯体制外政治反对派政治纲领的四个目标：俄罗斯政治生活"去普京化"，强调人民权利，与贪污腐败犯罪行为做斗争，提倡生活的欧洲标准。同年12月21日，"团结"政治运动举行了第一次反对普京的游行活动。2010年3月10日，"团结"政治运动还拟就了《普京应该下台》的请愿书，并征集俄罗斯民众的签名。

"团结"政治运动在俄罗斯经济危机、反对"统一俄罗斯"党的腐败以及2011年第六届国家杜马选举期间反对舞弊的过程中得到发展和壮大，公开表达政见，甚至举行游行示威，打出"没有普京的俄罗斯"等口号，反对普京的"政治垄断"、"威权模式"和"权力固化"，号召民众走上街头并开始全国范围内的"支持诚实的选举"集会。

同时，无法进入国家杜马的各种政治反对派以此为契机再次进行联合，协调抗议行动并同当局展开对话，2012年10月通过选举组成"反对派协调委员会"，在当选的45名委员会成员中，纳瓦利内得票最多。

面对这种情况，梅德韦杰夫呼吁"现代化"和"自由"优于"非自由"。梅德韦杰夫时期政治反对派的特点是体制内和体制外的结合。伴随着一些象征性的行动，但政权对政治反对派的打压的趋势加强。这些过程类似于苏联解体之后俄罗斯政党重组的初始阶段。不同之处在于政治发展的舆论导向。面对批评政权的政党、非政府组织和活动家，梅德韦杰夫总统采用了三种策略：改变存在的政党制度条件，有选择地使用强制，建立新的政党制度。为了保持自身的存在、活动的地位和可能性，非政府组织被迫在对政府的忠诚和反对派的支持之间做出选择。非正式和正式政党互动的非正式民事倡议迅速激进化。俄罗斯当局对在正规机构之外运作的政党和组织越来越多地诉诸强制。

随着2008年金融危机的爆发，俄罗斯公民的相关示威行动的表现变得越来越明显。与此同时,当局将社会持不同政见的人士排除在影响权力决策的过程之外被制度化,并且表达政治要求甚至自己的意见的可能性被最小化。这是指俄罗斯官方修改管理非政府组织活动的立法规范,《政党法》和选举立法发生变化。梅德韦杰夫总统在现有制度的框架内寻求尽可能限制不属于体制内的行为者的任何行动的可能性。

三、梅德韦杰夫总统对俄罗斯政党制度建设的理解和具体做法

(一) 梅德韦杰夫总统对俄罗斯政党制度建设的理解

梅德韦杰夫总统上任伊始,就对俄罗斯的政治制度特别是对俄罗斯的官僚主义和腐败提出了严肃批评,也对政党制度提出了他的理解:我们的政治制度正在发挥作用。它的工作远非完美,但它确实有效。议员和党的领导人都做了很多工作,使我们的政治制度和俄罗斯民主可行。[①]

谈到对俄罗斯政党政治制度建设,梅德韦杰夫认为在当代的俄罗斯进行政党建设是非常必要的。必须确保政治治理原则适合社会的多层面,意识形态和文化多样性。政治应该变得更聪明、更灵活、更现代,俄罗斯的地区彼此并不相似,每个地区的传统和社会结构都是独特和无法模仿的,没有一个地区每个公民都有相同的政治偏好。因此,所有地区的领导人无一例外都有义务与在该地区经营的各方的分支机构进行互动,即使这些政党和这些分支机构很少,即使有半数选民投票支持这些政党,但这些选民是我们的公民。也需要倾听那些没有进入议会的党派的声音,这就是为什么我提议让非议会党派的代表有机会在地方议会发言。

但是,俄罗斯的政党必须符合社会的发展水平。回归苏联时期的政

---

① Стенографический отчёт о заседании Государственного совета по вопросам развития политической системы России, http://www.kremlin.ru/events/president/transcripts/6693 (访问时间:2017 年 7 月 2 日)。

治制度是不可能的。而且不仅仅是出于某些经济原因,而且出于一个完全简单的原因:也没有人愿意接受,我们不需要它。我们选择了自己的方式,我们将遵循它。

俄罗斯一直需要一个对世界和我们国家发生的变化敏感的稳定政治体系。但这种政治制度当然会保证主权。在过去几年中,为了改善和加强政治制度,并确保俄罗斯联邦宪法在整个俄罗斯境内统一适用,对联邦委员会的组建进行了改革,这也是一项重要的事情,包括确保打击腐败。反对党的代表今天正确地谈到了这一点。但正是为了这个目的,联邦委员会的组成改革完全符合民主原则,它符合当今国家的现实。

各级政府和行政部门之间的权力分配已经实现。也许并非一切都已完成,这个系统并不完美,但是第一步和非常重要的一步都是朝这个方向发展的。从国家的政治舞台上,各种"政治经纪人"和寡头集团都被淘汰出局。加强多党制。关于反对党如何扩大其在该地区的代表性已经有人说过了。它以一种非常严肃的方式发生。俄罗斯联邦政府将继续与杜马和整个国家的所有政治力量就所有重要问题进行磋商。

梅德韦杰夫也谈到俄罗斯的发展道路。我们的道路必须务实。我们必须吸收所有发达的西方和东方文明。试图一劳永逸地建立一个发展模式可能会导致死路一条。我们是一个如此强大的力量,我们可以采取务实的立场,这是俄罗斯的方式。[1]

没有必要重复20世纪90年代俄罗斯政党建设的不成功经验,当时每一个或多或少可辨别的政治领导人当然都试图为自己组建一个"独立的政党"。结果,普通选民无法找出数十个美丽但绝对没有信息的名字,从中可以清楚地看到当时政党建设的混乱状态。

实际上,"统一俄罗斯"党在2003年和2007选举中的成功恰恰是因为它设法在自己的纲领中填补了爱国主义思想,吸收了"民主力量"

---

[1] Стенографический отчёт о заседании Государственного совета по вопросам развития политической системы России, http://www.kremlin.ru/events/president/transcripts/6693 (访问时间:2017年7月2日)。

的主要"收获",从而将两个以前不可动摇的阵营中的温和圈子"民主党人和"爱国者"联合起来,并吸引了那部分由于某种原因不能投票支持新布尔什维克的选民。

今天俄罗斯的政治光谱(或更准确地说,自戈尔巴乔夫时代以来)在西方方向上存在严重偏差。"统一俄罗斯"党和普京亲自参加2011—2012年选举聚集了爱国选民的大多数选票,但实质上它是一个典型的西方主义政党,不仅积极采用"发达民主国家"的经验,寻求深化"国际一体化",而且还看到这是其政策的目的和意义。对它的主要"系统性"反对是俄罗斯联邦共产党,它也占据了"当地人"的地位。从本质上说左翼政治光谱依然不旺。

如果在不久的将来,俄罗斯成功地组建了一个保守的(民族主义)政党,这个政党的要求相当多,而且相当温和,俄罗斯的政党制度就会变得完整,从而稳定。

2006年梅德韦杰夫就曾说:俄罗斯还没有为政党总统做好准备。当时作为俄罗斯第一副总理的德米特里·梅德韦杰夫认为,总统应该是一个政党政治纲领和决策的实施者,但俄罗斯社会尚未做好准备。梅德韦杰夫在接受周刊杂志"专家"采访时表示,"我相信,在政治体制发达的情况下,应该有几个大政党,总统应该是以具体的政党为支持导向的。""我不确定现在我们的社会,甚至整个国家的人民都准备好迎接总统作为党主席的出现。要么是总统正式参加会议的情况,要么实际上是一个非政治人物(事实上,这在我们的宪法中是部分可见的)。但是,这不是一个发达的政党制度",今天说总统必须脱掉"任何一方的大衣",即使它很宽大,现在还为时过早。"但事实上,在未来它将是这样的,对我来说是显而易见的"。①

(二) 梅德韦杰夫对俄罗斯政党制度建设的方针

梅德韦杰夫总统在执政期间,首先满足了中产阶级的期望,政治分

---

① Медведев:Россия пока не готова к партийному президенту, https://ria.ru/20090415/168147144.html(访问时间:2017年7月5日)。

析家谢尔盖·马尔科夫说："许多人正在等待经济现代化。与此同时，大多数人都在等待普京的社会现代化。中产阶级在很多方面都在等待政治现代化。这就是中产阶级期望的答案。"①

在执政时期的总统国情咨文中梅德韦杰夫对政党制度建设有如下的建议。

第一，梅德韦杰夫提出简化的政党登记程序。对于政党的党员人数，在一半联邦主体有支部，总人数达到500人的政党就可以在司法部进行登记。这是一个相当低的标准。② 我们正在等待党的建设的繁荣。今天可以称为假日。政治科学家马尔科夫说。他建议选举进程的预算增加十倍。根据政治分析家的说法，政党应该确保在多数地区没有犯罪。专家还指出，有必要更仔细地考虑具体的选举程序，但不排除将会发生严重的过渡，因为它会发生在两党制。马尔科夫还指出，到目前为止，关于选举州长的一般概念已经提出。他认为会有直接选举，但考虑到普京之前提出的"总统候选人"，马尔科夫说："该党将提名候选人，总统将协调这些提名。在90%的案例中，居民将支持这些党候选人选举州长。在极少数情况下，他将拒绝提交的候选资格。"③

回顾梅德韦杰夫最后一次在总统任期的框架内向联邦会议发表的国情咨文。他表示，企图操纵人民并煽动社会不和谐是不可接受的。梅德韦杰夫补充说，俄罗斯当局认真和尊重地接受任何对国家机构和个别官员的批评，并在这种批评是公正的时候得出结论。俄罗斯需要民主，而不是混乱。我们需要对未来和正义的信心，总统在演讲中触动了选举制度。特别是，他提议改变中央和地区选举委员会的

---

① Марков：Россию ждет бум партийного строительства，http：//actualcomment. ru/markov_rossiyu_zhdet_bum_partiynogo_stroitelstva. html（访问时间：2017 年 7 月 9 日）。

② России нужна демократия，а не хаос-Медведев，https：//er. ru/activity/news/rossii-nuzhna-demokratiya-ne-haos-medvedev_70288（访问时间：2017 年 7 月 5 日）。

③ Марков：Россию ждет бум партийного строительстваПодробности от АК，http：//actualcomment. ru/markov_rossiyu_zhdet_bum_partiynogo_stroitelstva. htmlhttp：//actualcomment. ru/markov_rossiyu_zhdet_bum_partiynogo_stroitelstva. html（访问时间：2017 年 7 月 5 日）。

组建顺序。①

第二,梅德韦杰夫提议废除收集签名参加国家杜马和地区立法议会选举的必要性。他还表示有必要通过该地区居民的直接投票来选举联邦主体的负责人。"我们必须为所有活跃的公民提供参与政治生活的合法机会。我认为有必要采取以下措施:通过地区居民的直接投票选举俄罗斯联邦主体的负责人,"②梅德韦杰夫说。

第三,加强对非政府组织的立法和游行示威的限制。首先,立法框架和政治实践的逐步改变使非政府组织的运作复杂化并限制了公众抗议的可能性。2006年俄罗斯曾通过了一项关于公共组织的法律,严格规范其融资、限制非政府组织的自主权并将其置于国家控制之下。与此同时,设立了俄罗斯联邦社会院和在各地区的分院,这些分院获得了表达民间社会利益的专有权。社会院被赋予"正确的"民间社会和"民间组织部"的作用,并在必要时被用作受控的公共政策平台和对官员施加压力的额外机制。其次,通过了相关的法律,使组织和举行抗议活动集会以及游行变得复杂化。

第四,加强对在俄罗斯的外国非政府组织的监管。失败的威胁迫使西方赞助商以政府的眼光行事或完全拒绝在俄罗斯工作。对捐助组织的公开压力有所增加。向"进口替代"阶段的过渡一方面意味着俄罗斯企业慈善组织的出现,这些组织拥有大量资金,必须根据当局的要求"对社会负责"。企业的动机是希望改善与当局的关系,往往在后者的压力下,帮助非政府组织,主要是在区域和地方一级。与此同时,对政府领域的敏感、保护政治和公民权利、实际上被排除在赞助对象清单之外。另一方面,国家开始拨出大量资金支持俄罗斯本国的"非政府组织"。融资政策与将非政府组织转变为盟友以解决社会问题的愿望联系在一

---

① России нужна демократия, а не хаос-Медведев, https://er.ru/news/70288/(访问时间:2017年7月5日)。

② Медведев предлагает проводить прямые выборы губернаторов, https://ria.ru/20111222/523206356.html(访问时间:2017年7月5日)。

起。俄罗斯联邦的社会院已成为资金运营商的主要分配方。他只对"政治上密切"的组织（例如"统一俄罗斯"党的青年组织）给予资助，或者强调非政治化。此外，与所有其他子系统一样，这个青年组织受到腐败的严重影响。

第五，开展了一场积极的运动，以对抗西方最有影响力的人权组织。按照旧的苏联模式，他们被指责为西方的腐败和间谍活动。最引人注目的例子是对莫斯科赫尔辛基小组间谍活动的直接指控（2007 年春季）。[1] 在这场运动中，当局积极使用亲克里姆林宫政治组织。人权和环境组织"从下面"主动对国家施加影响。他们以前不被视为政治，他们在专制条件下的活动获得了政治特征，而现在这些组织本身也开始被当局评为政治对手。结果大部分捍卫公民权利和政治权利的组织的工作受到限制或冻结，多年来建立的交际网络开始崩溃，独立于当局的非政府组织的声音，特别是在地区层面，几乎闻所未闻。反过来捍卫自己权利的公民和政治人士，他们自身已经转变为非制度形式的影响力，彼此相互影响。

在梅德韦杰夫担任总统期间，总统领导下的社会院促进了民间社会机构和人权的发展。但与此同时，总统也多次对政治反对派进行打击，继续拘留进行群众活动的人士。

第六，2006 年 12 月通过了关于《政党法》的修正案，根据修正案的最新规定，任何人几乎不可能在没有克里姆林宫赞助的情况下建立新政党。事实上，各方提出的要求只能由政府机构以及持续运作的官僚机构来满足。这就造成登记和符合资格的政党数量急剧减少。2006 年底，俄罗斯中央选举委员会正式宣布 19 个政党通过了年底检查，16 个政党

---

[1] Московская Хельсинкская группа Скандал со «шпионским камнем», https：//ru. wikipedia. org/wiki/%D0%9C%D0%BE%D1%81%D0%BA%D0%BE%D0%B2%D1%81%D0%BA%D0%B0%D1%8F_%D0%A5%D0%B5%D0%BB%D1%8C%D1%81%D0%B8%D0%BD%D0%BA%D1%81%D0%BA%D0%B0%D1%8F_%D0%B3%D1%80%D1%83%D0%BF%D0%BF%D0%B0（访问时间：2017 年 8 月 13 日）。

被认定为不符合法律要求①，2007 年这个数字是 14 个，到 2008 年之后只有 7 个。②

同时通过的一系列关于选举立法的修正案扩大了政党参加议会的可能性，也限制了非议会政党的权利，也给了"统一俄罗斯"党明显的优势。此外，自 2007 年开始俄罗斯国家杜马选举按比例制（以前混合制选举）进行。2010 年，同样的计划开始在俄罗斯联邦主体领导人选举层面引入。与此同时，议会党派为所有议员进行党派登记。

第七，关于国家杜马选举制度的改革。尽管有必要放宽国家杜马选举制度，但在梅德韦杰夫担任总统期间，只采取了极少的步骤，以减轻对民间社会机构以及选举和政党制度的压力（将党派人数从 5 万人减少到 4.5 万人，选举门槛降为 5%）。③ 加强政党和选举立法以及人为减少政党数量造成的结果是：自由派和左翼非正式政党的激进化，其立场的和解，包括统一；体制内的反对党（俄罗斯联邦共产党、"苹果"党）的弱化，为了维护议会党的地位，俄罗斯联邦共产党被迫与当局妥协，同时更审慎地坚持他们的立场。伪反对党将自己定位为反对派，但在实践中支持总统和政府。例如自由民主党、"公正俄罗斯"党经常在宣言中没有明确的意识形态；"俄罗斯爱国者"党具有干扰反对党的功能，该党在亲政府人士领导下创建（在 2011 年春季和夏季，当时的总统候选人之一普罗霍洛夫尝试重塑权利，但并不成功）。

（三）梅德韦杰夫总统执政时期关于政党的立法

梅德韦杰夫成为俄罗斯联邦新一任总统之后，继续进行国家治理现代化中的政党建设。在他的任期，相关立法的变化首先涉及政党参与组

---

① Список политических партий Российской Федерации, http://mediaknowledge.ru/2cce2a4f0f81e203.html.

② Списки партий по годам, https://ru.wikipedia.org/wiki/%D0%9F%D0%BE%D0%BB%D0%B8%D1%82%D0%B8%D1%87%D0%B5%D1%81%D0%BA%D0%B8%D0%B5_%D0%BF%D0%B0%D1%80%D1%82%D0%B8%D0%B8_%D0%A0%D0%BE%D1%81%D1%81%D0%B8%D0%B8#2007—2008（访问时间：2017 年 8 月 13 日）。

③ 俄罗斯政党党员数目的变化可见俄罗斯《政党法》第 3 条第 2 款的修改。

建俄罗斯联邦主体的立法（代表）当局和行政当局的作用。

第一，根据修改后的《政党法》的第 26 条第 1 款规定，在俄罗斯联邦的各联邦主体的立法（代表）当局中获得多数席位的政党有权在最高任期届满前 40 天（此前为 90 天）向俄罗斯联邦的联邦主体提出关于联邦主体最高行政长官候选人的提案。俄罗斯联邦主体最高行政长官（俄罗斯联邦主体最高执行机构负责人）权限到期前 45 天内与俄罗斯联邦总统协商后提交候选人推荐。在提交提案之日起不超过 10 天的期限内，俄罗斯联邦总统审查候选人推荐并向提出候选人推荐的政党的常设集体领导机关通报审查结果。俄罗斯联邦总统有权在通报审查结果之日起 7 天内，在政党提供的候选人中间，向俄罗斯联邦主体的立法代表机关提出有关俄罗斯联邦主体最高行政长官候选人的推荐意见。①

第二，关于俄罗斯联邦主体的最高行政长官的推荐程序以及审议和批准条款的法律修改和变化使这一程序更加透明。根据 1999 年 10 月 6 日联邦法律《关于俄罗斯联邦组成实体的立法（代表）和国家权力执行机构的一般原则》（N 184 – ФЗ），政党通过提交和批准俄罗斯联邦主体的最高行政长官候选人的机制，扩大了自身在选举中的权利。而在《政党法》相关条款修改后，这个过程变成了委托合法化，联邦主体的行政长官候选人不仅需要得到政党支持，更需要得到联邦总统的首肯。②

应该指出，推荐俄罗斯联邦主体最高行政长官候选人的这种复杂程序并非没有缺陷。但是俄罗斯《政党法》第 26 条第 1 款不包含此类规定，以及政党有义务在政党章程中规定在政党或其地区分支机构中选择和推荐联邦主体最高行政长官候选人的程序。应该指出的是，上述程序

---

① РОССИЙСКАЯ ФЕДЕРАЦИЯ ФЕДЕРАЛЬНЫЙ ЗАКОН О политических партиях Статья 26. Права политической партии, http: //www.kremlin.ru/acts/bank/17169（访问时间：2017 年 8 月 15 日）。

② Федеральный закон от 06.10.1999 г. № 184 – ФЗ Об общих принципах организации законодательных (представительных) и исполнительных органов государственной власти субъектов Российской Федерации, http: //www.kremlin.ru/acts/bank/14498（访问时间：2017 年 8 月 13 日）。

没有考虑到只有一个政党赢得俄罗斯联邦主体的立法（代表）国家权力机构选举的情况。

第三，梅德韦杰夫总统在其任期对《政党法》立法方面的重要创新是：逐步减少政党的最低数量（自 2010 年 1 月 1 日起，一个政党至少有 4.5 万名党员，政党地区分部至少有 450 名党员；自 2012 年 1 月 1 日起总数至少要有 4 万名党员，地区分部至少 400 名党员）。与此同时也应注意 2009 年 5 月 12 日第 94 号联邦法《关于俄罗斯联邦若干立法法案的修正案》，这项联邦法律为在国家杜马选举中得票率低于 7%、高于 3% 的政党提供了进入到国家杜马的法律保障。根据这项修正案，在国家杜马选举中获得符合上述要求相应选票的政党可以获得 1—2 个国家杜马席位。①

第四，针对任期内政治反对党和政治反对派的活动，梅德韦杰夫总统采取了一系列的措施，特别是在非政府组织和政党经费来源方面进行了界定。在普京第二任总统任期（2004—2008 年）期间，反对派政党的活动在立法和实践上都非常有限。一些反对党失去了参加选举的权利，变成了非正式组织，也没有获得作为公共组织的合法地位；一部分非政府组织消失。与此同时新的公民行动开始出现，并且逐渐被政治化。俄罗斯体制外的政治反对派的活动开始加剧。

在 2011—2012 年俄罗斯政治选举周期结束之前，政治反对派所有创建和注册新反对党的企图都以失败告终。

四、小结

梅德韦杰夫在 2008—2012 年担任俄罗斯总统其实只是一个过渡，虽然他的自由主义理念不同于普京，但他只是普京在不破坏俄罗斯现有的

---

① Федеральный закон от 12.05.2009 г. № 94 – ФЗ О внесении изменений в отдельные законодательные акты Российской Федерации в связи с повышением представительства избирателей в Государственной Думе Федерального Собрания Российской Федерации, http://www.kremlin.ru/acts/bank/29270（访问时间：2017 年 8 月 13 日）。

宪法体制下，延长自己总统任期、实行自己权力的一个成功的政治选择。但梅德韦杰夫在任期内，小幅推进了俄罗斯政党建设，首先是为小党创造政治空间。根据相关法律在国家杜马获得5%选票但不到7%的政党，可以得到1个议席，而得票超过6%但不到7%的政党，可获得2个议席。① 其次，降低组建新党党员人数门槛的相关法律。2010年1月前，新建政党必须有5万名党员，在全俄半数以上联邦主体党部党员不少于500人，在其余地方党部党员不少于200人；从2010年起至2012年，新建政党党员必须达4.5万，在全俄半数联邦主体党部党员不少于450人，其余地方不少于200人。② 第三，为国家杜马中的政党在选举期间利用媒体进行政治宣传进行了相应的立法。这为"统一俄罗斯"党之外的议会党利用政治媒体进行宣传提供了条件。

梅德韦杰夫总统执政最后时期开始出现反对俄罗斯当局的抗议活动，反对俄罗斯的政治垄断、威权模式和权力固化。这种情况持续了几个月。俄罗斯政府拒绝政治自由化，并且在改变策略之后，一方面在放开民主化的立法（关于政党的法律、国家杜马和州长的选举）上进行了一些改变；另一方面，俄罗斯当局再一次通过相关的立法开始"收紧螺丝钉"：关于群众行动的法律、非政府组织的法律得到了加强，引入了法律规范，这限制了媒体自由并控制了互联网。人权和环境等非政府组织的活动在法律上被定义为政治活动，从国外获得资金的组织取得了外国代理人的法律地位。此外，还采取了严厉镇压抗议活动成员的举动：集会上的群众被逮捕，对政治反对派成员进行搜查，并对诋毁政府的人员制定"极端主义者名单"等。

与此同时，在对《政党法》进行激进修正后，俄罗斯政党数量开始迅速增加。更多的政治反对派通过重新登记，开始进入到俄罗斯的政党

---

① Медведев внес в Думу законопроект о партиях, получивших 5 – 7% голосов, https: // ria. ru/20090225/163198720. html（访问时间：2017年8月13日）。

② РОССИЙСКАЯ ФЕДЕРАЦИЯ ФЕДЕРАЛЬНЫЙ ЗАКОН О политических партиях Статья 26. Права политической партии, http: //pravo. gov. ru/proxy/ips/? docbody = &nd = 102071991（访问时间：2017年8月15日）。

政治体制之内。但是俄罗斯的民间抗议仍然是无党派和非正式的。俄罗斯政治反对派本身也缺乏团结和不信任所有政治机构和组织，绝大多数俄罗斯公民保持了以国家主义为中心的思想：国家高于公民，但有义务照顾他们。在这些基本问题都没有得到根本解决之前，俄罗斯自己不能先乱了阵脚。

2012年3月普京在不违反《俄罗斯联邦宪法》规定的情况下，当选为俄罗斯新一任总统并在同年5月宣誓就职。俄罗斯国家治理现代化和政党建设开启了普京治理的新时期。

第五节 普京总统第三、四任期的国家治理现代化和政党制度建设

按照《俄罗斯联邦宪法》第81条第3款的规定，同一人最多能够连任两届总统。① 正是为了避免对宪法这一条款的修改，梅德韦杰夫和普京进行"王车易位"，梅德韦杰夫从2008年到2012年担任了4年总统。2012年3月4日俄罗斯联邦进行总统选举，普京赢得了选举并当选为俄罗斯的新一任总统，开启第三任期。2018年3月18日，普京在他的总统任期届满之前再次赢得了总统大选，赢得了他的第四任期。

在2018年3月的俄罗斯总统选举中，作为无党派推荐的独立候选人的普京获胜，而在六年之前他是作为"统一俄罗斯"党的候选人参加选举并获胜的。这在一定的程度上表明，普京的第四任期的政党政策会不同于他的第三任期的政党政策。在2014年乌克兰危机之后，俄罗斯的国家治理面临诸多来自国内外的挑战。本书拟对普京第三、四任期（到2018年）的国家治理现代化和政党制度建设进行初步探讨。

---

① Конституция Российской Федерации, http://constitution.kremlin.ru/（访问时间：2017年8月17日）。

对于俄罗斯来说，2012年总统选举与2008年总统选举之间的区别在于普京总统任期满六年后再次当选。在经过四年的另一位政治家的总统任期后，他成功回到了总统的最高职位。这一先例最终解决了关于第三任期可否受理的公共争议，俄罗斯联邦宪法禁止担任两个以上任期的主席，现在被定义为"连续不超过两个任期"。

2008年经济危机中俄罗斯能源依赖型经济遭到重创，普京"奇迹"现了原形，民生问题严重，由经济问题引发的普京统治的政治合法性危机最终在第六届杜马选举后浮出水面，2011年大选前后，俄罗斯各地的大批民众走上街头抗议示威，反对普京的统治，反对"统一俄罗斯"党。

在俄罗斯目前的国情下，普京必须为自己确保最大限度地控制国家政治生活并保持对政治立场的主导。"稳定"和社会的可控性成为普京总统施政的主要指导方针。在执行这些任务时，普京面临着复杂的内部挑战和问题。特别是在2014年乌克兰危机之后，俄罗斯社会的内部稳定问题和外部的制裁压力所带来的经济问题交织在一起，但是普京首先要解决的是经济问题，而对于内部的问题、也包括政党建设和政治反对派的问题，他通过立法的方式和程序来解决。

一、普京新任期的问题和挑战

2008年11月21日俄罗斯国家杜马三读高票通过了将总统和国家杜马议员任期由4年分别延长至6年和5年的宪法修正案。修改后的《俄罗斯联邦宪法》规定，总统的任期延长到6年，国家杜马的任期调整为5年。①

普京是该宪法修正案修订后当选的俄罗斯第一位一届任期为6年的总统。2012年5月7日普京总统开始了他的第三个任期。普京总统第

---

① Конституция Российской Федерации，http://constitution.kremlin.ru/（访问时间：2017年8月17日）。

三、四任期的问题和挑战包括政治发展缓慢、腐败、公共行政效率低下、对联邦和地区政府信任度低、对司法系统的信任度低、地方政府薄弱等。

(一) 经济领域

苏联给俄罗斯的经济留下了几个顽疾，这包括结构性扭曲、宏观经济的不平衡，还有市场体制的缺乏。这些顽疾的治疗需要长时间的过程。俄罗斯需要一个创新的经济，普京在 2012 年 1 月 30 日参加大选的竞选文章《我们需要新型经济》中写道：技术正在迅速变化，全球竞争日益激烈，比以往任何时候都更需要克服国家对原材料出口的依赖。教育和科学被宣布为主要的预算目标，"创意阶层"的发展是主要的社会任务。"创意"工人不会在过时的生产设施上工作，他们需要高绩效的工作，质量上新的机构和商业环境，以及公平竞争。计划到 2020 年，采用先进技术企业的比例要增加一倍半，其中小企业占就业市场的半壁江山。① 普京在 2012 年 2 月 13 日《共青团真理报》的一篇文章中说，"创意阶层"的支柱：教师、医生、科学家和文化工作者应该获得体面的收入。"中产阶级"将成为未来总统的支持。②

在许多方面，普京再现了 2020 计划的想法：这是一个为他的下一任期打造的大规模改革计划。要促进各地区的经济发展，提高生产力、收入、投资、改善商业环境，刺激创新和改革高等教育机构，改变养老金制度，减少贫困、增加寿命，提高社会服务质量。在经过四年的强制缺席又返回克里姆林宫后，普京在 2012 年 5 月份的法令中将其中一些目标"数字化"。例如，到 2018 年，实际工资应该增加 1.4—1.5 倍，教师、医生和科学家的工资占相应地区平均工资的 100%—200%。③

---

① Владимир Путин：«Нам нужна новая экономика», https：//www.vedomosti.ru/politics/articles/2012/01/30/o_nashih_ekonomicheskih_zadachah（访问时间：2017 年 8 月 19 日）。

② Статья Путина-«КП»：Строительство справедливости. Социальная политика для России, https：//www.kp.ru/daily/3759/2807793/（访问时间：2017 年 8 月 19 日）。

③ Третий срок Путина：что было обещано и что сделано, https：//www.vedomosti.ru/politics/articles/2017/12/08/744578-tretii-srok-putina（访问时间：2017 年 8 月 20 日）。

从 2020 计划来看，普京所设想的基本的宏观经济和一些预算几乎没有实现，特别是预算规则以修改后的形式运作。5 月法令的实施迫使各地削减预算投资和贷款，这使得财政状况短期内无法改变。

俄罗斯经济一直存在结构性问题。2008 年欧债危机之后，俄罗斯政府意识到经济结构改革的必要性，并开始制定实施措施。在取得了一定成绩之后，2014 年的乌克兰危机由于欧美的制裁，俄罗斯经济再次受到外部的影响。

首先，GDP 下降。2011 年当普京再次竞选总统时，他在第十二届"统一俄罗斯"党代表大会上宣布，必须"放松经济发展的飞轮，每年 6%—7% 的增长率，以及未来成为世界上最大的经济体之一"。在此期间，俄罗斯的经济增长率不仅放缓，而且变为负值。以卢布不变价格计算，2016 年的国内生产总值与 2011 年相比增长不到 2.5%（每年 0.5%），而以美元计算则下降四分之一。①

其次，俄罗斯的能源和生产的交付量继续增加。2000 年到 2010 年期间，由于国际市场原油价格的上涨，俄罗斯挣了大量的石油美元。但是随着之后的国际石油价格的断崖式下跌，俄罗斯不得不大量生产原油来出口，弥补价格的下跌。在 2011 年生产了 5.12 亿吨石油，到 2016 年产量已经增长到 5.476 亿吨石油，也就是说，能源资源价格下降导致的收入下降需要靠增加石油产量来弥补。自 2011 年以来，俄罗斯出口石油产品供应量增加了四分之一，原油和原油产品增加了 16%。②

第三，在投资领域，固定资产投资是一个国家未来发展的绝对必要因素，它越高，对现在的投资就越多，将来就会以工业生产的形式增长。俄罗斯的固定资产投资长期处于下降状态，在普京的第三个任期投

---

① Обещания «Единой России» в 2011 году. Что выполнено?, http：//rusrand. ru/analytics/obeschaniya-edinoy-rossii-v-2011-godu-chto-vypolneno （访问时间：2017 年 8 月 20 日）。

② Путинизм в цифрах: итоги правления, http：//rusrand. ru/docconf/putinizm-v-cifrah-itogi-pravleniya （访问时间：2017 年 8 月 20 日）。

资达到负增长的底部。①

(二) 政治领域

在 2011 年国家杜马选举和 2012 年国家总统选举期间,俄罗斯的政治反对派走上街头反对"统一俄罗斯"党和普京的领导。在当时,体制内和体制外的政治反对派联合在一起,对普京政权的合法性提出了质疑,对国家杜马选举的结果表示了怀疑。面对这样强大的政治压力,普京总统积极进行政治回应,修改《政党法》的相关条款,修改相关的法律条款,希望把体制外的更多的政治反对派纳入到体制内来。

2012 年普京第三次当选俄罗斯总统,并获得 63.6% 的选票。但是,尽管试图证明选举是公平的(例如,每个投票站的网络摄像头),他的胜利却因抗议而受到损害。成千上万的反普京抗议者多次走上街头,主要是在俄罗斯的大城市。在没有民众对抗活动给予大力支持的情况下,普京借此机会制定了严格的法律,禁止举行抗议活动。他的批评者认为这是普京更广泛计划的一部分,以牺牲民主为代价巩固其统治。反对派活动家阿列克谢·纳瓦利内(Алексей Навальныѝ)曾多次成为 2011 年抗议活动的领导者,一再被监禁。纳瓦利内在 2013 年的莫斯科市长竞选中获得 27.24% 的选票排名第二②,但由于程序原因,他领导的政党——进步党被禁止参加随后的选举。

在 2016 年 9 月的第七届国家杜马选举中,俄罗斯全国选民投票率仅为 47.88%③,这是苏联解体以来的投票选举率的最低点。选民冷漠归因于普京稳步实施所谓的"可控的民主",这种制度保持了民主的基本结

---

① Третий срок Путина: что было обещано и что сделано, http://csef.ru/ru/politica-i-geopolitica/223/tretij-srok-putina-chto-bylo-obeshhano-i-chto-sdelano – 8173 (访问时间:2017 年 8 月 20 日)。

② Выборы мэра Москвы (2013), https://ru.wikipedia.org/wiki/%D0%92%D1%8B%D0%B1%D0%BE%D1%80%D1%8B_%D0%BC%D1%8D%D1%80%D0%B0_%D0%9C%D0%BE%D1%81%D0%BA%D0%B2%D1%8B_ (2013) (访问时间:2017 年 8 月 21 日)。

③ Итоговая явка избирателей на выборах в Госдуму составила 47,88%, https://ria.ru/20160923/1477660920.html?in=t (访问时间:2017 年 8 月 21 日)。

构和程序,但选举的结果基本上是预先确定的。普京的"统一俄罗斯"党宣称胜利,但选举观察员记录了许多违规行为,包括投票填充和重复投票的情况。由于其注册状态,纳瓦利内的党被禁止推出任何候选人,而2015年遇刺身亡的涅姆佐夫的人民自由党获得的投票率不到1%。①

梅德韦杰夫担任总统期间将总统任期延长至六年的及时性和相关性。普京和他的团队有着自己的国家发展战略,总统任期延长两年,另外两年正是允许总统实施国家长期发展战略并有效应对外部挑战的时间。此外,它增加了国家杜马选举与总统选举之间的距离,使俄罗斯的国家治理免于昂贵的政治"超载"。

(三) 外交领域

在普京总统的第三任期,俄罗斯的外交发生了重大的变化。积极应对国际舞台上的风云变幻。

首先是乌克兰危机。2014年2月22日在基辅,乌克兰的激进势力在美国和欧盟的直接支持和鼓励下进行了政变。随后克里米亚在3月18日通过公投的方式加入到俄罗斯联邦。这导致了欧美对俄罗斯的经济制裁。乌克兰危机使俄罗斯对外政策陷入非常孤立的困境,这从克里米亚被非法以公投的方式吞并后,2014年3月27日第68届联合国大会的表决结果就可以看出。联大当天召开全体会议审议乌克兰问题,就"乌克兰的领土完整"的决议草案进行投票表决。美国、英国、法国、德国等100个国家投赞成票,俄罗斯、古巴、朝鲜、委内瑞拉等11个国家投票反对,包括除俄罗斯之外的金砖国家在内的58个国家弃权。②

---

① Результаты, https: // ru. wikipedia. org/wiki/% D0% 92% D1% 8B% D0% B1% D0% BE% D1% 80% D1% 8B_% D0% B2_% D0% 93% D0% BE% D1% 81% D1% 83% D0% B4% D0% B0% D1% 80% D1% 81% D1% 82% D0% B2% D0% B5% D0% BD% D0% BD% D1% 83% D1% 8E_% D0% B4% D1% 83% D0% BC% D1% 83_ (2016) (访问时间: 2017年8月22日)。

② Резолюция Генеральной Ассамблеи ООН 68/262, https: //ru. wikipedia. org/wiki/% D0% A0% D0% B5% D0% B7% D0% BE% D0% BB% D1% 8E% D1% 86% D0% B8% D1% 8F_% D0% 93% D0% B5% D0% BD% D0% B5% D1% 80% D0% B0% D0% BB% D1% 8C% D0% BD% D0% BE% D0% B9_% D0% 90% D1% 81% D1% 81% D0% B0% D0% BC% D0% B1% D0% BB% D0% B5% D0% B8_% D0% 9E% D0% 9E% D0% 9D_68/262 (访问时间: 2017年8月23日)。

俄罗斯兼并克里米亚领土之后，俄罗斯在独联体内部倡导的欧亚一体化进程、欧亚经济联盟遭受挑战；在独联体之外欧美国家对俄罗斯进行经济制裁和外交孤立，这使俄罗斯的对外政策内外交困。

其次，叙利亚危机。西方在"阿拉伯之春"的幌子下发起和实施的对中东政权的破坏，彻底破坏了已经陷入困境的世界地区的稳定。西方实际上支持了伊斯兰国的恐怖主义。而美国和西方在中东就叙利亚问题同俄罗斯进行对抗，直到今天，叙利亚问题都没有得到根本的解决。

面对这么多的内政和外交的问题，普京在就任总统后又开始了他新任期内的新的国家治理。

二、普京第三、四任期的国家治理现代化

普京担任总统的第三个任期始于 2012 年。他就任总统的第一天就发布了 14 项总统法令，这些法令有时被媒体称为"五月法令"，其中包括冗长地阐述了俄罗斯经济的广泛目标的法令。其他的各项法令涉及教育、住房、技能劳动培训、与欧盟的关系、国防工业、种族间关系以及普京总统竞选期间发布的计划条款中涉及的其他领域政策。

普京在他的第三任期开始所遇到的最大问题就是俄罗斯国内外的政治反对派反对"统一俄罗斯"党和反对自己的街头集会和抗议。为了从根本上解决体制外的政治反对派的问题，普京首先对政党制度和选举制度进行了改革，希望有更多的反对派能够进入到体制内，在"可控制民主"的条件下进行政治活动。

普京和他的团队就政党制度和选举制度的改革导致的结果是俄罗斯目前有 60 多个政党，每个公民都能找到最能代表他利益的政党。选举改革三位一体——"竞争力、开放性、合法性"，显著增加了诚实政治选举的保障。

在 6 年任期即将结束的时候，普京以超过 76% 的选票赢得了 2018 年俄罗斯总统选举。他的第四届任期始于 2018 年 5 月 7 日。同一天，普

京邀请德米特里·梅德韦杰夫组建新政府。2018年5月25日，普京宣布他不会在2024年竞选总统，这符合俄罗斯宪法。

普京在其第三、四任期所采取的国家治理现代化的措施主要有以下几个方面。

（一）开展反腐败的斗争

普京在他新的总统任期继续进行反腐败的斗争。针对俄罗斯目前严重的权力寻租、官商勾结等腐败现象，普京继续打击寡头资本主义和让国家回归服务社会领域。政府与社会关系的重新格式化是当前普京任期的主要趋势。普京在2012年1月16日的竞选文章《俄罗斯集中精力：我们要应对的挑战》中写道：精英阶层坐享其成，不思进取，腐败横生。为了解决这个问题，他还讲到，切断政府权力与经营之间的联系明晰政府的界限，确立政府干预经济生活的限度。为了战胜体制性的腐败，需要分离的不仅是权力和个人，还有执行权与监督权，与腐败的斗争应当真正成为全民的事情，我们将要连续不断地、理智地、坚决地行动，同时要消除腐败的基本原因，谴责具体的腐败分子。①

根据自2012年以来进行的司法统计，在俄罗斯，贪污案件的囚犯人数有所增加。在2012年，有6014人被定罪；到2015年，这个数字已增加到11499人。这些数据由俄罗斯最高法院提供。与此同时，很大一部分定罪是针对贿赂行为。2012年约有两千人被判犯有此类罪行；2015年，超过五千人。被定罪的贿赂者人数也在逐渐增加：从2012年的1435人增加到2015年的1702人。② 在普京的第三任期，俄罗斯国防部长谢尔久科夫因为贪污腐败被捕入狱。除此之外，俄罗斯的其他一些高官，也因为腐败问题吃了官司，进了监狱。

---

① Владимир Путин: Россия сосредотачивается — вызовы, на которые мы должны ответить, https://ava.md/2012/01/17/vladimir-putin-rossiya-sosredotachivaetsya/（访问时间：2017年8月23日）。

② Дать по лапам..., https://www.proza.ru/diary/v1150094/2016-12-06（访问时间：2017年8月23日）。

(二) 保持社会稳定

在 2011 年俄罗斯第六届国家杜马选举中，"统一俄罗斯"党赢得 238 席，比 2007 年的 315 席少了 77 席，不再拥有绝对多数席位，反对派之一的俄罗斯联邦共产党的支持率明显上升到 92 席，"公正俄罗斯"党得到 64 席，俄罗斯自由民主党得到 56 席。俄罗斯联邦共产党等反对派指责投票存在违规行为，多个城市爆发示威活动，要求重新选举并结束普京的统治。俄罗斯体制外反对派领导人之一的卡斯帕罗夫更是在集会上发表讲话，并喊出"没有普京的俄罗斯"的口号。究其原因，俄罗斯民众反对普京的政治垄断、威权模式和权力固化。普京是个幸运的总统，其担任总统时期国际油价飙升，俄罗斯国内的经济结构问题被掩盖，俄罗斯民众因为生活水平的改善和提高也就容忍了普京的专制和官僚的腐败。

根据全俄社会舆论研究中心 2012 年 1 月 22 日 "近来什么原因导致人们不满去参加抗议活动？"的调查结果：15% 的被调查者认为是因为低工资、低退休金和低生活水平；13% 的被调查者认为是因为物价飞涨和通货膨胀；5% 的被调查者认为是因为失业；5% 的被调查者认为是因为高税收和低水平运作的住宅公用事业；仅有 4% 的被调查者认为是因为腐败、官僚主义、缺少法律和秩序。[①]

2008 年经济危机使俄罗斯能源依赖型经济遭到重创，普京"奇迹"现了原形，民生问题严重，由经济问题引发的普京统治的政治合法性危机最终在第六届杜马选举后浮出水面，大批民众走上街头抗议示威，反对普京的统治。在 2011 年 12 月 4 日国家杜马选举之后直到 2013 年，俄罗斯公民的大规模政治示威仍在继续。人们声称弗拉基米尔·普京赢得的选举伴随着违反俄罗斯联邦立法的行为，以及大规模的欺诈行为。内务部的最终数据显示：2012 年 2 月 4 日，约有 175000 人参加了莫斯科

---

① Выборы Президента РФ – 2012：социологическоепослесловие，https：//wciom.ru/fileadmin/file/reports_conferences/2012/2012－04－11-vybory_prezidenta.pdf（访问时间：2017 年 8 月 23 日）。

的所有活动。在"反橙色"集会上，有 138000 人聚集在俯首山，在沼泽广场的反对派集会，多达 36000 人，在普希金广场的自由民主党集会上有 1000 人参加。据"公正选举"集会组织者说，至少有 120000 人聚集在沼泽广场，参加这次反对派集会。①

面对这一系列的问题和挑战，普京通过相关法律设法在该国实现社会稳定。但是俄罗斯在普京第三、四任期所实现的社会稳定，仍然是秩序性的社会稳定，而不是制度性的社会稳定。

2012 年 6 月 9 日修改后的俄罗斯《会议、集会、示威、游行和纠察法》生效。据新修改的法律，违反抗议行为规则的处罚加重，政府能够根据这项法律拒绝举行集会。

在莫斯科的抗议活动之后，俄罗斯当局立法者对非政府组织的经济情况进行了大规模审计，并通过了一项法律，根据该法律，外国人在媒体所有权方面的活动受到限制。

根据 2012 年对《政党法》的修改，现在在俄罗斯建立一个政党变得更加容易。普京希望，俄罗斯国内的政治反对派能够遵守法律，通过正常的形式进行政治参与，促进俄罗斯国家政治生活的正常发展。

（三）对互联网的监管

普京在他的总统任期加强国家治理的另一个方针就是对互联网的监管，以此来进一步加强对国内媒体的控制。在 2014 年 9 月至 2015 年 5 月的 10 个月期间，在俄罗斯主要城市，针对所谓"互联网诽谤者"案件先后进行了审理。在案件的法庭听证会期间，就博主和政治活动者对主要政府官员指控进行了调查。所有诉讼都在互联网上播出，引起了全国大多数人的注意。这种公众关注使当局尽可能认真细致地行事。

在总共 10 个月的时间里，共处理了 65 起相关的案件，其中 21 起涉及官员的刑事案件、34 起涉及揭发者诽谤被罚款或者判罪。在其余案件

---

① События дня глазами участников, журналистов, блогеров, информагентств, https://www.forbes.ru/sobytiya/lyudi/78985-mitingi-v-moskve-4-fevralya-2012-goda-onlain-translyatsiya-forbes（访问时间：2017 年 8 月 27 日）。

中，最高法院没有发现官员的行为构成犯罪，但也无法将博客的报告称为诽谤。然而，在这种高级别的诉讼中，当局本身向互联网博主表明，政府在互联网中起着主要作用，而国家则决定了"受害者"的未来。①

国家杜马对互联网上政治活动者和他们的出版物引起广泛社会反响的能力做出的反应是，2015年5月25日通过了新的《俄罗斯联邦互联网行业法典》。这个法典以法律的形式规范了互联网的所有活动。一方面严格规范个人和组织在互联网上的行为，另一方面要求国家更充分地向社会披露其活动和相关活动的财务报表。当然，这些国家义务更可能是表面的旨在满足广大民众对政府财政透明度的要求，在信息空间中平衡针对博主的严厉措施。应当指出的是，互联网上的刑事犯罪（反欺诈、反道德等）也在加重处罚。

（四）原则性反对派的崩溃

在2011—2012年选举期间被视为表达抗议人群情绪的体制外政治反对派，2013年夏季和秋季再次试图组成统一战线形成政治力量——原则性反对派。在反对派的领导下，这些不同的俄罗斯政治反对力量，试图联合起来再次进行反政府的示威和游行。

在计划举行的6次会议中，只有3次会议在2014年年底之前举行。这些活动的参与人数，无论是反对派统计的人数，还是内政部统计的人数，都首次出现数字基本一致的情况。例如，在2014年9月4日的集会上有3000人参加。2014年10月份有2000人参加了集会。2014年12月仅200人参加了集会。

由于负面的支持动态，不相关的和明显不可能的政治要求（如要求2011年国家杜马选举改选），缺乏建设性的建议，原则上反对阵营的局势未能改变，反对派协调理事会于2015年4月5日宣布解散。因此，在俄罗斯自由主义反对派发展的新阶段中，已经有了一个转折点。这是俄

---

① Процессы против «Интернет-разоблачителей» и регулирование российского Интернета，https：//aldebaran.ru/author/trenin_strausov_petr/kniga_uchebnik_noveyisheyi_istorii_rossii_1999/read/pagenum-3/（访问时间：2017年8月27日）。

罗斯西方自由主义反对派发展的终结。

来自反对派——协调委员会的声明，这样写道："……我们认为我们联合进一步努力是徒劳的。我们反对在法律空间中原则上不运作的制度。安理会成员经常受到骚扰，他们的工作条件变得无法忍受……此外，一些安理会成员被证明是无法团结的人。对他们来说，最重要的是在我们的网站上获得公关红利。他们无法妥协，这对俄罗斯来说是非常必要的。这是他们的不幸和我们的共同错误……我们向俄罗斯人民道歉，因为他们无法证明对我们的希望是正当的。我们承诺以新的形式继续我们的斗争，但现在我们将开始就其纲要进行联合磋商"。①

协调委员会自行解散成为俄罗斯公众讨论的主题。主要问题归结为主要政治反对派离开政治舞台应该归咎于谁。它的支持者说以武力对抗不满情绪的做法是失败的，以及俄罗斯当局通过对信息空间的完全控制来打击政治反对派。

然而，俄罗斯的原则性反对派崩溃的真正原因是：（1）对于俄罗斯国家构建的非建设性言论；（2）与21世纪初不再具有相关性——基本上是1990年代以反苏作为价值基础的"哲学"遗产；（3）政治反对派不灵活的政策取向教条，坚持"西方价值观"，不承认俄罗斯的国家价值观。其结果是无法为大多数人创造一种合乎逻辑的、可以理解的爱国政治纲领。因此，主要的反对派完全失去了人民的注意力，在俄罗斯人眼中自生自灭。

随着协调委员会从政治舞台上消失，在俄罗斯国家政治空间中又出现了一个分裂的反对党，其目的是成为一个系统性的反对党。在2015—2017年，被称为民族主义文艺复兴的"民族主义联盟"兴起。这是在过去十年中，体制外政治反对派领导人形成的以合作和相互协议为导向的、试图影响联邦中央和联邦主体议会的政治组织，他们试图在体制内

---

① Крах Принципиальной оппозиции，https：//detectivebooks.net/book/33264175/？page=4（访问时间：2017年8月27日）。

活动，但是至今没有获得成功。

（五）大幅修改《非政府组织法》和《集会法》

针对体制外的政治反对派可能得到的西方支持，俄罗斯政府制定并且多次修改 1996 年 1 月 12 日颁布的《非政府组织法》，该法的最后一次修改是 2018 年 7 月 29 日。根据该法，接收海外资助并从事政治活动的非政府组织将被认定为"外国代理人"。接受海外资助并从事政治活动的非政府组织需主动向俄司法部申请列入特别名单，并在出版物和网络媒体上特别注明。这些组织必须一年两次提交活动情况报告，并接受年度财务审计。此类组织如违反法律，将被处以 30 万至 100 万卢布的行政罚款。违反刑法者最高可被监禁四年。部分非政府组织负责人指责该法压制"民主"，表示将联合抵制。

2012 年 6 月 8 日，普京又签署了颇有争议的《会议、集会、示威、游行和纠察法修正案》，大大提高了针对游行、集会过程中违规现象的处罚力度。并且这一法律又在随后的几年直到 2018 年一直在进行修改。

2012 年 7 月 13 日，国家杜马三读通过恢复刑法中诽谤罪条款的修订案，大大提高了对传播虚假信息、损害他人名誉和尊严、诽谤他人行为的罚款力度，罚款额高达 50 万至 500 万卢布。[1]

通过这些具体措施，普京把体制外的政治反对派纳入既定的政治体制内，让他们在规定的范围内进行政治活动，事实上削弱了体制外政治反对派的影响，巩固了先前政治制度设计的基本成果，保持了俄罗斯的政治稳定。

三、普京第三、四任期的政党制度立法

面对国内政治反对派的挑战和巨大压力，2012 年 3 月普京再次当选

---

[1] Госдума приняла в третьем чтении законопроект о клевете，https：//polit.ru/news/2012/07/13/kleveta/（访问时间：2017 年 8 月 28 日）。

总统。在普京正式就任总统之前,普京就已经开始了政党制度的立法。在其就职之后,继续进行了对政党制度和选举制度相应的改革。

1. 修改《政党法》中对注册政党的最低人数限制

2012年4月2日,俄罗斯关于简化政党注册手续的新《政党法》生效。该法特别规定从2013年1月1日起,政党注册的最低人数从4万人减少到500人。在俄罗斯司法部登记的政党从2011年底的7个增长到2015年2月5日的77个。现在俄罗斯在司法部登记的政党数量是61个。在《政党法》修改之后通过司法部登记备案的党积极参加联邦主体及市政的选举。他们赢得了市政和地方当局的席位,为参加未来的联邦竞选活动奠定了良好的基础。目前,在国家杜马选举中,有两个小党以单席位选区获胜的形式取得了国家杜马议员席位。

截至2018年9月9日,在俄罗斯联邦主体中议会或者立法机关中各个小党的席位如下:"苹果"党6个席位,俄罗斯爱国者党23个席位,公民纲领党5个席位,增长党获得5个席位,绿党、祖国党等其他小党总计获得各联邦主体议会的131个议席。①

2. 恢复国家杜马的混合选举制

在2012年总统国情咨文中,普京指出:"国家应该并将努力确保所有政党平等进入媒体,不仅在竞选期间,而且在当前生活中。但亲爱的同事们,我们必须明白,这不是一件容易的事。在年初我们有七个政党,现在已经有四十八个。已经有二百多个组织委员会正在努力创建他们自己的政党。尽管如此,国家当局应该努力确保所有人都处于平等的条件。许多政党和专家建议回到国家杜马的混合选举系统——党派名单

---

① Парламенты субъектов Российской Федерации, https://ru.wikipedia.org/wiki/%D0%9F%D0%B0%D1%80%D0%BB%D0%B0%D0%BC%D0%B5%D0%BD%D1%82%D1%8B_%D1%81%D1%83%D0%B1%D1%8A%D0%B5%D0%BA%D1%82%D0%BE%D0%B2_%D0%A0%D0%BE%D1%81%D1%81%D0%B8%D0%B9%D1%81%D0%BA%D0%BE%D0%B9_%D0%A4%D0%B5%D0%B4%D0%B5%D1%80%D0%B0%D1%86%D0%B8%D0%B8 (访问时间:2017年8月28日)。

和单一席位选区。"① 2014年2月14日，国家杜马最终审议通过了新的《俄罗斯国家杜马议员选举法》，将原来只有党派参加的比例制选举制度恢复为多数—比例相结合的混合制选举制度，从而为小党的党员以个人身份参选并进而使其所在政党进入国家杜马敞开了大门。根据这项修改后的选举法，在2016年第七届国家杜马选举中，有两个小党祖国党和公民纲领党的党员和一位独立候选人（他本人是"统一俄罗斯"党的党员）以单席位选区获胜的方式成为新一届的国家杜马。

3. 普京还在俄罗斯地方领导人选举中推行地方行政长官直选制度

2012年4月25日国家杜马通过了直选州长的法律。② 这一在梅德韦杰夫总统最后任期签署的法律，在普京任期得到推行。2013年4月2日，在普京总统的倡议下，对这部法律进行了修订，这些修正案的通过是由于克里姆林宫决定不允许在北高加索六个共和国（达吉斯坦、印古什、卡巴尔达—巴尔卡尔、卡拉恰伊—切尔克斯、北奥塞梯、车臣）举行直接选举，但可以通过议会投票表决的方式代替直接选举。2014年底至2015年初，对这部联邦法律再次进行了修改，同意同时也和各州合并的民族自治区举行通过议会的间接选举。目前，俄罗斯联邦主体行政领导人直接选举程序除了适用于上述6个北高加索共和国，汉特—曼西自治区和亚马尔—涅涅茨自治区和涅涅茨自治区的最高行政领导人也由地方议会选举产生而不是直选。政党制度和地方领导人选举制度改革后，截至2019年3月21日，83个联邦主体的领导人中（不包括有领土争议的联盟主体）已有21名无党派人士、两名共产党人、一名自由民主党人、一名公正俄罗斯党人。③

虽然俄罗斯体制外的反对派走上街头示威游行、反对普京和俄罗斯

---

① Послание Президента Федеральному Собранию, http://www.kremlin.ru/events/president/news/17118（访问时间：2017年8月28日）。

② Дмитрий Медведев подписал закон о выборах губернаторов, http://www.kremlin.ru/events/president/news/15186（访问时间：2017年8月28日）。

③ Действующие главы субъектов Российской Федерации, https://ru.wikipedia.org/wiki/Действующие_главы_субъектов_Российской_Федерации（访问时间：2017年8月28日）。

政府，但俄罗斯宪法已经确立了宪政制度的基石，俄罗斯体制外的政治反对派不会从根本上改变俄罗斯的政治格局和影响社会的政治稳定。尽管普京2018年当选新一届的俄罗斯总统，如果他不能进行实质上的政治改革，从制度根源上消除腐败、改变能源型经济的现状，解决俄罗斯最根本的民生问题，俄罗斯体制外的政治反对派则还会卷土重来。

四、小结

普京时代的第三、四任期的国家治理现代化仍在继续，但是，俄罗斯的政党制度建设已经基本结束和完成，在不修改宪法的情况下，俄罗斯的政党就是这种普京所打造的"统一俄罗斯"党一党独大的政党制度。并且由于在议会选举中获胜的政党没有权力组织政府，所以，为了避免在议会中总统的法律提案和议会政党之间发生更多的冲突，保证立法机构的正常运行，在俄罗斯就出现了"政权党"这种政治现象。为什么政党实际上是社会转型的制度要素，同时又不是俄罗斯政治制度的重要和主导因素？为什么国家在俄罗斯社会的社会转型和政治生活中起着决定性的作用？这是因为俄罗斯的文化和历史发展的预定。

总的来说，普京所设计的俄罗斯政党政治制度的发展经历了三个阶段。

第一个阶段，俄罗斯政党处于收缩阶段。就是在俄罗斯《政党法》颁布后，即从2001年到2011年，由于不满足《政党法》的要求，一大批有名无实的政党在俄罗斯退出了政治舞台。

第二个阶段，俄罗斯政党的恢复阶段。也就是在俄罗斯的政治反对派走上街头示威游行，以体制外的形式进行政治活动的时候，普京适时地再次修改了《政党法》，让大批的政党，重新返回体制内进行活动，把他们的活动界定在已有的界限之内。这一阶段从2011年到2016年。

第三个阶段，俄罗斯政党制度的巩固阶段。从2016年9月至今。目前已经有一定数量的小党，参加到国家杜马和联邦主体议会的立法活动当中，虽然他们对于整个立法过程最后的通过并没有根本性的影响，但却意味着俄罗斯不同的社会群体在议会中也有自己的代表。

在短期内,得到普京总统支持的"统一俄罗斯"党的政党地位在俄罗斯政治制度体系当中无法撼动,俄罗斯联邦共产党由于意识形态的原因,处于党员数量的减少阶段。而老牌的政党俄罗斯自由民主党由于打着民族主义的旗号,不仅维护了自己的席位还有所增加。公正俄罗斯党所代表的民主社会主义思潮的空间在当代俄罗斯的政坛进一步被挤压。而代表着自由主义和其他政治思潮其他的小党,只能勉强维持现状,在俄罗斯联邦主体议会的选举中,偶尔能够取得少数席位,成为当代俄罗斯政党政治制度的装饰。

第三章 当代俄罗斯国家治理现代化过程中的政治改革和政党制度建设

第一节 当代俄罗斯国家治理过程中的"政权党"现象探析

1991年俄罗斯获得独立。当代俄罗斯多党制的重新建立、当代俄罗斯政党的发展为转型国家国家治理过程中的政党建设提供了一个新的值得深入探讨的课题。当代俄罗斯国家治理过程中政党所起的作用和其他国家政党作用的明显不同在于：俄罗斯国家杜马中有"政权党"也就是支持总统的党却没有执政党。在俄罗斯国家杜马选举中获胜的党没有组阁权，政府总理由总统提名并由国家杜马同意后履职。本节拟对"政权党"这一俄罗斯国家治理过程中政党建设的独特现象的由来、发展的过程，以及在俄罗斯国家治理中政党制度建设所起的作用和前景进行探析。

一、东西方及当代俄罗斯国家治理中的政党制度建设

由于各国国情不同，政党在各国国家治理中的路径和作用是不一样的。现代主权意义上的民族国家不是从来就有的。人类社会从社会共同体到政治共同体，从政治共同体到朝代国家（一家之国）再到民族国家（国民之国）的产生是一个漫长的过程，根本就没有什么"自古以来"！

（一）西方国家治理过程中的政党制度建设

我们今天所谈论的现代主权意义上的民族国家是在欧洲三十年战争结束后的1648年伴随着"威斯特伐利亚体系"的建立开始出现和确认的。一般来说，在那些现代民族国家建构结束的西方国家里，伴随着几百年培养起来的契约精神、法治精神和民主精神，以及政权和产权关系的界限的确定，自然地形成了国家和社会的互动，也产生了连接国家和社会的政党；国家治理和社会治理的领域是不一样的。政党连接国家和社会，通过定期选举保证国家权力的合法性传承，表达选民意志，在国家治理中起着重要作用，一切主要的政治过程和关系都可以通过政党得以体现。当然，具体到英、美、法、德等各个国家，它们的国家治理建设中的政党建设经验又是不一样的。

（二）东方国家治理过程中的政党制度建设

在现代民族国家建构还未结束的国家，包括那些曾经的殖民地、半殖民地国家，特别是在东方国家，走的是"政党造国家、国家造社会"的路径。[①] 革命党在取得民族革命胜利前就已经产生，在民族革命胜利后掌握政权，肩负着完成从革命党向执政党的转变、在执政党的位置上继续领导民族国家建构、改造社会、走向现代化的任务。同时也有改造执政党本身、与时俱进的任务。

（三）俄罗斯国家治理过程中的政党制度建设

当代俄罗斯国家治理中政党建设和东西方的路径截然不同。俄罗斯是世界上最早面对现代化问题的国家。俄罗斯的现代化建设从17世纪的彼得一世就已经开始。直到1905年10月，在相当长的历史时期俄罗斯没有政党。为了维护对多民族国家的治理，超大型的俄罗斯帝国依靠的是专横的权力和强势中央集权国家机器，由此带来个体对权力和国家的臣服。

---

① 人民论坛编：《大国治理：国家治理体系和治理能力现代化》，北京：中国经济出版社2014年版，第39页。

历史上俄罗斯不断地对外发动战争、进行领土扩张。东正教的弥赛亚意识以及"第三罗马"观念相结合最终形成了俄罗斯的"帝国意识"。"帝国意识"的世界情怀对于领土扩张起了重要作用，但是却对民族国家的建构缺少支持，这也是苏联对外政策积极扩张领土但却缺少内部整合最终走向解体的深层次原因之一。

在过去的一个世纪里俄罗斯先后在1917年11月7日和1991年12月26日发生过两次大的政权变更。从1905年到1917年俄罗斯帝国曾有过短暂的多党制的历史。1917年到1922年为苏俄时期，1922年底到1991年为苏联时期。1991年苏联解体，俄罗斯国家独立，但原有的立法制度——苏维埃制度还在。1991到1993年期间俄罗斯的政治制度实际上是议会制共和制。为了解决已有的总统制和原有的苏维埃制的矛盾，1993年10月叶利钦炮打白宫，以武力最终解决政府和议会权力之争。

俄罗斯1991年独立后，特别是在1993年10月府院之争结束后，新生的政权面临着重建国家、社会以及政党的任务。1993年12月12日《俄罗斯联邦宪法》得到议会批准并颁布，确认俄罗斯的政治制度为总统制共和制。不同于东方和西方国家治理中的政党建设，俄罗斯的国家治理以政治权力为中心，政治权力塑造国家和政党，从这点来说俄罗斯的国家治理、俄罗斯国家治理中的政党建设有着不同于东西方的特点。本文所探析的俄罗斯国家治理中的"政权党"现象正是当代俄罗斯国家治理中政党建设的特有现象。

二、俄罗斯国家治理中的"政权党"问题的本质

（一）苏联领导人的政治遗产

早在1993—1994年，也就是俄罗斯获得独立不久，"政权党"就作为一个政治概念在俄罗斯被广泛提及。如今"政权党"已经成了政治学中关于俄罗斯政党的一个重要概念。在过去的二十几年里俄罗斯国家杜

马中的一些政党试图成为"政权党"。但许多学者们认为在俄罗斯的政治生态下,"政权党"是无益的甚至是不需要的。对于"政权党"产生的完全令人信服的原因到现在还没有,同时也缺少对这个概念的公认界定。

在已有俄罗斯学者对"政权党"概念的基本界定中,从总体上来说没有涉及对俄罗斯政治精英的深入了解和认识,同时存在着对"政权党"更狭隘的理解,他们强调指出其"党的"而不是"权力"的特性。在解释"政权党"产生的原因时,个别学者例如莫斯科国际关系学院的贺金(С. Хенкин)教授指出了在选举中"政权党"的权力精英与别的政党的不同。更有俄罗斯学者实质上放弃了对"政权党"这个概念本身的内容的探讨。权力精英们被看成"政权党"的"起始者",他们的战略形成了"政权党",但却留下这样一个问题:这个"政权党"战略的特点是什么?

说到"政权党"在俄罗斯形成的原因,特别要强调在苏联时期的最后两年(1989—1991年)俄罗斯第一次相对自由的人民代表选举。在《苏联宪法》第六条修改并确定一切政党"应在宪法和苏联法律的范围内进行活动"后,苏联发生了1991年"八一九"事件。这一事件在今日俄罗斯被官方认为是苏共内部的极端斯大林模式坚持者排除了必要的选举支持而发动的政变,被解释为玷污了普选原则。这一事件引发苏共的威望急剧下降,最终导致苏共解散。如果没有苏共内部极端斯大林模式坚持者发动的"八一九"事件,苏联(苏维埃社会主义共和国联盟)可能不会解体,会以"苏维埃主权国家联盟"的形式存在。"八一九"事件导致作为苏联加盟共和国之一的俄罗斯要求最终"离婚"和散伙,并和乌克兰、白俄罗斯在别洛维日事实上宣告了苏联的终结。没有波罗的海三国,苏联一样存在;但是没有俄罗斯,苏联就不能存在。

"八一九"事件后戈尔巴乔夫最终选择辞去苏共总书记这一职务,这可以理解为戈尔巴乔夫在苏联宪法修改后,在多党制条件下把苏共塑造为执政党的努力失败后,他以超党派总统的身份保持苏联的尝试。尽管戈尔巴乔夫的努力失败,但是超越党派的总统、没有政党属性的总统制却被俄罗斯保留下来,并对苏联解体后俄罗斯国家治理过程中的政党建设产生了重要影响。

(二) 俄罗斯"政权党"的本质

"八一九"事件后在俄罗斯尽管发生了政权的变革,宪法体系、政治体制、行政结构在联邦层面及联邦主体层面都发生了剧烈的变革和革新,但执政精英的构成保持不变。1991年底苏联解体,俄罗斯最终独立,俄罗斯执政精英的基本来源是戈尔巴乔夫时期成长起来的干部。戈尔巴乔夫时期形成的执政精英并没有发生重大的更换,这其中包括新生的俄罗斯首任总统叶利钦。

需要指出,根据格拉索夫的观点:1993年12月俄罗斯国家杜马第一次相对自由的选举局面要求借助杜马中的政党来确认执政集团的合法性。[①] 但是利用杜马中已有的政党来达到这个目的根本不可能。因为这时俄罗斯距离1991年底独立已经两年了!不同于东欧国家,俄罗斯精英也不能利用苏联执政精英的"政治反对派"来确认执政集团的合法性,因为在俄罗斯这同样不存在。而且在"民主阵营"中,由于组织和意识形态的分化,也缺少这样合适的政党。所以俄罗斯执政精英需要创造新的政治组织和政党去参加选举,在国家杜马中表达自己的政治意愿。

在俄罗斯,"政权党"的特点在于俄罗斯政治制度自身包含"超级总统制"和没有"执政党"的多党制。在俄罗斯执行权力的加强以立法的弱化促进了《俄罗斯宪法》规定的总统的无党派性质。总统以仲裁人和护法者的角色出现。当代俄罗斯主导的政治力量、权力精英、现实的"政权党"本质上是以总统行政和政府为代表的国家官僚。

在民主的名义下,俄罗斯政党表现得像外请的帮手。这些政党获得

---

① Голсов Г. В. Лихтенштейн А. В. «Партии власти» и российский институциональный дизайн: теоретический анализ//Полис. 2001. №1. C47.

了"政权党"的称号,但却不是权力(在选举中的成果)从属于这个党,而是这个党从属于权力,党成为权力的附属物、社会政治和选举的代用品。① 这便是俄罗斯"政权党"的本质。

三、俄罗斯"政权党"现象的由来和作用

(一)俄罗斯"政权党"的由来

1995年春天在俄罗斯政治舞台上出现了第一个作为有组织的以全俄社会政治运动"我们的家园—俄罗斯"形式的全国性质的"政权党"。作为俄罗斯历史上第一个联邦层面的"政权党"(在联邦主体有政党分支机构),对于"我们的家园—俄罗斯"的产生最初只限于三个因素:

第一,是既有的俄罗斯政治制度和20世纪90年代俄罗斯政治的复杂性。无论是权力的拥护者还是权力的反对者,由于社会意识形态深度分裂,造成了俄罗斯政治精英的分裂、政党和社会的分裂。许多学者都谈到了俄罗斯超级总统制对政党发展的种种不利。俄罗斯权力的中心是俄罗斯总统而不是国家杜马,但当时叶利钦作为总统对所有其他的政治制度做出决定但却不能控制他们,这样的条件促进了"政权党"的发展。在通常的政治制度中,政党的一个主要作用就是推出本党参与国家管理的候选人和形成执行权力。看一下"政权党"的历史,那些已经退出历史舞台的和还在的"统一俄罗斯"党,俄罗斯联邦总统2008年以前就没有做过党派候选人。在1996年、2000年、2004年的总统大选中许多联盟支持了将来的总统。他们中有各种各样不同的社会团体,也有上层的影响。"政权党"也参加了这些联盟,但2007年前没有在其中发挥决定性的作用。因为2007年之前"政权党"还没有能够成为国家杜马中的"多数党"。

即使在还没有能够成为国家杜马中的"多数党"的条件下,"政权

---

① Устименко С. Иванов А. "партий власти" в современной России: ретроспектива и перспектива // Власть. – 2003. – №8. – С. 24 – 25.

党"也在俄罗斯发挥了重要的作用。首先,"政权党"整合了零散的精英(管理精英、经济精英、知识精英),支持了权力活动,形成了政治目的的制度化。其次,"政权党"巩固了国家杜马的选举成果。执政精英通过在国家杜马的代表授意政府提高工作效率。"政权党"排除了国家杜马中反对派的阻碍,保证了"议会游戏"的进行。第三,"政权党"也是行政官员成长的阶梯。列举"政权党"的作用仅仅是复杂的俄罗斯权力任务的一部分,问题在于权力精英担心的首先是怎样保存自己的权力,因为在这种场合下政治斗争的出现不可避免。因此许多关于"政权党"的解释很少令人信服。毕竟这些"政权党"的出现和更替表达的不仅是社会意见的改变,更是以加速度产生的执政精英分布的变化。

第二,是"政权党"有自己独一无二的起源和形成逻辑。这种政治现象刚好形成了预先参与权力的基础。政治权力是"政权党"存在的原因和目的。对于"政权党",追求权力是它的本质特征。如果"政权党"离开权力杠杆,它作为现存政治现象就将消失。

如果按照对民主通常的理解,民主是不同的政治决定的妥协和影响政治过程、达到观点接近的可能性的制度,那么可以确认"政权党"中不存在民主管理的形式。总统权力独大,议会弱,执行权力强势,"政权党"最终是俄罗斯政治权力不平等的产物。

第三,"政权党"是俄罗斯威权官僚体制发展中不可避免的现实产物。对"政权党"来说,存在的问题不是像大多数政治团体那样缺乏执行纪律,"政权党"缺少的是政党选举的基础——选民。

任何一个强势总统制度自身都包含着创造独大政党的制度化刺激,这在选举中和议会中也体现了对执行权力的支持。在俄罗斯,超级总统制产生了选举战略的补充动机,指引了议会中亲总统的多数派的形成。根据《俄罗斯联邦宪法》第117条第2款,俄罗斯总统可以做出俄罗斯政府辞职的决定。国家杜马可以对政府提出不信任案。在国家杜马对联邦政府表示不信任后,如果总统对杜马的决议完全不同意,在这种情况下如果议会第二次表达对政府的不信任,总统要么解散国家杜马,要么政府辞职（《俄罗斯联邦宪法》第 117 条第 3、4 款）。① 俄罗斯议会下院国家杜马参与联邦总理候选人的确定及政府的形成过程（俄罗斯联邦宪法第 111 条第 1 款）。国家杜马三次否决俄罗斯联邦政府总理候选人的资格后，总统任命新的政府总理、解散国家杜马并确立新的选举（《俄罗斯联邦宪法》第 111 条第 4 款）。②

俄罗斯的政治制度不能保证权力的划分，在总统和议会的关系中，缺少有效的限制总统权力的制度以及和这种制度相符合的执行权力。俄罗斯超级总统制提高了政府更替或者不断地解散议会危险的可能性。

（二）俄罗斯"政权党"的作用

为了减少总统—议会政治制度的不稳定性，需要通过形成"政权党"、建立总统对议会的控制的机制。我们用"政权党"这一名词称呼在议会中作为总统和政府政策的传导者和支持者的党或政党联盟。俄罗斯总统的战略主导了这样的党的产生。首先，"政权党"最大限度地影响了杜马立法决议通过的过程。"政权党"的存在保证了在国家杜马中立法程序的顺利和及时通过，连接了总统和政府，提高了立法过程的有效性。其次，"政权党"的存在保证了国家杜马中多数派的要求。因为俄罗斯现有的宪政设计不能保证国家杜马各政党足够的交流和联系。第三，当存在"政权党"时，总统就摆脱了对立法过程的必要干预，实现了颁布法令并获得国家杜马同意的权力。根据法国后现代主义理论家让－弗朗索瓦·利奥塔的意见：在缺少议会多数派支持的情况下，总统拥有颁布法令的权力是所有可能的选择中最坏的结果。因为这就导致了"立法战争"，最后降低了国家杜马立法的有效性，招致国家杜马被总统解散的危险。③ 需要补充的是，"政权党"的形成不要求增加执政精英在

---

① Конституция Российской Федерации, http://kremlin.ru/acts/constitution （访问时间：2015 年 6 月 12 日）。

② Котституция Российской Федерации. -М. : Проспект, 2011, С. 25.

③ Лиотар Ж. Ф. Состояние постмодерна. Пер. с фр. -М. : Эксперимент социологии, спб. : Алетея 1998.

保存自己位置上的政治交易费用。照例政府陷入国家杜马少数派支持的危险导致被解散，而总统不承担形成新政府的政治交易费用。也就是说，俄罗斯的政治制度设计引起对在议会中创建"政权党"的导向战略的必要刺激，明显地，参加选举是这个战略得以实现的一个现实方法。为此需要"政权党"出现在选举舞台。

事实上，"政权党"在1993年、1995年大选中的失败使"政权党"在当时没有可能转变为"多数党"。在当时的选举中俄罗斯国家杜马采用了"混合选举制度"。混合选举制度的两部分不同地影响了政党建设，最后刺激了精英参加大选的特别战略。一方面形成了选举联盟，另一方面在单席位选区推出了自己的或是独立的"政党"候选人。理论上，比例选举制应该导致很多不大的政党的出现，因为给小党的选票没有像在混合选举制中在单席位选区中所造成的选票丢失。在这种情况下大的选区对政党来说就具有决定的意义。谁更大谁就明显地按比例在党或候选人之间分配席位。同时叶利钦国家治理时期俄罗斯杜马选举中的5%选举门槛障碍也减弱了比例选举制的影响。相对于多数选举制应用到一个单席位选区，"混合选举制"促进了政党数量的减少和经常导致两党制的形成。由此俄罗斯选举制度的两个不同制度，比例制和多数制在混合制选举制度中结合在一起，在选举中成功地变成了与其他选举制度不同的一套因素。相对多数制，这对于拥有地方分支推荐在地方范围内的候选人的政党是有利的。同时"混合选举制"为那些不能克服选举障碍的小的地方党打开了一扇可能进入立法机构的窗户，在这种对小党不利的框架下刺激了政党之间的相互联合。这就涉及了比例选举制，它使获胜的党有可能不具有地方的支持，但却成功地组织并清楚地表达自己的同一性，这种同一性大概有两个来源：领导人作为"卡里斯马"① 的个人魅力和政党的意识形态基础。

---

① 韦伯用语。卡里斯马（charisma）原意为"神圣的天赋"，来自早期基督教，初时指得到神帮助的超常人物，引申为具有非凡魅力和能力的领袖。

四、普京打造"政权党"成为"优势党"的战略

仅仅是"政权党"而没有议会席位的优势是不足以达到支持总统和权力的目的的。为此普京在成为总统后,打造作为"政权党"的"优势党"。具体说来,有三个方面措施。

(一)《俄罗斯联邦政党法》的颁布

1999年的最后一天叶利钦宣布辞职,普京成为代总统。2000年3月普京通过大选正式成为俄罗斯新一任总统。不同于叶利钦的国家治理,在普京进行国家治理的新时期开始加强中央权力,建设"垂直权力"。同时开始了权力精英的巩固。这个过程伴随着不以国家政治参与者为转移的政治生活,这些就造成了国家治理过程中对于"政权党"形成和发挥作用的新的原则条件。一方面,威权政治需要实现联邦中央执行权力,亲总统的派别和议会党团联盟出现联合的过程。来自"统一俄罗斯"党坚定和一贯的支持,从克里姆林宫(总统)和俄罗斯白宫(政府)发出的立法首创和政治决定证明了一系列亲总统的联盟如果自身不稳定不会有政治位置。但是另一方面,"垂直权力"的建立没有能够从制度层面解决国家治理中的相关问题。具有联邦主体分支机构的"政权党"能够完全执行新的政体任务成为精英联合的工具,限制联邦主体地方领导人的影响。在联邦层面,这个"垂直权力"逐渐在国家杜马中获得了多数,但却不能明显地胜任。克里姆林宫已经要求所有已经具备政党特征的政治组织不仅仅建设好中央机构和议会党团,也要发展在地方的组织机构。这一目的在俄罗斯历史上第一次以专门法的形式被接受。国家杜马2001年6月21日通过《俄罗斯联邦政党法》,联邦委员会6月29日批准并最终得以在2001年7月11日颁布执行。

《俄罗斯联邦政党法》禁止联邦主体层面的地区性政党的活动。在联邦层面的"政权党"面前打开了在全俄范围内吸收联邦主体层面的地区性"政权党"的前景,在州长那里存在"群体支持"以及来自联邦中

央的特别支持。《俄罗斯联邦政党法》也为俄罗斯处于变动的选举制度奠定了法律基础,不仅仅在联邦层面国家杜马代表的选举中,也在后来联邦主体的议会选举中。

总的说来上述这些措施导致了在俄罗斯国家治理过程中政党作用的明显加强。首先是"政权党"在政治生活中发挥着积极作用和改变着其单纯地作为政府经过杜马的立法发起的"传导器"的形象。在普京任期内的2003年国家杜马选举中"政权党"已经提出了选举名单,在名单上占多数的是不同的来自联邦中央和联邦主体的政治精英。其次,在2004年总统选举前普京谈到,联邦中央权力已经不能够容忍在现存的"政权党"之外还有什么政党联盟希望得到"政权党"副本的作用和在不能预见的情况下随时准备替代"政权党"。因为在2001年12月1日以国家杜马中的几个亲总统的议会党团为基础(统一党、祖国运动和全俄罗斯)和他们的联邦主体分支机构以"统一"党为首形成了新的政党"统一俄罗斯"党。几个不大的"人民党"类型的联盟在此之后尝试发挥副本的作用——从历史的前途讲他们的希望是没有根基的,2003年12月第四届国家杜马的选举证明了这一点。

(二)"政权党"进一步发展,形成了普京的"可控式民主"及"主权民主"

"可控式民主"及"主权民主"在保留了多党制的同时也在政治领域事实上减少了竞争。与之相关在权力精英的范围内,他们选择了创建带有"主导地位党"或者说"优势地位党"的多党制度。类似的建议在20世纪90年代中期就被专家提出。然而这一时期的政治现实对于"政权党"是非常不利的。叶利钦国家治理时期这样的建议仅仅被当作"假想"。在新的条件下,在普京执政的俄罗斯建立"主导地位党"同样遇到了问题,一党独大不被接受。在所有类似制度的国家里,"主导地位党"执行着一个通过和接受政治决定的重要中心的作用。他们确定了执行权力总的战略,"主导地位党"是在国家层面中推出高层领导人的唯一渠道（在印度和日本推出的是总理，在墨西哥是总统）。这个党是不同权力精英之间协商利益的一个重要中心。利益协商的过程通过"多数党"内部相互利益的表达得以实现。但是"政权党"在长期的前景中很难达到社会利益广泛的妥协。从原来执政精英中的总理卡西亚诺夫和副总理涅姆佐夫等人先后离普京而去并坚决成为2012年前后"倒普"运动的领导就可以理解这一点。也就是说"统一俄罗斯"党应该在通常的"群体支持"和现实的领导"优势"中找到自己的民意基础，整合政治精英的内部，但这些对它来说还不能实现。

执政精英决定利用各种不同的政治制度元素为"政权党"创立新的计划。从俄罗斯一百多年前（1905—1917年）没有建立起来的多党制中汲取多元主义，为了"政权党"执行权力决定形成立法机构的作用，从"优势党"政治制度的经验中借用立法创制活动中的垄断。"统一俄罗斯"党继续了"政权党"活动的特别形式：忽略反对派的意见，在通过议会决议时和政府仅仅在两方面基础上相互作用，而没有考虑议会中其他党派的活动。

2003年上半年，在政治领域关于俄罗斯逐渐形成超级总统制共和国及更具灵活性的总统—议会混合制和议会类型的话题成为时髦。开始谈论起"统一俄罗斯"党参与政府形成的多种可能和方案。2004年11月《俄罗斯联邦政府法》进行了修改，解决了政党领导机关成员同时又是政府成员的问题。"统一俄罗斯"党在俄罗斯保守主义范围内加强，开始在很大程度上形成巩固在社会上的现有俄罗斯精英优势地位的措施。之后在梅德韦杰夫总统任期的2008年11月5日，梅德韦杰夫在上任后首次发表国情咨文，其中关于行政改革提出三条建议：将总统任期由现在的4年延长到6年；将国家杜马议员任期由4年改为5年；政府将对议会报告工作，受议会监督。这是俄罗斯政府对1993年12月通过的宪法首次提出修改。2008年11月14日，俄国家杜马一读通过总统提交的关于延长总统和议员任期的提案，11月21日，该提案在国家杜马最后一读（共三读）表决中最终获得高票通过。① 这些调整，明显是为普京四年之后重返克里姆林宫做准备。"可控式民主"及"主权民主"的实现需要时间。今后俄罗斯政府将对议会报告工作，受议会监督。这表明俄罗斯执政精英要进一步加强议会政党和政府的联系。

（三）普京的第一、二任期"政权党"在俄罗斯国家治理中的作用明显加强

通过国家杜马中的"政权党"，俄罗斯实现了国家治理中的政治稳定，总统、议会和政府的合作关系得以建立。

现在俄罗斯的政治权力并不始终如一。通常说是一回事，想是一回事，而做就又另当别论了。宣称政党一律平等但实际上权力总是垂青于某一政党。足够清楚的例子是 2003 年在俄罗斯国家杜马选举中全部的政治精英集中支持亲总统的"统一俄罗斯"党。在 2003 年的初夏，在选举中出现了三个亲克里姆林宫的政党，但却不尽相同。最低限度，比照在总统周围不同的利益集团"统一俄罗斯"（老的克里姆林派）、祖国党（强力派）、俄罗斯生活党（其他利益集团）在复杂的过程和克里姆林幕后的斗争中，接受了集中支持"统一俄罗斯"的决定。在老的克里姆林和新权贵之间已经达成了妥协。事实上在政党中寻找自己的代表在选举前就开始了。普京在"统一俄罗斯"党联合中发挥了主要作用并公开支持这个党。与先前叶利钦不参与选举前的斗争相反，普京在当年 9 月的"统一俄罗斯"党代表大会上公开表达了自己的支持。而这离 2003 年国家杜马选举还剩下不长时间了。这对"统一俄罗斯"党来说有非常重要的影响，它获得了利用受欢迎的总统的巨大资源的可能性，增加了自己的选票。甚至在苏联解体后，总统第一次成功地联合联邦中央和联邦主体精英的行政资源。"统一俄罗斯"党在多个联邦主体中占优。而在 2007 年国家杜马选举前的 10 月 1 日，普京决定领衔"统一俄罗斯"党

---

① Дума рассмотрит поправки в Конституцию по предложению президента，https：//ria.ru/20081114/155006777.html（访问时间：2015 年 8 月 12 日）。

国家杜马选举,① 并在随后进行的竞选活动中多次呼吁选民投票支持"统一俄罗斯"党。普京的全力支持,使"统一俄罗斯"党的支持率得到大幅提升,也使其他党派与"统一俄罗斯"党的距离拉得更大。

在复杂的矛盾面前,几个大的政党的联合帮助了"统一俄罗斯"党的胜利。甚至当时那些与共产党联系紧密的一些州长们在选举前也不再给"统一俄罗斯"党制造障碍,表达了对"统一俄罗斯"党的支持。结果"统一俄罗斯"党在2003年国家杜马选举中获得了超过36%的选票②,之后在2007年国家杜马选举中获得了超过64%的选票。在可控式民主的条件下未必能够严肃地希望政党在法律面前平等。在普京的支持下,2007年12月第五届国家杜马选举中,"统一俄罗斯"党获得国家杜马全部450个席位中的315席③,占据了超过三分之二席位,最终如普京所愿成为国家杜马真正的"优势党"。

五、"政权党"的问题和前景

(一) 俄罗斯"政权党"的问题

在"政权党"——"统一俄罗斯"党2007年成为"优势党"之后,梅德韦杰夫总统任期、梅普组合期间俄罗斯发生了经济危机。2008年俄罗斯经济危机说明,普京在2000—2008年执政期间所采取的经济增长模式和战略选择有很大的问题。普京受到俄罗斯各界当然也包括政治反对派越来越多的质疑和指责。普京的第一、二任期"政权党"在俄罗斯政坛的作用明显加强,但"政权党"转化为"优势党",一党独大显然不利于立法机构吸纳更加广泛的社会意见。在俄罗斯社会转型远未结

---

① Путин принял предложение возглавить список «Единой России» на предстоящих парламентских выборах, http://www.kremlin.ru/events/president/news/42749(访问时间:2015年8月12日)。

② Результаты выборов депутатов Госдумы, https://rg.ru/2003/12/09/rezultaty.html(访问时间:2015年8月12日)

③ ИТОГИ ВЫБОРОВ В ГОСДУМУ 2007, http://gduma.ru/itogi.htm(访问时间:2015年8月12日)。

束的情况下，"优势党"显然固化了转型中的俄罗斯政治格局。

表 3-1 俄罗斯国家治理过程中不同阶段的"政权党"

	"政权党"及其意识形态	"政权党"的支持者及其意识形态	"政权党"的对手及其意识形态
1993	"俄罗斯选择"（不是全国性质的，无地方分支），激进改革派	"俄罗斯统一和和谐党"，温和改革派	自由民主党，强国和爱国
1995	"我们的家园—俄罗斯"（全国性质的），中右	雷布金集团，中左	俄罗斯联邦共产党，反对资本
1999	"团结"，中右	"祖国—全俄罗斯"，中左	俄罗斯联邦共产党，反对资本
2003	"统一俄罗斯"党，中右	"祖国党"，中左	俄罗斯联邦共产党，反对资本
2006	"统一俄罗斯"党，中右	"俄罗斯生活党"，"公正俄罗斯党"，"祖国党"，中左	俄罗斯联邦共产党，反对资本
2012至今	"统一俄罗斯"党，中右	俄罗斯爱国者党，自由民主党	俄罗斯联邦共产党，反对资本

首先，由于俄罗斯政党在国家杜马中没有组阁权，所以与国家行政权力绝缘，只承担立法和监督职能。在俄罗斯，在国家杜马选举中获胜的政党，却没有组阁的权利。在俄罗斯宪法相关法条不改变的情况下，"政权党"的产生和运作不可能解决这个问题。所以事实上，在俄罗斯，政党成为个人攫取政治权力的工具。大部分政党的建立是由领袖推动的，而不是政党推出领袖，相应的，政党的运作不是靠成熟的制度和纲领，而是取决于领袖人物的个人魅力和领导力。其次，当代俄罗斯还不存在转型过程中政党的社会基础。无论是支持总统的"政权党"还是国家杜马中的"优势党"都不可能在现阶段解决政党的社会基础问题。按

照通常的理解，在国家治理过程中，政党应当代表社会阶层或利益群体的诉求和利益。政治参与功能和沟通功能是政党存在的两个最重要的功能。但是在俄罗斯的国家治理过程中，"政权党"只是充当俄罗斯总统政治权力的工具和合法性来源，根本缺乏对社会阶层或群体的代表性。由于俄罗斯的政党大多没有社会基础，所以俄罗斯政党并不是以选民结构为基础，而是以追求权力的庇护为基础。

在普京的第一、二任期，俄罗斯国内政治基本保持了稳定。确切地说有三个原因使普京的第一、二任期实现了政治稳定。首先，受到当时石油价格处于高位的影响，石油美元的流入直接影响了俄罗斯国家社会经济形势。俄罗斯国家预算以能源出口为重要基础。国际石油市场的大涨让俄罗斯受益匪浅。其次，宪法规定的现有的超级总统制。俄罗斯人的政治文化传统决定了选举威权在俄罗斯得以实现。第三，在社会领域普京放弃了激进的市场改革，扩大了国家控制资本的力度。第一个原因的现实性是可信的，可后两个原因的前景可能却是变化的。

（二）俄罗斯"政权党"的前景

在2011年12月俄罗斯第六届国家杜马选举中，"统一俄罗斯"党赢得238席，比2007年的315席少了77席，不再拥有绝对多数席位。俄罗斯联邦共产党等体制内政治反对派指责投票存在违规行为，多个城市爆发示威活动，要求重新选举及结束普京的统治。由经济问题引发的普京统治的政治合法性危机最终在2011年第六届杜马选举前后完全浮出水面，大批民众走上街头抗议示威，反对"政权党"和总统普京的统治。面临国内政治反对派的挑战和巨大压力，为了解决政治合法性的危机，2012年3月再次当选为俄罗斯总统后，普京主导对俄罗斯的政党制度和选举制度进行了一系列重要改革。

第一，修改了《政党法》中对注册政党的最低人数的限制。在普京当选总统之后，2012年4月2日俄罗斯关于简化政党注册手续的新《政党法》生效。该法特别规定从2013年1月1日起，政党注册的最低人数从40000人降到500人，即降低了80倍。目前在俄罗斯司法部登记的政党已从 2011 年底的 7 个增长到 2015 年 6 月 25 日的 78 个。①

第二，恢复了国家杜马混合选举制。俄罗斯国家杜马在 2014 年 2 月 14 日最终审议通过了新的《俄罗斯国家杜马议员选举法》，对国家杜马议员选举制度做了进一步完善。该法案规定，将国家杜马议员选举制度从选举时原来只有党派参加的比例制选举制度恢复为先前的多数—比例相结合的混合制选举制度，为小党的党员以个人身份参选从而使该政党进入国家杜马打开了大门。② 此前 2011 年 10 月 7 日国家杜马通过的法案确认在 2016 年举行的第七届国家杜马选举以及其后举行的选举中，俄罗斯政党只要获得 5% 的得票率（选举门槛）就可以进入国家杜马。

第三，在俄罗斯领导人选举中建立行政长官直选制度，2012 年 4 月 25 日俄国家杜马通过了直选联邦主体行政长官的法律。政党制度和联邦主体和市政领导人选举制度改革后，在 2013 年政治反对派候选人罗伊兹曼以 33.25% 选票当选为叶卡捷琳堡市市长③，反对派在大城市击败"统一俄罗斯"党是克里姆林宫近年来的选举惨败之一。截止到 2015 年 6 月 27 日俄罗斯的 83 个联邦主体（不含克里米亚和塞瓦斯托波尔）的领导人中已有 11 个无党派人士（彼尔姆边疆区、基洛夫州、伏尔加格勒州、伊尔库茨克州、后贝加尔边疆区、卡巴尔达－巴尔卡尔共和国、克拉斯诺达尔边疆区、犹太自治州、圣彼得堡市、科斯特罗马州、雅罗斯拉夫尔州），一个共产党人（奥廖尔州），一个自由民主党人（斯摩棱斯克州）。④

---

① Список зарегистрированных политических партий，http：//minjust. ru/nko/gosreg/partii/spisok（访问时间：2015 年 8 月 12 日）。

② Подписан закон о выборах депутатов Государственной Думы，http：//www. kremlin. ru/events/president/news/20332（访问时间：2015 年 8 月 12 日）。

③ Выборы главы Екатеринбурга (2013)，https：//ru. wikipedia. org/wiki/%D0%92%D1%8B%D0%B1%D0%BE%D1%80%D1%8B_%D0%B3%D0%BB%D0%B0%D0%B2%D1%8B_%D0%95%D0%BA%D0%B0%D1%82%D0%B5%D1%80%D0%B8%D0%BD%D0%B1%D1%83%D1%80%D0%B3%D0%B0_ (2013)（访问时间：2015 年 8 月 10 日）。

④ Действующие главы субъектов Российской Федерации，https：//ru. wikipedia. org/wiki/Действующие_главы_субъектов_Российской_Федерации（访问时间：2015 年 8 月 10 日）。

这些具体的改革措施把俄罗斯体制外的主要政治反对派纳入既定的政治轨道体制内，让他们在规定的范围内进行政治活动，在体制内同普京总统和俄罗斯当局进行合作，从根本上起到分化俄罗斯政治反对派的作用，事实上巩固了普京先前政治制度设计的基本成果包括政党制度。作为"政权党"和"优势党"的"统一俄罗斯"党稳固了俄罗斯的政治局面。

此外，作为新任"统一俄罗斯"党主席的时任俄罗斯政府总理的梅德韦杰夫也对现在的"政权党"——"统一俄罗斯"党自身进行了改革。加强"统一俄罗斯"党的自身建设，细化了党内选拔机制，规定"统一俄罗斯"党的党员出任国家杜马、地方议会领导人、联邦主体领导人需要首先在党内选举中获得提名；"统一俄罗斯"党向各级行政和立法机构推荐候选人时必须坚持差额和保密原则；各级支部领导人以匿名投票和差额选举方式产生，任期5年；党的总委员会每年更换10%的成员，切实强化基层组织的作用，成员至少20%从地方和基层机构中选举产生；为了促进该党的发展，还规定非"统一俄罗斯"党人士可当选党的最高委员会成员。

六、小结

总的来说，叶利钦时期俄罗斯政党制度初步形成，"政权党"开始产生。普京第一、二任期和梅德韦杰夫任期加强了国家治理中政党的作用，"政权党"——"统一俄罗斯"党成为"优势党"，在国家政治生活中发挥重要作用。但"优势党"对权力的垄断招致强力反对。2012年以来普京第三任期和2018年以来普京第四任期当代俄罗斯政党制度仍然处于新的发展期。未来可以预见的时间内俄罗斯国家治理过程中"政权党"还会存在。在俄罗斯国家治理过程的自上而下的政党制度建设中，在政治权力面前建立起正常的俄罗斯政党制度的任务仍在过程中。

第二节　普京的垂直权力改革
　　　　　和政党制度建设

按照 1993 年 12 月 12 日颁布的《俄罗斯联邦宪法》第一条第一款规定，俄罗斯是联邦制国家，这就意味着，联邦中央和联邦主体存在着分权关系。在具体的国家治理方面，联邦主体和联邦中央有着各自的权限。自 2000 年普京执政以来，在当代俄罗斯社会中逐步形成了作为国家治理的垂直权力模式。事实上，目前俄罗斯的国家治理是在一定的条件下实行的严格的中央集权制度。

一、俄罗斯联邦垂直权力的形成

2000 年俄罗斯总统普京执政后开始进行联邦中央和联邦主体之间关系的改革，旨在加强行政管理的纵向和集权。同年 5 月，总统宣布成立 7 个联邦区，并任命他的全权代表。这 7 个联邦区的设置是没有宪法规定的，并且这些地区的边界与经济区域之间的通常边界不一致。总统的全权代表将成为总统在联邦区政策的代理人。他们的任务首先是协调各联邦区联邦机构的活动，包括执法机构、巩固国家的法律空间、协助总统在实地执行人事政策，并组织控制总统在联邦区决策的执行。新的联邦区设置促使该区域联邦主体的立法符合俄罗斯宪法和联邦法律。联邦中央控制和干预联邦主体的政治行为明显增加。在联邦区，内务部和司法部、检察院、税务和海关部门的"超区域"部门的联系已经建立。第一次"当选"联邦区的总统全权代表的 7 人中有五位是将军，这并非偶然。

联邦区总统代表被要求确定其所在区最重要的经济和社会问题，并协调其解决方案。因此，总统代表的活动方向和性质取决于该区的具体发展情况。很快，总统代表也显示出干预具体经济事务的倾向。

俄罗斯联邦议会也进行了改革。在叶利钦担任总统的最后几年，俄罗斯联邦议会上院联邦委员会的成员是各个联邦主体的最高行政长官和联邦主体立法议会的领导人。这种做法受到批评，因为首先，莫斯科的定期立法活动与各联邦主体的最高行政长官和立法议会最高领导人的主要职责并不十分相符。第二，联邦议会代表的法律地位确保了联邦主体最高行政长官及其立法议会最高领导人的不可侵犯性；即使在直接违反联邦法律的情况下，也几乎没有法律程序可以合法地将联邦主体最高行政长官免职。以上原因在当时加强了各个联邦主体的最高领导人与克里姆林宫有关的潜在边界。

从普京执政以来，联邦委员会由来自每个联邦主体的两名成员组成，他们代表其行政和立法部门。他们分别由联邦主体的最高行政长官任命，或由联邦主体立法议会选举产生。如果他们违反法律，则俄罗斯联邦总统有权将在联邦委员会的联邦主体的最高行政长官代表或通过相关程序将联邦主体立法议会代表免职。此外，还通过立法禁止联邦主体的最高行政长官连任两届以上。

在别斯兰发生恐怖袭击事件（2004年）之后，普京宣布打算取消联邦主体最高行政长官的直接选举，其目的是加强反恐斗争。2005年，国家杜马中"统一俄罗斯"党占宪法多数席位，通过了《国家杜马选举法》，根据政党名单按照比例制进行国家杜马选举；也通过了对《联邦选举法》的修正案。根据规定，在联邦主体议会选举中获胜的政党可以向俄罗斯总统推荐自己的联邦主体领导人候选人。联邦主体领导人开始大规模加入"统一俄罗斯"党。

在现代俄罗斯社会，公民越来越多地被排除在政治治理之外，这主要是由于在代议制民主的条件下，选举立法的改变朝着减少直接投票的方向发展。通过直接投票，选出俄罗斯总统、联邦主体立法机构代表、部分市一级市政定居点的负责人和地方自治立法机构的代表。国家杜马的政党选举在一定程度上是一种间接投票形式，公民将票投给他喜欢的政党或政党名单。

目前，俄罗斯联邦总统的任期延长至 6 年，国家杜马的任期延长至 5 年。众所周知，选举是公民意愿和政治生活中政治参与的一种形式，这是公民控制权力的一种特殊形式：公民支持现有的政权；他们同意统治精英的政策；他们投票"赞成"；当然也可以不同意现任政府的政策和活动。

在普京的国家治理现代化过程中的垂直权力建设中，需要解决这样几个方面的问题：

政党与垂直权力

在欧美社会，一个政党通过其代表间接参与政治治理，并根据选举结果组织政府进行国家治理。在一个民主社会，政党通过选举获得政治权力。在选举获胜的情况下，政党不会成为政治权力的主体。政党作为政治主体是政治制度的重要组成部分，争取在国家中获得权力，但是它不直接作为主体参与政治管理，而是通过组织政府间接地行动。

在俄罗斯的现实中，如何处理政党与垂直权力的关系？"统一俄罗斯"党为自己承担了越来越多的权力，实际上实施了"从政权党到权力"的计划。

在俄罗斯联邦，根据《俄罗斯联邦宪法》，地方自治由公民在直接表达人民意愿的基础上直接进行，并为人民提供解决方案的独立地方。《俄罗斯联邦宪法》宣布的规范实际上没有得到执行，因为其他法律规范没有制定自治地方的收税和分配税收的方式，为地方自治活动提供资金以实施其权力的制度，这当然无助于市政当局的自治发展。选举领域的立法，减少直接投票形式的数量，增加民众的被动性，使其无法直接解决紧迫问题。

根据修改后的《政府法》，俄罗斯政府官员可以是党员。在俄罗斯，各个联邦主体的领导人很多都是"统一俄罗斯"党的党员，但这仅仅是解决政党与垂直权力的第一步。

垂直权力和市民社会

如何解决垂直权力和成长中的市民社会的关系？这是普京在国家治

理中所遇到的另一个问题。他的解决方案就是，在2011年5月国家杜马选举前夕，成立"全俄公民阵线"，其中包括许多政府组织和非政府组织和非党派公民。"全俄公民阵线"成立的倡导者是普京本人，他宣称公民阵线是众所周知的、用于团结相同价值观的政治力量参加选举。"全俄公民阵线"积极支持国家杜马和俄罗斯联邦总统的竞选活动，但其活动既没有章程，也没有程序，也没有以公共组织或运动的形式进行登记。根据政治学理论，"全俄公民阵线"是一种社会运动——公共组织的联合，在官方登记的情况下，可以成为市民社会的一个组成部分。

目前，"全俄公民阵线"的活动在一定程度上不仅忽视了俄罗斯的法律规范程序和国家机构的作用，而且还希望在普京的支持下将自己置于国家机构之上。这从根本上无助于解决俄罗斯市民社会的正常发展以及处理垂直权力和市民社会的正常关系。

垂直权力和俄罗斯经济

通过在公共生活的各个领域实施全面领导，垂直权力也积极影响俄罗斯经济。政府的"俄罗斯联邦长期社会经济发展的概念"，即所谓的"2020战略"，类似于以前的战略：今天我们必须遭受苦难，克服困难，将来我们将幸福和富裕地生活。计算富裕和幸福生活的基础，到2020年，超过一半的人口将属于中产阶级，是建立在石油的相当高的价格基础之上的。① 俄罗斯的经济基础不是很可靠，因为它取决于碳氢化合物在国际市场上的价格波动。在国际市场原油价格下降的情况下，以及对石油和天然气的需求减少，垂直权力将无法履行社会承诺。

在过去的普京执政时期的俄罗斯经济发展过程中，出现了国家总体控制和监管的方法越来越多地取代市场机制的趋势，这不能不影响到俄

---

① Концепция долгосрочного социально-экономического развития Российской Федерации на период до 2020 год，https：//vladimir-linin.livejournal.com/289753.html（访问时间：2015年8月12日）。

罗斯经济的发展和竞争力。保护国内生产者，国家利益和经济安全的必要性见证了竞争程度的降低。然而，似乎那些忠于俄罗斯政府的公司，例如使该国受其利益影响的天然气和石油联合企业的所有者，属于"国内"生产者类别；俄罗斯人支付燃料和能源产品的费用，与欧洲人口支付的费用一样多。这一事实证实，俄罗斯普通公民的日常需求还没有得到满足，俄罗斯的市场经济还不到位。

二、垂直权力建设的具体措施

普京的国家治理现代化的改革过程中，采取了以下主要措施来建立垂直权力。

（一）第一个措施是设立联邦区

根据2000年5月13日俄罗斯总统"关于俄罗斯联邦总统在联邦区的全权代表"的第849号法令设立了联邦区，并在联邦区引入了总统的全权代表机构。[①] 根据这项法律法规，在俄罗斯联邦成立了7个联邦区。这改善了对当时俄罗斯联邦89个联邦主体的管理。与此项改革相联系的就是"别斯兰事件"以及车臣战争。

联邦区不受俄罗斯联邦的行政区域划分的影响，并建立了与军事区域和经济区域的联系，但并没有与他们的数量和组成相一致（除了远东联邦区的名称与同一经济区域相匹配之外）。

根据2010年1月19日的梅德韦杰夫总统令，北高加索联邦区从南部联邦区划分出来，联邦区增加到8个。[②] 第二个是2014年3月18日在俄罗斯新合并的乌克兰领土上组建克里米亚联邦区。[③] 2016年7月

---

① Указ Президента Российской Федерации от 13.05.2000 г. № 849, http://www.kremlin.ru/acts/bank/15492（访问时间：201586月12日）。

② В России образован новый федеральный округ-Северо-Кавказский, http://www.kremlin.ru/events/president/news/6664（访问时间：2015年8月12日）。

③ Указ Президента РФ об образавание Крымского федерального округа, http://static.kremlin.ru/media/events/files/41d4cb1349c4325d7681.pdf（访问时间：2015年8月12日）。

28日俄罗斯总统普京签署命令,将南部联邦区和克里米亚联邦区合并改组为新的南部联邦区。① 普京2018年11月4日签署了关于将布里亚特共和国和外贝加尔边疆区从西伯利亚联邦区并入到远东联邦区的法令。②

2000年5月13日新上任的俄罗斯联邦总统通过了《关于俄罗斯联邦总统在联邦区的全权代表》的法令。俄罗斯联邦总统的这项法令对于加强行政部门的垂直发展和运作,以及加强联邦政府及其与联邦主体政府和权力结构的互动至关重要。制定并批准了俄罗斯联邦总统在联邦区的全权代表和联邦区名单的条例。③

根据《关于俄罗斯联邦总统在联邦区的全权代表》的规定,全权代表是联邦区内代表俄罗斯联邦总统的官员。全权代表确保在相关联邦区实施国家总统的宪法权力。

全权代表由俄罗斯联邦总统任命和解雇,直接隶属于俄罗斯联邦总统并对他负责,任期由联邦总统确定,但不超过俄罗斯联邦总统履行其职权的任期。

全权代表的主要任务是:

– 在联邦区内组织当地权力机构实施由俄罗斯联邦总统决定的国家内外政策;

– 组织、控制对联邦政府机构决策的执行;

– 确保在联邦区实施俄罗斯联邦总统的人事政策;

– 向俄罗斯联邦总统提交关于确保联邦区国家安全以及联邦区政治、社会和经济状况的定期报告,并向俄罗斯联邦总统提出相关

---

① Подписан Указ о Южном федеральном округе, http://www.kremlin.ru/events/president/news/52608(访问时间:2015年8月12日)。

② Бурятия и Забайкалье вошли в Дальневосточный федеральный округ, https://ria.ru/20181104/1532127699.html(访问时间:2015年11月12日)。

③ Указ Президента Российской Федерации от 13.05.2000 г. № 849. О полномочном представителе Президента Российской Федерации в федеральном округе, http://www.kremlin.ru/acts/bank/15492(访问时间:2015年8月16日)。

建议。①

俄罗斯联邦的联邦区具体组成

中央联邦区的组成如下：别尔哥罗德州、布良斯克州、弗拉基米尔州、沃罗涅日州、伊万诺沃州、卡卢加州、科斯特罗马州、库尔斯克州、利佩茨克州、莫斯科州、奥廖尔州、梁赞州、斯摩棱斯克州、坦波夫州、特维尔州、图拉州、雅罗斯拉夫尔州、莫斯科联邦直辖市。

西北联邦区：圣彼得堡联邦直辖市、阿尔汉格尔斯克州、加里宁格勒州、涅涅茨自治区、卡累利阿共和国、科米共和国、摩尔曼斯克州、诺夫哥罗德州、普斯科夫州、列宁格勒州、沃洛格达州。

南部联邦区：阿迪格共和国、阿斯特拉罕州、卡尔梅克共和国、克拉斯诺达尔边疆区、罗斯托夫州、伏尔加格勒州。（这个名单不包括2014年被俄罗斯兼并的乌克兰领土）

伏尔加沿岸联邦区：巴什科尔托斯坦共和国、楚瓦什共和国、基洛夫州、马里埃尔共和国、莫尔多瓦共和国、下诺夫哥罗德州、奥伦堡州、奔萨州、彼尔姆边疆区、萨马拉州、萨拉托夫州、鞑靼斯坦共和国、乌德穆尔特共和国、乌里扬诺夫斯克州。

乌拉尔联邦区：库尔干州、斯维尔德洛夫斯克州、秋明州、车里雅宾斯克州、汉特-曼西自治区、亚马尔-涅涅茨自治区。

北高加索联邦区：达吉斯坦共和国、印古什共和国、卡巴尔达-巴尔卡尔共和国、卡拉恰伊-切尔克斯共和国、斯塔夫罗波尔边疆区、北奥塞梯-阿兰共和国、车臣共和国。

西伯利亚联邦区：阿尔泰共和国、阿尔泰边疆区、哈卡斯共和国、科麦罗沃州、克拉斯诺亚尔斯克边疆区、新西伯利亚州、鄂木斯克州、托木斯克州、伊尔库茨克州、图瓦共和国。

---

① Указ ПрезидентаРФ О полномочном представителе Президента, Российской Федерации в федеральном округе http：//pravo. gov. ru/proxy/ips/? docbody = &nd = 102065756（访问时间：2018年8月16日）.

远东联邦区：阿穆尔州、犹太自治州、堪察加边疆区、哈巴罗夫斯克边疆区、马加丹州、楚科奇自治区、滨海边疆区、萨哈（雅库特）共和国、萨哈林州、布里亚特共和国、后贝加尔边疆区。①

俄罗斯的联邦区成立后，内务、执法机构和其他政府部门的结构发生了重大变化。俄罗斯联邦区总统全权代表为了解决相关工作任务，执行以下功能：

- 协调联邦内务、执法等机构在相关联邦区的活动；
- 分析联邦区内务、执法等机构活动的有效性以及这些机构的人员配置情况，向俄罗斯联邦总统提出相关建议；
- 组织联邦内务、执法等机构与俄罗斯联邦各联邦主体、地方自治机构、政党和其他公共组织和宗教组织的互动；
- 与俄罗斯联邦主体经济互动的区域间组织共同制定联邦区内、联邦主体行政区划范围内的社会经济发展方案等。

俄罗斯联邦区总统全权代表有如下权利：
- 以既定方式请求和接收来自俄罗斯联邦总统行政当局及其独立分支机构、联邦国家权力机构、俄罗斯联邦主体机构、地方自治机构以及官员的必要材料；
- 派遣其代表和其工作人员代表国家参加联邦区内俄罗斯联邦主体的行政工作；
- 以既定方式使用俄罗斯联邦总统行政当局和联邦政府机构的数据库；使用国家的通信和通讯系统；
- 就相关问题组织咨询人员和咨询机构等；

---

① Федеральные округа Российской Федерации, https://ru.wikipedia.org/wiki/%D0%A4%D0%B5%D0%B4%D0%B5%D1%80%D0%B0%D0%BB%D1%8C%D0%BD%D1%8B%D0%B5_%D0%BE%D0%BA%D1%80%D1%83%D0%B3%D0%B0_%D0%A0%D0%BE%D1%81%D1%81%D0%B8%D0%B9%D1%81%D0%BA%D0%BE%D0%B9_%D0%A4%D0%B5%D0%B4%D0%B5%D1%80%D0%B0%D1%86%D0%B8%D0%B8（访问时间：2018年8月16日）。

——执行公务的总统全权代表有权不受阻碍地进入相关联邦区内的任何组织机构。①

（二）第二个措施是改组俄罗斯议会联邦委员会的人选

2000年8月5日，普京签署了《俄罗斯议会联邦委员会组成程序法》，根据该法，俄罗斯联邦主体的最高行政长官和立法机关领导人都不再进入联邦委员会任职。在这项法律颁布之前，俄罗斯联邦委员会是由每个联邦主体派出两名代表组成，因此联邦主体的最高行政长官和立法机关领导人成为联邦委员会委员。通过该法，普京将能够影响联邦委员会最高立法权力的各联邦主体的行政和立法最高领导人逐出俄罗斯联邦委员会。

根据该法律，联邦委员会由俄罗斯联邦的每个联邦主体派出两名代表作为委员组成，这两名代表应该是该联邦主体立法和执行机构的代表。不小于30岁且有选举权和被选举权的俄罗斯公民可以当选（任命）为联邦委员会成员。立法机构的代表由该地区的立法机构选举产生。来自联邦主体两院制机构的代表从每个院交替选出。与此同时，选举候选人提交立法机构主席审议，或由主席候选人审议。代表的选举是以无记名投票方式做出的，并由上述立法机构决定。俄罗斯联邦主体国家权力执行机构的联邦委员会代表由该联邦主体负责人任命。有关任命的决定由相关法令做出，并在三天内送交这一联邦主体的立法机关。如果在立法机构的下一次会议上，其代表总数的三分之二不投票反对任命该代表，该任命开始生效。

通过《俄罗斯议会联邦委员会组成程序法》，普京剥夺了俄罗斯联邦主体的最高行政长官和立法机构的最高领导人作为联邦委员会委员参与联邦层面国家政治生活的途径。这就在一定程度上控制了联邦主体领

---

① УКАЗ ПРЕЗИДЕНТА РОССИЙСКОЙ ФЕДЕРАЦИИ О полномочном представителе Президента Российской Федерации в федеральном округе, http://pravo.gov.ru/proxy/ips/?docbody=&nd=102065756（访问时间：2018年9月16日）。

导人的政治权力的界限，让他们按照联邦中央的指令来行使政治权力，保证了俄罗斯联邦总统的政令畅通。在涉及联邦中央和联邦主体分权的问题上，促进了联邦主体服从联邦中央。

（三）第三个措施是成立俄罗斯联邦国务委员会

俄罗斯联邦国务委员会是俄罗斯联邦总统领导下的一个重要的咨询机构。但是他的权利组成和职责仍未在《俄罗斯联邦宪法》中明确规定。俄罗斯联邦总统于2000年9月1日签署了第1602号总统命令，该法令批准了俄罗斯联邦国务委员会的条例。

俄罗斯联邦国务委员会审议该国目前的政治问题；它不是公共权力机构，因为它没有权力。根据该规定，国务委员会是一个审议机构，负责促进国家元首在确保国家机构协调运作和互动方面的权力。国务委员会的活动以联邦宪法、联邦法律、法令和总统命令为指导。俄罗斯联邦国务委员会第一次会议于2000年11月22日举行。会议议程是"关于到2010年的国家发展战略"。俄罗斯总统弗拉基米尔·普京在会议开幕时宣布，国务委员会应该成为一个具有战略意义的政治机构，这是这一结构与其他国家机构的根本区别。

俄罗斯联邦国务委员会承担的主要任务有：

－俄罗斯联邦关于国家权力机关协调运作和合作的问题。关于俄罗斯联邦中央和俄罗斯联邦主体的关系、国家建设和加强联邦制基础等重要问题。向俄罗斯联邦总统提出相关的建议。

－俄罗斯联邦国务委员会讨论俄罗斯联邦宪法、联邦法律、法令和总统令的执行。

－俄罗斯联邦国家权力、俄罗斯联邦主体权力、地方自治机构的权力执行问题。涉及停止俄罗斯联邦国家权力的行动和命令，并向俄罗斯联邦总统提出有关建议；协助俄罗斯联邦总统利用调解程序解决俄罗斯联邦国家权力机构之间的分歧。

－俄罗斯联邦各主体的权力机构根据俄罗斯联邦总统的提议，审议具有全国意义的联邦法律草案和俄罗斯联邦总统令草案；讨论联邦预算法草案；讨论俄罗斯联邦政府关于联邦预算执行情况的报告。

——讨论俄罗斯联邦主要的人事政策问题；或者根据俄罗斯联邦总统的建议讨论国家其他重要问题。①

俄罗斯联邦国务委员会的人员和工作程序

国务委员会定期举行会议，通常每年至少举行三次会议。经国务委员会主席决定，国务委员会可举行特别会议。如果国务委员会成员的多数出席会议，国务委员会的会议即为合法。

国务委员会会议通常在莫斯科克里姆林宫举行。国务委员会的决定是在其会议上通过讨论作出的。根据国务委员会主席的决定，可以就任何议程项目进行表决。国务委员会主席还有权通过协商一致的方式就具有特殊国家意义的问题作出决定。国务委员会的决定应由国务委员会秘书签署的议定书作出。

在必要时，国务委员会的决定应以俄罗斯联邦总统的法令、命令或指示形式作出。在决定是否需要通过或修改联邦宪法、联邦法律或联邦宪法草案的情况下，相关法案草案作为俄罗斯联邦议会立法倡议的一部分提交给俄罗斯联邦国家杜马和俄罗斯联邦常驻联合国代表。

2012年6月27日，俄罗斯联邦总统确定国务委员会成员如下：国务委员会成员是俄罗斯联邦联邦会议主席、俄罗斯联邦国家杜马主席、俄罗斯联邦总统在联邦区的全权代表，俄罗斯联邦主体国家权力最高执行机构负责人，俄罗斯联邦联邦议会国家杜马政党党团负责人。俄罗斯联邦总统担任国务委员会主席。在俄罗斯总统官方网站上有公布的国务委员会现任成员名单。②

---

① Указ Президента Российской Федерации от 01.09.2000 г. No 1602О Государственном совете Российской Федерации, http://www.kremlin.ru/acts/bank/16037（访问时间：2018年9月16日）。

② Состав Государственного совета, http://www.kremlin.ru/structure/state-council/members（访问时间：2018年9月16日）。

（四）第四个措施是提高政党进入国家杜马的准入门槛

2005年5月19日由普京总统签署颁布《俄罗斯国家杜马议员选举法》修正案，把国家杜马的选举准入门槛从原来的5%提高到7%，这就使那些没能在选举中获得超过选举门槛选票要求的政党被迫离开政治舞台，减少了在国家杜马中的政党数量。

在2003年12月3日举行的第四次俄罗斯国家杜马选举中，"统一俄罗斯"党获胜，俄罗斯联邦总统在投票前夕对这个党表示支持。"统一俄罗斯"党在党主席鲍里斯·格雷兹洛夫领导下，获得最高立法机构的宪法多数席位。这就为俄罗斯联邦总统进一步推进国家治理改革提供了宝贵的合法性支持。而反对普京的"苹果"党没能进入到国家杜马，因为他们没有克服5%的选举门槛。

2006年，国家杜马又通过了一项关于选举该国最高立法机构的新法律，再一次提高了政党进入国家杜马的选举门槛。根据规定，国家杜马的议员将根据比例选举制、按照党派名单选举产生。但是这一选举制度只被应用在了2007年、2011年的国家杜马选举中。2018年第七届俄罗斯国家杜马选举采取了原先的混合制选举制度。

（五）第五个措施是改变俄罗斯联邦主体最高行政领导人的产生办法

2004年12月27日，普京总统批准了《俄罗斯联邦主体最高公职人员（最高执行权力机构领导人）候选人审议程序规则》。按照规定，首先由相应联邦区总统全权代表向总统办公厅主任提出联邦主体最高执行权力机构领导候选人的建议，要求同时提出不少于2名候选人。然后，由俄罗斯总统办公厅主任向俄罗斯总统提出联邦主体最高执行权力机构领导候选人建议。俄联邦各主体立法或代表机构对总统提名的候选人进行投票表决任命。总统提名的候选人需获得立法或代表机构半数以上代表投票赞成。如果俄罗斯联邦主体实行立法机关两院制，应当获得两院中的每个院规定的代表总数的半数投票支持。如果联邦主体立法或代表机构两次否决总统提名，总统可以任命行政长官临时执行职责。如果联邦主体立法或代表机关第3次否决俄罗斯总统的提名，俄罗斯总统有权解散联邦主体的立法或代表机构。如果俄罗斯总统、联邦主体立法或代表机构对联邦主体行政长官表示不信任，俄罗斯总统有权中止或罢免联邦主体最高行政长官职务。

2006年1月1日普京签署了《关于联邦主体立法机构和执行机构组织总原则》修正案：在联邦主体议会选举获胜的政党有权提出联邦主体最高行政长官人选，提高了政党在地方选举中的作用。由于国家杜马的一致支持，普京作为一贯的改革者，改变了选举联邦主体最高行政长官的过时程序。根据新的立法，现在俄罗斯联邦总统将俄罗斯联邦主体的最高行政长官候选人提交俄罗斯联邦各联邦主体的立法机构批准。

以上的事实表明，由于普京的坚持不懈，俄罗斯形成了新的垂直权力。将俄罗斯变成总统制共和国并加强联邦中心权力的趋势变得越来越明显。普京创造的垂直权力显著改善了一个庞大国家的可控性，恢复了制定和执行关于俄罗斯社会所有领域的关键决策的集中程序。

除此之外，2003年10月6日国家杜马通过了联邦法《关于俄罗斯联邦地方自治组织的一般原则》。该法律根据1998年俄罗斯批准的"欧洲地方自治宪章"确立了地方自治组织的原则。地方自治中市政当局的预算融资问题得到了法律规定，并且在立法上确定了分配补助金和转让以解决当地重要问题的程序。确定了俄罗斯联邦市政雇员的法律地位的基础以及对他们权益的社会保障。

普京的国家治理特别是建立"垂直权力"的改革取得了积极的成果，确立了联邦中央对联邦主体的积极联系。在叶利钦及其继任者普京的改革在继续的过程中，俄罗斯联邦已经发生了改变。政治体制发生了变化，俄罗斯的政权产权关系发生变化，政府主导经济，国家资本主义开始在俄罗斯形成。俄罗斯开始建设新的社会政治结构，开始积极融入世界经济体系。

三、"垂直权力" 对俄罗斯的政党制度建设的影响

在当代俄罗斯国家治理现代化的过程中，普京执政时期加强了"垂直权力"建设，这对政党制度的建设也产生了积极影响。

2001年颁布的联邦法律《政党法》及其修正案保证了政党推荐候选人参与选举的权力。最重要的是确认政党参与联邦中央层面选举的权力。在《政党法》颁布之后，俄罗斯政党的减少不再具有重要意义：因为减少的党是那些仅仅写在纸上不能对俄罗斯政治生活发生影响的党。甚至在已经登记的党中也只有6到8个具有现实性，而不是仅仅具有形式意义上的政党。在2011年国家杜马选举时，俄罗斯只有7个政党。政党数量的减少也就意味着，俄罗斯有一部分人缺少能够代表自己利益的政党。在体制内无法来表达自己的意愿。这成为2011—2012年期间俄罗斯社会动荡，政治反对派走上街头反对普京、反对现政权的重要原因之一。

"垂直权力"的形成，国家政治力量的统一预示着一个占主导地位的政党的存在。"统一俄罗斯"党党员在国家机构中占优势，占据了大部分的国家机构职位。俄罗斯联邦各联邦主体的立法（代表）机构的情况也不例外。例如，在俄罗斯联邦联邦议会国家杜马2016年选举中获胜的四个政党，在俄罗斯联邦的各个联邦主体立法机构中所占的议席大体比例相同。"统一俄罗斯"党的代表在俄罗斯联邦各联邦主体立法（代表）机构中，他们党的议员人数超过了联邦主体立法议员总数的差不多3/4的数量。因此，俄罗斯联邦联邦主体层面的政治力量分布几乎完全重复在联邦中央的比例。而且在"统一俄罗斯"党与俄罗斯联邦总统之间的关系中，"统一俄罗斯"党支持普京总统的决议以及反映俄罗斯联邦中央的利益、积极协调与联邦主体的关系。

应该指出的是，俄罗斯政党的这些变化并没有为推举俄罗斯联邦的联邦主体最高行政长官的程序提供便利和准确反映选民的意志，尽管它们包含了增加民主原则的开端。

四、小结

完全客观地评价普京在国家治理过程中的"垂直权力"建设和政党制度建设非常困难,现在也只能做一个初步的结论。在第二次车臣战争结束之后,普京为自己设定了一个目标:保持俄罗斯整个国家不可分割,结束联邦分裂,建立一个正常的联邦中央和联邦主体的关系。为此,他从根本上改革了俄罗斯行政区划的结构和形式。为了解决体制内的反对派问题,他亲自打造了"统一俄罗斯"党,为俄罗斯的制度建设提供立法保障。

为加强联邦中央对联邦主体的控制,俄罗斯被分为七个联邦区。每个联邦主体都由普京任命的俄罗斯总统联邦区全权代表来进行领导。俄罗斯国家总统建立了一个强硬的垂直权力,一个在他个人控制下的权力体系,这一权力体系的工作内容在很大程度上取决于国家稳定的需要。

先前的那些顽固的联邦主体最高行政长官逐渐被调离其职位;他们被忠于克里姆林宫的人所取代,总统代表在每个联邦区都在进行权力监督。垂直权力是一系列措施和行动,最大限度地让联邦主体最高行政长官忠实履行自己的行政责任,并使所有立法和行政机关形成对联邦中央的依赖。普京总统也通过政党建设,特别是打造"统一俄罗斯"党,将他的势力范围扩展到俄罗斯联邦的最高国家立法机关——国家杜马。

在20世纪90年代,有一段时间,俄罗斯联邦主体的权力机构甚至宣布弹劾总统叶利钦。为了避免类似的情况,普京创建了"统一俄罗斯"党,并在国家杜马选举中获得大多数席位。现在俄罗斯联邦各联邦主体的所有地方立法议会都在"统一俄罗斯"党强力控制之下。

普京建立的垂直权力体系是如此强大,以至于他并不害怕"王车易位",让他的长期战友梅德韦杰夫在2008—2012年间担任俄罗斯国家总统。由于对于俄罗斯国家治理现代化有总体的谋篇布局,在不违反宪法的情况下,普京能够保证自己在不担任俄罗斯总统的条件下也能够掌握俄罗斯的最高权力。

在俄罗斯这样一个国情复杂、幅员辽阔、人口众多的国家进行改革，需要统一社会各方的意见。在叶利钦时期，俄罗斯社会一直处于无序和动荡的状态，俄罗斯的改革步履维艰。在普京的垂直权力的打造过程当中，俄罗斯不仅打击了车臣恐怖主义和分离主义，恢复了社会的秩序性稳定，而且保持了国家的完整性。

没有国家的统一和政令畅通，任何改革都不可能取得成功。普京通过打造垂直权力体系，提高行政权力的效率和政令的畅通，为俄罗斯国家治理现代化和政党制度建设创造了一个积极的前提。

第三节 当代俄罗斯选举制度的变化和政党制度建设

俄罗斯第四届国家杜马2004年12月24日一读通过了《俄罗斯国家杜马议员选举法》修正案，并在2005年5月19日由普京总统签署颁布。该法取消自1993年以来国家杜马实行的"混合制选举制度"，把国家杜马议员席位的选举改为全部按照"比例制代表制"的方式进行，即国家杜马所有450个议席，将在取得进入国家杜马资格的政党中，按照其得票比率进行席位的分配。政党成为杜马选举的唯一主体。把进入国家杜马的选举门槛从5%提高到7%，这就整合了俄罗斯政党数量。①

2006年1月1日普京签署了《关于联邦主体立法机构和执行机构组织总原则》修正案，在俄罗斯联邦主体立法机构选举获胜的政党有权提出联邦主体行政长官人选，提高了政党在联邦主体选举中的作用。②

---

① Путин подписал закон о выборах депутатов Госдумы，https：//ria.ru/20050519/40380319.html（访问时间：2018年10月3日）。

② Справка к Федеральному закону «О внесении изменений в статью 18 Федерального закона «Об общих принципах организации законодательных (представительных) и исполнительных органов государственной власти субъектов Российской Федерации» и в Федеральный закон «О политических партиях»，http：//special.kremlin.ru/supplement/2588（访问时间：2018年10月3日）。

俄罗斯国家杜马在 2014 年 2 月 14 日最终审议通过了新的《俄罗斯国家杜马议员选举法》，对国家杜马议员选举制度做了进一步完善。该法案规定，将国家杜马议员选举制度从之前的比例制选举制度，恢复为先前的多数制—比例制相结合的混合制选举制度，这为小党的党员以个人身份参选从而使该政党进入国家杜马打开了大门。此外，也通过修改《俄罗斯联邦宪法》，改变了总统任期，从 4 年变为 6 年。

当代俄罗斯的选举制度变化和俄罗斯的政党制度建设紧密相连，本节拟对相关问题进行初步探讨。

一、选举制度的类型

选举制度（投票制度）是一套规则、方法、程序和计算，以及选举问题的法律规范，确保和规范任何公职的合法性，通过选举结果保证权力的合法性。

选举制度是一个特殊的政治制度，其特点是一套规则和条例，在此基础上确定了立法和行政机构的选举规则，以此保证立法和行政机构的合法性，确保选民参与公共权力的形成。成功举行选举和通过确立选举结果的合法性，是以和平协商手段解决政治问题的制度保证。

许多国家的相关选举都有一个选举门槛，表示为获得选票的百分比。例如，在俄罗斯 2011 年国家杜马选举的选举门槛为 7%，2016 年的国家杜马选举门槛为 5%。在一些国家选举门槛较低，例如，意大利议会选举为 4%，阿根廷议会选举为 3%，丹麦议会选举为 2%，以色列议会选举为 2%。[1]

选举制度最重要的组成部分是选举法和选举程序法。选举法是一套关于选举程序的法律规范，其中包括公民选举（主动法）和当选（被动法）的政治权利，以及选举法和其他管辖选举程序的行为。选举进程是

---

[1] Виды избирательных барьеров, https://lektsii.net/4-18440.html（访问时间：2018 年 10 月 3 日）。

选举组织和实施过程中的一系列行动,是选举制度的实际和组织部分,以选举法为基础,由几个连续阶段组成(任命选举日期、组建选举区和投票站、组建选举委员会、提名和登记候选人、投票和确定其结果)。在现代民主国家的实践中,有国家议会和总统选举,也有区域性立法机构和地方当局选举。

(一)比例制选举制度

按照比例选举制进行议会选举时,将根据选举法的规定,按照参加选举的党派根据获得选票比例分配相应议会席位。1919年至1933年在法国,1959年到1986年在意大利,当代的比利时、荷兰、卢森堡、丹麦、瑞典、挪威、芬兰、冰岛、奥地利、瑞士、西班牙、葡萄牙、希腊、波兰、捷克共和国、斯洛伐克、匈牙利、斯洛文尼亚、克罗地亚、立陶宛、拉脱维亚、爱沙尼亚、罗马尼亚、保加利亚、塞尔维亚、马其顿、黑山存在比例选举制。① 在俄罗斯,比例选举制度被应用于国家杜马选举(2007年和2011年),以及俄罗斯联邦中央和联邦主体的选举或者是联邦主体的市政选举。

为什么各国正在引入比例选举制度或从多数选举制度转向比例选举制度的问题已成为比较政治学中积极研究的主题。最具权威性的解释之一是挪威学者斯坦·罗肯(Stein Rokkan)提出的理论,也被称为罗肯假设。罗肯认为比例代表制是由于"来自底部和顶部的压力"而引入的。一方面,工人阶级要求在立法机关有自己的代表。另一方面,在引入普选权的条件下,旧政党有可能因与社会主义或社会民主党的选举竞争而丧失上台机会。

斯坦·罗肯的假设解释了19世纪末到20世纪初,选举权逐步扩大

---

① Пропорциональная избирательная система, https://ru.wikipedia.org/wiki/%D0%9F%D1%80%D0%BE%D0%BF%D0%BE%D1%80%D1%86%D0%B8%D0%BE%D0%BD%D0%B0%D0%BB%D1%8C%D0%BD%D0%B0%D1%8F_%D0%B8%D0%B7%D0%B1%D0%B8%D1%80%D0%B0%D1%82%D0%B5%D0%BB%D1%8C%D0%BD%D0%B0%D1%8F_%D1%81%D0%B8%D1%81%D1%82%D0%B5%D0%BC%D0%B0(访问时间:2018年10月3日)。

并且左翼政党开始进入到欧洲国家的议会这一特定历史时期的选举特征。到了20世纪90年代，比例制选举制度也被用来解释转型国家的第一次竞争性选举（当时的捷克斯洛伐克、波兰和匈牙利）。李普哈特也发现了促成比例代表制的其他因素：执政党的合法性以及他们拥有的参与修改新选举制度的能力。

比例制选举制度根据获得的选票数量，按照议会议席比例在议会中分配席位，每个党派在议会中获得严格规定的席位数。在俄罗斯，这种制度在2007年至2011年的两次国家杜马选举中得以应用，期间也按照比例制进行了联邦主体议会的选举。2007年选举国家杜马是俄罗斯第一次采用比例制选举制度。此外，政党的选举门槛从5%提高到7%；较低的投票率门槛和"反对所有人"投票的能力被删除，政党被禁止团结成党派。2011年国家杜马选举是俄罗斯第一次也是最后一次有附加条件的比例制选举制度，也就是选举中获得5%至6%选票的政党有权获得一个杜马议员席位，而获得6%至7%选票的政党有权获得两个杜马议员席位。但是，没有任何一个政党能够获得这样的选票结果。与此同时，在俄罗斯联邦会议下院国家杜马中有代表的所有四方（俄罗斯联邦共产党、自由民主党、"统一俄罗斯"党、公正俄罗斯党）都继续当选，保留了他们在国家杜马中的代表权。与此同时，其他党派没能通过选举进入到国家杜马中来。

比例选举制度既可用于整个议会的选举（例如，在丹麦、卢森堡、拉脱维亚、葡萄牙），也可用于下议院（例如，澳大利亚、奥地利、比利时、巴西、波兰）或下议院的一半（例如德国2007年的选举）。

比例制选举制度有两种主要类型：封闭式政党名单和开放式政党名单。

封闭式政党名单，即选民在选举中只投票给政党，而不是单独的候选人。该党按获得的票数按比例分配席位数。选举胜利后由党员根据他们在名单中的顺序在党名单中分发胜利成果也就是议会中的席位。如果列表分为中央和区域组，则第一批候选人来自中心部分。来自区域组的候选人按照各自区域的政党名单投票比例获得授权。这种比例选举制度在俄罗斯联邦、以色列、南非国家，欧洲议会选举期间以及欧洲联盟所有国家使用。

开放式政党名单，即选民不仅为名单中的一个党投票，而且还为该党中的特定党员投票。选民可以投票给一个或两个特定的党员，或者在列表中指出候选人的偏好顺序。

比例制选举制度的主要缺点被认为是民主原则的部分丧失，代表与选民或特定地区的沟通的丧失。在那些应用封闭式政党名单进行选举的国家，选民投票支持抽象候选人。大多数情况下，投票的选民只知道党的领导人和这个党的某几位代表。

封闭式政党名单允许党的领导者确定候选人的顺序，这可能导致党内的独裁统治和由于党员之间的不公平竞争导致的内部分裂。这种方式的缺点是高百分比的选举门槛，不允许新的或小的党派通过选举进入到议会当中。在一个议会制共和国，政府一般由一个拥有获得多数选票的政党组成。但是通过比例制选举制度，一个政党可能很难获得多数选票，这样他就可能必须联系自己意识形态接近的政党建立联合政府。但由于施政理念差异，这样的政府可能无法进行改革。

一个选民并不总是理解比例制选举制度中的议会议席分配制度，因此可能不信任选举并拒绝参加选举。在许多国家，选民投票率在有资格投票的公民总数的40%—60%之间。因此，这种选举并不能反映出偏好的真实情况和/或改革的必要性。

比例制选举制度允许每个政党按照投票数量获得席位数。这就是为什么这个系统似乎比大多数系统更公平。如果选举门槛足够低，小党也会得到席位。最多样化的选民群体可以为其代表提供席位，因此人民认为选举结果是公平的。通过这种制度，选民更有可能投票选择接近自己立场的候选人，而不是更有可能当选的候选人。

具有开放式政党名单的比例制选举制度则允许选民选择候选人和政党，从而减少了政党对议员代表个人构成的影响。在这个选举制度中，犯罪集团或影子企业的代表进入议会的可能性较小,他们有可能通过不完全合法的手段在该地区的选举中取得胜利。在有许多不同选民群体的地区,可能会出现大量小党派,因此建立一个可行的政党联盟将很困难。但是,使用选举名额可以减少这个问题。如果政党名单"封闭"并且选民投票支持整个名单,那么选民与其当选代表之间的沟通就会减弱。在采取开发式政党名单的情况下不会发生此问题。封闭式政党名单赋予决定党员名单上候选人秩序的党派领导人很大的权力,这可能导致党内的独裁统治,以及党派领导人在党派名单上的地方进行交易。

(二)多数制选举制度

多数选举制度以多数原则为基础,即获胜者是投票最多的候选人。大多数选票可以是绝对的(50%+1票)和相对的多数(超过对手的票数)。绝大多数的多数制度,如果没有一个候选人获得绝对多数票,则建议进行第二轮投票,其中两名候选人通过,获得相对多数票。有三种类型:绝对多数,相对多数和合格多数。

绝对多数:在基于绝对多数制的选举中,候选人被确认为谁已经获得绝对多数票,超过50%的选票。如果没有候选人获得绝对多数票,则组织第二轮,通常会有两名获得最多票数的候选人参加。第二轮绝对多数被认为是胜利者。特别是,这种制度用于法国各级代表的选举,以及在全国范围内(包括法国、俄罗斯、乌克兰、芬兰、波兰、捷克共和国和立陶宛)进行的总统选举。俄罗斯总统通过绝对多数制选举产生。在1996年俄罗斯总统大选当中,通过第2轮的选举,叶利钦才取得了绝对多数,当选为总统。

相对多数:在多数制选举中,获胜候选人的相对多数足以获得比任何竞争者更多的选票,但是不一定超过一半。这种制度目前用于英国、日本、美国国会议员选举,俄罗斯国家杜马议员选举(450个席位中的半数席位)等。

合格多数:在特定内容的选举或表决中,未来的赢家必须获得确定的多数,超过一半、三分之二或四分之三等。它通常用于解决宪法问题。

在多数制选举制度中,议会中得票最多的政党的代表性高于支持他们的选民的实际百分比。特别是,遍布全国的少数利益群体无法在每个选区获得多数。选民为了让他们的声音"不浪费",投票给不是他们喜欢的人,而是两个候选人中最可接受的。多数选举制度最终导致该国出现两党制(迪维尔热法则)。在这种选举制度下容易出现对选民的贿赂和骚扰。选举结果在很大程度上取决于特定候选人的财务能力,这使他依赖少数捐助者。

多数制度允许小党派和非党派候选人实际参与并赢得选举。选民向特定候选人发出的授权使他更加独立于党的机器;权力来源是选民,而不是党派。

(三) 混合制选举制度

混合制选举制度基本上是两种制度的组合:比例制和单席位选区的多数制。混合制选举制度是一种选举制度,其中部分名额由多数制度分配给政府代表机构,部分由比例制度分配。也就是说,两个选举制度并行使用。

混合制选举制度用于人口众多的国家和生活在不同经济、社会文化甚至地理条件下的异质人口国家。该系统适用于玻利维亚、英国(苏格兰议会和威尔士立法议会)、德国、澳大利亚、墨西哥、新西兰、日本、俄罗斯。在乌克兰,在最高中央拉达进行选举时,直到 2006 年仍使用混合制选举制度。乌克兰现在使用比例制选举制度。

一些国家采用自己的混合选举制度。例如,在澳大利亚,议会上院由绝对多数的多数制选举产生,下议院由比例制选举产生。在墨西哥,联邦代表大会的 300 名代表由相对多数的多数制选举产生,只有 100 名代表按照比例制选举产生。在意大利 25% 的议员由比例制选举制产生,75% 的议员由多数制选举制度产生。

混合制选举制度的缺点。每个选举制度都有其优点和缺点。世界政治学者莫里斯·迪维尔热、胡安·林茨认为选举制度的选择影响国家的发展。混合制选举制度在多数制和比例制之间建立了平衡。但是，在一个民主初期的国家里，混合制选举制度使政党制度四分五裂。政党制度的分裂导致议会中既无最受欢迎的政党，也无小党派的多数。各党派必须结成联盟，而且这种联盟往往是意识形态上的反对者。所有这一切使各党派很难对该国至关重要的问题进行表决。在20世纪90年代和21世纪初，从苏联解体后获得独立的国家的议会选举中可以看到政党制度刚开始时如此分散和凌乱，意识形态相同或相似的党派之间结成联盟，例如：在乌克兰和俄罗斯。

二、当代俄罗斯的选举制度

在俄罗斯，选举制度也伴随着时间的进程发生了很多变化。比例制选举制度适用于国家杜马选举和俄罗斯联邦主体的立法（代表）机构代表选举。从2016年第七届国家杜马选举开始，俄罗斯联邦国家杜马的一半代表（225人）将通过单席位多数选举制产生，另一半代表通过比例制选举产生，选举门槛为5%。从2007年到2011年，所有450名代表都按照比例制选举产生，选举门槛为7%。参加选举的每一政党都按照优先顺序将其候选人列入政党选举人名单。在俄罗斯，比例制选举制度在2007年和2011年两次国家杜马选举中使用，代表在联邦选区按联邦选举候选人名单的比例选出，而联邦选区包括俄罗斯联邦的全部领土。

2014年2月17日，俄罗斯联邦通过相关法律恢复了先前采用的混合制选举制度的国家杜马选举：225名代表由单席位选区按照多数制选举产生，225名代表由比例选举制度选举产生。①

俄罗斯（在1993年、1995年、1999年、2003年和2016年）的杜马选举的工作原则如下：允许所有已超过5%选举门槛的各方（按照选

---

① В России введена смешанная система выборов в Госдуму，https：//ria.ru/20140224/996636156.html（访问时间：2018年10月3日）。

举名单）分配席位（任务）。此外，以下情况是可能的：如果克服选举门槛的各方政党获得了50%或更少的选票，则允许一个或多个"失败"的政党按结果的递减顺序分配选票，直到一方的累积投票数超过50%。

但如果只有一个政党克服了选举门槛，那么无论如何，其他政党也不可以分配其他失败的政党的选票。

允许分配任务的所有各方的获得选票数除以225（联邦名单上的候选人数量，即国家杜马的一半席位）。结果是一个确定的选票数量。有时这个数量被称为"授权价格"，即在议会中获得一个席位所需的票数。

（一）关于俄罗斯联邦总统选举

在俄罗斯联邦，目前的选举制度规定了举行国家元首、国家杜马代表和联邦主体层面选举的程序。俄罗斯公民至少35周岁并且在俄罗斯居住至少10年，可以成为俄罗斯联邦总统的候选人。候选人不能具有外国公民身份或居住权，且是未有犯罪记录的人。同一个人不能超过连续两个任期担任俄罗斯联邦总统。总统在选民的普遍、平等和直接选举的无记名投票基础上产生，任期六年。如果在参与投票的大多数选民的第一轮投票中，总统候选人获得绝对多数票，总统被认为当选。如果没有发生这种情况，将进行第二轮选举，其中第一轮中获得最多票数的两名候选人参加，而获胜者是获得比其他注册候选人更多选票的候选人。

（二）关于国家杜马议员选举

年满21岁并有资格参加选举的俄罗斯联邦公民可以当选为国家杜马的议员。450名代表根据选举结果当选为国家杜马议员。为了克服国家杜马的选举门槛并赢得选举，参加国家杜马选举的政党必须获得不少于一定比例的选票。国家杜马的任期为五年。

俄罗斯公民也可以参加联邦国家机构的选举和俄罗斯联邦主体的选举。根据《俄罗斯联邦宪法》，联邦主体的国家机构制度是由联邦主体根据宪法体系的基本原则和现行立法独立建立的。法律规定了联邦总统和联邦主体最高行政领导人选举投票的特殊日子：三月的第二个星期日和九月的第二个星期日。

在当代俄罗斯，根据具体情况，使用多数制、比例制或混合制选举制度。

1993年、1995年、1999年、2003年俄罗斯国家杜马选举期间。按照比例制选举制选出225名国家杜马议员，当时进入到国家杜马的选举门槛是获得不少于5%的选票，其他225名代表由单一席位选区（相对多数的多数制）选举产生。

2016年9月18日国家杜马选举再次按照混合制选举制度举行：一半代表（225人）将由多数制选举产生于单一席位选区，选举门槛为5%；一半代表由比例制选举产生。在俄罗斯联邦的每个联邦主体将至少建立一个选区，如有必要（在人口密集的地区）将建立更多的选区（2014年2月22日颁布的Ф3－20号联邦法《选举俄罗斯联邦联邦议会国家杜马代表法》）。

根据现行立法，进入议会的党派将能够提名他们的候选人参加俄罗斯的总统选举而不用收集签名。与此同时，在选举中获得至少3%选票的所有政党将享有一系列国家福利和权利，直接进入下一次国家杜马选举，以及直接进入下一次俄罗斯联邦主体的立法机构选举，这些选举将不迟于国家杜马选举；国家财政补助在选举中获得至少3%选票的所有政党费用，并在下次选举前增加财政支持。

三、选举制度对于政党政治制度的影响

在选举中计票的制度，乍一看是纯粹的组织和技术程序，但是这种制度设计会对社会的政治进程产生相反的影响，影响到每个国家的政党制度。

法国政治学家迪维尔热确立了党和选举制度相互关系的"三个社会学法则"。他们的要点是：比例制选举制度决定了以党的自治及其僵化结构为特征的多党制的出现和存在；绝对多数制有助于形成多党制，各方政党都灵活地力求在议会寻求共识和妥协；相对多数制形成两党制的

政党制度。

比例制决定了选举制度对民主形式的影响，也决定了其命运。在没有建立强大政党的情况下，在民主发展的早期阶段引入比例制选举制度（纯粹的或混合的）会分裂政党制度。林茨认为，党内制度的分裂是造成年轻民主国家垮台的一个因素。在这方面，不仅在理论上而且在实践中，我们的研究主体都是当代俄罗斯的选举制度。一些人相信由于混合选举制度，国家杜马形成了不稳定均衡的政治结构，不同的政治侧翼没有决定性的多数，中心被削弱，无法影响最重要的选票结果。这种情况最明显地表现在1993年国家杜马选举的结果中，并在1996年的国家杜马选举中重演。因此，选举制度是实际政治进程的敏感指标，每个国家的选举立法都在完善和发展。

多数制选举制度是这样一个选举制度，在其选举区获得最多选票的候选人被视为当选。有绝对的、相对的和合格的多数的多数制。

比例制选举制度是根据获得选票的比例来分配议会席位。这一制度刺激了政党区域分支的建立，提高了选举的效率，增加了政党的竞争。选举门槛是比例选举中的投票份额，最常见的是5%。通过选举门槛可以减少小党的数量，防止议会分散并确保稳定的多数。

在混合制选举制度中，结合了多数制和比例制的特点，立法质量得到提高，因为代表们更积极地准备修正案，增加了立法者对各地区行政当局负责人起草法律及其实施的要求。

俄罗斯选举制度变化对政党制度的影响

俄罗斯联邦会议国家杜马选举是俄罗斯国家杜马在一定的期限内按照直接和秘密投票程序选举450名议员。从1993年以来至今已经了举行7次。

1993年12月12日，俄罗斯联邦会议举行第一届国家杜马选举。选举是按照混合制选举制度进行的。政党进入到国家杜马的选举门槛是5%。450名国家杜马席位中的一半是在225个单席位选区中按照多数制产生的，另外225个席位是按照比例制在联邦选区中根据党派名单选出的。

最后的选举结果是有 8 个政党或者是政治组织在国家杜马选举中获得了席位。投票率为 54.7%。选民投票率的最低要求是 25%。共有 444 名代表当选国家杜马议员。单席位选区选出了 225 名国家杜马议员，比例制选区选出了 219 名国家杜马议员。在五个按比例制选举进行选举的联邦地区没有举行选举。因为处于战争时期，在当时的车臣共和国也没有举行选举。

选举集团"俄罗斯选择"的支持率是 15.51%，取得了国家杜马当中的 66 个席位；日里诺夫斯基领导的自由民主党在第一次国家杜马选举中取得了轰动性的胜利，他的支持率是 22.92%，取得了国家杜马当中的 64 个席位；俄罗斯联邦共产党的支持率是 12.40%，取得了国家杜马当中的 48 个席位；俄罗斯农业党的支持率是 7.99%，取得了 33 个席位；"亚博卢集团"的支持率是 7.86%，取得了 27 个席位；"俄罗斯妇女"运动的支持率是 8.13%，取得了 23 个席位；俄罗斯统一和谐党取得了 6.73% 的支持率，取得了 19 个席位；俄罗斯民主党获得了 5.52%，取得了 14 个席位。

俄罗斯联邦会议第二届国家杜马选举在 1995 年 12 月 17 日举行。选举按照混合制选举制度进行。此次选举的投票率是 64.7%。选民投票率的最低要求是 25%。所有 450 名议员都当选。在本次选举中只有 4 个政党突破了 5% 的选举门槛。其中俄罗斯联邦共产党获得了 22.3% 的选票，得到了 157 个席位；我们的家园—俄罗斯获得了 10.13% 的选票，取得了 55 个席位；日里诺夫斯基领导的自由民主党获得了 11.18% 的选票，取得了 51 个席位；"苹果"党获得了 6.89% 的选票，取得了 45 个席位。

俄罗斯联邦会议第三届国家杜马选举在 1999 年 12 月 19 日举行。选举按照混合制选举制进行。本次选举的投票率是 61.85%，选民投票率的最低要求是 25%。选举的结果是有 6 个政党突破了 5% 的选举门槛进入到国家杜马获得相应的席位。其中俄罗斯联邦共产党获得了

24.29%的选票,最后得到113个议会席位;"团结"党获得了23.32%的选票,获得了74个议会席位;"祖国—全俄罗斯"党获得了13.33%的选票,获得了68个议会席位;右翼力量联盟获得了8.52%的选票,获得了29个议会席位;日里诺夫斯基集团获得了5.98%的选票,获得了17个议会席位;"苹果"党获得了5.93%的选票,获得了20个议会席位。

俄罗斯联邦会议第四届国家杜马选举在2003年12月7日举行,采取的是混合制选举制度。55.75%的选民参加了选举。共有18个政党和5个选举集团参加。3个政党和1个选举集团设法克服了5%的选举门槛。"统一俄罗斯"党获得了37.57%的选票,取得了223个议会席位;俄罗斯联邦共产党获得了12.61%的选票,取得了52个议会席位;祖国党获得了9.02%的选票,取得了37个议会席位;自由民主获得了11.45%的选票,取得了37个议会席位。民主党人的失败是出乎意料的,"苹果"党获得了4.3%的选票,右翼力量联盟获得了3.97%的选票,没有能够达到5%的选举门槛要求,没有进入国家杜马。447名议员从450个联邦选区选出,单席位选区选出222名。有三个单席位选区的选举被宣布无效,因为那里的大多数选民投票反对所有候选人。

俄罗斯联邦会议第五、六届国家杜马选举采用的是比例制选举制度。

俄罗斯联邦会议第五届国家杜马选举在2007年12月2日举行。政党进入到国家杜马的选举门槛高达7%。取消了"反对一切"栏目。有63.78%的选民参加了投票。15个党派有权参加选举,其中11个党派能够行使这项权利。他们是俄罗斯联邦共产党、自由民主党、"统一俄罗斯"党、公正俄罗斯党、右翼力量联盟、"苹果"党、俄罗斯爱国者党、民主党、公民力量党,农业党和社会正义党。根据投票结果,有4个政党克服了7%的选举门槛,进入到国家杜马当中。"统一俄罗斯"党的得票率是64.30%,取得了343个席位;俄罗斯联邦共产党的得票率是11.57%,取得了42个席位;自由民主党的得票率是8.14%,取得了39

个席位；公正俄罗斯党的得票率是 7.74%，取得了 23 个席位。①

俄罗斯联邦会议第六届国家杜马选举在 2011 年 12 月 4 日举行。共有 7 个政党参加了此次选举，选举门槛是 7%。"统一俄罗斯"党获得 49.32% 的选票，俄罗斯联邦共产党获得 19.19% 的选票，公正俄罗斯党获得 13.24% 的选票，自由民主党获得 11.67% 的选票，"苹果"党获得 3.43% 的选票，"俄罗斯爱国者"党获得 0.97% 的选票，正义事业党获得 0.6% 的选票。因此，"统一俄罗斯"党获得 238 个席位，俄罗斯联邦共产党获得了 92 个席位，自由民主党获得了 56 个席位，公正俄罗斯党获得了 64 个席位。②

俄罗斯联邦会议第七届国家杜马选举在 2016 年 9 月 18 日举行。本次选举采取的是混合制选举制度，政党进入到国家杜马的选举门槛是 5%。本次选举的投票率为 48%。本次选举产生的 225 名议员是根据政党名单按照比例制选出的，225 名是根据单席位选区多数制的原则选出的。在选举结果中，"统一俄罗斯"党获得 343 个席位，俄罗斯联邦共产党获得 42 个席位，自由民主党获得 39 个席位，公正俄罗斯党获得 23 个席位。通过单席位选区的多数选举制度，1 位独立候选人、祖国党和公民纲领党各 1 个席位进入到国家杜马。③

---

① Выборы в Государственную думу（2007），https：//ru.wikipedia.org/wiki/%D0%92%D1%8B%D0%B1%D0%BE%D1%80%D1%8B_%D0%B2_%D0%93%D0%BE%D1%81%D1%83%D0%B4%D0%B0%D1%80%D1%81%D1%82%D0%B2%D0%B5%D0%BD%D0%BD%D1%83%D1%8E_%D0%B4%D1%83%D0%BC%D1%83_（2007）（访问时间：2018 年 10 月 4 日）。

② Выборы в Государственную думу（2011），https：//ru.wikipedia.org/wiki/%D0%92%D1%8B%D0%B1%D0%BE%D1%80%D1%8B_%D0%B2_%D0%93%D0%BE%D1%81%D1%83%D0%B4%D0%B0%D1%80%D1%81%D1%82%D0%B2%D0%B5%D0%BD%D0%BD%D1%83%D1%8E_%D0%B4%D1%83%D0%BC%D1%83_（2011）（访问时间：2018 年 10 月 4 日）。

③ Выборы в Государственную думу（2016），https：//ru.wikipedia.org/wiki/%D0%92%D1%8B%D0%B1%D0%BE%D1%80%D1%8B_%D0%B2_%D0%93%D0%BE%D1%81%D1%83%D0%B4%D0%B0%D1%80%D1%81%D1%82%D0%B2%D0%B5%D0%BD%D0%BD%D1%83%D1%8E_%D0%B4%D1%83%D0%BC%D1%83_（2016）（访问时间：2018 年 10 月 4 日）。

由于采用的选举制度不同，造成选举结果也不同。这在当代俄罗斯国家杜马的选举中表现的比较明显。比例选举制、多数选举制和混合选举制在选举中各有自己的特点。从1993年第一次俄罗斯国家杜马选举开始，到2016年的第七次，俄罗斯的选举制度经历了一个从混合制选举制度到比例制选举制度，再到混合制选举制度的一个轮回。在这个过程中，选举制度对当代俄罗斯政党制度的建设产生了直接的影响。

按照法国政治学家迪维尔热的观点，多数制选举制会造成两党制，比例制选举制会形成多党制。在俄罗斯的政党建设中，俄罗斯国家杜马中的政党从多党制到四党制，基本上符合法国学者迪维尔热的学术观点，但又有例外，这就是，俄罗斯的政党建设中有政治强人的强烈影响，特别是在新的世纪，普京所打造的"统一俄罗斯"党在俄罗斯政坛发挥了巨大的作用，几次选举下来，在俄罗斯已经形成了一党独大的局面，并且在短期内无法改变。而传统的老牌政党俄罗斯联邦共产党，一直处于萎缩的状态，日里诺夫斯基领导的自由民主党能够在复杂的状态下不断调整自己的生存状态，一直延续到今天。

在2021年的第八届国家杜马选举中，我们仍然需要对混合制选举制度对国家杜马中的政党数量的影响继续进行观察。

四、小结

不同的选举制度会造成不同的选举结果。各国比较常用的选举制度就是多数制选举制度、比例制选举制度、混合制选举制度。当代俄罗斯国家杜马选举经历了混合制选举制度、比例制选举制度，再到混合制选举制度的变化。在这个变化的过程当中，相应的比例制选举的门槛也从5%的提高到7%，再降到5%。伴随着这些选举制度的变化，目前俄罗斯已经形成了议会内的4个政党格局，一党独大的局面已经形成，并且在短期内不会发生太大的变化。

俄罗斯的总统选举一直采用比例制（相对多数），这一制度一直延续到2018年的俄罗斯国家总统选举，直到今天没有变化。

第四章 当代俄罗斯政党立法对政党制度建设的影响

第一节 俄罗斯《政党法》的颁布及影响

迄今为止，俄罗斯联邦关于政党创立和活动的宪法的基本来源是 2001 年 7 月 11 日颁布的第 95 号联邦法律《政党法》。从颁布至今，该法律已经先后修改了多次。在这部法律颁布之前，1995 年 4 月 14 日颁布的俄罗斯《社会团体法》一直在起作用。

一、俄罗斯《社会团体法》的颁布

在 20 世纪 80 年代末 90 年代初的深刻变化之后，许多政治学学者宣称 "历史的终结" 及世界格局的根本改变。在这样一个困难、复杂的过程中，苏联东欧国家经历了社会转型。这成为 20 世纪最引人注目的社会政治现象之一。

对于东欧的转轨变型，许多研究者认为东欧的转轨经历了以下两个不同的阶段：(1) 原有政治结构的解体；(2) 新的政治结构产生，并添补先前政治结构的空间。而对于俄罗斯来说，这第二阶段还未结束。例如俄罗斯政党制度还未最后形成，俄罗斯联邦的政治制度还在发展过程中。

在苏联共产党执政的后期,其执政的危机变得非常明显,自愿退出苏联共产党的人数逐年增加,还有大量的党员选择了"半退"的方式即不参加党的活动但却缴纳党费。在这样一个苏联共产党的出现危机的情况下,产生了反对苏联共产党的运动出现的条件。这些被称作"非正式的团体"提出了在现实生活中进行改革的口号。特科夫指出"他们的这些活动和渴望对变革产生了影响"。这些大量的"非正式的团体"带有非政治的特点,在经济、环境保护、文化、社会和商贸等各个领域产生。

同时在 1986 年到 1987 年出现了半合法的非共产党领导的政治团体。到了 1987 年这些团体的数量占到各种团体数量的 10%。[1] 在 1987 年夏天,苏联共产党中央委员会接受了激进经济改革的方案,在经济上采取多种所有制形式和结构。到了 1989 年在官方文件中这些多种所有制提法已经非常明晰。按照现实激进的经济改革任务将会产生社会阶级的变化,造成多党政治制度形成的社会经济前提。在 1987 年,就像许多研究论文指出的那样,开始了多党制形成的最初阶段。到了 1987 年底和 1988 年初,非正式团体在整个联盟及下属自治共和国、州及边疆区的中心城市大量出现和产生。

从 1988 年春天开始了非正式团体活动的第一阶段。在苏共十九大的准备过程中,苏联共产党自身结构发生了变化。可以这样认为,新的政党制度从苏共中央总书记戈尔巴乔夫在苏共 1988 年 6 月的十九大宣布"思想多元化"开始。[2] 事实上各种非正式组织、社会运动、人民阵线成了新政党形成的萌芽。这些团体积极参与社会政治生活,参加选举活动,努力代表不同阶层的利益。自然,苏联《宪法》关于苏共领导作用

---

[1] Телков А. С. К вопросу об особенностях становления российских политических партий и партийной системы в XX в. // Вестник М . Серия 12. . –2002. – No 5. – C. 66.

[2] Лапаева В. В. Становление российской многопартийности // Социс. – 1996. – No8. – C. 34.

的第六条被看作是新的非正式团体进一步发展的障碍。1989 年 12 月的民意调查显示，35% 的被采访者认为在当时必须废除宪法第六条，33% 的被采访者持这样的观点：需要研究《宪法》第六条，而 19% 的被采访者拥护保留第六条。①

在社会上存废《宪法》第六条的问题越来越突出。在苏联第二次人民代表大会上关于宪法第六条的议案没有通过。几个月后，在民众压力下，人民代表继续进行修改苏联宪法的表决，允许其他政党参加国家政治生活和政权选举。在1988 年 5 月民主联盟宣布自己是苏联共产党的第一个反对党。1989 年到 1990 年成为苏联大量社会政治组织出现的时期，有亲共产党的劳动阵线、俄罗斯民主党、自由民主苏联、俄罗斯共和党和社会民主俄罗斯等。需要指出，具有政党特点的团体到苏联解体时还为数甚少，已有的也缺少地方基层组织（大多数没有），没有社会民众基础。除此之外，这些团体几乎没有政党功能分化，缺少政治经验，仅仅为占据国家机构中的位置而存在。实际上，直到 20 世纪 90 年代初，俄罗斯的政党也不过是志同道合者的小团体（或用韦伯的术语"特权团体"）。阿波拉莫夫指出："国家中存在的政党缺少对现实民众的联系和认识，他们的纲领都是为了改善拥护所有政治力量的人民的境况"②。

为了对当时建立的社会团体进行约束和规范，1990 年 10 月 17 日苏联法律《社会团体法》通过。这部法律确立了建立政党的法律规范，促进了政党的进一步形成和发展，被看作是俄罗斯政党制度形成的重要一步。同时这部法律的不足在于没有对政治团体和政党进行区分，因为这部法律明显模糊了政党的概念，弱化了政党活动的规则，在很大程度上只具有形式上的意义。

此外，苏联《社会团体法》的出现对于政治制度特别是它的轮廓的

---

① Лапаева В. В. Право и многопартийность в современной России. -М. : Издательство НОРМА, 1999. – С. 2.

② Абрамов В. Н. Многопартийность в постсоветской России: Тенденции, проблемы, общественные потребности. -М. : Магистр, 1997. – С. 12.

形成发挥了应有的作用。同时虽然当时剧烈的社会活动清楚地表达了反对共产党的趋势，但这些还不能动摇苏共的领导地位，"现实的和潜在的共产党的影响直到1991年八月事件"①。

虽然以苏联共产党的领导作为基础的政党制被终止了，但这并不意味着多党制度的确立。政治多元论变为现实但政党制度还没有最后形成。谈到这一时期政党的特点，可以这样讲：他们没有经验，没有高度发展的组织结构，还没有形成和社会互相作用的渠道。也正是这些特点见证了俄罗斯政党的形成。

俄罗斯处于自己历史的转折时期，这一时期政党制度不能不带有过渡时期的特点：新的政党形成，过去的解体，难以预料的组织集团产生。

俄罗斯的经验和教训告诉我们：长期的一党专政，没有政治协商使苏联共产党在社会上起了负面的作用。没有民主，民众远离权力，权力也远离民众，剥夺了在政治生活中竞争的可能性。对权力的垄断造成了权力执行者的专横、随意，结果损害了社会。同时我们也不能美化多党制度，它也有不足。在没有民主发展经验和民主传统的国度里，多党制在社会上的形成不会是简单的和一帆风顺的。那种认为在苏联《社会团体法》公布后多党制能够马上建立起来的观点是没有说服力的。这个法律仅仅是创造了已经存在的和新产生的政治组织进入到政治舞台的必要法律基础。

俄罗斯多党制的产生经历了几个阶段。第一阶段（1986年—1988年春天）以民众政治"非正式的波涛"运动的形成为特点，在此阶段苏联共产党保持着完全的政治和国家权力。最初的多党制孕育在民众政治运动中，在90年代中期多党制度处于形成时期。这一时期非正式的社会政治运动具有精英特点。这些非正式团体事实上被现存政权所承认并

---

① Лапаева В. В. Право и многопартийность в современной России. - М. : Издательство НОРМА, 1999. – С. 4.

形成了坚定的领导核心。

被称为"社会首创者"参与社会团体的形成和发展的民众的出现是国家内部政治空气变化的结果。与苏共部分领导尝试在改革中新的转折紧密联系，也刚好在这时"非正式组织"成员在 1988 年秋天苏共中央委员会的"广泛的社会对话"中取得合法性。非正式组织事实上获得了扩大自己参与政治生活和活动的现实机会。苏联这一时期政治风向的指示器是报纸和杂志中对现实的刊载。戈尔巴乔夫希望创造一个支持改革的广泛社会基础。

"人民阵线"运动在 1988 年春夏之交领导了一系列的民众抗议活动并在 1989 年达到了运动的顶峰。这一时期"非正式组织"第一次成功地在大范围内利用了官方的选举——第十九次苏共代表大会，准备了委托书。在莫斯科、南萨哈林出现了许多关于社会正义问题的集团，表达了对地方政权领导人"反改革力量的批评"，要求用进一步民主的方式解决这些问题。

1988—1990 年是苏联的特殊时期，现实的多党制开始萌芽。在 1989—1990 年的选举竞争中，"人民阵线"加强了在不同地区的组织作为扩大自己在民众中影响的基础，并以此来指导选举和作为与民众协商的方式。

在 1990 年末和 1991 年上半年出现了"俄罗斯社会民主党"、俄罗斯共和党、自由劳动党、苏联自由民主党、俄罗斯基督教民主运动、民主联盟、俄罗斯联邦农民党等第一批政党。根据专家统计，在苏联时期的 1990 年 1 月有大约 40 个政治组织被称作"党"。这些"党"在 1991 年春天俄罗斯联邦总统选举中开始有了自己的领导人。俄罗斯联邦最高委员会聚集了各"党"的第一梯队。在"党"的形成中出现这样一个相反的过程：最初是领导们的汇集，然后是寻找自己潜在的成员和选民。1990 年 10 月《社会团体法》进一步刺激了政党的形成。这一阶段从 1991 年 8 月开始。需要指出的是 1993 年年底的选举及政权机构的形成并不以多党为基础。从选举过程的组织者方面来看，这只是一次接近多党制的选举，他们为杜马席位而竞争。

在国家杜马选举和《俄罗斯联邦宪法》通过之后，《宪法》第十三条以法律的形式确立了政治多元化和多党制度的法理基础。党成为它的代表参与国家生活的可能性渠道。同时，实践表明已经没有了松散的各党，各党的议员有了展示自己政治态度的可能性。在现实中政党经常表现为与国家决定相背离，获得了最大限度实现社会纲领的可能性。

可以这样讲，俄罗斯的多个政党存在并不证明多党制度的存在。这可以引申为多党制的形成及其立法过程，在这个过程中严重的障碍就是在社会上缺少关于基本价值、基本标准和社会目标的发展。俄罗斯联邦政党的形成与西方国家不一样，俄罗斯政党的形成缺少各个方面不同团体的精英以及民众代表的共同参与，政党活动很少具有大众性特点。

俄罗斯联邦《社会团体法》从1995年4月14日生效。该法规定了社会团体产生和活动的基本原则、权力和义务、登记和其他形式的规则，政党的地位事实上没有变化。分析这个法律，需要强调的是，它的作用是指引所有社会团体的登记活动。也就是说，该部法律没有将政治团体和社会团体加以区分，这就使所有组织都有了参加选举的可能性。此外，这部法律原则上没有界定政党和运动的概念，这就使任何组织都能置身其中，权力机构允许与政治和政治问题没有关系的组织参与其中。

1995年通过的联邦法律《社会团体法》成为俄罗斯社会团体的基础，但却是一部没有反映政党特点的法规。换句话说，俄罗斯90年代政党制度的发展没有确定与之相适应的法律基础，但出现了影响政党制度的积极时刻。首先，政党应该有章程规定它的基本目的和任务。参加国家权力机关和地方自治机关的选举需要通过推荐候选人以及选举前的宣传，加入组织和参加指定的活动。其次，政党拥有登记或不登记的权利。已经登记的社会团体拥有政党的登记机关赋予其国家登记的证明文件或不给予登记、赋予通过法律程序上诉的书面文件。另外这部法律只规定了对政党活动的基本要求及义务，没有讲到政党的义务以及需承担与法律相适应的责任。值得注意的是，这部法律扩大了公民的权利，给予公民自由参加政党的可能性，同样也可以根据需要退出政党。

俄罗斯政党制度作用的逐步改变在很大程度上归结于俄罗斯立法制度的变化。在俄罗斯联邦，自1998年7月19日起《〈关于社会团体法〉的补充和修改条款》生效。首先这部补充和修改的法律界定了政治社会团体的含义（包括政党和运动）。通过固定的条款确立了该法律的基本目的。该法律也涉及国家权力机关选举的参与及地方自治机关借助于候选人的推荐机制和选举前的宣传机制，以及上述机构的组织和活动的参与。需要强调的是这个法律的第一部分确定了这样一个事实，政党连接国家和社会。政党最主要的目的：表达公民的利益。其中对他们的一个基本要求，特别是对政治团体的基本要求是国家登记，即"政治社会团体一定要按照一定的程序进行国家登记"。[①]

俄罗斯政党的发展没有伴随着俄罗斯社会相应的发展，结果依旧加强了官僚制度，导致了政党在决策过程中的封闭性及在低层次上的权力结构的公开性。此外，必须注意到在当代俄罗斯制度化的因素对政党的形成存在影响。例如，不完备的法律基础以及社会文化因素是低层次的社会自组织能力——集团利益结构的主要障碍。

二、不同国家《政党法》的立法要求

国家对政党活动的监管，包括其登记，恰恰是国家对政党活动的干预。禁止国家权力和官员干预政党的活动，是执行俄罗斯《宪法》关于多党制规定的条款、俄罗斯政党活动自由及其在法律面前平等的保证。

俄罗斯《政党法》第11条规定，政党建立自由。它不需要国家权力机关和公职人员的许可。从成立大会通过关于建立政党，在半数以上俄罗斯联邦主体建立其地区分部，自通过政党的章程和纲领并设立政党

---

① 俄罗斯国家法律信息系统官网 2018 年 10 月 13 日查看 http://pravo.gov.ru/proxy/ips/?docbody=&nd=102035642。

的领导机关和监察机关的决议之日起,政党被视为建立。①

政党及其地区分支机构从其国家注册的那一刻开始全面开展活动。根据该《政党法》第 21 条规定,政党根据其章程并按照其规定运作。每个政党都应该有自己的章程,确定其活动的原则、目标和实施方法。《政党法》第 26 条规定,政党有权按照立法规定的程序,自由传播有关其活动的信息,表达党的观点、目标和宗旨;参与国家、地方选举和制定公民投票的决定;建立政党的区域和主要分支机构;组织和举行会议、集会、示威、游行和其他公共活动;开展其他的活动。②

在政治学和法学理论中,国家和政党的关系密切。在政治稳定的国家,政党在没有国家直接立法干预的情况下主要基于传统、个别部门行为和判例法成功运作。通常对正在经历民主进程的国家,对国家机构体系进行重组,需要制定关于政党的立法。特别是这条道路在二战后的几年里被西欧的大多数国家所遵循,并且在过去十年中被许多东欧国家所遵循,俄罗斯的情况类似。

在各国政党立法中对当事方活动进行法律监管任务的形式和方法中,存在着多样性的规定。这是由于历史发展的特殊性以及这些国家社会政治生活的细节造成的。例如,在美国《宪法》文本和其他宪法法案中完全没有提到政党。这些国家的政党的活动受政党法和选举法的司法管辖。

在第二次世界大战后通过的几乎所有宪法中,都提及政党问题。此外,它们清楚地追溯了立法者越来越多地关注政党活动的各个方面,以及越来越多地规定与政党活动具体问题有关的主体(1993 年的俄罗斯《宪法》、1958 年的法国《宪法》、1974 年的瑞典《宪法》和 1975 年希腊《宪法》,1976 年葡萄牙《宪法》,1978 年西班牙《宪法》,1992 年

---

① РОССИЙСКАЯ ФЕДЕРАЦИЯ ФЕДЕРАЛЬНЫЙ ЗАКОН О политических партиях 俄罗斯国家法律信息系统官网 2018 年 10 月 13 日查看 http://pravo.gov.ru/proxy/ips/?docbody=&nd=102071991。

② 同上。

斯洛伐克《宪法》，1992 年捷克《宪法》和 1993 年波兰《宪法》)。

除了上述一些国家通过宪法规定了政党地位外，还有一些国家通过《政党法》来规范政党活动的各个方面。在德国（自 1967 年以来）、葡萄牙（自 1974 年以来）、奥地利（自 1975 年以来）、西班牙（自 1978 年以来）《政党法》开始运作。

关于政党的立法在性质和数量上都是多种多样的。至于政党法律行为的内容，在不同国家有很大的不同，尽管它有许多公认的参数和标准。特别是，政党的一般法律特征是他们被承认为社会团体之一，其特定任务是参与地方自治建设，执行国家的相关权力。作为一项规则，政党的权利和义务、其计划和章程的要求都体现在国家的《宪法》和其他法律中。《政党法》特别规定了建立和终止政党活动的程序、政党经费问题和国家对政党的管理方式，确保了政党的法律地位。

宪法和《政党法》解决的核心问题之一是关于政党的一般概念、使命、职能和任务的定义。政党作为社会政治组织的主要标准通常是参与竞选活动，形成人民的政治意愿。法国《宪法》的第 4 条规定："政党和团体通过投票促进意见的表达。"① 俄罗斯、保加利亚、匈牙利和奥地利等国的《宪法》和《政党法》也给出了类似的政党定义。在许多国家的宪法中，人们可以找到更广泛的作为社会政治结构的重要组成部分的政党定义。政党是政治组织的主要形式，在履行职责时，有助于通过统一民众的政治意愿，参与政治选举进程，建立代议制度。一些国家的《政党法》对政党制度的作用和任务，功能和目的问题给予了很多关注。例如葡萄牙《政党法》指出，政党旨在促进公民行使政治权利和国家政策，包括参加选举或采取一些民主手段评估和批评政府的行政方案；参加中央和地方的工作；以公民精神为葡萄牙的教育做出贡献；研究和讨论国家和国际生活问题并对其采取自己的立场；帮助政治机构发展。

---

① Конституционные акты Франции 2018 年 10 月 13 日查看 http：//www.concourt.am/armenian/legal_resources/world_constitutions/constit/france/france-r.htm#sub_para_N_301。

同样，政党的职能也在德国、墨西哥、波兰、拉脱维亚等国的法律中得以确定。国家对政党的形成和法律承认给予了极大的关注。在几乎所有国家，都宣布了党派自由形成的原则。这直接源于宪法赋予的公民权利。这一原则以最集中和最简洁的形式在葡萄牙《宪法》中制定："公民结社自由包括组建政治协会和政党的权利，并成为其成员。"① 意大利《宪法》宣布："公民有权在未经特别许可的情况下，自愿联合起来，以达到未被刑法禁止的个人目的。"② 法国《宪法》规定，政党"自由创造和开展活动"。法律承认政党的另一个重要条件是他们的公众支持程度，以党员数量表示。通过这种方式，国家力图保护政治生活免受小型政党或分裂主义政党的影响。在墨西哥，作为一个国家政党必须在至少全国一半的州拥有3000名党员，或者至少在一半的单一席位选区拥有300名成员。但无论如何，墨西哥政党的党员的总人数至少应该是6.5万人。在俄罗斯，一党必须至少有500名党员，在一半以上的联邦主体中必须有党的地区组织机构。

宣称组建政党的自由是相对的。相关法律条款的内容表明，组建政党的过程受到相关法律的严格规范。在德国《宪法》中，这个问题表达的更为明确："通过其支持者的目标或行动，试图破坏自由民主制度的基础或消除、破坏德意志联邦共和国存在的政党，都是违宪的。"③

除了遵守宪法和既定民主秩序的一般要求外，一些国家的法律还包含一系列关于建立政党的具体限制。例如，波兰不允许组建下列政党："这些政党在其方案中提到了纳粹主义，法西斯主义的极权主义方法和思想，以及那些方案和活动需要或允许种族和民族仇恨，使用暴力夺取

---

① Конституция Португалии 2018年10月13日查看 https://worldconstitutions.ru/? p = 141。

② Конституция Итальянской Республики 2018年10月13日查看 http://italia-ru.com/page/konstitutsiya-italyanskoi-respubliki。

③ Основной закон Федеративной Республики Германии 2018年10月13日查看 https://legalns.com/download/books/cons/germany.pdf。

政权，通过秘密组织其成员影响国家政策。"① 几乎所有国家都承认对政党获得法律地位的强制性条件是政党必须正式登记。政党登记主要是由各国的内务部（意大利、西班牙、奥地利、法国）或不同级别的司法机构（比利时、荷兰、匈牙利、波兰、保加利亚、罗马尼亚）执行，中央选举委员会（英国、墨西哥、加拿大），比较少的是司法部（俄罗斯），最高立法机构（拉脱维亚）负责。在登记时，各政党必须提供有关其政治目标的全面信息，其纲领文件的副本，党的领导成员名单，有时甚至是全部党员的名单。政党登记的通过必须满足法律的要求。

  一些国家（俄罗斯、匈牙利、保加利亚）的《政党法》规定，如果一个政党已经满足法律规定的所有条件，相应部门就不能拒绝该政党的登记。如果政党不同意拒绝登记的决定，可以向法院提出上诉。《政党法》中有明确的规定，旨在确保政党内部生活和活动的民主性质，防止为个人权利滥用或试图建立专制政党以及政党受到外国影响。在政党章程中，通常要求遵守以下规定：当事人的名称和符号应将其与其他政党区分开来；政党及其分支机构的地点和活动范围；接受党员以及党员退党的程序；党员的权利和义务，对违反政党规范采取的措施；执行机构的组成和权力；融资来源；政党终止的程序和条件。此外，一些国家（保加利亚、葡萄牙、墨西哥）的立法禁止政党使用国家标志和外国的官方标志，以及在政党的象征中出现任何种族或宗教信仰的迹象。

  在一些国家，除了对政党的一般要求外，还形成了有关政党内部结构和活动的规定。这些规范在德国《政党法》中特别详细，该法明确旨在防止极权主义或法西斯主义政党的复兴。该法对政党组织的内部结构和活动建立了严格的普遍的规定，对所有政党都是强制性的。国家给予政党获得法律地位后的保障，与其他公共组织相比政党具有相当大的政治和财政优势。在大多数情况下，国家承认各政党的平等权利。政党通

---

① Partia polityczna-pojęcie2018 年 10 月 14 日查看 https：//notatek.pl/partia-polityczna-pojecie。

过选举获胜,将其制定的政治指导方针转化为国家政策。政党以规定的方式使用国家印刷品和其他媒体自由传播活动信息,举办群众活动,团结联盟和其他类型的社会组织,获得正式制度化的来自国家的物质和财政支持,以进行相关的目标和活动。

许多国家(俄罗斯、葡萄牙、墨西哥、意大利、奥地利、丹麦、瑞典、法国等国)的《政党法》保证获得正式登记的政党参与选举、进行立法、组建政府机构和进行地方自治的某些权利。在选举期间,他们通过自己的渠道接受国家财政援助、参加选举。《政党法》特别注意政党在组建代议制机构中的作用,表达民意、参与选举和行使政治权力是政党的主要作用。立法者根据这一标准划定了政党与其他没有这种地位的政治组织(例如政治协会)之间的分界线。在俄罗斯,政党被公认为是唯一有权独立提名行政或者立法机构代表候选人和其他选举职位的政治组织。国家《政党法》规定的主要是政党议会活动。例如,在墨西哥,法律规定如果在地方选举中选出的众议院议员出现空缺,可以替换为同一党派的候选人。葡萄牙的《政党法》规定了包括反对党在内的代议制机构的政党活动的范围。这促进了由共和国议会中任何一个政党组建议会党团的权利。立法没有规定议会党团的数量组成,因此,实际上任何议会中的政党都可以创建它。

许多国家也规定了终止政党活动的程序。正式理由是政党自行决定解散、重组、合并或加入另一党,将其分为两个或更多党。同时,如果有立法中具体规定的原因,有关国家机构有权自行决定拒绝这个政党登记,暂时或者完全终止其活动,甚至解散和禁止该政党。在匈牙利和葡萄牙,如果政党的规模已经低于既定水平,如果它违反了其章程的规定;在墨西哥,如果该党赢得的选票少于1.5%,则可以考虑作出此类决定。根据一些国家的立法规定,在其活动被视为违宪的情况下(德国),违反民主原则或属于非法规定(西班牙),不符合法律要求时(匈牙利),当党通过非法手段或与公共道德或秩序相抵触的方式实现目标时(葡萄牙),法院可以做出关于解散或禁止某一政党的决定。同时为了避免在立法中滥用权力，俄罗斯、拉脱维亚和其他一些国家规定在竞选期间不允许终止政党的活动。保加利亚和德国的《政党法》规定，政党可以对最高法院或行政法院做出终止政党活动的决定提起司法上诉。但是，法院对这种上诉的审议不能作为推迟相关决定的依据。

三、俄罗斯《政党法》的基本内容

俄罗斯发展多党制的立法战略体现了这样一个事实，即《政党法》包含一个明确制定的政党的宪法定义，以及其活动的目标。根据俄罗斯《宪法》序言部分的内容，俄罗斯联邦承认意识形态多样性，这是一个多党制原则。根据这一原则，俄罗斯国家保证各政党在法律面前平等。

在俄罗斯，政党的概念、活动的目的和目标载于俄罗斯《政党法》第3条，即：

1. 政党是社会组织，其创立的宗旨是借助俄罗斯联邦公民的政治意志的形成和表达，参加社会和政治行动，参加选举和全民公决，来促进公民参与社会政治生活，并在国家权力机关和地方自治机关代表公民的利益。

2. 政党必须满足以下要求：

政党应在半数以上的俄罗斯联邦主体内拥有地区支部，并且在每个俄罗斯联邦主体内只能建立一个该政党的地区分部。

根据《政党法》第23条第6款，组建政党必须有不少于500名成员，党章可以规定政党在地区分布的最低人数要求。

政党的领导机关和其他机关以及地区分布和其他分支机构都应设在俄罗斯联邦领土范围内。①

政党的目的和目标载于其章程和计划中。

一个政党的主要目标是：形成舆论；表达公民对于任何社会生活问

---

① РОССИЙСКАЯ ФЕДЕРАЦИЯ ФЕДЕРАЛЬНЫЙ ЗАКОН О политических партиях 2018年10月14日查看 http://pravo.gov.ru/proxy/ips/?docbody=&nd=1。

题的意见，把这些意见传达给社会大众和国家权力机构。

俄罗斯《政党法》非常清楚地解释了政党的概念，即政党必须符合法律的标准定义。

对政党的第一个要求就是人数的要求，这是一个硬性的数字标准要求。在最开始颁布《政党法》的时候，政党人数要求为 5 万人，后来人数先后调整为 4.5 万人、4 万人直到今天的 500 人。对于政党的第二个要求，领土标准实际上没有改变。如果全俄政党在联邦的一半以上的主体中拥有分支机构，那么它就被认可。应该指出的是，法律没有规定联邦主体范围或地区政党的存在。第三个标准是强制参加选举。如果以前的立法允许一个政治组织，宣布参加竞选目标，实际上在这方面什么都不做，只是寄生在政治舞台上并从中获得一些好处，那么今天就会对它施加更严格的要求。因此，五年不参加政治选举会导致政党的活动终止。五年内参加政治选举这个要求比较难做到，但相当公平。

在这方面，应该注意为参加选举的政党提供资金的程序。这不再是先前发生的资金的均等分配，而是真正的国家补助，帮助那些实际上参加了选举并取得了实实在在的成果的政党。根据选举结果，各个政党将从国家获得适当的资金，因为选举的胜利意味着他们积极进行政治参与。

《政党法》没有规定除政党以外的其他政治组织的设立。《政党法》第 36 条规定，政党是参与选举的唯一政治组织。至于其他形式的政治组织，法律为他们转变为政党提供了时间，这一转变的截止时间是 2003 年 7 月 14 日。在此期间，所有政治组织都拥有进行政党登记的权利和义务。

应该指出的是，在《政党法》生效后创建的社会团体不能随便在其名称中使用"党"一词。

从上述《政党法》生效的那一刻起，其实际实施就开始了。因此，俄罗斯立法机构对 1995 年 5 月 19 日的《社会团体法》进行了修改和补充。该法律中有七条补充了一种新的组织和法律形式的社会团体——政党。第 12 条"政党"被引入，表明政党的创造、活动、重组和（或）清算的顺序受特别联邦法律的管制（即联邦《政党法》）。

此外俄罗斯 2001 年 8 月 8 日颁布了第 129 号联邦法《关于法人实体国家登记法》，并通过了《关于使法律符合 3 月 21 日联邦法律的联邦法》；2002 年 7 月 1 日《关于法人实体的国家登记》生效。根据该法律，俄罗斯联邦司法部变成一个有权决定社会团体（包括政党）国家登记的机构。有关对盈利类法人实体进行国家登记的权力已移交给俄罗斯联邦税务局。

作为联邦法律的俄罗斯《政党法》的实施，以及俄罗斯立法的进一步发展，需要通过将 2002 年 6 月 12 日开始生效的《关于选举权的基本保障和俄罗斯联邦公民参与全民公投的权利法》、2002 年 12 月 20 日开始生效的《俄罗斯联邦会议国家杜马代表选举法》和 2003 年 1 月 10 日开始生效的《俄罗斯联邦总统选举法》等法律结合起来使用。

可以认为，俄罗斯《政党法》以及为其发展而采取的其他立法有助于在俄罗斯建立一个完整的多党制度，政党制度被联邦《宪法》宣布为宪法秩序的基础之一。然而，一些科学家、政治家对这些文件的一些条款做出了谨慎的反应。该法对政党党员数量的限制没有引起任何特别的反对意见，因为实际上许多"进入不存在"的政党只存在于纸面上，并且对该国的政治生活没有任何影响。

2001 年颁布的《政党法》不允许根据职业、种族、宗教信仰原则建立政党，这些做法甚至违反《宪法》，《宪法》禁止以这些理由限制公民权利。事实上，这些规定与其他法律的修正一起在一定程度上阻碍了地区的政治进程。在西方的"劳资"冲突中，工人的利益得到了强大的工会运动所产生的工人党的捍卫。但在俄罗斯，工会今天比政党发挥的作用更小。如果当事人不能代表社会和政治利益，法律的批评者是否会问：他们所捍卫的是什么和他们的利益何在？

根据《政党法》和随后的选举立法修正案，至少有一半的议会席位在地区立法议会中根据比例制提供给联邦政党，这大大改变了游戏规则。他们实际上限制了联邦政党的政治参与和过程。从政治参与来看，就像在西方国家一样，政党可以变成"控制民主"权力的技术之一。

对选举立法的一项重要修正是将2007年的第五届国家杜马选举的政党准入门槛提高到7%，旨在促进政党体制的巩固。然而，到目前为止，只有四个国家杜马中的政党评级肯定超过了这条线。小型政党不太可能如此轻易地离开政治领域，因此一些分析人士认为，这一修正案将成为更积极的政党建设的强大动力。2016年第七届国家杜马选举的门槛已恢复到先前的5%。

另一个与《政党法》立法相关的是政党有权提名总统候选人。毫无疑问，这项创新意在俄罗斯复杂的选举条件背景下，提高政党在总统选举中的重要性。

另一项立法创新是解除俄罗斯《政府法》对政府高级官员加入政党的禁令。事实上，这种从苏维埃时代后期继承的法律规范旨在确保行政领导人在政治执行中的中立。但目前，这显然与旨在加强政党在公共政策中的作用的立法改革的精神相矛盾。结果，一条路径开始形成多个"权力主体"，这反映了权力结构的内在差异。众所周知，党的主要特征是参与政治生活，而参与选举只是这种政治生活的一部分。

一些分析人士认为，法律将分离、剥夺公民对权力的最小影响力。简而言之，一个政党的活动范围已经大大缩小。这些政党不会对该国的政治生活产生重大影响。《政党法》的批评者对行政控制政党表示担忧。事实上，有这样的先例，政党拒绝登记或重新登记。首先是登记方明显不符合要求，其次是没有达到对政党名称和法规的技术要求。根据《政党法》，一些政党被迫改名，以免不遵守宗教或种族原则的禁令。例如，"基督教民主党"被迫改名为"全俄强国党"。法律规定的限制确实是必不可少的。阻碍极端主义政党的政治活动的规定也为其他政党设置了一定的障碍。法律规定的对政党进行控制和影响的机制本质上是预防性的，但所有各方都意识到政党随时可能参与其中。特别是在2003年5月16日在向国家杜马发出的信息中，普京明确地强烈反对政党对加强融资的控制的想法。国家杜马中的各党团领导人无法将普京的反对解释为警告。

关于《政党法》的另一项重要规定，加强政党与社会的联系。最有可能的是，法律没有带来这一领域的积极动态。在许多方面，这种情况是客观的：大多数政党的地区组织结构薄弱，政党只能在有限的程度上与政治活跃的人士接触。但是，该法律也还是对各方的活动进行了根本限制。

虽然各方对《政党法》存在批评，但必须承认《政党法》是俄罗斯政党制度发展的一块重要里程碑。但是，这并不意味着这项法律不需要发展和更新。随后的选举立法也在俄罗斯多党制的形成中发挥积极作用。

俄罗斯《宪法》第13条规定政党、社会团体在法律面前平等。政党参与政治制度的形成。政党与国家之间关系的主要特征是国家与社会、政府与公民的互动。这一原则性立场是由于政党在其活动中履行以下职能：政党代表和表达民众的利益，政党帮助成员完成社会化，政党以民众意志为基础并形成自己的价值观和政治纲领。政党通过对党员的选拔、提名，为他们的政治活动提供必要的条件。

政党最重要的职能是充当社会与国家之间的联系纽带，确保他们之间的政治伙伴关系。政党有机会实际参与政府机构的组建，影响国家的内部和外部政策。需要注意这样一个事实，即政党的主要任务是合法地获得国家权力，这将使该党能够实际执行其政治纲领中最重要的目标。

为了贯彻和落实《宪法》中的相关规定，经过俄罗斯政坛的商讨和博弈，2001年颁布的俄罗斯《政党法》将《宪法》对于政党的相关规定，一一加以细化。

《政党法》第一章"总则"强调，多党制的原则至关重要，这意味着国家保证政党在法律面前平等，不论其党章和方案中规定的目标和意识形态如何。但是禁止建立目标或行动旨在强行改变俄罗斯联邦宪法制度的基础，侵犯国家完整，破坏俄罗斯国家安全，建立武装团体，煽动社会、种族、民族和宗教不和的政党。但是，在政党的方案和章程中列入关于保护社会正义的规定以及旨在保护社会正义的活动，不能被视为煽动社会不和。

《政党法》第一章第3条规定，政党是为公民参与政治生活而建立的社会联合组织，通过形成和表达其政治意愿，参与各种政治行动、选举、公民投票，代表公民群体的利益和执行相应权力。不使用"地区政党"的概念，这并不意味着禁止创建这种概念，特别是因为该法律没有直接禁止这个概念，因此可以在宪法、章程的基础上创建全国性政党的地区性规定。这将有助于更有效地解决区域问题，并增加俄罗斯地区人口的政治活动。

《政党法》第一章第8条规定，政党的活动建立在自愿、平等、自主管理，合法性和公开性的原则性基础上，除了本联邦法规定的限制之外，政党可以自由地确定自己的内部结构目标活动的方式和方法。政党的目标不仅应该是塑造公众舆论，更应该是为了促进公民政治意愿的形成和表达，以便将其转化为国家机构和地方政府的具体决定。法律规定的政党活动的目的，重点放在其活动的社会性质上。这种功能在非政治组织中更为固有，而对于政党而言，则主要活动是政治参与。

《政党法》第一章第9条不允许在专业、种族、民族或宗教关系的基础上建立政党，这应该被理解为各方保护职业、种族、民族或宗教利益的一种表现以及这些目标的反映。基于职业或种族理由建立政党实际上问题多多。对于其他人来说，立法者显然试图拆散政党和工会以及宗教组织的直接关系和联系。

《政党法》第一章第10条对于政党和国家的关系进行了界定。不允许国家权力机关及其公职人员与政党之间互相干涉活动。俄罗斯联邦总统在任职期间暂时中止自己的政党党员资格，这就保证了俄罗斯总统在国家政治生活当中超党派的地位。

在《政党法》"总则"部分包含了《政党法》的最核心内容。《政党法》的其他部分其实只是这一部分的深化或者延伸。

《政党法》第二章，主要涉及政党的建立问题。从该法的第11条到第14条，规定了政党的建立方法、政党组织相关委员会、委员会的活动以及政党成立代表大会等相关问题。

《政党法》第三章，规定了政党的国家注册。也就是该法的第15条，政党及其地区分布的国家注册；第16条，在政党代表大会上建立的政党进行国家注册所需呈送的文件，改组政党的途径，在改组基础上建立的政党进行国家注册需呈送的文件；第18条政党的地区分部进行国家注册需呈送的文件；第19条关于已注册政党的信息和第20条暂时停止或拒绝为政党及其地区分部进行国家注册的理由（《俄罗斯政党法》第17条 通过将全俄社会联合组织或全俄社会运动改组为政党的途径建立的政党进行国家注册需要递交的文件 于2015年5月23日失效）。

《政党法》第四章规定了政党的内部结构。这涉及《政党法》第21条政党的章程；第22条政党的纲领；第23条党员资格；第24条政党及其地区分部的领导机关；第25条通过政党章程纲领和其他重要决议的程序等内容。

《政党法》第五章规定的是政党的权利和义务。这涉及第26条政党的权力。政党如何推选俄罗斯联邦主体最高公职人员，或者俄罗斯联邦主体最高国家权力机关领导人候选人的推荐；第27条规定政党及其地区分部和其他分支机构的义务；第28条规定政党的财产；第29条涉及政党的经费；第30条规定了给政党及其地区分部的捐赠的内容；第31条是政党的经济活动。

《政党法》第六章涉及的是政党的国家支持。第32条规定了国家对政党进行支持的种类。

《政党法》第七章涉及国家对政党的财政拨款。第33条、第34条、第35条对此进行了详细的规定。

《政党法》第八章第36条、第37条对政党参加选举和全民公决进行了规定。

《政党法》第九章第38条、第39条、第40条、第41条、第42条、

第 43 条、第 44 条、第 45 条对停止政党活动和取缔政党进行了明确规定。

《政党法》第十章是最后过渡条款。对涉及这部法律生效的时间和空间问题，以及其他一些问题作了补充规定。这部法律自从 2001 年 7 月颁布以来，到 2018 年 7 月已经修改了 43 次之多。

四、小结

2001 年俄罗斯《政党法》的颁布为俄罗斯政党制度的发展创造了一个严肃的立法标准，从整体上为俄罗斯的多党制在联邦和地方层面的发展确立了规范。这部《政党法》的通过是俄罗斯多党制形成的重要因素，在俄罗斯政党发展中起积极作用。

同时《政党法》与现存的其他相关法律规范一起，保证了政党创建及其活动的信息公开性，扩大了政党对国家和社会的监督，保证了党内生活的民主。《政党法》中包含了保证政党积极发展的条款。首先是只有政党才能参加选举，确定了政党的政治地位，规定了政党的最低人数。由此造成俄罗斯政坛许多小党结束了自身的存在。而那些在国家杜马中的大党，则需要再次整合形成几个大的联盟，通过党员数量上的优势在一定程度上影响俄罗斯政治进程。最主要的是只有那些大的政党才被承认有参加选举的资格，本质就是看谁能够在政治舞台上首先在国家杜马中占据位置。而社会一部分的阶层在国家杜马中没有自己的代表，不能够表达自己的政治意愿。这并不奇怪，把西方的模式移植到俄罗斯的土壤中，俄罗斯政治精英首先关心少数人的权利和利益，而忘记了多数人。

同时这部法律也有很多积极的方面，使政党制度有可能巩固自身的存在。它确立了多党制的原则、政党建立和政党活动自由、政党在法律面前一律平等，以及参加选举和公决的权利。参加选举的责任确定了政党的法律地位。保证尊重民主，要求政治过程的参与者积极地进行政治建设。此外，规定了新的政党概念，确定了政党要为公民进行政治意愿的表达。在这部法律中政党被理解为"俄罗斯公民通过其参与政治生活，形成和表达自己的政治意愿。通过参与社会和政治活动，选举和公决，在国家权力机构和地方自治机关中表达公民的利益"。这就在法律中确立了政党的一个重要作用：国家和社会间的中介，表达和代表公民的利益，保证了俄罗斯多党制的存在及多元化的形象。

同时我们要注意俄罗斯政党的制度化还远未结束。今天我们仍看到和俄罗斯政党发展联系在一起的转变，不同的党出现联合。出现了新的立法决议，调节着这个制度的法律基础（例如，从 2003 年下半年起出现了对地方权力组织基本原则法律的修改），以及其他对《政党法》的立法修改过程。

总的来说，普京总统加强了政党的作用。当代俄罗斯政党在国家杜马中和中央联盟新的关系有效地缩短了在国家权力制度中克里姆林宫和政党间沟通的距离。2001 年的《政党法》开启了俄罗斯权力机制中的政党制度建设的规范化进程。

第二节 当代俄罗斯国家杜马中政党有效数量的变化趋势及其原因初探（1993—2016 年）

一个国家的政党制度当中必然要存在一定数量的政党，但是对于该国的政治生活和政党制度起决定性作用的政党的数量肯定是有限的。所谓的政党有效数量是指在一个国家的政党政治生活当中，起决定性作用的政党的数量。通俗地说，对于一国的政治生活和政党制度起决定作用的政党就是有效政党；有效政党的数量，就是对于一国的政治生活和政党起决定作用的政党的具体数目。从 1993 年第一届国家杜马选举中有 8 个政党跨过选举门槛进入到国家杜马，到 2016 年第七届国家杜马选举中有 4 个政党跨过选举门槛进入到国家杜马，国家杜马中的政党数量一直在变化。进入到国家杜马中的政党数量并不等同于政党的有效数量。

这些跨过选举门槛进入到国家杜马中的政党在俄罗斯政坛中所发挥的作用是不一样的，当代俄罗斯国家杜马中政党的有效数量的变化趋势及原因是本节的研究重点。

一、政治转型过程中的当代俄罗斯政党发展

当代俄罗斯的政治转型在一定程度上代表了20世纪90年代开始的原苏联转型国家（波罗的海三国除外）的政治转型具体情况。这是一系列复杂的结构、功能和相互作用方式的质变，系统转型与制度和社会文化子系统相互适应的共同演化过程。

政治转型过程的内容是政治制度的社会结构和功能的质的变化，其动态和有效性取决于政治结构和政治行动者应对内部和外部的能力。与此同时，政治转型包括政党转型，可以被视为社会转型的系统要素，但在俄罗斯，社会转型不是连续的过程，这一过程包含三个同时相互关联的问题：创新（与创建新的更有效的系统要素相关）、惯性（稳定，限制激进变革）和功能失调（表现为破坏旧体系的元素，并因此破坏社会生活）。因此，在以俄罗斯为代表的原苏联转型国家，政治转型首先是政党转型，反映了政治制度适应新的社会要求，维持理性的传统结构，建立新的制度以确保政府与公民之间的反馈机制最优化的能力。

如果从体制和社会文化方面分析：政治转型在很大程度上是由内"程序"（政治行动者、形式和活动规则）和非系统性的"环境"的相互依存关系发生变化（社会文化政治发展的因素之一是价值体系）而引起的转型。转型过程的不平衡往往是社会文化变化滞后于制度结构变化的结果。从这一点出发，将政治转型视为一个包含着上升和下降方向的改革和变形，巩固和分解的交替组成的过程是相对准确的。

政治多元性和多党制已成为当代俄罗斯政治生活的一个组成部分。《俄罗斯联邦宪法》第十三条第三款专门列出了这一内容。但是俄罗斯的案例在许多方面都很特殊。俄罗斯联邦和一些西方国家不同，俄罗斯政党的存在不是客观历史发展和公共生活民主化的结果。由于自由选举

胜利而执政的执政党在过去和现在于俄罗斯都是缺席的，我们必须在一定程度上改变现有的对政党制度分类的认识；无论是迪维尔热的组织学路径与纽曼的功能主义的传统路径，还是卡茨和梅尔以及库维尔的历史主义路径，又或是基希海默尔以及拉里·戴蒙德和理查德·冈瑟的整合主义路径的政党分类在俄罗斯都不适用。因为俄罗斯没有西方政党制度意义上的"执政党"。我们可以说俄罗斯政党制度是一个不完整的政党制度，也可以说它是一种新的政党制度。在选举中获胜的政党按照宪法规定不能组织政府，当代俄罗斯既没有公共控制权的制度，也没有任何一个政党在塑造国家制度中起决定作用。

在欧美国家，政党的作用在于形成一套稳定的规范和程序体系，确保和规范政府与社会之间的互动。政党的制度变革不仅关乎分析制度结构的所有要素，也关乎它们之间相互关系的性质、功能和系统性。与此同时，政治制度与环境相互作用的适应性和效率取决于其融合正规和非正规制度的能力。在这方面，似乎有理由相信使用"社会制度模型"的概念，这一概念表示一套基本制度，即构成整个社会的制度结构骨架的基本内部相互关联和相互依存的游戏规则体系。

为什么俄罗斯政党是俄罗斯政治制度的重要因素但不是主导因素？为什么国家在俄罗斯社会的社会转型和政治生活中起着决定性的作用？因为俄罗斯的文化和历史发展预定了权力的形成作为一种专制权力。权力形成的所有阶段都以某种方式在俄罗斯人民心目中确定了专制的权力模式，其结果是权威主义成为俄罗斯权力再现的典型模式。俄罗斯对权威主义的道德（内部）接受导致了社会文化环境中政治结构的统治。在俄罗斯，国家在"社会文化"结构中也取代了社会的位置。因此，俄罗斯政党在俄罗斯是俄罗斯政治制度的重要因素但不是主导因素。

政党不仅是重要的政治制度之一，而且是一个行动者，是党政体系中的积极参与者。与此同时，政党制度的转变是一个非常复杂的过程，受许多不同因素影响，并取决于现代俄罗斯社会变迁背景下的具体历史条件。我们也可以通过政党来理解俄罗斯国家治理现代化过程中的公共行政。一方面，这涉及政党和现有公共机构的关系。另一方面，俄罗斯政党在政治过程中的整体状态和表现涉及国家治理现代化过程。

根据亨廷顿的说法，对于一个具体的政党制度，其发展和变化经历了四个阶段：分裂、分化、扩张和制度化①。但笔者认为，当代俄罗斯政党的形成虽然也经历了四个阶段，但却不包括亨廷顿指出的扩张阶段。并且，当代俄罗斯政党的形成有其自身特点。

第一阶段是分裂阶段（1991—1993年）。第一批俄罗斯"政党"出现在这一时期。这些政党基本上是在"俱乐部"原则基础上出现的"非正式"小团体。苏共解体后，在政治机构中组建政党的过程进入了一个质的新阶段。根据俄罗斯联邦总统令，1993年12月11日至12日颁布了《国家杜马代表选举条例》和《俄罗斯联邦联邦议会国家杜马选举条例》。促成多党制形成和组建政党条件构成的一个重要事件是1993年12月12日通过了新的《俄罗斯联邦宪法》，规定了多党制和政治多样性，并承认政党代表社会中各种社会群体的利益（第十三条第三款）。

选举对政党有强大刺激作用。1993年12月第一届俄罗斯国家杜马选举标志着俄罗斯联邦多党制实际开始形成，各方在争夺权力及其实施的斗争中相互作用和竞争。改革主义和反改革主义的"原始政党"虽然存在并开展了政治活动，却没有参与选举。登记的政党和运动获得了参加选举和建立选举集团的权利。获得跨过5%选举门槛的政党和运动获得了在国家杜马中获得席位的权利。杜马的席位按照他们在选举中收到的票数按比例分配给获胜者，并且通常按照候选人列入其名单的顺序在该集团内分配任务。1993年在俄罗斯联邦第一届国家杜马选举结果如下：自由民主党获得64个席位，我们的家园—俄罗斯42个席位，俄罗斯联邦共产党37个席位，俄罗斯农业党，14个席位，俄罗斯的民主党。

---

① С. Хантингтон, Политический порядок в меняющихся обществах [Текст] / М.: Прогресс-Традиция, 2004. – С. 406.

选举集团"俄罗斯的选择"64 个席位,"俄罗斯妇女运动"23 个席位,"苹果"(国内又称"亚博卢集团")27 个席位,1993 年 10 月 17 日建立的俄罗斯统一和谐党(ПРЕС)22 个席位。①

第二阶段(1994—1999 年)是两极分化阶段。进入国家杜马的各方政党力量在一定时间较为稳定不变,这使得通过国家杜马选举有可能清楚地追踪拥有固定选民的政党群体。各方组成了自己的选民群体,支持自己的政党。这一阶段国家杜马竞选活动使选民能够更好地了解各个党派、集团和运动。支持任何一方的选民同时投票支持完全相反方向的候选人的案件数量有所减少。投票的"溢出"主要发生在纲领上接近的政党之间。根据投票结果 1995 年第三届俄罗斯联邦国家杜马只有 4 个选举政党跨过 5% 的选举门槛:俄罗斯联邦共产党、自由民主党、我们的家园—俄罗斯以及"苹果"党。与以往的选举不同,所谓的"随机因素"实际上没有机会取得胜利,因为选举制度已是稳定的。

第三阶段(2000—2011 年)是制度化阶段。制度化的形成过程制度重叠,任何新的政治制度作为组织社会活动的可持续形式,在确定和保护社会规范、规则、状态和角色的制度化过程中,将政党带入一个能够满足社会需求的系统。应该指出的是,在叶利钦时期臃肿的俄罗斯多党制实际上只有十几个政党和运动符合政党作为政治实体的最低要求。与此同时,每次竞选活动之前的政党是如此之多,以至于选民很难在所有这些多样性中选择。此外,党派的数量优势并不意味着它们的功能优势。因此,根据全俄舆论中心在 2000 年秋季的调查,55% 的受访者声称党派没有给俄罗斯带来福利(25% 的人持相反意见),54% 的人认为"党际斗争阻止当局有效运作"。有趣的是,即使有 38% 的人认为党派对

---

① 参见 Выборы в Государственную думу (1993),https://ru.wikipedia.org/wiki/%D0%92%D1%8B%D0%B1%D0%BE%D1%80%D1%8B_%D0%B2_%D0%93%D0%BE%D1%81%D1%83%D0%B4%D0%B0%D1%80%D1%81%D1%82%D0%B2%D0%B5%D0%BD%D0%BD%D1%83%D1%8E_%D0%B4%D1%83%D0%BC%D1%83_(1993)(访问时间:2018 年 7 月 19 日)。

俄罗斯有利，也认为党派"干涉当局的工作"①。在这次俄罗斯政党制度化的过程当中，在2011年第六届杜马选举之前，俄罗斯政坛最终只剩下了7个政党。大批小党被排除在俄罗斯政党制度之外，没有机会进行政治参与，这就是体制内的社会沟通通道堵塞，出现了大规模的反政府运动。

第四阶段（2012年—至今）重新制度化阶段。在2011年第六届国家杜马选举前后，俄罗斯社会出现了大规模的倒普运动，反对"统一俄罗斯"党。面对来自体制内和体制外的压力，梅德韦杰夫和普京对选举制度和政党制度进行了大规模的改革，让小党有机会参与到选举当中来，进入到体制内，在体制内解决矛盾和问题。由此出现了俄罗斯政党的重新制度化，2016年，又进行了新的国家杜马选举，虽然有小党进入到国家杜马当中来，但是这个制度化过程并没有从根本上影响到俄罗斯国家杜马的四党政治格局。

事实上，俄罗斯政党的制度化始于普京执政时期，并受到联邦中央发起的一系列立法措施的影响。俄罗斯政党制度化提高了政党的地位和作用、非常符合克里姆林宫对国家权力体系中党派地位改变的要求。

2001年7月11日，国家杜马通过了联邦法律《政党法》。这项法律是国家杜马中各个党团与负责政治进程的官员之间达成妥协的结果。政党在权力体系中日益重要的作用证明了政治体制"分化"方向的转变。这种转变是由克里姆林宫的政治利益驱动的。强大的政党据说可以为压力团体制定一个平衡点，加强地区精英相对于总统权力的政治自治，遏制宗族团体中不同的部落和避免"战争"，最后确保国家的政治一体化。

这部法律为俄罗斯政党制度的质量发展创造了积极的动力。该法的目的是要解决一些问题：推进党的基层活动，使它们更接近公民，加强俄罗斯政党建设的民主原则，确保他们的政党经费的透明度。与此同

---

① 参见http://bd.fom.ru/report/cat/polit/pol_par/dd002932 Политические партии в современной России（访问时间：2018年7月19日）。

时，随着国家治理活动的过程中联邦主体的金融、信息公开，确保党内生活民主化。这部关于政党的法规对于政党的人数做了详细要求，并且规定只有政党参加注册后才能够参加选举，也对政党的权力和地位作了规定。2001 年的《政党法》要求政党的党员不少于 1 万人。这反过来又导致一个事实，即许多小政党和政治组织将不复存在，政党之间将互相合并，创建几个大的联盟，参加和影响政治进程。最主要的是，参加在国家杜马选举只能是有全国影响的政党，在政治舞台上占有一席之地的政党。俄罗斯政治学者拉帕耶娃认为"有充分的理由相信，人数不少于 1 万人的政党，需要富裕的赞助商，也不可能没有行政资源。目前的政治冷漠不会防止官员控制政治进程的任意性"①。这表明在议会没有代表的那部分人的利益，在可预见的未来将无法进行他们的政治表达。如何解决这个政党党员人数的下限问题呢？在 2012 年 4 月 2 日修改之后仍在生效的俄罗斯《政党法》对政党人数的规定是不少于 500 人。②

政党是正常公共生活政治制度所必需的文明重要成就之一。政党是所有公共组织中最具政治性的公共组织：其目的是获得和保留权力，实现社会与国家之间的联系。社会与国家之间的紧密联系有助于政党履行独特的角色：聚合和调整多样化利益，现有或新兴社会的政治层面。政党是政治制度的基本要素之一，提供了重要的政策框架。他们是某些阶级和社会团体的需要，利益和目标的代言人，他们积极参与政治权力机制的运作，或对政治权力施加间接影响。党的活动的基本方面是他们对人民的意识形态影响，他们在政治意识的形成中发挥着重要作用。在现代，政党在组织和权力斗争中起着主导作用，而且往往具有决定性作用，特别是在一党制度下。或者国家与政党之间的关系基于不干涉彼此的活动。但是，国家保留对政党活动进行法律监管的权利和禁止某些政

---

① В. В. Лапаева, Закон о политических партиях: в чем суть альтернативных подходов [Текст] / В. В. Лапаева // Журнал российского права. – 2001. – №2. – С. 11 – 12.

② 参见俄罗斯国家法律信息系统官网 http://pravo.gov.ru/proxy/ips/? docbody = &nd = 102071991（访问时间：2019 年 5 月 19 日）。

党的权利。

俄罗斯各政党在 2016 年第七届国家杜马大选前的政党竞选纲领当中提出有关他们在国家治理中的地位和作用的问题。同时也包含着政党的职能、选民的社会构成、政党的组织结构、类型和形式等问题。

迄今为止，根据俄罗斯《政党法》第 3 章"政党的国家注册"的相关规定，在联邦司法部注册了以下政党：俄罗斯自由民主党、"统一俄罗斯"党、祖国党、俄罗斯联邦共产党、"右翼力量联盟"政党、"自由民主党"、公正俄罗斯党、"苹果党"、俄罗斯爱国者党、公民纲领党等。截至 2019 年 5 月 15 日，在俄罗斯联邦司法部依法注册的政党共有 61 个[①]，这些政党在俄罗斯政坛都发挥着这样或那样的作用和影响。在对政治转型中的俄罗斯政党制度有了基本的了解之后，接下来我们要对俄罗斯国家杜马中的政党有效数量的趋势及其原因进行初步研究。

二、政党制度中有效政党数量的计算

如何计算一个国家政党制度中有效数量的政党？对于这样一个问题，我们一般经常采用的计算公式是拉克索—塔格培拉（Laakso—Taagepera）指数。这个指数是政治科学中用于选举和政党制度比较研究的重要指数，用来衡量政党制度的具体发展程度。有效数量的政党同时反映了政党制度中的政党数量及其相对权重，既可以计算选举当事人的结果（有时称为 ENEP 或 NV），也可以计算立法机关中的议席分配（ENPP 或 NS）。

该指数最初由芬兰库奥皮奥大学教授马库·拉克索（Markku Laakso）与赖因·塔格培拉（Rein Taagcpera）在 1979 年完善"有效政党数目"的工作中引入，然后由阿伦德·利普哈特（Arend Leiphart）支持并应用于比较政治科学。该指数目前已经在西方比较政治学研究中广泛

---

① 俄罗斯司法部官网 https://minjust.ru/ru/nko/gosreg/partii/spisok Список зарегистрированных политических партий 政党注册名录（访问时间：2019 年 8 月 13 日）。

使用。

拉克索和塔格培拉提出的有效党派数量被认为是衡量政体中政党数量的传统和最简单的方法。批次的有效数量是根据拉克索和塔格培拉的公式中提出的计算方法得出的，这个具体的计算公式是：

$$N_{LT} = \frac{1}{\sum_{i=1}^{n} p_i^2}$$

其中 N_{LT} 代表议会有效政党数目，p_i^2 代表议会中每个政党的席位比率，$\sum$ 代表加总。根据这一公式，学者们就能方便地计算出一国的议会有效政党数目。[1]

例如在一个国家的议会中如果三个政党分别拥有议会中45%、40%和15%的席位，那将三党比例的平方加总后，最后得数的倒数是2.6，那有效政党数即是2.6。有效政党数把政党数目与政党的相对大小两方面因素都考虑进去。在所有政党力量相当的情况下，有效政党数与政党实际数相等。而当政党力量有差别时，有效政党数少于政党实际数。

在政治科学领域，人们一致认为，参加选举的政党名义数量或已经通过选举进入立法机关的政党的名义数量为研究人员提供了研究的可能性，但是他们没有考虑到政党的有效数量。因为他们没有考虑到某些政党的重要性或其对政治的影响。但是，有几种方法可以确定政党的有效数量。布劳（2008）将这个问题简化为另一个问题：哪些政党应该被认为是重要的？二分法将重要的表示为1，无关紧要表示为0。意大利政治学家萨托利在许多研究和自己建立的政党制度分类中，坚持将二分法计数与联盟的定性评估结合起来。但是此方法仍旧具有一定的缺点，表现在以下几个方面。

评估党的妥协潜力的困难。二分法隐藏了许多各方相互影响的渠

---

[1] ENP 是拉克索（Markku Laakso）和塔格派瑞（Rein Taagepera）提出的议会政党结构测量方法。来自于 Markku Laakso/Rein Taagepera, "Effective number of parties: a measure with application to WestEurope", Compararive Political Studies, Vol, 12, No. 1, 1979, pp. 3 – 27。

道。不平衡的批量评估：相关的批次分配相同的相关性是不正确的。后一个问题在使用"半政党"（半个政党）概念的研究中得到了部分解决，从布隆代尔（1968）开始，在比较两个主要政党的总份额时，两党制与多党制分开；立法机关中绝大多数席位分为两个的情况下，较大的政党以及规模较小的政党被定性为"两个半政党制"。

在最小获胜联盟法则中，有效政党数目是个重要问题。要达成最小获胜联盟，首先就需要知道如何计算政党数量，要清楚多大规模的政党应该被包括在政党数目之内。首先对这一问题进行解决的是萨托利。萨托利认为，应该设置一个议会选举门槛，如5%或10%，只有获得这一门槛以上议席的政党才能被计入政党数量。萨托利的另一个表述是，只有那些具有"联盟潜力"（coalition potential）或具有"勒索潜力"（blackmail potential）的相关政党才应被当作政党制度的组成部分而加以计算。

拉克索和塔格培拉两位学者的方法也存在着问题，这就是，在一定的条件下多党制和两党制的体现标准是一样的。例如在议会大选中获得70%、10%、10%、10%的4个政党，如果我们计算有效政党数目，按照这个公式来算是1.92。在两党制中，在两党参加的议会大选当中，获得60%选票和40%选票的政党，其有效政党的数目也是1.92。

为了修正有效政党数过于注重大党议席比例的弊端，可以将获得议席最多的政党与其余政党分开计算，又用小党在议会中所占的议席比例赋予"有效政党数"一个加权，以描述小党对大党的牵制作用。在这种情况下我们采取了一种新的办法，让我们对相关的计算更加精确，这就是美国的政治学家胡安的计算方法，这个计算方法和上一个计算方法是直接相连的，它就是NP指数，其公式由美国政治学家胡安·莫利纳尔（Juan Molinar）开发。NP指数的计算公式是：

$$N_M = 1 + N_{LT} \times \frac{\sum_{i=1}^{n} p_i^2 - p_1^2}{\sum_{i=1}^{n} p_i^2}$$

其中 N_M 是 "有效政党数"。

有了这样的不同计算方法，利用这些计算方法，针对当代俄罗斯1993年第一届国家杜马选举以来直到2016年的第七届国家杜马选举的不同的结果，我们把历届俄罗斯国家杜马选举中有效政党的数量加以计算。对俄罗斯国家杜马中的政党有效数量进行研究，以探寻当代俄罗斯政党建设中有效政党数量的变化是否存在规律。

三、俄罗斯国家杜马从第一届到第七届中的有效政党数量

利用拉克索和塔格培拉的公式以及胡安的公式，我们对第一届到第七届俄罗斯国家杜马中有效政党的数量进行了初步研究和计算。

（一）俄罗斯第一届国家杜马中的有效政党数量

1993年9月29日总统叶利钦签署了《关于完善俄罗斯联邦选举制度的措施》的法令。根据这项法令，1993年俄罗斯联邦中央选举委员会和国家杜马选举委员会转变为俄罗斯联邦中央选举委员会。中央选举委员会与俄罗斯联邦司法部共同指示制定并向俄罗斯联邦总统提交关于选举国家杜马代表的联邦法律草案。1993年10月1日第1557号总统令批准了该法律的修订版，该条款被称为《1993年俄罗斯联邦会议国家杜马代表选举条例》。随后的1993年10月11日叶利钦总统签署并颁布了《1993年俄罗斯联邦会议联邦委员会选举条例》。1993年11月6日，第1846号总统令对这一法律再次进行了修订，特别是修改了关于宣布选举无效的规则。以上的法律成为新的国家杜马议员选举的法律基础。

为了选举国家杜马的议员，这次选举使用了混合制的单席位多数制度和比例选举制度。一半的议员（225人）按照选票的投票比例，在225个选区进行国家杜马议员席位分配。为了更好地进行国家杜马议员议席的分配，在比例制选举制中设置了选举门槛，只有选举获得超过5%的选票的政党才能够参加议席的分配（通过有效选票数量的比例）。另一半由多数制选举产生，在225个单席位选举中以相对多数票当选

（必须获得比其他候选人更多的选票）。为了选举有效，有效选票的数量必须至少是登记选民数量的25%。

当时参加选举的除了政党还有社会团体。参加选举的政党或者社会团体，如果要列入到联邦的政党或者社会团体名单中，必须要获得选民的登记签名支持。在比例制选举制度下，如果要登记到联邦的参选名单中，在当时有必要收集至少10万名选民签名。在单席位选区的候选人也可以由政党或者社会团体提名。要在单席位选区登记，同样需要收集选区签名，其数量至少为该区选民人数的1%。同一候选人可以在单席位选区或者按照注册的政党名单比例制竞选。此外，如果他被选举委员会提名为一个单席位选区的候选人，并被列入联邦注册的政党或社会团体名单，那么他在单席位选区登记后不用收集签名。

1993年第一次国家杜马选举的结果。在此次选举中共有58187755名选民（占登记选民总数的54.81%）参加了选举。根据投票结果，有8个政党或社会团体克服了5%的选举障碍按照比例制分配席位。这8个政党或者社会团体共收到46809532票，占有效票数的87.07%，即登记选民人数的43.5%。最后共有444名代表当选国家杜马议员。单席位选区选出了225名国家杜马议员，比例制选区选出了219名国家杜马议员。在五个按比例制选举的联邦选举地区没有举行选举。因为处于战争状态，在当时的车臣共和国也没有举行选举。

按照突破5%的比例制选举门槛进入到国家杜马中8个政党席位的多少，选举结果是这样的：俄罗斯自由民主党获得64个席位；俄罗斯选择获得64个席位；俄罗斯联邦共产党获得42个席位；俄罗斯妇女党获得23个席位；俄罗斯农业党获得37个席位；"亚博卢集团"获得27个席位；右翼力量联盟获得22个席位；俄罗斯民主党获得14个席位。[①]

[①] 参见http://o-ili-v.ru/wiki/%D0%92%D1%8B%D0%B1%D0%BE%D1%80%D1%8B_%D0%B2_%D0%93%D0%BE%D1%81%D1%83%D0%B4%D0%B0%D1%80%D1%81%D1%82%D0%B2%D0%B5%D0%BD%D0%BD%D1%83%D1%8E_%D0%B4%D1%83%D0%BC%D1%83_(1993)（访问时间：2019年7月29日）。

根据拉克索与塔格培拉公式，我们计算得出的第一届俄罗斯国家杜马的有效政党数量是 14.92 个。

再根据莫利纳尔的 NP 指数，我们得出的第一届俄罗斯国家杜马的有效政党数量是 11.24 个。

这两个结果之间存在着明显的差异，并且和 1993 年的国家杜马中的政党党团数目也不相符合。

因为这是当代俄罗斯历史上的第一次国家杜马选举，在有 8 个政党突破选举门槛进入到第一届国家杜马的情况下，8 个有效政党符合当时的俄罗斯政党情况。

（二）俄罗斯第二届国家杜马中的有效政党数量

1994 年 12 月 6 日叶利钦总统签署并颁布了《俄罗斯联邦公民选举权基本保障法》，这一法律在 12 月 10 日生效。该法对"选举联合组织"进行了重新定义并提出了"选举联盟"的概念。与此同时，国家杜马本身也就选举制度这一问题开展了立法工作，其中包括"苹果"党的代表积极参与。应当指出的是，在中央选举委员会和国家杜马中的"苹果"党的选择方案之间，很快就出现了许多矛盾，这些矛盾后来不得不加以调和。

来自中央选举委员会的法律草案修改了混合制选举制度的一项原则，即改变按比例制和单席位多数选举产生的代表的比例，将原来的 225/225 改变为 150/300。来自国家杜马的反对提案则坚持要保持目前的比例。在引起激烈争论的其他议题中也包括联邦比例制政党候选人名单和单席位选区的候选人有权同时投票。

关于选举立法各方面的争议在 1995 年夏天结束。最后 1995 年 6 月 9 日，杜马通过了第一部《俄罗斯联邦会议国家杜马代表选举法》，该法于 6 月 21 日由总统签署，保持目前的混合制选举制度比例，也就是 225/225。此外《俄罗斯联邦社会联合组织法》也于 1995 年 4 月 14 日通过，规范了社会团体的活动，并确保了他们参加选举的权利。

按照突破 5% 的比例制度选举门槛进入到国家杜马中政党席位的多

少，1995年12月17日举行的第二届国家杜马选举的结果如下：俄罗斯联邦共产党在这次选举中出人意料地取得了胜利，获得了总共157个席位；切尔诺梅尔金领导的我们的家园——俄罗斯获得了55个席位；日里诺夫斯基领导的自由民主党获得了51个席位；"苹果"党获得了45个席位。[1]

根据拉克索与塔格培拉公式，我们计算得出的第二届俄罗斯国家杜马的有效政党数量是6.27个。

再根据莫利纳尔的NP指数，我们得出的第二届俄罗斯国家杜马的有效政党数量是2.48个。

这两个结果之间存在着明显的差异，在有4个政党突破选举门槛，进入到国家杜马的情况下，2.5个有效政党符合当时的俄罗斯政党情况。

(三) 俄罗斯第三届国家杜马中的有效政党数量

1995年国家杜马选举之后最重要的国内事件是1996年俄罗斯联邦总统大选，叶利钦努力挣扎最后在第二轮击败久加诺夫。当久加诺夫承认失败时，叶利钦受到的威胁结束了。

取得选举胜利后，围绕和支持叶利钦的寡头开始"分权"。由于叶利钦依赖于寡头的支持赢得大选，寡头将叶利钦的胜利视为权力的重新分配。这一切导致俄罗斯形成一个相当狭小的圈子，影子政治机制得以实现。

1998年8月，俄罗斯政府拖欠债务，脆弱的俄罗斯经济濒临崩溃。在这种背景下，俄罗斯政坛再次变得极为重要，在基里延科之后担任总理的普里马科夫依靠大多数杜马议员的支持，在商人中享有声望。他的影响力和受欢迎程度随着经常生病的叶利钦工作的长期中断而增加。8个月来，他成功实现了经济的一些积极变化，但主要是显著稳定社会和

---

[1] 参见 http://o-ili-v.ru/wiki/%D0%92%D1%8B%D0%B1%D0%BE%D1%80%D1%8B_%D0%B2_%D0%93%D0%BE%D1%81%D1%83%D0%B4%D0%B0%D1%80%D1%81%D1%82%D0%B2%D0%B5%D0%BD%D0%BD%D1%83%D1%8E_%D0%B4%D1%83%D0%BC%D1%83_ (1995) (访问时间：2019年7月29日)。

政治局势。

1999年春，国家杜马试图弹劾俄罗斯联邦总统。虽然只有少数选票不足以取得成功，但普里马科夫并没有公开谴责杜马的这些行动，而是相反，他对腐败的尖锐批评以及无法控制自己的野心导致他最终与叶利钦及其忠诚的追随者相分离。5月普里马科夫被叶利钦解雇，由内政部长斯捷帕申取代。

正是在这种背景下，1999年国家杜马选举展现了俄罗斯现代史上最引人注目的政治运动。有着不同政治光谱的多种政治力量参加了此次国家杜马选举。

当叶利钦任命普京为政府总理并宣布为他的继任者时，"团结"运动成为新总理的政治支柱，因为政治中的实用主义和"中心主义"可以掩盖各种各样的偏好。

1999年12月19日举行了俄罗斯第三次国家杜马选举。根据投票结果，有6个政党最终克服了5%的比例制度选举障碍。俄罗斯联邦共产党获得113个席位；"团结"党获得73个席位；"祖国—全俄罗斯"获得66个席位；右翼力量联盟获得29个席位；"苹果"党获得20个席位；日里诺夫斯基集团获得17个席位。

在这次选举中，"团结"党击败"祖国—全俄罗斯"聚集在新领导人周围。1999年12月31日叶利钦宣布辞职，普京成为代总统和叶利钦的继承人。普京的受欢迎程度的增长证明了他所支持的"团结"党的巨大成功。该党在1999年12月的议会选举中赢得了23.32%的选票，几乎要超过了共产党人（24.29%）的得票率。[①]

根据拉克索与塔格培拉公式，我们计算得出的第三届俄罗斯国家杜马的有效政党数量是8.45个。

[①] 参见http://o-ili-v.ru/wiki/%D0%92%D1%8B%D0%B1%D0%BE%D1%80%D1%8B_%D0%B2_%D0%93%D0%BE%D1%81%D1%83%D0%B4%D0%B0%D1%80%D1%81%D1%82%D0%B2%D0%B5%D0%BD%D0%BD%D1%83%D1%8E_%D0%B4%D1%83%D0%BC%D1%83_（1999）（访问时间：2019年7月30日）。

再根据莫利纳尔的 NP 指数,我们得出的第三届俄罗斯国家杜马的有效政党数量是 4.95 个。

这两个结果之间存在着明显的差异,在有 6 个政党突破选举门槛进入到国家杜马的情况下,5 个有效政党符合当时的俄罗斯政党情况。

(四) 俄罗斯第四届国家杜马中政党的有效数量

2000 年普京当选为新一任的俄罗斯总统。新总统针对俄罗斯已有的问题,宣布了自己的施政方针:建立垂直权力;加强和巩固联邦中央的地位;保持俄罗斯政治的稳定。当然,这些方针也影响了俄罗斯政党。

在同一时间,普京总统开始"整顿"选举和政党立法。或者更确切地说,根据变化的政治条件创造新的法律。2001 年 7 月通过了俄罗斯联邦法律《政党法》,这是俄罗斯规范政党行动的法律,对社会团体和政党做了明确的区分。事实上,这项联邦法的通过"重新启动"了俄罗斯政党制度建设并开始了大规模的重组进程。根据法律规定,为了使社会团体在 2003 年 7 月之后参加联邦和地区选举,它必须在其大会上转变为一个政党。在此背景下,俄罗斯政党的重组接近了 2003 年的国家杜马选举,实际上,2003 年的国家杜马选举成为整个国家政党制度的分水岭,奠定了俄罗斯目前仍然存在的议会 4 个政党议员党团制度的基础。

俄罗斯联邦联邦议会第四届国家杜马选举在 2003 年 12 月 7 日举行,采取的选举制度是混合制选举制度。根据选票的统计,55.75% 的选民参加了选举。总共有 18 个政党和 5 个选举集团参加了这项运动。3 个政党和 1 个选举集团克服了 5% 的比例制度选举障碍。"统一俄罗斯"党获得了 37.57% 的选票,获得了 223 个议会席位;俄罗斯联邦共产党获得了 12.61% 的选票,获得了 52 个议会席位;祖国党获得了 9.02% 的选票,取得了 37 个议会席位;自由民主党获得了 11.45% 的选票,取得了 37 个议会席位。推崇私有化改革的自由派政党的失败是出乎意料的,"苹果"党获得了 4.3% 的选票,仅仅通过单席位选区选举的方式获得了 4 个席位;右翼力量联盟获得了 3.97% 的选票,也没有能够达到 5% 的选举门槛要求,只是通过单席位选区选举获胜的方式获得了3个席位。①自由派的双方:右翼势力联盟和"苹果"党以失败告终,无法克服5%的选举门槛。俄罗斯现代史上国家杜马第一次出现没有一个自由派政党代表参加的议会。事实上,正是在2003年的选举中,形成了"四方"政党,这种格局今天仍在俄罗斯联邦国家杜马中存在。

根据拉克索与塔格培拉公式,我们计算得出的第四届俄罗斯国家杜马的有效政党数量是3.67个。

再根据莫利纳尔的NP指数,我们得出的第四届俄罗斯国家杜马的有效政党数量是1.36个。

这两个结果之间存在着明显的差异,在有4个政党突破选举门槛进入到国家杜马的情况下,第四届俄罗斯国家杜马选举的有效政党数量是1个。

(五) 俄罗斯第五届国家杜马中政党的有效数量

2003年国家杜马选举中支持总统的"政权党"的胜利预示着俄罗斯政治制度的进一步发展。普京实现集权和巩固权力的进程仍在继续。在现代俄罗斯历史上第一次成功地在国家杜马中形成所谓的"宪法多数派"——"统一俄罗斯"党。

议会反对派在选举失败后,一些自由主义政党被完全"挤压"到体制外。来自非议会内的政党的政治家们开始形成体制外的反对派(即非议会反对派和激进的反总统立场)。

俄罗斯联邦共产党的代表人数和政治影响力在第五届国家杜马中减少了两倍以上,似乎失去了重要影响。只有俄罗斯的自由民主党获得了相对成功,重新获得了超过10%的选票。俄罗斯的政治反对派陷入了深刻的危机。

---

① 参见 http://o-ili-v.ru/wiki/%D0%92%D1%8B%D0%B1%D0%BE%D1%80%D1%8B_%D0%B2_%D0%93%D0%BE%D1%81%D1%83%D0%B4%D0%B0%D1%80%D1%81%D1%82%D0%B2%D0%B5%D0%BD%D0%BD%D1%83%D1%8E_%D0%B4%D1%83%D0%BC%D1%83_(2003)(访问时间:2019年7月30日)。

与此同时政府利用"政权党"在议会的优势，严格限制和改变选举立法。2005 年 4 月 22 日国家杜马通过、5 月 11 日联邦委员会也通过了总统签署的新的联邦法《俄罗斯联邦联邦会议国家杜马代表选举法》，这是俄罗斯现代议会制历史上第一次完全废除单席位选区选举制度，议会的选举门槛也从 5% 增加到 7%，这也不利于小的政党进入到国家杜马当中去。

俄罗斯联邦联邦议会第五届国家杜马选举在 2007 年 12 月 2 日举行，11 个政党参加了这次选举，本次选举的投票率是 63.71%。4 个政党克服了 7% 的选举障碍。"统一俄罗斯"党赢得了前所未有的 64.3% 的选票，获得了 315 个席位，并最大限度地加强了对俄罗斯政治的影响；俄罗斯联邦共产党获得了 11.57% 的选票，获得了 57 个席位；公正俄罗斯党获得了 7.74% 的选票，取得了 38 个议会席位；自由民主党获得了 8.14% 的选票，取得了 40 个议会席位。[①] 这个结果表明，公众对总统的路线和"统一俄罗斯"党的全力支持，巩固了其在俄罗斯政治中的主导地位，为 2008 年选举中总统权力畅通无阻开辟了道路。

根据拉克索与塔格培拉公式，我们计算得出的第五届俄罗斯国家杜马的有效政党数量是 1.92 个。

再根据莫利纳尔的 NP 指数，我们得出的第五届俄罗斯国家杜马的有效政党数量是 1.11 个。

这两个结果之间不存在着明显的差异，在有 4 个政党突破选举门槛进入到国家杜马的情况下，第五届俄罗斯国家杜马的有效政党数量是 1 个。

（六）俄罗斯第六届国家杜马中政党的有效数量

作为俄罗斯政权的延续程序，2007—2008 年选举周期确保了最高国家权力从普京顺利过渡到梅德韦杰夫。2011 年的第五届国家杜马的选举，被看作是非正式地定位为对普京信任的一种公民投票，继续巩固

---

① 参见 http：//o-ili-v.ru/wiki/%D0%92%D1%8B%D0%B1%D0%BE%D1%80%D1%8B_%D0%B2_%D0%93%D0%BE%D1%81%D1%83%D0%B4%D0%B0%D1%80%D1%81%D1%82%D0%B2%D0%B5%D0%BD%D0%BD%D1%83%D1%8E_%D0%B4%D1%83%D0%BC%D1%83_（2007）（访问时间：2019 年 7 月 30 日）。

"统一俄罗斯"党在议会中占据的压倒性的统治地位。

2008年5月7日梅德韦杰夫担任俄罗斯联邦总统。第二天，他提议普京担任俄罗斯联邦总理一职。议会多数没有任何问题批准了新内阁的负责人，权力的过渡已经完成，新政府开始。"梅普组合"开始形成，面临新的工作。议会党派在新的国家杜马中充分发挥作用。梅德韦杰夫任期内把目光转向国内政治，实施经济和社会领域长期发展的新计划。上台的当年年底他就颁布法律把总统的任期从5年延长到6年，把国家杜马的任期从4年延长到5年。但是2008年发生了国际金融危机、国际能源市场石油价格下跌，导致在2011年国家杜马选举的前夕，俄罗斯的大中城市几乎都发生了体制内反对派和体制外反对派联合举行的游行示威。

俄罗斯联邦联邦议会第六届国家杜马选举于2011年12月4日举行。国家杜马第一次当选后任期5年。按照比例选举制度举行了选举，所有450名议员均由比例制选举方式产生，各政党根据投票的百分比分配席位。在俄罗斯联邦注册的所有政党都登记为选举参与者。在2011年选举中各政党必须克服7%的比例制度选举门槛。在选举中得票率为5%至6%的政党在国家杜马获得1个席位，6%至7%的选举获得2个席位。没有任何政党能够表现出类似的结果。

有7个政党参加了第六届国家杜马选举，其中4个政党克服了7%的选举障碍。根据投票结果，国家杜马中的四方都保留了他们在第六届国家杜马中的议会党团。其中"统一俄罗斯"党赢得了49.32%的选票，获得了238个席位，和上一次选举相比，遭受挫折；俄罗斯联邦共产党获得了19.19%的选票，获得了92个席位，明显好于上一次的选举结果；公正俄罗斯党获得了13.24%的选票，取得了64个议会席位；自由民主党获得了11.67%的选票，取得了56个议会席位。①

---

① 参见http://o-ili-v.ru/wiki/%D0%92%D1%8B%D0%B1%D0%BE%D1%80%D1%8B_%D0%B2_%D0%93%D0%BE%D1%81%D1%83%D0%B4%D0%B0%D1%80%D1%81%D1%82%D0%B2%D0%B5%D0%BD%D0%BD%D1%83%D1%8E_%D0%B4%D1%83%D0%BC%D1%83_（2011）（访问时间：2019年7月30日）。

根据拉克索与塔格培拉公式，我们计算得出的第六届俄罗斯国家杜马的有效政党数量是 2.80 个。

再根据美国政治学家莫利纳尔的 NP 指数，我们得出的第六届俄罗斯国家杜马的有效政党数量是 1.60 个。

这两个结果之间存在着明显的差异，在有 4 个政党突破选举门槛进入到国家杜马的情况下，第六届俄罗斯国家杜马的有效政党数量是 1.5 个。

（七）俄罗斯第七届国家杜马中政党的有效数量

对于第六届国家杜马选举的结果，俄罗斯政治体制内的反对派和体制外的反对派都发出了质疑，大批民众走上街头游行示威，反对普京体制。为了解决现实的政治问题，努力赢得 2012 年的总统选举，梅德韦杰夫和普京采取了一系列的政策和措施进行政治改革和政党体制改革，并产生了积极的影响，在 2012 年出现了俄罗斯政党建设的一个新的阶段。

为了让俄罗斯的各种政治力量都有可能进入到体制内，在体制内进行活动，避免再次发生 2011—2012 年选举过程中的街头政治示威和游行，俄罗斯国家杜马在 2014 年 2 月 14 日最终审议通过了新的《俄罗斯国家杜马代表选举法》，对国家杜马代表选举制度做了进一步完善。该法案将国家杜马代表选举制度从原来的比例制选举制度，恢复为单席位（多数）—比例相结合的"混合制选举制"，为小党参选从而为该政党进入国家杜马敞开了大门。根据修改之后的《政党法》，一批政党按照法律的相关要求重新注册和登记。

俄罗斯国家杜马共有 450 个席位。2016 年国家杜马选举采取混合制意味着 225 个席位采取单席位（多数）选举制，另外 225 个席位采取比例制选举制。所谓的单席位选举制度是指在选举中根据选区划分，在选举中获得多数选票（绝对多数制是指获得 50% 的选票比例加一票，相对多数制是只要是选票超过其他候选人就行。俄罗斯采取的是相对多数制）的候选人当选的选举制度。在此次选举中，俄罗斯被划分为 225 个选区（含克里米亚共和国 3 个单席位选区和塞瓦斯托波尔市 1 个单席位选区）。

在普京实施垂直权力的过程中，一定程度上有限度地按照立法放开党政体制，增加政党在公共和政治生活中的作用，并促使他们参与各级选举，这有助于防止故意反制度的候选人。

参加此次俄罗斯国家杜马选举的 14 个政党中，除了 7 个参加 2011 年国家杜马选举的"统一俄罗斯"党、俄罗斯联邦共产党、自由民主党、公正俄罗斯党、"苹果"党、俄罗斯爱国者党、正义事业党之外，此次还新增了 7 个：公民纲领党、俄罗斯共产主义者共产党、俄罗斯支持正义退休者党、全俄罗斯党、俄罗斯人民自由党、俄罗斯绿色环境党、全俄公民力量党。

按照新的混合制选举规定，俄罗斯联邦联邦议会第六届国家杜马选举于 2016 年 9 月 18 日举行。所有 450 个席位中 225 个席位由单席位比例制选举产生，225 个席位按照比例制选举制度产生。此次选举的门槛是 5%，投票率是 47.88%。

有 14 个政党参加了第七届国家杜马选举，4 个政党克服了 5% 的选举障碍。其中"统一俄罗斯"党赢得了 54.2% 的选票，获得了 343 个席位；俄罗斯联邦共产党获得了 13.34% 的选票，获得了 42 个席位；自由民主党获得了 13.14% 的选票，取得了 39 个议会席位；公正俄罗斯党获得了 6.22% 的选票，取得了 23 个议会席位。① 俄罗斯的政坛再次形成了议会内的四党政治格局。一名独立候选人和公民纲领党、祖国党在单席位选区各获得一个国家杜马议员席位。

根据拉克索与塔格培拉公式，我们计算得出的第七届俄罗斯国家杜马的有效政党数量是 1.67 个。

---

① 参见 http://o-ili-v.ru/wiki/%D0%92%D1%8B%D0%B1%D0%BE%D1%80%D1%8B_%D0%B2_%D0%93%D0%BE%D1%81%D1%83%D0%B4%D0%B0%D1%80%D1%81%D1%82%D0%B2%D0%B5%D0%BD%D0%BD%D1%83%D1%8E_%D0%B4%D1%83%D0%BC%D1%83_（2016）（访问时间：2019 年 8 月 3 日）。

再根据莫利纳尔的 NP 指数,我们得出的第七届俄罗斯国家杜马的有效政党数量是 1.05 个。

这两个结果之间存在着差异,在有 4 个政党突破选举门槛进入到国家杜马的情况下,第七届俄罗斯国家杜马选举的有效政党数量是 1 个。

四、俄罗斯国家杜马中政党有效数量变化的趋势及原因

根据前面计算得到的数据,笔者绘制出"**俄罗斯第一届至第七届国家杜马中政党的有效数量变化趋势**"图。

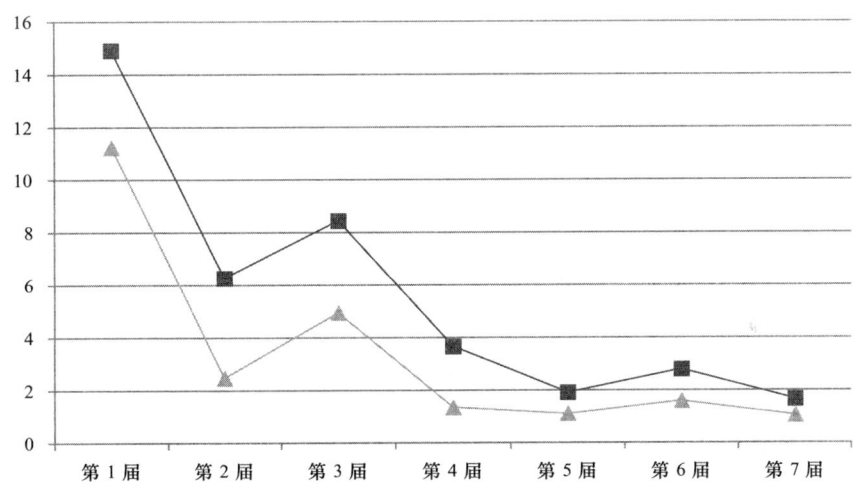

图 4-1　俄罗斯第一届至第七届国家杜马中政党的有效数量变化趋势(单位:个)

通过这张图我们可以看出,从 1993 年第一届俄罗斯国家杜马选举到 2016 年第七届俄罗斯国家杜马选举期间俄罗斯国家杜马中有效政党数量的直观变化趋势。按照众所周知的迪维尔热政党数量法则,由于选举制度的不同,多数制选举制度会产生两党制,比例制选举制度会产生多党制。可是在俄罗斯国家杜马选举中我们看到,从 1993 年到 2016 年的国家杜马选举中,俄罗斯的政党选举制度历经了从混合制到比例制再到混合制选举制度的过程。在这个过程中,我们注意到俄罗斯政党有效

数量的变化有三个趋势:

（1）以 2003 年第四届国家杜马选举为时间节点，之前采用混合制选举制度的第一、二、三届国家杜马选举中出现了多党制趋势。

（2）2003 年及之后的第四、五届国家杜马选举采用比例制选举制并没有出现迪维尔热法则所预示的两党制政党制度倾向。而是出现了一党制趋势。

（3）第七届国家杜马选举再次采取了混合制选举制度后，也并没有出现其他政党制度的倾向。仍是出现了一党制趋势。

是什么原因造成了上述趋势？变量很多，例如俄罗斯政府的产生和选举无关、俄罗斯选举制度对有效政党制度的影响、选民基础等。但在笔者看来，最主要的原因有四个。

第一，这是俄罗斯主权民主在政党政治领域发展的必然结果。俄罗斯目前的民主是主权民主。按照普京总统的说法："俄罗斯是一个根据自己人民的意志选择民主道路的国家。俄罗斯自己走上了这条道路，并遵守所有的普遍民主规则。俄罗斯将自己做出决定，通过何种方式可以保障自由和民主原则的实现，在这个过程中考虑到俄罗斯自己的历史、地缘政治和其他特点。作为一个主权国家，俄罗斯有能力并将独立自主地决定俄罗斯沿着民主道路前进的期限和条件。"[①] 主权民主以爱国主义、强国主义、民族主义为基本特征。俄罗斯的主权民主在政党建设方面的体现就是作为国家杜马中的强势政党"统一俄罗斯"党的出现，而且必然还要随着俄罗斯国情的发展而变化。

第二，在俄罗斯现行的政党制度下，政党从属于国家行政权力。普京需要一个"优势党"在国家杜马通过立法支持他的施政，为其政治权力的合法性提供一个保障。俄罗斯存在"政权党"，但没有"执政党"，这和西方政党制度是不一样的。俄罗斯联邦 1993 年颁布的宪

---

① Послание Президента Российской Федерации от 25.04.2005 г. http://www.kremlin.ru/acts/bank/36354（访问时间：2018 年 8 月 3 日）。

法第八十三条规定，政府总理由总统提名，经国家杜马同意任命，而不是由在国家杜马选举中获胜的党的党首进行组阁。虽然俄罗斯没有执政党，但在国家杜马中却存在着"政权党"——支持总统的党。1993年以来在国家杜马中先后出现的"政权党"有"俄罗斯选择"、"我们的家园—俄罗斯"、"团结"党、"统一俄罗斯"党。在俄罗斯，不是权力（在选举中的成果）从属于政党，而是政党从属于行政权力，政党成为行政权力特别是总统权力的附属物、社会政治和选举的代用品。

由于俄罗斯政党缺少选民基础，俄罗斯的政党政治在国家治理过程中处于弱势地位。当代俄罗斯政党在国家杜马选举获胜后没有组阁权，所以与国家行政权力绝缘，只承担立法职能和监督职能。西方政党政治的真正意义在于政党代表一定的利益群体对国家权力分配的竞争性参与，即政党通过竞争性选举争取成为执政党，继而通过领导和掌握国家政权来贯彻实现党的纲领和政策，使自己所代表的阶级或阶层、集团的意志上升为国家意志。而在目前的俄罗斯，俄罗斯政党的作用基本上在于为总统的各种政治决定提供合法性的立法程序。俄罗斯政党既不能监督政府，也不能表达民意，在目前的情况下只是在国家杜马中通过立法形式为政治权力的合法性提供一个保障。

第三，对于当代俄罗斯来说，要想顺利地完成国家转型必须要政令畅通，国家杜马当中必须要有一个强大的政党来支持总统和政府。不同的国家有不同的国家治理现代化的情况，为了实现这个目标，普京亲自打造了"统一俄罗斯"党。在叶利钦执政时期，虽然政党数量众多，但是政局混乱。在1999年第三届国家杜马议会党团中，反对党俄罗斯联邦共产党是最大的议会党团，在这种情况下为了得到议会的支持，普京总统认识到有必要建立新的政权党——"团结"党。在普京的授意和支持下，全俄社会和政治运动"团结"的代表大会在2000年5月27日举行，"团结"运动转变为一个政党。与此同时，党的领导和策划人从一开始就把它定位为中间派，并打算让所有可见的中间派力量和政治家参与党的工作，创造一种能够团结绝大多数政治家的中派政党。"祖国—全俄罗斯"运动也被邀请参加政治对话，他们也将自己置于政治光谱的中左位置。在影响力大幅下降的情况下，"祖国—全俄罗斯"运动仍然包括许多受欢迎的政治家，这其中也包括当时的莫斯科市市长卢日科夫。

在普京的授意下，相关的政党酝酿着合并，2000年5月中旬，切尔诺梅尔金领导的"我们的家园—俄罗斯"运动宣布加入"团结"运动。5月27日"团结"运动在克里姆林宫召开第二次代表大会，宣布改建为"团结"党并通过了章程和纲领。2001年7月12日，全俄联盟"团结"和"祖国"创始大会召开。2001年7月12日"团结"党与"祖国"运动在莫斯科召开代表大会，宣布成立"团结—祖国"联盟。同年12月1日，"团结—祖国"联盟改组为全俄罗斯"团结—祖国"党，后来又称"统一俄罗斯"党。该党自从成立以来一直扮演着普京的政党的角色，虽然普京从来不是该党的党员。

按照普京政党设计的"统一俄罗斯"党远离左右两极，采取渐进和温和的改革方针，声称是该国所有中间派力量的代言人。

第四，这是普京总统在国家治理过程中对俄罗斯政党制度建设的必然结果。在叶利钦执政时期，第一、二、三届国家杜马中出现了多党制的倾向，也出现了"政权党"现象。与此相伴随的就是叶利钦执政时期国家治理能力的弱化，这是转型国家所不能允许的，因为没有一个强力政党支持政府，国家无法完成转型。所以到了普京执政时期，他进行了垂直权力改革，同时加强了俄罗斯政党制度建设，积极打造"优势党"，这样的制度设计在国家杜马当中不可能出现两党制和多党制。所以自2003年以来，俄罗斯国家杜马中政党有效数量出现了一个有效政党的趋势。由先前的多党制逐渐的转为"统一俄罗斯"党的一党独大制度。这一变化反映了普京关于政党建设的基本态度，这就是必须打造一个强大的政党来推进俄罗斯的国家治理现代化。

五、小结

从 1993 年第一届俄罗斯国家杜马选举到 2016 年第七届俄罗斯国家杜马选举，当代俄罗斯国家政党的有效数量变化趋势受到多种变量制约，除了上面的四个原因，也包括政党立法和选举制度的变化等。2001 年俄罗斯颁布了《政党法》，通过立法，只有政党才能够参加国家杜马的选举和国家政治生活，这就为俄罗斯政党的发展限定了条件、明确了方向。俄罗斯国家杜马目前的四党格局已经处于相对稳定的状态。

俄罗斯的选举制度经历了从混合制到比例制，再到混合制的变化。从叶利钦到普京第一、二任期，再从梅德韦杰夫到普京第三、四任期，俄罗斯的政党有效数量趋势经历了从多党制到一党制的转化，特别是普京执政后国家杜马中出现了优势政党"统一俄罗斯"党，这一优势政党的出现对俄罗斯立法机关议案的通过有重大影响。俄罗斯政党从"政权党"（也就是支持总统、支持政权的党），到"优势党"（也就是获得国家杜马 2/3 多数席位的政党）的出现，意味着转型时期俄罗斯国家治理能力特别是国家行政能力合法性有了来自国家立法机构的强有力的保障。

第三节　当代俄罗斯政党经费来源及其对选举的影响——以第七届国家杜马选举为例

2016 年 9 月 18 日俄罗斯国家杜马进行了第七次选举。在这次选举中"统一俄罗斯"党获得了国家杜马 450 个席位中的 343 个席位、俄罗斯联邦共产党获得了 42 个席位、自由民主党获得了 39 个席位、公正俄罗斯党获得了 23 个席位、祖国党和公民纲领党的候选人在单席位选区选举获胜，各获得 1 个席位进入到国家杜马中。[①]

[①] 俄罗斯国家杜马第七届选举 https：//ru.wikipedia.org/wiki/Выборы_в_Государственную_думу_（2016）2017 年 1 月 12 日查看

任何一个政党的运行和发展，都和该党的财政状况息息相关。在第七届俄罗斯国家杜马选举当中，各个政党的选举财政情况或者说选举的花费究竟对该政党的选举结果或者说获得的选票和国家杜马席位数有多大的影响？

本节准备以在第七届国家杜马选举中获得席位的"统一俄罗斯"党、俄罗斯联邦共产党、自由民主党、公正俄罗斯党、祖国党、公民纲领党和其他参加选举但未获得席位的全部共14个参选政党为研究对象，对当代俄罗斯政党的政党选举财政情况，也就是，政党在第七届选举中的支出在多大程度上影响了国家杜马选举的结果进行初步探讨。

本节研究的主要方法是文本解读法、比较分析法。其中"统一俄罗斯"党的相关信息来源于俄罗斯联邦中央选举委员会官方网站。考虑到在本次选举中"统一俄罗斯"党人列兹尼克（Владислав Матусович Резник）是以独立参选人的身份在阿迪格共和国参选的，其竞选经费不来自"统一俄罗斯"党，所以在研究中将"统一俄罗斯"党在国家杜马席位记为342席。

一、政党财政以及政党选举财政

任何一个政党的存在和发展，都必然和其财政状况息息相关。政党的日常运行以及参加选举的过程都需要资金。所谓政党财政就是政党运行和参加选举过程所发生的相关收入和支出。在政党财政中，为了参加各级议会选举或各级行政领导人选举，即在竞选中发生的费用问题，这就是政党选举财政问题。

一般来说，政党收入包括这样几个方面：（1）党员的党费。很多政党的党员都要按时缴纳一定的金钱。（2）党产收入。也就是政党从事相关经济活动，经营动产或者不动产所获得的收入。（3）捐赠。可以来自自然人也可以来自法人，可以是钱也可以是物。（4）国家财政拨款。由于选举必然要发生费用和支出，而且这不会是一笔小的数目。因此在很多国家，根据相关的法律规定，参加选举并且获得一定数额选票的政党，可以获得一定数额的国家财政拨款支持。

按照政党收入的主要来源，以是否超过50%的份额为节点，我们可以将政党财政初步分为以下五种：（1）党费来源型政党。一般来说，各个政党的党员按照相应的党章规定，都要交纳一定数额的党费，党费来源型政党的收入来源主要依靠党员缴纳的党费。在20世纪60年代以前，许多西欧国家的政党财政收入都来自于本党党员的党费。（2）党产来源型政党。政党拥有一定的动产或不动产，并以动产或不动产的处置来获得收入。党产来源型政党半数以上的收入来源于该党的党产收入。（3）捐赠型政党。这种类型的政党半数以上的收入来源于支持该政党的自然人或法人的捐赠。这一类型政党以美国、英国、加拿大、日本的主要政党为代表。（4）国家财政型政党。根据参加议会或者行政领导人选举的结果和相关法律规定，党的收入一半以上来源于国家财政拨款的政党。这一类型的政党以法国、奥地利、瑞典的主要政党为代表。（5）混合来源型政党，也就是政党收入是多样性的政党。德国的政党可以看作是该类型的代表。①

国家财政型政党是与国家财政补助政党制度联系在一起的。在第二次世界大战之后，西方国家开始出现国家财政型政党。虽然德国政党是政党收入混合来源型政党，但却是国家补助型政党最早产生的国家。②

一般来说，政党支出包括这样几个方面：（1）政党的日常办公支出。政党为了保证自己的存在，进行日常的办公，必然要产生办公费用。（2）政党政治活动支出。政党进行宣传、组织、联络活动所发生的费用。（3）政党领导人和工作人员的工资。（4）政党参加相关选举时的费用。（5）政党在以党产进行经济活动时也必然会产生费用。

在涉及政党财政问题上，如果政党的财政收入大于财政支出，则意

---

① 关于政党财政类型的划分，作者参考了《政党政治的财政基础——政党财政类型的比较分析》的相关内容。刘守刚、郝煜华《上海财经大学学报》2008年12月第六期第17—18页。

② 马东亮：《国家财政补助政党比较研究》，北京：中央民族大学出版社2013年7月版，第65页。

味着政党财政问题良好，政党运作正常。如果政党支出大于收入，则意味着政党财政存在问题、政党运行存在困难。如果长期如此，这个政党能否存在都会有问题。

二、关于俄罗斯政党财政和政党选举财政的相关法律规定

当代俄罗斯与政党财政和选举财政相关的法律目前有《政党法》《俄罗斯联邦联邦会议国家杜马代表选举法》和《俄罗斯联邦公民参与全民公决中的选举权和被选举权保障法》三部法律。

（一）俄罗斯《政党法》关于政党财政和选举财政的规定

1991 年俄罗斯独立以来，叶利钦总统任期内俄罗斯政党的发展处于无序状态。为了规范俄罗斯国家治理过程中的政党建设，在普京的第一任总统任期内，2001 年 7 月 11 日俄罗斯颁布《政党法》，截止到 2016 年 12 月 19 日已经先后进行了 41 次修改。[①]

根据俄《政党法》第 33 条第 5 款的规定，俄罗斯政党在以下几种情况下可以获得国家财政资助：a. 如果列入联邦候选人名单，参加俄罗斯联邦会议国家杜马选举的政党所推荐的候选人，在联邦选举区参加选举获得了不少于 3% 的选民选票。в. 如果政党所推荐的俄罗斯联邦总统职位登记候选人参加选举，根据选举结果获得了不少于 3% 的选民选票。[②]

在选举中达到这个规定的政党的国家财政资助如何实现呢？根据 2015 年 1 月 1 日修改生效第 33 条第 6 款的规定：符合本条第 5 款规定的参加选举政党的国家财政资助通过以下方式实现：a. 根据俄罗斯联邦会议国家杜马议员选举的结果，每年划拨 110 卢布乘以政党所推荐的列入联邦层面名单的候选人所获得的选民的选票数量。简单地说就是政党

---

① 俄罗斯国家中央选举会官网公布的《俄罗斯政党法》链接 http：//pravo. gov. ru/proxy/ips/? docbody =&nd = 102071991 2017 年 2 月 16 日查看。

② 同上。

参加杜马选举获得选民总选票的 3% 的标准后，可以在该届杜马任期内每年获得每票 110 卢布乘以选民选票数的国家财政资助。《政党法》对每一选票的资助数目不断变化调整。具体是：2011 年国家对政党资助的标准是根据 2008 年 7 月 22 日修订的《政党法》第 33 条第 6 款 a 的修订，根据俄罗斯联邦会议国家杜马议员选举的结果，每年划拨 20 卢布乘以政党所推荐的列入联邦候选人名单所获得的选民的选票数量。这一调整从 2009 年 1 月 1 日起生效。2012 年 12 月 1 日这一数目由 20 卢布调整为 50 卢布，从当日起生效。2014 年 10 月 14 日调整为 110 卢布，从 2015 年 1 月 1 日起生效。6. 根据俄罗斯联邦总统选举的结果，一次性给予 20 卢布乘以政党所推荐的俄罗斯联邦总统登记候选人获得的选民选票的数量。[①] 简单地说就是政党推荐的总统候选人参加总统大举获得选民选票的 3% 的标准后，可以一次性获得每票 20 卢布乘以选民选票数的国家财政资助。

除此之外，《政党法》第 33 条第 7 款第一项还规定，从 2006 年 1 月 1 日起，到下一个选举年的俄罗斯联邦会议国家杜马议员选举的 1 月 1 号前，列入选举区符合本条第 5 款规定，通过单席位选区获得联邦席位，每年获得 5 卢布乘以所获选民的选票数量。简单地说就是政党通过单席位选区参加国家杜马选举获得席位，可以在该届杜马任期内每年获得每票 5 卢布乘以选民选票数的国家财政资助。[②] 所谓的单席位选区制是指在选举中根据选区划分，在选区选举中获得相对多数选票（绝对多数制是指获得 50% 的选票比例加一票，相对多数制是只要是选票超过其他候选人就行。俄罗斯采取的是相对多数制）的候选人当选的选举制度。这一 2005 年 7 月 21 日被废止到如今又被恢复的法条缘起于俄罗斯国家杜马选举制度从混合制到比例制再到混合制的变化。2004 年 12 月 24 日第四届国家杜马一读通过了《俄罗斯国家杜马代表选举法》修正

[①] 俄罗斯国家中央选举会官网公布的《俄罗斯政党法》链接 http：//pravo. gov. ru/proxy/ips/？docbody=&nd=102071991 2017 年 2 月 16 日查看。

[②] 同上。

案,并在 2005 年 5 月 19 日由普京签署颁布。该选举法取消了自 1993 年以来杜马实行的"混合选举制",改为全部按照"比例代表制"的方式进行选举,即国家杜马所有 450 个议席,将在取得进入议会资格的政党中,按照其得票比率进行分配。2007 年第五届、2011 年第六届俄罗斯国家杜马实行的"比例代表制"选举制度。2014 年 2 月 14 日,最终审议通过了新的《俄罗斯国家杜马代表选举法》,对国家杜马代表选举制度做了进一步完善。该法案规定,将国家杜马代表选举制度从选举时原来只有党派参加的比例制选举制度,恢复为多数—比例相结合的混合制选举制度,从而为小党的党员以个人身份参加第七届国家杜马选举进而使该政党进入国家杜马敞开了大门。

综合以上法条内容,当前俄罗斯政党获得国家财政资助的条件和数目就是三点:(1)政党参加国家杜马选举获得选民总选票的 3% 的标准后,可以在该届杜马任期内每年获得每票 110 卢布乘以选民选票数的国家财政资助。(2)政党推荐的总统候选人参加联邦总统大举获得选民选票的 3% 的标准后,可以一次性获得每票 20 卢布乘以选民选票数的国家财政资助。(3)政党通过单席位选区参加国家杜马选举进入获得国家杜马席位,可以在该届杜马任期内每年获得每票 5 卢布乘以选民选票数的国家财政资助。

根据以上信息可以得出,和国家杜马选举结果相关的国家政党财政资助前提就是两点:(1)政党参加国家杜马选举获得选民总选票的 3% 的标准后,可以在该届杜马任期内每年获得每票 110 卢布乘以选民选票数的国家财政资助。(2)政党通过单席位选区参加国家杜马选举获得席位,可以在该届杜马任期内每年获得每票 5 卢布乘以选民选票数的国家财政资助。

《政党法》对自然人和法人向政党捐赠的捐赠条件和数额也作了限制。根据《政党法》第 30 条关于给政党及其分部的捐赠的规定:一个自然人每年捐赠的现金总额不应超过 4330 卢布,政党及其地区分部不得接受下列来源的捐赠:(1)其他国家和外国法人;(2)外国公民;

(3) 无国籍者；(4) 年龄未满十八岁的俄罗斯公民；(5) 有外国参股的俄罗斯法人，外国参股超过 30%；(6) 国际组织和国际社会运动；(7) 国家权力机关、其他国家机关和地方自治机关；(8) 国家和市政机关企业；(9) 捐赠之日的法定资本中，俄罗斯联邦、俄罗斯联邦主体和地方自治单位所有的财产比例超过 30% 的法人；(10) 部队军事组织和护法机关；(11) 慈善组织和宗教组织以及由他们建立的机构；(12) 匿名捐赠者；(13) 在捐赠之日前注册不足一年的法人。① 特别是，该法律第 30 条第八款、第九款有下列规定：政党及其地区分部在一个年度内，从一个法人获得的捐赠数额不得超过 4330 万卢布；政党及其地区分部在一个年度内，从一个自然人获得的捐赠数额不得超过 433 万卢布；政党及其地区分部每年获得的捐赠总额不得超过 43.3 亿卢布，同时地区分部每年获得的捐赠数额不得超过 8660 万卢布。

(二)《俄罗斯联邦联邦会议国家杜马代表选举法》关于政党财政和选举财政的规定

2014 年 2 月 19 日俄罗斯颁布新的《俄罗斯联邦联邦会议国家杜马代表选举法》，原来的法律被废止。

《俄罗斯联邦联邦会议国家杜马代表选举法》在第 71 条中对选举基金有专门规定，主要内容是：参加选举的政党必须建立自己的选举基金，政党的选举基金只能依靠以下途径建立：(1) 政党的自有资金，其总额不能超过根据本法规定的政党选举基金所有经费支出限额的 50%。(2) 公民和法人的自愿捐款，每个公民的捐款额不能超过根据本法所规定的政党选举基金所有经费支出限额的 0.07%，每个法人的捐款额不能超过根据本法所规定的政党选举基金所有经费支出限额的 3.5%。(3) 政党选举基金所有经费支出不能超过 7 亿卢布，政党地区分部选举基金的经费支出不包含在内。(4) 政党地区分布的选举基金只能依靠

---

① 俄罗斯国家中央选举会官网公布的《俄罗斯政党法》链接 http://pravo.gov.ru/proxy/ips/? docbody = &nd = 102071991 2017 年 2 月 16 日查看。

下列途径建立：①政党及其地区分部的自有资金，扣除政党选举基金经费及总额不能超过根据本法规定的地区分部选举基金所有经费支出限额的 50%；②公民和法人的自愿捐款，每个公民捐款额不能超过根据本法所规定的政党地区分部选举基金所有经费支出限额的 2%，每个法人的捐款额不能超过根据本法所规定的政党地区分部选举基金所有经费支出限额的 20% 等。①

这一法律关于选举财政相关的的规定，概括起来就是：政党参加选举一定要建立政党选举基金。政党选举基金所有经费支出最高不超过 7 亿卢布。政党的自有资金不可超过选举基金限额的 50% 也就是 3 亿 5 千万卢布，公民和法人的捐赠的条件和金额也有相应限制。

（三）《俄罗斯联邦公民参与全民公决中的选举权和被选举权保障法》关于政党财政和选举财政的规定

2002 年 5 月 29 日俄罗斯颁布了《俄罗斯联邦公民参与全民公决中的选举权和被选举权保障法》。这部法律的第 58 条第六款对于参加选举的选举人基金规定禁止下列捐赠：（1）其他国家和外国组织；（2）外国公民；（3）无国籍者；（4）未满十八周岁公民；（5）有外国参股的俄罗斯法人，外国参股超过 30%；（6）国际组织和国际社会运动；（7）国家权力机关、其他国家机关和地方自治机关；（8）国家和市政机关企业；（9）捐赠之日的法定资本中，俄罗斯联邦、俄罗斯联邦主体和地方自治单位所有的财产比例超过 30% 的法人；（10）部队军事组织和护法机关；（11）慈善组织和宗教组织以及由他们建立的机构；（12）匿名捐赠者；（13）在捐赠之日前注册不足一年的法人。② 也就是说上述在选举中的捐赠无效。

---

① 俄罗斯中央选举委员会官网公布的《俄罗斯联邦联邦会议国家杜马代表选举法》链接 http：//pravo. gov. ru/proxy/ips/? docbody =&link_id =0&nd =102171479 2017 年 2 月 13 日查看。
② 俄罗斯中央选举委员会官网公布的《俄罗斯联邦公民参与全民公决中的选举权和被选举权保障法》链接 http：//pravo. gov. ru/proxy/ips/? docbody =&nd =102076507 2017 年 2 月 19 日查看。

如何知道我们在研究中所应用的相关数据是真实有效呢？根据《政党法》第 34 条、第 35 条的相关规定，政党要对相关收支项目登记报表。相关收支项目要符合法律规定，并且要进行审计。政党要把收支情况提交给俄罗斯联邦中央选举委员会。① 所以我们可以确认，俄罗斯联邦中央选举委员会在其官网所公布的相关政党选举支出报表是得到俄官方确认的数据。

三、俄罗斯各政党在第七届国家杜马选举中的选举财政情况

目前俄罗斯司法部注册的政党有 75 个。② 在第七届俄罗斯国家杜马选举中总共有 14 个政党参加选举。他们是："统一俄罗斯"党、俄罗斯联邦共产党、自由民主党、公正俄罗斯党、祖国党、公民纲领党、"苹果"党（国内又称亚博卢集团）、增长党（正义事业党）、俄罗斯人民自由党、俄罗斯共产主义者共产党、俄罗斯爱国者党、全民公民力量党、俄罗斯支持正义退休者党和俄罗斯绿色环境党。③

本节的考察对象为上述 14 个政党。从俄罗斯联邦中央选举委员会官网公布的这 14 个政党交给俄罗斯联邦中央选举委员会的选举财政状况报表中，我们可以看到各政党 2016 年参加第七届国家杜马选举的财政情况。

（一）"统一俄罗斯"党参加第七届国家杜马选举的财政情况

"统一俄罗斯"党成立于 2001 年 12 月 1 日，由统一党、祖国党和全俄罗斯党三党合并而来。目前该党是俄罗斯最大政党，扮演着"政权党"的角色。中派主义、保守主义、国家主义是其价值取向。该党现任

---

① 俄罗斯国家中央选举会官网公布的《俄罗斯政党法》链接 http：//pravo. gov. ru/proxy/ips/？ docbody = &nd = 102071991 2017 年 2 月 16 日查看。
② 俄罗斯司法部官网 http：//minjust. ru/ru/nko/gosreg/partii/spisok 2016 年 9 月 10 日查看。
③ 俄罗斯中央选举委员会官网公布的参加第七届俄罗斯国家杜马选举的政党名单 http：//www. cikrf. ru/politparty/spisok/polit_part_2016. jpg 2016 年 9 月 10 日查看。

主席是梅德韦杰夫。从"统一俄罗斯"党的选举财政的报表当中，首先我们可以看到，为了参加 2016 年 9 月 18 日的第七届国家杜马选举，"统一俄罗斯"党专门组织了选举基金，这一基金的总数是 539001000 卢布。①

具体来说，这一基金的构成是：来自"统一俄罗斯"党中央、地方分部、政党推出的参选候选人的专门选举资金是 2.5 亿卢布，支持该党的公民自愿捐献 1 千卢布，支持该党的法人自愿捐献 2.89 亿卢布②，这些捐献都符合法律。

在本次选举中，"统一俄罗斯"党的实际支出是 471298150 卢布。③具体来说，这些支出包括：通过电视台的选前宣传支出是 287161574 卢布 68 戈比，选举前出版定期印刷品的支出是 14459960 卢布 90 戈比，分发印刷宣传品支出是 141434873 卢布 26 戈比，进行群众活动支出是 490220 卢布 60 戈比，支付信息和咨询费是 3250 卢布，选举过程中依据合同支付法人或公民劳动费用是 2719 1611 卢布 82 戈比，与选举相关的其他活动的支出是 556658 卢布 74 戈比。④

扣除退还公民捐献的 1000 卢布以及在选举过程中的实际支出，本次选举结束后，"统一俄罗斯"党选举基金还剩余 67701850 卢布。⑤

（二）俄罗斯联邦共产党参加第七届国家杜马选举的财政情况

俄罗斯联邦共产党是俄罗斯最大的、最有影响的左翼政党。21 世纪社会主义、共产主义、马克思列宁主义、反资本主义、反法西斯主义、爱国主义是其价值取向。该党现任领导人是久加诺夫。从俄罗斯联邦共产党的选举财政报表中，首先我们可以看到，为了参加 2016 年 9 月 18 日的第七届国家杜马选举，俄罗斯联邦共产党也组织了选举基金，这一

---

① 俄罗斯中央选举委员会官网公布的"统一俄罗斯"党参加第七届国家杜马选举的财政报表 http://www.cikrf.ru/analog/vib_d16/finance/otchet/EP.PDF 2017 年 3 月 11 日查看。
② 同上。
③ 同上。
④ 同上。
⑤ 同上。

基金的总数是 1.762 亿卢布。① 这一基金全部来自于该政党的党中央、地方分部、政党推出的参选候选人的专门选举资金。这和"统一俄罗斯"党有法人自愿捐献截然不同。

在本次选举中,俄罗斯联邦共产党的实际支出是 1.762 亿卢布。② 也就是说本次选举结束后,俄罗斯联邦共产党选举基金没有剩余。具体来说,这些支出包括:通过电视台的选前宣传支出 35421494 卢布,选举前出版定期印刷品的支出是 1715600 卢布,分发印刷宣传品支出是 136890352 卢布 29 戈比,进行群众活动支出是 1419500 卢布,支付信息和咨询费 3250 卢布,选举过程中依据合同支付法人或公民劳动费用 749803 卢布 71 戈比。③

(三) 自由民主党参加第七届国家杜马选举的财政情况

自由民主党是俄罗斯政坛著名人物日里诺夫斯基创立的以民族主义、爱国主义为取向的政党。从自由民主党的选举财政的报表中,首先我们可以看到,为了参加 2016 年 9 月 18 日的第七届国家杜马选举,自由民主党同样专门组织了选举基金,这一基金的总数是 663115000 卢布。④

具体来说,这一基金的构成是:来自自由民主党党中央、地方分部、政党推出的参选候选人的专门选举资金是 3.5 亿卢布,支持该党的公民自愿捐献 3200 万卢布,支持该党的法人自愿捐献 281115000 卢布⑤,这些捐献都符合法律。

在本次选举中,自由民主党的实际支出是 663115000 卢布。⑥ 也就是说本次选举结束后,自由民主党选举基金也没有剩余。具体来说,这

---

① 俄罗斯中央选举委员会官网公布的俄罗斯联邦共产党参加第七届国家杜马选举的财政报表 http://www.cikrf.ru/analog/vib_d16/finance/otchet/kprf-n.PDF 2017 年 3 月 16 日查看。
② 同上。
③ 同上。
④ 同上。
⑤ 同上。
⑥ 同上。

些支出包括：通过电视台的选前宣传支出是 182851146 卢布 33 戈比，选举前出版定期印刷品的支出是 23302500 卢布，分发印刷宣传品支出是 450693290 卢布 32 戈比，进行群众活动支出是 6247195 卢布 40 戈比，支付信息和咨询费是 2260 卢布，选举过程中依据合同支付法人或公民劳动费用是 0 卢布，与选举相关的其他活动的支出是 18607 卢布 95 戈比。①

（四）公正俄罗斯党参加第七届国家杜马选举的财政情况

公正俄罗斯党成立于 2006 年 10 月 28 日，以 21 世纪社会主义、社会民主主义为价值取向。现任领导人是米罗诺夫。从公正俄罗斯党的选举财政的报表中，我们可以看到，为了参加 2016 年 9 月 18 日的第七届国家杜马选举，公正俄罗斯党同样专门组织了选举基金，这一基金的总数是 432243038 卢布。②

具体来说，这一基金的构成是：来自公正俄罗斯党党中央、地方分部、政党推出的参选候选人的专门选举资金是 246557500 卢布，支持该党的公民自愿捐献 6352538 卢布，支持该党的法人自愿捐献 179233000 卢布，③ 这些捐献都符合法律。

在本次选举中，公正俄罗斯党的实际支出是 432243038 卢布。④ 也就是说本次选举结束后，公正俄罗斯党选举基金也没有剩余。具体来说，这些支出包括：通过电视台的选前宣传支出是 65664946 卢布，选举前出版定期印刷品的支出是 13891800 卢布，分发印刷宣传品支出是 82477076 卢布 24 戈比，进行群众活动支出是 5 万卢布，支付信息和咨询费是 248136212 卢布 81 戈比，选举过程中依据合同支付法人或公民劳动费用是 22023002 卢布 95 戈比，与选举相关的其他活动的支出

---

① 俄罗斯中央选举委员会官网公布的俄罗斯自由民主党参加第七届国家杜马选举的财政报表 http://www.cikrf.ru/analog/vib_d16/finance/otchet/ldpr.PDF 2017 年 3 月 20 日查看。

② 俄罗斯中央选举委员会官网公布的公正俄罗斯参加第七届国家杜马选举的财政报表 http://www.cikrf.ru/analog/vib_d16/finance/otchet/sr.PDF 2017 年 3 月 24 日查看。

③ 同上。

④ 同上。

是 0 卢布。①

(五) 祖国党参加第七届国家杜马选举的财政情况

祖国党是有着民族主义和保守主义倾向的政党，现任领导人是茹拉夫廖夫。最早在 2003 年 9 月 14 日成立，后又在 2012 年 9 月 29 日重建。从祖国党的选举财政的报表中，首先我们可以看到，为了参加 2016 年 9 月 18 日的第七届国家杜马选举，祖国党也专门组织了选举基金，这一基金的总数是 12304530 卢布。② 但是由于该党获得的部分捐款和法律条文相抵触，所以，实际上形成的政党选举基金是 11255310 卢布。③

具体来说，这一基金的构成是：来自祖国党党中央、地方分部、政党推出的参选候选人的专门选举资金是 7670000 卢布，支持该党的公民自愿捐献符合法律的是 3194590 卢布，支持该党的法人自愿捐献符合法律的是 390720 卢布，公民和法人自愿捐赠中不符合上述法律规定的是 1049220 卢布，这些不符合法律规定的捐赠以及之外的 400 卢布被返回。④

在本次选举中，祖国党的实际支出是 11254910 卢布。⑤ 具体来说，这些支出包括：通过电视台的选前宣传支出是 6868122 卢布，选举前出版定期印刷品的支出是 22500 卢布，分发印刷宣传品支出是 3316041 卢布，进行群众活动支出是 150000 卢布，支付信息和咨询费是 2250 卢布，选举过程中依据合同支付法人或公民劳动费用是 646026 卢布 31 戈比，与选举相关的其他活动的支出是 249960 卢布 69 戈比。⑥ 该党的选举基金最后没有剩余。

---

① 俄罗斯中央选举委员会官网公布的公正俄罗斯参加第七届国家杜马选举的财政报表 http://www.cikrf.ru/analog/vib_d16/finance/otchet/sr. PDF 2017 年 3 月 24 日查看。
② 俄罗斯中央选举委员会官网公布的祖国党参加第七届国家杜马选举的财政报表 http://www.cikrf.ru/analog/vib_d16/finance/otchet/rodina. PDF 2017 年 3 月 27 日查看。
③ 同上。
④ 同上。
⑤ 同上。
⑥ 同上。

（六）公民纲领党参加第七届国家杜马选举的财政情况

公民纲领党成立于 2012 年 6 月 4 日，创始人是普罗霍罗夫，以保守主义、经济自由主义为价值取向。现任领导人是沙伊胡特迪诺夫。从公民纲领党的选举财政的报表中，首先我们可以看到，为了参加 2016 年 9 月 18 日的第七届国家杜马选举，公民纲领也专门组织了选举基金，这一基金的总数是 1393 万卢布。① 该党没有获得任何捐赠，但该党最后仍从选举基金退回 160219 卢布 47 戈比，所以实际上形成的政党选举基金是 13769780 卢布 53 戈比。②

具体来说，这一选举基金全部来自公民纲领党党中央、地方分部、政党推出的参选候选人的专门选举资金。在本次选举中，公民纲领党的实际支出是 13769780 卢布 53 戈比。③ 具体来说，这些支出包括：通过电视台的选前宣传支出是 0 卢布，选举前出版定期印刷品的支出是 0 卢布，分发印刷宣传品支出是 13406233 卢布 33 戈比，进行群众活动支出是 75945 卢布，支付信息和咨询费是 17260 卢布，选举过程中依据合同支付法人或公民劳动费用是 163492 卢布 20 戈比，与选举相关的其他活动的支出是 106850 卢布。④ 该党的选举基金最后没有剩余。

（七）"苹果"党参加第七届国家杜马选举的财政情况

"苹果"党是有着自由主义价值倾向的俄罗斯政党，前身是 1993 年成立的亚博卢集团，现任领导人是斯拉布诺娃。从苹果党的选举财政的报表当中，首先我们可以看到，为了参加 2016 年 9 月 18 日的第七届国家杜马选举，苹果党也专门组织了选举基金，这一基金的总数是 432168000 卢布。⑤ 但是由于该党获得的部分捐款和上述法律条文相抵

---

① 俄罗斯中央选举委员会官网公布的公民纲领党参加第七届国家杜马选举的财政报表 http://www.cikrf.ru/analog/vib_d16/finance/otchet/gp.PDF 2017 年 3 月 29 日查看。
② 同上。
③ 同上。
④ 同上。
⑤ 俄罗斯中央选举委员会官网公布的苹果党参加第七届国家杜马选举的财政报表 http://www.cikrf.ru/analog/vib_d16/finance/otchet/yabloko.PDF 2017 年 3 月 29 日查看。

触，所以，实际上形成的政党选举基金是 364368000 卢布。①

具体来说，这一基金的构成是：来自苹果党党中央、地方分部、政党推出的参选候选人的专门选举资金是 235600000 卢布，支持该党的公民自愿捐献符合法律的是 6226000 卢布，支持该党的法人自愿捐献符合法律规定的是 125542000 卢布，公民和法人自愿捐赠中不符合上述法律规定的是 678 万卢布，这些不符合法律规定的捐赠被返回。②

在本次选举中，"苹果"党的实际支出是 364368000 卢布。③ 具体来说，这些支出包括：通过电视台的选前宣传支出是 132804070 卢布 27 戈比，选举前出版定期印刷品的支出是 3039275 卢布 48 戈比，分发印刷宣传品支出是 114227195 卢布 21 戈比，进行群众活动支出是 3039275 卢布 48 戈比，支付信息和咨询费是 1449930 卢布，选举过程中依据合同支付法人或公民劳动费用是 9464745 卢布 78 戈比，与选举相关的其他活动的支出是 918436 卢布 72 戈比。④

"苹果"党的选举基金最后没有剩余。

（八）增长党参加第七届国家杜马选举的财政情况

增长党领导人是季托夫。前身是俄罗斯政坛的右翼事业党，经改组后在 2016 年 3 月 26 日成立，是有着自由保守主义倾向的俄罗斯政党。从增长党的选举财政的报表中，首先我们可以看到，为了参加 2016 年 9 月 18 日的第七届国家杜马选举，增长党也专门组织了选举基金，这一基金的总数是 269189235 卢布。⑤ 但是由于该党获得的部分捐款和法律条文相抵触，所以，实际上形成的政党选举基金是 244647185 卢布。⑥

---

① 俄罗斯中央选举委员会官网公布的苹果党参加第七届国家杜马选举的财政报表 http://www.cikrf.ru/analog/vib_d16/finance/otchet/yabloko.PDF 2017 年 3 月 29 日查看。
② 同上。
③ 同上。
④ 同上。
⑤ 俄罗斯中央选举委员会官网公布的增长党参加第七届国家杜马选举的财政报表 http://www.cikrf.ru/analog/vib_d16/finance/otchet/prosta.PDF 2017 年 3 月 31 日查看。
⑥ 同上。

具体来说，这一基金的构成是：来自增长党党中央、地方分部、政党推出的参选候选人的专门选举资金是 230800000 卢布，支持该党的公民自愿捐献 2915535 卢布，支持该党的法人自愿捐献符合法律规定的是 10932000 卢布，公民和法人自愿捐赠中不符合上述法律规定的是 24541700 卢布，这些不符合法律规定的捐赠以及之外的 350 卢布共计 24542050 卢布被返回。①

在本次选举中，增长党的实际支出是 244647185 卢布。② 具体来说，这些支出包括：通过电视台的选前宣传支出是 85605092 卢布，选举前出版定期印刷品的支出是 458019 卢布 63 戈比，分发印刷宣传品支出是 80786537 卢布 44 戈比，进行群众活动支出是 2826419 卢布，支付信息和咨询费是 6186007 卢布，选举过程中依据合同支付法人或公民劳动费用是 66492221 卢布 83 戈比，与选举相关的其他活动的支出是 2292887 卢布 30 戈比。③

增长党的选举基金最后没有剩余。

（九）俄罗斯人民自由党参加第七届国家杜马选举的财政情况

俄罗斯人民自由党的领导人是俄罗斯前总理卡西亚诺夫。该党在 1991 年 3 月 14 日就已登记成立。该党是反对俄罗斯现政权的政党，其价值观取向是自由主义和宪政主义。从俄罗斯人民自由党的选举财政的报表中，首先我们可以看到，为了参加第七届国家杜马选举，俄罗斯人民自由党也专门组织了选举基金，这一基金的总数是 37007080 卢布。④ 但是由于该党获得的部分捐款和法律条文相抵触，所以，实际上形成的

---

① 俄罗斯中央选举委员会官网公布的增长党参加第七届国家杜马选举的财政报表 http: //www.cikrf.ru/analog/vib_d16/finance/otchet/prosta. PDF 2017 年 3 月 31 日查看。
② 同上。
③ 同上。
④ 俄罗斯中央选举委员会官网公布的人民自由党参加第七届国家杜马选举的财政报表 http: //www.cikrf.ru/analog/vib_d16/finance/otchet/parnas. PDF 2017 年 3 月 31 日查看。

政党选举基金是 35486680 卢布。①

具体来说，这一基金的构成是：来自俄罗斯人民自由党党中央、地方分部、政党推出的参选候选人的专门选举资金是 3481 万卢布，支持该党的公民自愿捐献符合法律的是 676680 卢布，支持该党的法人自愿捐献为 0 卢布，公民自愿捐赠中不符合法律规定的是 1520400 卢布，这些不符合法律规定的捐赠和剩余基金 370225 卢布 47 戈比被返回。②

在本次选举中，俄罗斯人民自由党的实际支出是 3511 万 6454 卢布 53 戈比。③ 具体来说，这些支出包括：通过电视台的选前宣传支出是 24 万 7280 卢布，选举前出版定期印刷品的支出是 0 卢布，分发印刷宣传品支出是 3345 万 1955 卢布 99 戈比，进行群众活动支出是 13 万 4400 卢布，支付信息和咨询费是 1640 卢布，选举过程中依据合同支付法人或公民劳动费用是 109 万 8600 卢布，与选举相关的其他活动的支出是 18 万 2578 卢布 54 戈比。④

该党的选举基金最后没有剩余。

（十）俄罗斯共产主义者共产党参加第七届国家杜马选举的财政情况

俄罗斯共产主义者共产党是从俄罗斯联邦共产党内部分裂后成立的俄罗斯左翼政党。该党的创立日是 2012 年 4 月 22 日，领导人是苏来金。社会主义、共产主义、马克思列宁主义是其价值取向。从俄罗斯共产党人党的选举财政的报表中，首先我们可以看到，为了参加 2016 年 9 月 18 日的第七届国家杜马选举，俄罗斯共产党人党也专门组织了选举基

---

① 俄罗斯中央选举委员会官网公布的人民自由党参加第七届国家杜马选举的财政报表 http://www.cikrf.ru/analog/vib_d16/finance/otchet/parnas. PDF 2017 年 3 月 31 日查看。
② 同上。
③ 同上。
④ 同上。

金，这一基金的总数是 4960000 卢布。① 但是由于该党获得的部分捐款和上述法律条文相抵触，所以，实际上形成的政党选举基金是 4850000 卢布。②

具体来说，这一基金的构成是：来自俄罗斯共产党人党党中央、地方分部、政党推出的参选候选人的专门选举资金是 3500000 卢布，支持该党的公民自愿捐献符合法律的是 1350000 卢布，支持该党的法人自愿捐献 0 卢布，公民自愿捐赠中不符合法律规定的是 110000 卢布，这些不符合法律规定的捐赠被返回。③

在本次选举中，俄罗斯共产主义者共产党的实际支出是 485 万卢布。④ 具体来说，这些支出包括：通过电视台的选前宣传支出是 981033 卢布 31 戈比，选举前出版定期印刷品的支出是 0 卢布，分发印刷宣传品支出是 330 万 4496 卢布，进行群众活动支出是 94400 卢布，支付信息和咨询费是 2907 卢布 85 戈比，选举过程中依据合同支付法人或公民劳动费用是 467162 卢布 84 戈比，与选举相关的其他活动的支出是 0 卢布。⑤

俄罗斯共产主义者共产党的选举基金最后没有剩余。

（十一）俄罗斯爱国者党参加第七届国家杜马选举的财政情况

俄罗斯爱国者党是有着民族社会主义、集体主义倾向的俄罗斯政党，创立于 2005 年 4 月 20 日，领导人是谢米金。从俄罗斯爱国者党的选举财政的报表中，首先我们可以看到，为了参加 2016 年 9 月 18 日的第七届国家杜马选举，俄罗斯爱国者党也专门组织了选举基金，这一基

---

① 俄罗斯中央选举委员会官网公布的俄罗斯共产党人党参加第七届国家杜马选举的财政报表 http://www.cikrf.ru/analog/vib_d16/finance/otchet/kprf-n.PDF 2017 年 3 月 31 日查看。
② 同上。
③ 同上。
④ 同上。
⑤ 同上。

金的总数是 2428000 卢布。① 但是由于该党获得的部分捐款和上述法律条文相抵触，所以，实际上形成的政党选举基金是 2378000 卢布。②

具体来说，这一基金的构成是：来自俄罗斯爱国者党党中央、地方分部、政党推出的参选候选人的专门选举资金是 1640000 卢布，支持该党的公民自愿捐献符合法律的是 7308000 卢布，支持该党的法人自愿捐献 0 卢布，公民和法人自愿捐赠中不符合上述法律规定的是 5 万卢布，这些不符合法律规定的捐赠被返回。③

在本次选举中，俄罗斯爱国者党的实际支出是 2378000 卢布。④ 具体来说，这些支出包括：通过电视台的选前宣传支出是 518236 卢布 87 戈比，选举前出版定期印刷品的支出是 358000 卢布，分发印刷宣传品支出是 1320220 卢布 32 戈比，进行群众活动支出是 0 卢布，支付信息和咨询费是 0 卢布，选举过程中依据合同支付法人或公民劳动费用是 181542 卢布 81 戈比，与选举相关的其他活动的支出是 0 卢布。⑤

该党的选举基金最后也没有剩余。

（十二）全民公民力量党参加第七届国家杜马选举的财政情况

全民公民力量党是新兴的俄罗斯政党。自由主义是其价值取向、代表中小商业者利益，成立于 2007 年。从全民公民力量党的选举财政的报表中，首先我们可以看到，为了参加 2016 年 9 月 18 日的第七届国家杜马选举，全民公民力量党也专门组织了选举基金，这一基金的总数是 388800 卢布，实际上形成的政党选举基金是 388800 卢布。⑥

具体来说，这一基金的构成是：来自全民公民力量党党中央、地方

---

① 俄罗斯中央选举委员会官网公布的俄罗斯爱国者党参加第七届国家杜马选举的财政报表 http://www.cikrf.ru/analog/vib_d16/finance/otchet/pr.PDF 2017 年 4 月 2 日查看。
② 同上。
③ 同上。
④ 同上。
⑤ 同上。
⑥ 俄罗斯中央选举委员会官网公布的公民力量党参加第七届国家杜马选举的财政报表 http://www.cikrf.ru/analog/vib_d16/finance/otchet/gpower.PDF 2017 年 4 月 2 日查看。

分部、政党推出的参选候选人的专门选举资金是 0 卢布，支持该党的公民自愿捐献符合法律的是 388000 卢布，支持该党的法人自愿捐献 0 卢布。①

在本次选举中，全民公民力量党的实际支出是 388490 卢布。② 具体来说，这些支出包括：通过电视台的选前宣传支出是 0 卢布，选举前出版定期印刷品的支出是 0 卢布，分发印刷宣传品支出是 385240 卢布，进行群众活动支出是 0 卢布，支付信息和咨询费是 3250 卢布，选举过程中依据合同支付法人或公民劳动费用是 0 卢布，与选举相关的其他活动的支出是 0 卢布，剩余 310 卢布。③

（十三）俄罗斯支持正义退休者党参加第七届国家杜马选举的财政情况

俄罗斯支持正义退休者党其价值取向是社会保守主义。前身是 1997 年成立的退休者党，从俄罗斯支持正义退休者党的选举财政的报表中，首先我们可以看到，为了参加 2016 年 9 月 18 日的第七届国家杜马选举，俄罗斯支持正义退休者党也专门组织了选举基金，这一基金的总数是 4092122 卢布 73 戈比。④ 但是由于该党获得的部分捐款和法律条文相抵触，所以，实际上形成的政党选举基金是 3942122 卢布 73 戈比。⑤

具体来说，这一基金的构成是：来自俄罗斯支持正义退休者党中央、地方分部、政党推出的参选候选人的专门选举资金是 0 卢布，支持该党的公民自愿捐献符合法律的是 1046798 卢布 50 戈比，支持该党的法人自愿捐献符合法律规定的是 2895324 卢布 23 戈比，公民和法人自愿捐

---

① 俄罗斯中央选举委员会官网公布的公民力量党参加第七届国家杜马选举的财政报表 http://www.cikrf.ru/analog/vib_d16/finance/otchet/gpower.PDF 2017 年 4 月 2 日查看。
② 同上。
③ 同上。
④ 俄罗斯中央选举委员会官网公布的俄罗斯支持正义退休者党参加第七届国家杜马选举的财政报表 http://www.cikrf.ru/analog/vib_d16/finance/otchet/rpps.PDF 2017 年 4 月 2 日查看。
⑤ 同上。

赠中不符合上述法律规定的是150000卢布,这些不符合法律规定的捐赠和选举基金部分剩余被返回。①

在本次选举中,俄罗斯支持正义退休者党的实际支出是3661356卢布86戈比。② 具体来说,这些支出包括:通过电视台的选前宣传支出是623098卢布10戈比,选举前出版定期印刷品的支出是44298卢布50戈比,分发印刷宣传品支出是2512256卢布62戈比,进行群众活动支出是1605000卢布,支付信息和咨询费是2260卢布,选举过程中依据合同支付法人或公民劳动费用是1607270卢布,与选举相关的其他活动的支出是1407173卢布64戈比,俄罗斯支持正义退休者党的选举基金在返还后最后还剩余765卢布87戈比。③

(十四)俄罗斯绿色环境党参加第七届国家杜马选举的财政情况

俄罗斯绿色环境党是以中派主义、绿色政治为宗旨的俄罗斯政党。前身是1993年成立的雪松运动。从俄罗斯绿色环境党的选举财政的报表中,首先我们可以看到,为了参加2016年9月18日的第七届国家杜马选举,俄罗斯绿色环境党也专门组织了选举基金,这一基金的总数是2322672卢布。④ 但是由于该党获得的部分捐款和法律条文相抵触,所以,实际上形成的政党选举基金是2280172卢布。⑤

具体来说,这一基金的构成是:来自俄罗斯绿色环境党党中央、地方分部、政党推出的参选候选人的专门选举资金是872000卢布,支持该党的公民自愿捐献符合法律的是972000卢布,支持该党的法人自愿

---

① 俄罗斯中央选举委员会官网公布的俄罗斯支持正义退休者党参加第七届国家杜马选举的财政报表 http://www.cikrf.ru/analog/vib_d16/finance/otchet/rpps.PDF 2017年4月2日查看。
② 同上。
③ 同上。
④ 俄罗斯中央选举委员会官网公布的俄罗斯绿色环境党参加第七届国家杜马选举的财政报表 http://www.cikrf.ru/analog/vib_d16/finance/otchet/zelenie.PDF 2017年4月2日查看。
⑤ 同上。

捐献 436172 卢布、但是公民和法人自愿捐赠中不符合上述法律规定的是 42500 卢布，这些不符合法律规定的捐赠还有剩余基金共 471295 卢布被返回。①

在本次选举中，俄罗斯绿色环境党的实际支出是 1808877 卢布。②具体来说，这些支出包括：通过电视台的选前宣传支出是 0 卢布，选举前出版定期印刷品的支出是 48850 卢布，分发印刷宣传品支出是 1324327 卢布，进行群众活动支出是 265000 卢布，支付信息和咨询费是 2600 卢布，选举过程中依据合同支付法人或公民劳动费用是 142000 卢布，与选举相关的其他活动的支出是 26400 卢布。③

俄罗斯绿色环境党的选举基金最后也没有剩余。

四、俄罗斯各政党在第七届国家杜马选举中的选举财政情况比较研究及结果

我们现在对 14 个参加了国家杜马选举中的俄罗斯政党的财政情况的相关问题进行比较研究。

首先进行比较的是各政党筹集的选举基金的数量问题。按照《政党法》的相关规定：政党选举基金所有经费最高不超过 7 亿卢布。政党的自有资金不可超过选举基金限额的 50%，也就是 3.5 亿卢布。

此次选举俄罗斯各政党的筹集选举基金总数和选举财政支出，根据以上数据，我们可以作出以下排列：排名第一是自由民主党筹集 663115000 卢布、支出 663115000 卢布。其次是"统一俄罗斯"党筹集 539001000 卢布、支出 471298150 卢布。第三是公正俄罗斯党筹集 432243038 卢布、支出 432243038 卢布。排名第四的是"苹果"党筹集 364368000 卢布、支出 364368000 卢布。增长党排名第五筹集 244647185

---

① 俄罗斯中央选举委员会官网公布的俄罗斯绿色环境党参加第七届国家杜马选举的财政报表 http://www.cikrf.ru/analog/vib_d16/finance/otchet/zelenie.PDF 2017 年 4 月 2 日查看。
② 同上。
③ 同上。

卢布、支出 244647185 卢布。俄罗斯联邦共产党排名第六筹集 176200000 卢布、支出 176200000 卢布。俄罗斯人民自由党排名第七筹集 35486680 卢布、支出 35116454 卢布 53 戈比。公民纲领党排名第八筹集 13930000 卢布、支出 13769780 卢布 53 戈比。祖国党排名第九筹集 11255310 卢布、支出 11254910 卢布。第十名俄罗斯共产主义者共产党筹集 4850000 卢布、支出 4850000 卢布。第十一名俄罗斯支持正义退休者党筹集 3942122 卢布 73 戈比、支出 3661356 卢布 86 戈比。第十二名俄罗斯爱国者党筹集 2378000 卢布、支出 2378000 卢布。第十三名俄罗斯绿色环境党筹集 2280272 卢布、支出 1808877 卢布。排名最后的全民公民力量党的筹集 388800 卢布、支出 388490 卢布。

筹集选举基金越多，意味着筹集的能力越强。我们原来一直猜想，"统一俄罗斯"党筹集选举基金的能力是最强的。结果不是这样，俄罗斯自由民主党筹集选举基金的能力才是最强的。但自由民主党在本次选举中所获选票不是最多，这就说明政党选举财政并不是影响本次选举结果的最重要的变量因素。

本研究的第一个初步结论是：政党选举财政因素并不是影响俄罗斯第七届国家杜马选举结果的最重要的变量和因素。俄罗斯自由民主党的选举基金筹集能力远高于其他政党，在本次选举中最强。

其次是获得国家杜马每个席位的支出问题。在第七届国家杜马选举中，自由民主党获得了 39 个席位、"统一俄罗斯"党获得了 342 个席位、公正俄罗斯党获得了 23 个席位、俄罗斯联邦共产党获得了 42 个席位。祖国党和公民纲领党各获一个席位。

用各政党在选举中的支出除以获得席位之比，我们可以得出以下的结果："统一俄罗斯"党在国家杜马选举中每个席位的花费是 1378065 卢布（四舍五入到个位，下同），俄罗斯联邦共产党每个席位的花费是 4195238 卢布，自由民主党每个席位的花费是 17002949 卢布，公正俄罗斯党每个席位的花费是 18801871 卢布。祖国党每个席位的花费是 11254910 卢布。公民纲领党每个席位的花费是 13769780 卢布 53 戈比。

获得每个席位的支出从高到低的排列是公正俄罗斯党、自由民主党、公民纲领党、祖国党、俄罗斯联邦共产党、"统一俄罗斯"党。而选举花费超过3亿卢布的"苹果"党、超过2亿卢布的增长党、超过3500万卢布的人民自由党没有跨过选举门槛，也没有在单席位选区获胜，这说明这些党的政治价值观和影响正在减弱，没有获得相应支持。这再次证明第七届俄罗斯国家杜马选举的结果和各政党选举基金的开支的多少没有直接的因果关系。这也反证获得国家杜马每个席位选举支出最少的"统一俄罗斯"党和俄罗斯联邦共产党在全体选民中影响力最大。

本研究的第二个初步结论是："统一俄罗斯"党、俄罗斯联邦共产党是俄罗斯政党中目前最有影响力的政党。"统一俄罗斯"党的中派主义和国家主义价值观是当代俄罗斯最有影响的价值观，接下来是俄罗斯联邦共产党21世纪社会主义和共产主义价值观。自由民主党此次所获选票和俄罗斯联邦共产党很接近，这说明自由民主党的民族主义和爱国主义价值观在当下的俄罗斯正在成为另一个有影响的价值观，并有超越俄罗斯联邦共产党21世纪社会主义和共产主义价值观的趋势。

第三是政党的每张选票的支出问题。在本次选举中"统一俄罗斯"党共获得28527828票、俄罗斯联邦共产党7019752票、自由民主党6917063票、公正俄罗斯党3275053票、俄罗斯共产主义者共产党1192595票、"苹果"党1051335票、俄罗斯支持正义退休者党910848票、祖国党792226票、增长党（正义事业党）679030票、俄罗斯绿色环境党399429票、俄罗斯人民自由党384675票、俄罗斯爱国者党310015票、公民纲领党115433票、全民公民力量党73971票。[①] 用各政党在选举中的支出除以获得票数之比，我们可以得出以下的结果：增长

---

① 俄罗斯中央选举委员会官网公布的第七届国家杜马选举的选票结果 http：//www.vybory.izbirkom.ru/region/region/izbirkom？action = show&root = 1&tvd = 100100067795854&vrn = 100100067795849&region = 0&global = 1&sub_region = 0&prver = 0&pronetvd = 0&vibid = 100100067795854&type = 242 2016 年 9 月 30 日查看。

党每票360.29卢布（四舍五入到百分位，下同）、"苹果"党346.58卢布、公正俄罗斯党131.98卢布、公民纲领党119.29卢布、自由民主党95.87卢布、俄罗斯人民自由党91.29卢布、俄罗斯联邦共产党25.10卢布、"统一俄罗斯"党每票16.52卢布、公民纲领党每票14.21卢布、全民公民力量党5.25卢布、俄罗斯绿色环境党4.53卢布、俄罗斯共产主义者共产党每票4.07卢布、俄罗斯支持正义退休者党4.02卢布、俄罗斯爱国者党3.00卢布。

从以上的结果可以看出，单张选票平均支出花费最多的政党都没能进入到国家杜马中，例如增长党、"苹果"党。这表明能否获得选民的支持，金钱不是最主要的因素，最主要的因素是价值观，也就是意识形态。

俄罗斯联邦共产党等8个政党的单张票数花费低于26卢布，这8个政党中的俄罗斯联邦共产党、"统一俄罗斯"党和公民纲领党，都在国家杜马获得席位。

本研究的第三个初步结论：在进入到本届国家杜马中的四个大的政党中，"统一俄罗斯"党和俄罗斯联邦共产党这两个党要比自由民主党、公正俄罗斯党这两个党有更多的选举竞争力。

第四是各政党选举基金与法人捐赠（资本）的关系问题。在参加选举的14个政党的选举基金中，"统一俄罗斯"党法人自愿捐献289000000卢布，这些款项全部符合法律规定。自由民主党获得法人自愿捐献281115000卢布，这些款项全部符合法律规定。公正俄罗斯党获得法人自愿捐献179233000卢布，这些款项全部符合法律规定。祖国党获得的法人自愿捐献符合法律的是390720卢布。"苹果"党获得的符合法律规定的法人自愿捐献是125542000卢布。支持增长党的法人自愿捐献符合法律规定的是10932000卢布。支持俄罗斯支持正义退休者党的法人自愿捐献符合法律规定的是2895324卢布23戈比。支持俄罗斯绿色环境党的法人自愿捐献符合法律规定的是436172卢布。其余的政党包括俄罗斯联邦共产党没有获得法人的捐赠。

将获得法人合法捐赠的政党所获捐赠的数目多少排名如下：（1）"统一俄罗斯"党；（2）自由民主党；（3）公正俄罗斯党；（4）"苹果"党；（5）增长党；（6）俄罗斯支持正义退休者党；（7）俄罗斯绿色环境党；（8）祖国党。其中获得法人合法捐赠超1亿卢布的是"统一俄罗斯"党、自由民主党、公正俄罗斯党、"苹果"党，过千万卢布的是增长党。

从以上的排名可以看出，在俄罗斯第七届国家杜马选举中，有8个政党选举基金存在着政治献金问题。其中，政治献金超过1亿卢布的4个政党和资本有着直接联系，而献金过千万卢布的增长党也和资本有着千丝万缕的联系。虽然这些政党获得的法人捐赠都是合法的，但是资本必然会在一定程度上影响这些政党的运作。由于这些法人的名字和具体捐赠数额还没有公开，所以目前我们还不能够具体研究在这次选举中当代俄罗斯资本和政党的关系。而进入到国家杜马中的俄罗斯联邦共产党、公民纲领党，没有获得任何法人的任何直接捐赠。这表明在这次选举中他们和资本不存在直接关系。

本研究的第四个初步结论是：在本次国家杜马选举中，俄罗斯国家杜马当中的四个主要政党除俄罗斯联邦共产党之外，都存在直接的政治献金问题，当然这些政治献金在俄罗斯是合法的。"统一俄罗斯"党、自由民主党、公正俄罗斯党等俄罗斯主要政党和资本都存在直接联系。这种政党和资本的关系问题还需要进一步研究。俄罗斯联邦共产党不存在直接政治献金问题，在本次选举中和资本不存在直接联系。

第五是各政党宣传支出对选举的影响。各参加选举的政党的选举基金中开支最大的部分就是选前宣传。但由于各个政党的情况不一样，他们在宣传中的开支也不一样，为了便于比较我们就把参选政党普遍要进行的电视选举宣传开支和分发印刷宣传品开支作为比较对象。

根据以上各政党的2016年选举财政报表，"统一俄罗斯"党电视选举宣传开支是287161574卢布68戈比、分发印刷宣传品支出是141434873卢布26戈比。俄罗斯联邦共产党电视选举宣传开支是35421494卢布、分发印刷宣传品支出是 13689352 卢布 29 戈比。公正俄罗斯党电视选举宣传开支是 65664946 卢布、分发印刷宣传品支出是 82477076 卢布 24 戈比。自由民主党电视选举宣传开支是 182851146 卢布 33 戈比、分发印刷宣传品支出是 450693290 卢布 32 戈比。"苹果"党电视选举宣传开支是 132804070 卢布 27 戈比、分发印刷宣传品支出是 114227195 卢布 21 戈比。增长党电视选举宣传开支是 85605092 卢布、分发印刷宣传品支出是 80786537 卢布 44 戈比。祖国党电视选举宣传开支是 6868122 卢布、分发印刷宣传品支出是 3316041 卢布。公民纲领党电视选举宣传开支是 0 卢布、分发印刷宣传品支出是 13406233 卢布 33 戈比。俄罗斯人民自由党电视选举宣传开支是 247280 卢布、分发印刷宣传品支出是 33451955 卢布 99 戈比。俄罗斯共产主义者共产党电视选举宣传开支是 981033 卢布 31 戈比、分发印刷宣传品支出是 3304496 卢布。俄罗斯爱国者党电视选举宣传开支是 518236 卢布 87 戈比、分发印刷宣传品支出是 1320220 卢布 32 戈比。全民公民力量党电视选举宣传开支是 0 卢布、分发印刷宣传品支出是 385240 卢布。俄罗斯支持正义退休者党电视选举宣传开支是 623098 卢布 10 戈比、分发印刷宣传品支出是 2512256 卢布 62 戈比。俄罗斯绿色环境党电视选举宣传开支是 0 卢布、分发印刷宣传品支出是 1324327 卢布。

按照电视选举宣传支出多少排列，分别是：（1）"统一俄罗斯"党；（2）自由民主党；（3）"苹果"党；（4）增长党；（5）公正俄罗斯党；（6）俄罗斯联邦共产党；（7）祖国党；（8）俄罗斯共产主义者共产党；（9）俄罗斯支持正义退休者党；（10）俄罗斯爱国者党；（11）俄罗斯人民自由党；（12）公民纲领党、全民公民力量党、俄罗斯绿色环境党都是 0 卢布。

电视是俄罗斯目前最重要的媒体，从这个排名中可以看出，能否获得国家杜马席位和电视选举宣传有关系，但没有绝对的关系。电视选举宣传开支前五位的政党中有两个政党没有进入到国家杜马。公民纲领党没有进行电视选举宣传,也在单席位选区选举中获得了一个席位;而电视选举宣传开支排名前四的苹果党、增长党却没有获得一个国家杜马席位。

按照分发印刷宣传品支出多少排列,分别是:(1) 自由民主党;(2) "统一俄罗斯"党;(3) 俄罗斯联邦共产党;(4) "苹果"党;(5) 公正俄罗斯党;(6) 增长党;(7) 俄罗斯人民自由党;(8) 公民纲领党;(9) 祖国党;(10) 俄罗斯共产主义者共产党;(11) 俄罗斯支持正义退休者党;(12) 绿色环境党;(13) 俄罗斯爱国者党;(14) 全民公民力量党。

从这个排名中可以看出,印刷宣传品开支前五位的政党中只有一个没有进入到国家杜马。

本研究的第五个初步结论是:在俄罗斯国家杜马选举当中,进入到国家杜马中的政党在印刷宣传品方面的选举支出所发挥的作用要比其在电视宣传方面的选举支出发挥的作用好。

五、小结

本节的研究视角是第七届国家杜马选举中当代俄罗斯政党选举财政对国家杜马选举结果的影响。上面的五个初步结论也是在理想化状态下得出的。实际上影响政党参加国家杜马选举结果的变量,肯定不止政党选举财政这一个。在结束本研究之前,有必要对影响到俄罗斯具体政党选举结果的其他变量和相关问题,做一个概述,以便在下次的研究中继续探讨。

第一,俄罗斯联邦共产党的内部分裂问题对其选票和杜马席位有直接影响。在本次国家杜马选举中,左翼政党俄罗斯联邦共产党共获得42个席位,这比2011年第六届国家杜马选举的92个席位大大减少。甚至俄罗斯联邦共产党作为俄罗斯第二大政党的地位,也差一点被自由民主党取代。本次选举中,俄罗斯联邦共产党获得了13.34%的选票,自由民主党获得了 13.14% 的选票。① 这种结果的出现，在一定程度上是因为俄罗斯联邦共产党内部分裂造成的。在本次选举中获得了 1192595 票、排名总票数第五位的俄罗斯共产主义者共产党就是因为意识形态原因从俄罗斯联邦共产党中分裂出来的。因为有价值观上的分歧，对社会主义和共产主义的理解不同，苏来金和久加诺夫最终分道扬镳，在 2012 年 4 月 22 日组建新党。2015 年 6 月，俄罗斯联邦共产党就俄罗斯共产主义者共产党的名字和标志问题向莫斯科仲裁法院提起上诉，这一上诉在 2016 年 7 月 11 日被驳回。俄罗斯联邦共产党内部的分裂对于俄罗斯该党的选票有直接影响。

第二，影响"统一俄罗斯"党的选票和席位的变量非常复杂，也远不止政党财政一个变量。作为俄罗斯当今的第一大政党，"统一俄罗斯"党是普京总统打造的政党。虽然在这次选举中该党再次大获全胜，但是考虑到俄罗斯选民的罢选问题，本次国家杜马选举的投票率只有 47.88%②，超过一半的选民罢选，远低于第六届国家杜马选举的 60.21%③投票率。俄罗斯选民对政治参与变得冷漠。该党在第七届国家选举中共获得 28527828 票④，获得了 54.20%⑤的选票，这样算下来，"统一俄罗斯"党实际上只获得了全部选民 25.95% 的支持。所以该党获得的绝对支持率并不高，当然其他党的支持率也不高。2017 年 3 月发生

---

① 俄罗斯中央选举委员会官网公布的第七届国家杜马选举的选票结果 http：//www.vybory. izbirkom. ru/region/region/izbirkom? action = show&root = 1&tvd = 100100067795854&vrn = 100100067795849&region = 0&global = 1&sub_region = 0&prver = 0&pronetvd = 0&vibid = 100100067795854&type = 242 2016 年 9 月 30 日查看。
② 维基俄罗斯国家杜马第七届选举 https：//ru. wikipedia. org/wiki/Выборы_в_Государственную_думу_（2016）2017 年 1 月 12 日查看。
③ 维基俄罗斯国家杜马第六届选举 https：//ru. wikipedia. org/wiki/Выборы_в_Государственную_думу_（2011）2016 年 9 月 15 日查看。
④ 俄罗斯中央选举委员会官网公布的第七届国家杜马选举的选票结果 http：//www.vybory. izbirkom. ru/region/region/izbirkom? action = show&root = 1&tvd = 100100067795854&vrn = 100100067795849&region = 0&global = 1&sub_region = 0&prver = 0&pronetvd = 0&vibid = 100100067795854&type = 242 2016 年 9 月 30 日查看。
⑤ 同上。

的俄罗斯全国主要城市针对该党主席梅德韦杰夫腐败问题的街头政治抗议在一定程度上说明了这个问题。

第三，俄罗斯选举制度的变化作为重要变量开始对俄罗斯政党政治产生影响。本次国家杜马选举采取混合制选举制度。这一选举制度不同于比例制选举制度，为小党以单席位选区获胜形式获得国家杜马席位创造了条件。本次国家杜马选举中，公民纲领党和祖国党各自获得一个国家杜马席位证明了这一点。这为俄罗斯的小党在现实条件下的政治参与开了一个好头。

当代俄罗斯的转型远未结束，俄罗斯的政党政治也仍在转型过程中。当代俄罗斯的政党政治和政党制度转型和发展仍有待进一步从多个视角来进行观察和研究。

第五章 当代俄罗斯政党制度建设对国家治理的影响

第一节 俄罗斯政党制度建设对联邦制的影响

苏联解体之后，当时刚获得独立的俄罗斯联邦在一定程度上还保留了苏联时期的政治体制。从1991年年底到1993年10月初，俄罗斯联邦是事实上的议会制共和制。正因如此，叶利钦总统和当时的最高苏维埃主席哈斯布拉托夫对于俄罗斯联邦的国家构建有着不同的理解，产生了政府和议会的权力之争，最后叶利钦通过炮打白宫才解决问题。之后对于《俄罗斯联邦宪法》举行了全民公决，1993年《俄罗斯联邦宪法》的通过意味着俄罗斯各界对于俄罗斯国家构建的共识，这其中也包括联邦制的选择和政党制度的建设。

当代俄罗斯的政党制度差不多是和1993年俄罗斯的政治体制一起诞生的，但是事实上俄罗斯的联邦制和俄罗斯的政党长期以来一直平行发展，它们彼此之间互相独立。时至今日，俄罗斯联邦制度的发展和创新，特别是自2007年第五届国家杜马选举以来，俄罗斯出现了联邦的中央集权主义趋势和多党制竞争退化的趋势，联邦制事实上只是写在纸上。而在过去的20多年当中俄罗斯政党作为政治制度，也没有成为俄罗斯政治过程的明显变量，只是为了在立法过程当中通过决策而存在，事实上很难影响政治决策的过程和结果。

在当今的俄罗斯，政党制度的发展和联邦的集权主义趋势是否存在着一定的关系，这个问题被大家所忽略。事实上，在一定程度上，俄罗斯的政党影响到了联邦制的建设；另一方面，在俄罗斯，联邦制的发展离不开政党，虽然政党本身的构建是反联邦分权制的。

一、政党和民主以及国家治理建设

民主的发展离不开政党制度建设和共识，并且需要政党之间的协商，在这种情况下，选举制度以及社会的价值建构就需要各个政党共同的努力。政党是民主政治的政治主体，熊彼特认为，民主通过政党来确认和实现。他在著作中写道，民主是一种实现政治决定的制度，不同的政治家获得通过以竞选人的竞争性斗争的形式作出决定的权利。[①] 也就是说，民主的统治，事实上意味着公民和政治精英之间的关系构建。为了达到这个目标，必须建立这样一种机制，能够决定集体行动的社会逻辑。一个国家政党制度的建设，刚好就是这样的一种机制和制度，能够回答这个问题。

政治学研究不能够忽视在转型国家中政党制度的转型问题。这个问题在过去的30年中非常突出，日益明显的成为一个政治转型研究的客体。我们希望能够解释，政党制度在转型国家政治过程中作用的减少，这包括党员数目的减少以及它的组织结构的变化；群体利益作用的加强；以及其他的政治变量对于政党制度的影响。

我们的研究不仅要指出政党制度在稳定的民主政治中的作用，也要研究它在转型社会中的作用。在这个过程当中，不可避免地形成了竞争性的政党政治制度，这种制度影响了公民和政治精英之间的关系。对于

---

① 相关内容2018年12月5日查看http：//www.umk.virmk.ru/study/U-DISCIPLINA/U-posob/Shumpeter.htm。

俄罗斯的政党和政党制度的研究证明，转型不可能在没有政党制度的情况下实现。从国家转型的视角来看，政党政治制度在转型国家中发挥着证明政治领导人及其政治决定合法性的作用。

二、政党制度在联邦制国家中的作用

有很多长篇累牍的研究来解释政党制度在联邦制国家中的作用。在20世纪的五六十年代，以美国的经验为例形成了广泛的共识和研究结论。也就是联邦制削弱了政党制度，减少了它的统一程度以及内在的组织结构。特别是起到了减少中央集权的作用。随后的进一步研究，似乎证明了这个结论：联邦制国家在整体上削弱了政党和政党制度。去中央集权的政党制度，成为了影响国家稳定的危险因素，去联邦中央化意味着政党制度的复杂性。反过来的情况则在根本上巩固了联邦制国家的稳定，也克服了各个联邦主体的自治倾向。在联邦制国家的构建过程中，政党作为政治利益的代表，建立和联通了在联邦中央和联邦主体之间以及各个联邦主体之间的利益。

在联邦制国家中，政党作为中介连接和体现了民众和政治精英的利益。如果政党支持联邦的中央集权化，不可避免地带有加强政治选举需求的作用。联邦制的中央集权化，在这种程度上，对于每个党来说都处于政党建设的中心地位。为了实现这样的政治需求，一方面，应该在联邦层面有全国性的政党，政党应该确定在相应的政治过程中的作用，应该联合联邦中央和联邦主体层面的政治家建立共生关系，在相应职务竞争中彼此协助；另一方面，政党应该消除政党工作的中央化倾向，全国性的政党的地区组织应该在地区层面成为实现现实地方自治制度的重要一环。联邦中央和联邦主体层面的政治稳定要求政党在联邦制国家应该聚合各联邦主体的利益。

在当代世界采取联邦制的国家中，现有的政党组织应当积极地、全面地推选参加政治选举的候选人。这包括：

1. 联邦中央层面、联邦主体层面和地区层面。对于在联邦中央层面的国家领导人选举，总统共和制和议会共和制有不同的要求。政党推荐候选人参加选举，不同政党推荐的不同的候选人在联邦中央的层面进行选举。在联邦主体层面，联邦主体领导人的选举也需要政党的参与，地区层面也是如此。

2. 政党在联邦中央层面的选举胜利促进了政党候选人在联邦主体或地区层面的胜利。不同的国家有着不同的选举制度，如果联邦中央层面的选举和联邦主体或地区层面的选举在同一时间进行，在联邦中央层面的选举胜利事实上也意味着联邦主体或者地区层面的选举胜利。如果联邦中央层面的选举或者联邦主体层面和地区选举不在同一时间进行，联邦中央层面选举的胜利会有利于联邦主体或地区层面的政党选举结果。

3. 在联邦制的条件下，政党在联邦主体和地区层面推荐的政治选举候选人，获得了明显意义上的独立地位，这就促成了政党政治的地方化。也就是说，政党政治和联邦制在一定程度上互相独立，但又是在一定的范围内互相影响的。

4. 在联邦制国家的民族自治共和国层面的政治候选人的竞选纲领对于民族自治共和国和地区而言是可以接受的，这仍旧可以解释为联邦主体和地区层面的政治家是互相独立也是互相影响的，并且在民族共和国的选举中发挥作用。在俄罗斯的联邦主体中目前有 21 个民族共和国（不包括克里米亚）。俄罗斯联邦也有民族自治区，但是对于民族自治区的联邦地位问题，至今还有很多的争议。

5. 在联邦每个层面竞选当中获胜的政党，都从总体上减少了非竞争性政党的数量，以及减少了那些不成功、没有效率的政党数量。即使在多党制的条件下，能够真正发挥政党作用、在国家政治生活当中扮演重要作用的政党数目也是有限的。即使是有效的多党制，一般也不会超过 4 个主要的政党。

6. 在作为联邦主体的民族自治共和国选举中取得胜利的政党要求政党的候选人在这个民族共和国和地区层面都获胜。在目前的俄罗斯，"统一俄罗斯"党在 21 个作为联邦主体的共和国都是第一大党，都主导着各个共和国的立法进程。

7. 政党希望在联邦制国家的联邦主体和地区层面获得选举胜利具有这样的意义，他们为了资源而竞争，政治家们加入政党是为了能够通过政党推行自己的政策；同时政党也帮助政治家在联邦主体和地区层面获得胜利。

以上这些判断和结论能够初步回答政党制度在作为联邦制国家的俄罗斯所发挥的作用，并且可以在其他总统制共和制国家或者在议会制共和制国家中得出相应的结论。接下来我们要对俄罗斯的联邦制度和政党制度的关系进行深入研究。

三、俄罗斯政党制度和联邦制在 90 年代的转型

俄罗斯政党制度的形成和发展以及联邦制的设计，在 20 世纪的俄罗斯差不多是在同一时间开始。20 世纪 80 年代末 90 年代初，出现了当代俄罗斯的政党萌芽，这一萌芽随后发展成为当代俄罗斯政党政治制度的前身。俄罗斯独立伊始，一些民族自治共和国开始争取主权，并试图获得独立，比如车臣共和国、鞑靼斯坦共和国、萨哈共和国等。虽然叶利钦总统说，国家主权你们能拿走多少就拿走多少。但是为了解决这个问题，联邦总统叶利钦和当时各个民族共和国的领导人就联邦中央和联邦主体的分权问题一一进行了谈判，对于联邦中央和民族共和国的权利进行了界定和划分，也对联邦中央和其他联邦主体的权力和责任进行了划分。

在 20 世纪 90 年代，许多民族共和国的宣言破坏了俄罗斯联邦法律在俄罗斯领土上的最高效力。特别是几个共和国宣称要脱离俄罗斯，例如科米共和国、鞑靼斯坦共和国，或者宣称自己是主权国家，例如卡尔梅克共和国、乌德穆尔特共和国。当时没有和联邦中央签订相关分权条约的两个共和国是车臣和鞑靼斯坦。事实上很多共和国和俄罗斯联邦中央在当时形成的不是联邦制的关系，而是邦联制的关系。这就事实上破坏了俄罗斯的主权完整，同时也阻碍了俄罗斯现代民族国家的构建，其

中也包括政党制度建设和政治现代化建设。

在 20 世纪俄罗斯联邦制经历了主权是否保持完整的考验，并且最终有了第一次车臣战争的爆发。在俄罗斯联邦的国家建构过程中，俄罗斯联邦中央秉持了以下三个基本原则，首先、必须保证俄罗斯联邦的领土完整。如果没有领土的完整、国家的统一，就谈不上国家构建的基础。其次，必须改革联邦中央和作为联邦主体的共和国的关系。如何解决联邦中央和联邦主体的关系，特别是联邦中央和作为联邦主体的共和国的关系？如何避免俄罗斯联邦的解体和分裂？第三，联邦中央必须掌控联邦主体的经济。联邦中央必须要把控联邦主体的经济大权。在 1992 年 3 月 31 日，俄罗斯联邦中央和俄罗斯的绝大多数联邦主体签订了分权条约①，并且在 1993 年 12 月 12 日通过了《俄罗斯联邦宪法》。这一宪法最终确立了俄罗斯的联邦制。出现了俄罗斯联邦制度之内的实行民族自治和地方自治的共和国、边疆区、州，莫斯科以及圣彼得堡直辖市；自治州和自治区。但是最后鞑靼斯坦共和国和车臣共和国并没有签署这些文件。

今天再来看当年签署的这些分权条约以及 1993 年 12 月通过的《俄罗斯联邦宪法》，正是因为这些文件和《俄罗斯联邦宪法》的通过，最终确立了俄罗斯的联邦制。每个联邦主体都是俄罗斯联邦的一部分，并且维护了俄罗斯的领土完整。另一方面，我们看到这些文件事实上形成了俄罗斯联邦制的分权不平衡性特点。因为各共和国和联邦中央的分权情况是不一样的，这取决于不同的共和国的经济和政治情况，一些共和国就获得了大量的权力。

当代俄罗斯联邦制的建构和俄罗斯的政治精英密切相关，由于政治精英的观点不同，所以在和联邦进行分权的过程中，也由于政治精英对于国家建构缺少经验，最终形成了分权不平衡的俄罗斯联邦制，事实上

---

① Федеративный договор（Москва, 31 марта 1992 г.）2018 年 11 月 25 日查看 https：//constitution. garant. ru/act/federative/170280/

成了名义上的联邦制。

在1992年秋天到1993年夏天俄罗斯内部的激烈斗争也客观地影响和阻碍了俄罗斯联邦制的建构。总统叶利钦和最高苏维埃主席哈斯布拉托夫持续的斗争，最终演变为1993年10月的炮打白宫事件。通过流血冲突，叶利钦最终掌握了权力。这意味着，俄罗斯由事实上的议会制共和制最终转变为总统制共和制。最终交给全民公决的《俄罗斯联邦宪法》在1993年12月12日被通过，确立了俄罗斯的联邦制。联邦上院也就是联邦委员会由每个联邦主体经过直接选举派两名代表组成，这两名代表在当时也就是联邦主体的最高行政长官和立法机构的最高领导人。

俄罗斯联邦制度的发展也取决于俄罗斯联邦主体领导人的直接选举制度的建立。在1996年到1997年期间，联邦主体领导人有机会成为第一次通过联邦主体的直接选举产生的政治家。

在20世纪90年代俄罗斯还没有形成制度化的联邦制度。叶利钦总统要和联邦主体领导人的分离主义作斗争。在当时的俄罗斯非正式制度取代了正式制度或者是填补了制度的真空，并占有优势地成为俄罗斯联邦制事实上的基础。俄罗斯的联邦制事实上不仅没有阻止地方权力的滥用，在某种程度上还加剧了地方权力。这种局面导致在俄罗斯出现了新的情况，政治家和民众对联邦制失望，同时联邦制受到民族分离主义制约。而今天，民族分离主义势力在俄罗斯联邦几乎被铲除。

在20世纪90年代进行的联邦主体选举、地区或者地方选举中，俄罗斯联邦共产党获得了一定程度的多数。此外，还有俄罗斯自由民主党和"苹果"党在联邦主体的立法机构选举中也扩大了自己的势力范围。在1994年到1995年的俄罗斯联邦主体立法机构选举中，全俄的政党和政治组织积极地参与了选举，并且在一定程度上取得了成功。从政党在地区建设的角度来看，俄罗斯联邦共产党、许多地区的俄罗斯农业党、俄罗斯自由民主党以及我们的家园—俄罗斯，在联邦主体立法机构的选举中获得了多数。

在1995年到1997年的俄罗斯联邦主体领导人选举中，产生了新的联邦主体的领导人。他们打着这样的口号：我的政党—我的地区。与此相比较的是，在 2000 年和 2004 年，很多俄罗斯联邦主体政治候选人都是作为独立候选人出现的。从 1997 年到 2000 年，在 74 个俄罗斯联邦主体的领导人选举中，有 766 个候选人，只有 7.6% 是被政党所推荐的。①这些政党包括我们的家园—俄罗斯，祖国—全俄罗斯党及统一党。需要注意的是，俄罗斯联邦主体领导人是联邦主体政治舞台上主要的变量。他们努力在联邦主体的层面和政党相结合，并且通过政党来接近权力。而政党努力推荐候选人，特别是支持现任的联邦主体领导人以经济和金融行政为基础，建构俄罗斯联邦主体层面和联邦层面的政治精英结构。

在 1993 年到 1994 年期间，当时全联邦的政党除了俄罗斯联邦共产党外其他政党并不看重俄罗斯联邦主体和地区层面选举。结果在联邦主体层面的国家杜马议员当中，仅仅有 14% 的国家杜马议员来自于政党。而这 14% 当中的 56% 是来自于俄罗斯联邦共产党和俄罗斯农业党。而在 1995 年到 1997 年的国家杜马选举中，有 65 个联邦主体的 29.24% 的候选人来自于社会运动或者社会团体推荐。联邦主体层面，国家杜马议员中只有 18.9% 的议员来自于政党。甚至出现了有的联邦主体，没有一名议会议员的候选人来自于政党推荐。②

在 20 世纪 90 年代末，俄罗斯的联邦主体层面已经出现了政党结构的弱化和退步，以及他们的政治变化。在各个联邦主体的政治舞台上，事实上缺少政党的作用（圣彼得堡市的多党制可能是个例外）。虽然在作为国家层面的各个政党没有积极进行整合，但出现了这样的情况，就是在国家层面各政党逐渐加强了对现有内部结构的政党建设。

总的来说，2000 年之前俄罗斯联邦主体层面的政治制度的发展，在

---

① Панов, П. В. Региональные политические процессы в РФ в «эпоху Путина»: унификация или диверсификация? / П. В. Панов // Политэкс -Политическая экспертиза. – 2006. – №4. – С. 109 – 134.

② Кынев, А. В. Политические партии в российских регионах: взгляд через призму региональной избирательной реформы [Текст] / А. В. Кынев // Полис: Политические исследования. – 2006. – № 6. – С. 145 – 150.

一定程度上提高了俄罗斯政党在联邦主体政治过程中的作用。政党虽然不掌握联邦主体的资源和权利，但是在一定程度上却在联邦主体层面的立法机构选举中起着作用。

四、俄罗斯联邦制度的改革和政党

俄罗斯联邦制度的改革，在普京总统 2000 年任职之后又开始启动。面对着联邦制存在的一系列问题，他首先改变了作为俄罗斯联邦会议的上院——联邦委员会的成员组成，创立了联邦区制度，削弱了地方政治精英的权力，以及掌握在联邦层面官僚手中的经济资源和行政资源。

在普京总统第二个任期，他进一步加强了中央的权力，扩大了对联邦主体政治过程的干预。2004 年 9 月 13 日，在扩大了的反对恐怖主义的政府会议上，总统决定采取新的步骤，加强国家治理，特别是宣布通过联邦法律结束联邦主体领导人的直接选举制度，把这个权力收归到总统。这一制度不仅被看作是联邦制的加强，也是政党在联邦主体层面竞争力提升的体现。这一法律结束了俄罗斯联邦主体领导人自 1995 年以来的直接选举。俄罗斯联邦主体的行政领导人必须作为政党推荐的候选人参加选举并且在选举获胜后经过总统的任命才能够成为俄罗斯联邦主体的行政领导人。①

普京总统在另一个层面的政治改革，就是在联邦层面进行国家制度的建构，提高政党的作用。作为结果，就是出现了两部法律：2001 年的《政党法》和 2002 年的《俄罗斯联邦公民选举权和参加全民公决权基本保障法》。在 2002 年颁布的这部法律中，规定了在联邦主体层面，不少于 50% 的议会议员要通过比例制选举产生。禁止创立联邦主体层面的地方性政党。在共和国，政党产生的条件非常复杂，也要有一半的议会议员通过政党选举产生，政党要和作为联邦主体层面的权力执行机构互相

---

① В. В. ПУТИН. ВЫСТУПЛЕНИЕ НА РАСШИРЕННОМ ЗАСЕДАНИИ ПРАВИТЕЛЬСТВА С УЧАСТИЕМ ГЛАВ СУБЪЕКТОВ РОССИЙСКОЙ ФЕДЕРАЦИИ 13 СЕНТЯБРЯ 2004 ГОЛА 2018 年 11 月 26 日查看 http：//www.kremlin.ru/events/president/transcripts/22592。

独立。对政党的监督在本质上变成了对议员的监督。来自于政党的议员需要最大限度地独立于政党内部的官僚机构，虽然他自身也成为国家的官僚。

政党制度改革的结果，出现了失败者，当然也有胜利者。在联邦主体层面一些小党被大党所打败，最明显的是联邦主体层面"政权党"的出现。这成为新的政党制度的核心。很多联邦主体的领导人是"统一俄罗斯"党的党员，联邦主体议会出现了"统一俄罗斯"党的政党议员。"统一俄罗斯"党越过了选举门槛，成为联邦主体议会政党的多数。在每一个选举中都出现了政党数目的明显减少，同时出现了支持"统一俄罗斯"党的情况。

在联邦主体层面出现了是否实行混合制选举制度（比例制和单席位制相结合）的讨论，这加强了政党的垂直建设、促进了国家的统一以及内部的团结。总统的行政地位直接和政党作用以及国家中央权力的加强相联系。并不惊奇的是，伴随着比例制选举制度，而不是混合选举制度的发展，在莫斯科、圣彼得堡等地的立法选举出现了例外。例如：没有通过选举进入国家杜马的"苹果"党在圣彼得堡通过联邦主体立法机构选举进入到了圣彼得堡市议会。

在2007年12月的第五届国家杜马选举中，在联邦主体层面的一系列的立法会议选举出现了事实上的政党之间的竞争。"统一俄罗斯"党占有优势地位，同时出现了新的选举门槛，也就是，获得至少7%的选票才能够进入到国家杜马。在联邦主体出现了可控的政党制度，同时事实上，出现了选举竞争，各政党的角逐成为普遍的现象。这表明政党的政治作用在增长并且在加强。

在2016年进行的第七届国家杜马选举中，重新恢复了混合制选举制度。国家杜马当中的"四党"政治格局在这次选举中再次得到确立。

从普京时期的政党建设来看，在选举中遭受失败的政党有着多种原因。从政党纲领的角度来看，有一些政党因为党纲与别的政党相似而遭到忽略。分析这些政党的基本纲领和意识形态原则，可以看到，许多俄罗斯的政党支持联邦制，比如，右翼力量联盟和"苹果"党。"苹果"党直接宣布支持联邦制。"统一俄罗斯"党直接把联邦主义和有效率的国家治理、提高国家的作用相联系。但政党失败最主要的原因在于他们的纲领是否符合俄罗斯国情，是否支持总统的政治纲领。

也有政党，比如说俄罗斯自由民主党宣称，要改变俄罗斯的联邦制度。俄罗斯成为单一制国家，地区应该成为地理单元。理想的国家结构应该有40个左右的地区，每一个有3万到500万人口，当然，莫斯科应该人口多一些。而这种改变，不应该通过全民公决，而应该通过宪法制度的改变来调整，提高权力拥有的资源，但是权力应该独立，而不是介入到问题的解决当中。

右翼力量联盟还宣称，联邦制应当服从于人民，但这个任务在现实很难实现。在俄罗斯国家杜马的选举中各政党应该进一步加强政党内部建设，以莫斯科为中心通过政党内部资源的集中配置，来解决政党建设的权力问题。

五、小结

从1990年以来，俄罗斯联邦中央和联邦主体的关系一直处于调整的过程中，在这样的政治天平下，联邦主体领导人在联邦中央的地位，随着中央和联邦主体的关系的调整而调整，而不是和政党政治制度完全处于平行状态。最终通过立法确立了联邦主体领导人产生的制度。联邦主体的领导人，原来不需要通过政党推荐参加选举，所以就没有动机加入政党。但是现在这种在联邦主体层面政党不能够推荐选举人的情况已经结束。虽然大多数政党不能够参加权力资源的分配，并且以此影响联邦主体层面的政治，但是俄罗斯主要的政党可以在联邦主体层面做到这一点。这就是说，在联邦主体层面，必须是全国性质的大党才能够参加选举。毫无疑问，政党在联邦主体层面得到发展和加强，与此相关的就是政党竞争的加强，同时出现了政党对联邦执行权力的依赖。

还有，政党的建设必须依照民主集中制的原则。全国性政党才能够参加联邦和联邦主体的选举，这意味着一些政党的出局。一党独大的局面意味着俄罗斯国家开始在一定程度上出现了从联邦制转化为单一制的政治空间。

如果从政党的角度来看20世纪的90年代的俄罗斯政党制度。在当时各个政党不会因为支持联邦而拥有资源，所以客观上没有出现对联邦制度的特别支持。联邦制度总的来说也并没有经过政党或者依靠政党的帮助来发展。2000年以来俄罗斯政党制度的发展，不仅在一定程度上促进了俄罗斯联邦制的发展，并且在新的方向上影响了政党和政党制度自身的发展。如果从联邦制的角度来看，俄罗斯联邦制明显地影响到俄罗斯政党制度的发展。在20世纪90年代，联邦制和政党制度的发展是不同步的，这一过程不能够彼此促进和支持。2000年之后，作为联邦制关系的变化，联邦制建设过程中出现了联邦中央集权化趋势，联邦中央获得了在俄罗斯国家杜马中有优势地位的"政权党"甚至是优势党的支持。俄罗斯政党制度这一特点的形成，事实上阻碍了俄罗斯联邦中央和联邦主体的分权制度和地方自治制度的进一步发展。

第二节　当代俄罗斯政党制度建设对地方自治和联邦主体的影响——以鄂木斯克州为例

俄罗斯的政党政治制度在过去的30年中从无到有，伴随着俄罗斯社会的转型，在国家治理当中起着这样或那样的作用。具体而言，当代俄罗斯的政党政治制度建设对联邦主体和地方自治有着什么样的影响？本文以俄罗斯83个联邦主体之一的鄂木斯克州为例，对俄罗斯的政党政治制度对地方自治制度和联邦主体的影响进行初步探索。

一、当代俄罗斯的行政区划和地方自治制度的法律基础

（一）俄罗斯的行政区划

俄罗斯幅员辽阔、地广人稀但是行政区划却比较复杂。现在俄罗斯共有 8 个不具有宪法规定地位的联邦区（中央区、西北区、南部区、伏尔加沿岸区、乌拉尔区、西伯利亚区、远东区、北高加索区），具有宪法规定地位的 83 个联邦主体（包括 21 个共和国、9 个边疆区、46 个州、2 个联邦直辖市（莫斯科和圣彼得堡）、1 个自治州和 4 个自治区）。各联邦主体的行政区划通常实行二级制，即联邦主体直辖市——市辖区（如果人口超十万）或者地区——地区辖市、镇、农村居民点。地区辖市、镇、农村居民点是俄罗斯的基层行政单位。它分为城市居民点即人口达到 1.2 万人以上且 85% 以上的人口为职员和工人的区辖市、镇，以及农村居民点即绝大多数居民从事农业劳动（打猎、采伐、捕鱼）两类。① 农村居民点，即行政村，一般包括 2—3 个自然村（以上行政区划内容不包括克里米亚共和国和塞瓦斯托波尔市）。

（二）俄罗斯的地方自治和地方自治制度

早在 1990 年 4 月 9 日，苏联通过了《关于苏联地方自治和地方经济总则》的法律。在当时的俄罗斯苏维埃联邦社会主义共和国中，地方自治在 1978 年 5 月 24 日首次被写入《宪法》。后来，1991 年 7 月 6 日俄罗斯联邦法律第 1550-1 号《关于俄罗斯联邦的地方自治》获得通过。目前，地方自治是俄罗斯联邦宪法制度的基础之一，也是行使人民权力的一种形式。

当代俄罗斯联邦的地方自治是 1993 年《俄罗斯联邦宪法》第八章"地方自治"确认和保障的宪政制度原则之一，是指俄罗斯人民在宪法、联邦法律规定的情况下在联邦主体法律规定的区域内实现自己权利的形式，居民从自身的利益出发，考虑历史传统和其他地方传统，独立自主

---

① Бурднна Елена Александровна, Крылов Петр Михайлович. Экономическая география. Учебное пособие. -М. : МГИУ, 189 с. 2010.

地直接或者通过地方自治机关决定本地问题①。《俄罗斯联邦宪法》（第72条）将建立国家权力机关和地方自治机关体系的一般组织原则提交俄罗斯联邦和俄罗斯联邦的主体共同管辖。②

1995年8月28日联邦法律《关于俄罗斯联邦地方自治组织的一般原则》。俄罗斯联邦的每个联邦主体都在其宪法、章程和法律中规定了地方自治问题。目前，俄罗斯联邦的绝大多数联邦主体都采用了自己的地方自治法律。俄罗斯联邦的地方自治制度是指俄罗斯联邦及其联邦主体用法律形式确认的，关于在联邦主体行政区域单位内居住的公民自主地解决地方性事务的各种制度和组织形式的总和，它包括地方公决制度、地方自治的行政机关和其他机关。俄罗斯联邦实行两级地方自治制度，这就是等同于我国地区行政区划级别的地方自治和地区所辖市、镇、村居民点的行政区划级别的地方自治。

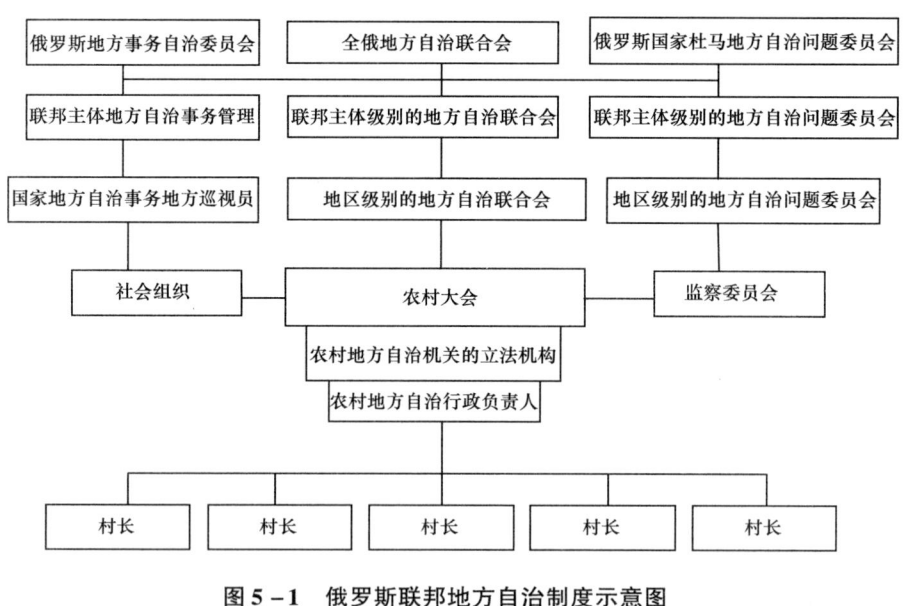

图5-1 俄罗斯联邦地方自治制度示意图

① 《俄罗斯联邦地方自治一般组织原则法》第一条第2款 2013年1月25日查看 http://www.consultant.ru/popular/selfgovernment/57_1.html#p63。

② Конституция Российской Федерации 2013年1月25日查看 http://constitution.kremlin.ru/。

（三）俄罗斯地方自治的法律保障

为了实现地方自治，独立后的俄罗斯从 1991 年以来先后颁布了三部相关的法律来保证地方自治。第一部是 1993 年 10 月 26 日，俄罗斯联邦总统叶利钦发布了关于地方自治改革的总统令。该命令批准了《俄罗斯联邦在分阶段宪法改革时期的地方自治组织原则条例》。同年 12 月 12 日，俄罗斯联邦以全民公决形式通过了新宪法，把地方自治原则提到联邦宪法的高度。第二部是 1995 年 8 月 28 日颁布、1995 年 9 月 18 日实行的《俄罗斯联邦地方自治一般组织原则法》，使新宪法的地方自治原则得以具体化。1996 年 12 月以前，俄罗斯联邦大多数主体颁布了自己的地方自治问题法。1996—1997 年 11 月期间，在大多数联邦主体内，举行了地方自治机关的选举。第三部是 2003 年 9 月 16 日颁布、2003 年 10 月 6 日实行的新的《俄罗斯联邦地方自治一般组织原则法》第十二章第 86 条。这一法律自从颁布之日起至 2019 年 2 月 6 日已经修改了多次。《俄罗斯联邦地方自治一般组织原则法》将俄罗斯联邦宪法关于地方自治的条款具体化，是俄罗斯联邦地方自治制度的法律保证。同时各俄罗斯联邦主体和地方按照宪法及《俄罗斯联邦地方自治一般组织原则法》的规定也制定了相应的地方自治法规。

（四）俄罗斯地方自治的基本原则

按照俄罗斯联邦现行宪法、《俄罗斯联邦地方自治一般组织原则法》和各联邦主体地方自治问题法规的规定，俄罗斯联邦地方自治制度的基本原则是：

1. 人与公民的优先权和自由原则

《俄罗斯联邦宪法》承认人权，人的权利和自由是最高价值（第 2 条），并规定一个人和一个公民的权利和自由决定了国家机构和地方政府活动的意义和内容（第 18 条）。

公民的权利和自由主要在他所居住的地方一级实现，其实施在很大程度上取决于地方自治。①

2. 合法性原则

这是俄罗斯国家的基本宪法原则之一。根据《俄罗斯联邦宪法》第 15 条，国家权力机关、地方自治机关、公职人员、公民及其团体有义务遵守《俄罗斯联邦宪法》和法律。

合法性原则要求地方自治机关的组织和活动应在法律和法律的基础上进行。国家承认并保障地方自治，同时也确保尊重地方自治制度中法律制度的实施。

3. 独立原则

该原则的内容体现在：

组织自治。这项规定载于宪法要求："地方自治机关不属于国家权力机关体系"（第 12 条）；

地方自治机构保证居民独立解决地方性问题（第 130 条）；

地方自治机关的结构由居民独立解决（第 131 条）。②

俄罗斯公民实行的地方自治包括：居民就地方自治最重要的问题举行地方公决；直接选举地方自治代表机关和地方自治的行政领导人；举行公民大会或代表会议，选举区域性社会自治机关，通过其章程、批准其工作计划；讨论地方自治机关的决议草案；公民个人或集体走访地方自治机关等。

4. 财政物资条件与地方自治权限相适应原则

地方自治应当拥有履行其职能所必须的财政资金和物资。地方自治机关在依照法律规定拥有部分国家权限时，也应获得行使这部分权限所必须的财政资金和物资。

---

① Федеральный закон «Об общих принципах организации местного самоуправления в Российской Федерации» от 06. 10. 2003 N 131 – ФЗ 2013 年 1 月 25 日查看 https：//fzrf. su/zakon/ob-organizacii-mestnogo-samoupravleniya-131-fz/st-1. php。

② 《俄罗斯联邦地方自治一般组织原则法》第 5 条和第 6 条，2013 年 1 月 26 日查看 http：//www. consultant. ru/popular/selfgovernment/57_1. html#p63。

(五) 俄罗斯地方自治机关之间的关系

俄罗斯联邦的地方自治制度是俄罗斯宪政制度的重要组成部分。俄罗斯联邦的联邦主体，联邦主体所辖地区的地方自治机关和联邦主体所辖地区所辖市、镇、村居民点的地方自治机关之间的关系，设有市辖区的市的地方自治机关和市辖区地方自治机关之间，不再是领导和被领导的关系。他们在原则上是平等的。

俄罗斯联邦国家权力机关和俄罗斯联邦主体国家权力机关对地方自治机关的调整主要是法律上的调整，联邦国家权力机关只有在联邦法律规定的情况下，联邦主体国家权力机关只有在联邦法律或联邦主体法律规定的情况下，才能对地方自治机关行使执行管理权和监督权，或者在地方自治机关授权行使国家职权时对其进行监督，否则无权干涉地方自治活动。①

二、鄂木斯克州德鲁任斯基农村居民点的地方自治

俄罗斯联邦主体的地区辖市、镇、农村居民点是俄罗斯的基层行政单位。至2011年1月1日俄罗斯联邦共有1824个市镇区（地区）、515个城市区（大城市），此外两个联邦直辖市还建立了236个市内的市政机构，1733个城市居民点（地区辖市、镇）和18996个农村居民点（人口不少于1000人）。② 根据2010年俄罗斯人口普查结果，俄罗斯2010年有人口142857000人，其中农村人口37543000人，占其总人口数的26.3%。③

当代俄罗斯联邦的地方自治在农村居民点是如何实施的呢？笔者选

---

① 《俄罗斯联邦地方自治一般组织原则法》第5条和第6条 2013年1月26日查看 http://www.consultant.ru/popular/selfgovernment/57_1.html#p63。
② 俄罗斯联邦国家统计局2011年官方统计数据 2013年1月26日查看 http://www.gks.ru/free_doc/new_site/bd_munst/1-adm_2011.xls。
③ 俄罗斯联邦国家统计局2010年全俄人口普查官方统计数据 2013年1月20日查看 http://www.gks.ru/free_doc/new_site/perepis2010/croc/perepis_itogi1612.htm。

取在 2010 年 10 月 29 日俄罗斯联邦地区发展部组织的全俄基层行政组织竞赛（已经进行了 5 次竞赛）中获得"最好的地方行政组织"称号的鄂木斯克州德鲁任斯基农村居民点（Дружинское сельское поселение）作为俄罗斯地方自治制度在农村基层的实践情况的研究对象。

（一）鄂木斯克州及德鲁任斯基农村居民点的自然状况

鄂木斯克州位于西西伯利亚，是俄罗斯联邦 83 个联邦主体之一，面积 141100 平方公里，略大于我国安徽省的面积，人口 1977450 人（2010 年），行政上分为 32 个区和一个联邦主体直辖市。鄂木斯克州德鲁任斯基农村居民点属于鄂木斯克州鄂木斯克区，该地区共有包括德鲁任斯基农村居民点在内的 24 个基层行政组织。

德鲁任斯基农村居民点位于鄂木斯克的城乡结合部，组建于 1967 年，面积为 11944 公顷，有四个自然村：德鲁日诺村，人口 2010 年 3 月为 3647 人；暖泉村，人口为 2925 人；红色小山村，人口为 1186 人；梅丽尼奇那耶村，人口 678 人；彼得鲁什科村，227 人；克鲁特别列日内村 22 人，整个居民点有 8865 人。该农村居民点辖区地处平原，交通便利，有 324 个中小企业，也有几家大的工业企业。7 个农场，还有 3 所中学。①

（二）鄂木斯克州德鲁任斯基农村居民点的公民如何参与和实现地方自治

根据 1993 年《俄罗斯联邦宪法》第 130 条第 2 款，地方自治由公民通过公决、选举、直接表达意志的其他形式并经过选举产生的地方自治机关和其他地方自治机关来实现。具体到鄂木斯克州德鲁任斯基农村居民点，当地的公民通过以下几种方式参与和实现地方自治：

---

① 鄂木斯克州官网德鲁任斯基农村居民点介绍 2013 年 1 月 20 日查看 http：//oms.omsk-portal.ru/ru/municipal/localAuthList/3 - 52 - 244 - 1/poseleniya/drujinskoe/PageContent/0/body_files/file0/%D0%94%D1%80%D1%83%D0%B6%D0%B8%D0%BD%D1%81%D0%BA%D0%BE%D0%B5.pdf。

1. 地方全民公决

地方全民公决是德鲁任斯基农村居民点有选举权的公民（俄罗斯年满18周岁的公民）就具体的地方事务以一人一票的方式平等地进行秘密投票。地方全民公决的倡议由（1）有权参加地方公决的公民提出，（2）联邦法律规定的在一定时期有序登记的选举组织、社会团体，（3）地方自治机关的苏维埃议员和地方自治负责人提出。

2. 地方市政选举

地方市政选举是德鲁任斯基农村居民点有选举权的公民进行平等、直接、秘密投票选举地方自治机关的苏维埃议员和地方自治负责人。地方市政选举由农村居民点选举委员会组织进行。但是农村居民点选举委员会属于国家机关，不属于农村居民点地方自治机关。选举遵循普遍、平等、直接和秘密投票的原则，一般采取差额选举、多数制方式，选举结果必须公开。

3. 对地方自治机关的苏维埃议员和地方自治机关负责人的评价投票

根据2003年9月16日颁布、2003年10月6日实行的《俄罗斯联邦地方自治一般组织原则法》，德鲁任斯基农村居民点有选举权的公民对地方自治机关的苏维埃议员和居民点地方自治负责人是否破坏俄罗斯联邦法律、联邦主体法规、地方自治章程在其当选一年后直接进行评价。

4. 公共听证会

公民参与到农村居民点具体问题的决策过程中。

5. 公民大会

不少于10名有选举权的公民倡议、征集不少于5%有选举权的公民的签名后可以就具体问题进行公民大会，然后就具体问题形成方案和决议。

6. 公民集会

在地方内个别地区召开居民会议。举行公民集会的目的是讨论本地问题，告知居民地方自治机关和地方自治负责人的活动。公民集会的组织程序和权限由《俄罗斯联邦地方自治一般组织原则法》、地方章程和地方代表机关规范性文件规定。

7. 公民意见调查

地方自治机关的苏维埃议员和地方自治负责人要在地方自治机关做出决议前进行公民走访和意见搜集。

8. 公民集体或个人直接和地方自治机关对话

让基层民主在阳光下运作，在符合国家法律的前提下，德鲁任斯基农村居民点的公民有权以集体或者个人的形式和地方自治机关直接进行对话。

(三) 鄂木斯克州德鲁任斯基农村居民点的地方自治机关的人数构成

俄罗斯联邦主体内的地方自治代表机关分为两类：一类是区辖市、镇、村居民点的地方自治代表机关。另一类是区和区级市的地方自治代表机关。根据《俄罗斯联邦地方自治一般组织原则法》第35条的规定，在具体实行自治的地方，人口少于1000人的，地方自治机关代表人数不低于7人；1000人以上不足10000人的，代表人数不少于10人；10000人以上不足30000人的，至少要有15人；30000人以上不足100000人的，不少于20人；100000人以上不足500000人的，至少要保证25人；超过500000人的，不能少于35人。地方区代表机关人数由地方区章程确定，并且不得少于15人。联邦直辖市的市内区代表机关人数不得少于10人。①

鄂木斯克州德鲁任斯基农村居民点的人口不超过10000人，因此地方自治机关代表人数不少于10人。在实践当中2010年10月10日德鲁

---

① 《俄罗斯联邦地方自治一般组织原则法》第35条 2013年1月20日查看 http://www.consultant.ru/popular/selfgovernment/57_6.html#p1340。

任斯基农村居民点进行了第二届农村居民点苏维埃议员的选举。秘密投票直接选出了10位农村居民点苏维埃议员，任期5年。他们分别是：伊西穆哈梅托娃·阿尼，老战士委员会代表；卡多奇尼科娃·斯维塔拉娜，学校教师；萨留科夫·弗拉基米尔，公司经理；铁波罗乌霍夫·安德烈，总动力工程师；鲁帕·尼古拉，医生；斯杰帕奇金·叶甫根尼，学校教师；列募焦纳克·彼得，公司经理；沙思金·阿纳托，个体企业主；汉扎诺夫·汉扎，司机；比聂尔特汉·玛丽亚，学校教师。选出的现任农村居民点自治负责人是阿波拉莫娃·娜塔莉娅，任期5年。

根据《俄罗斯联邦地方自治一般组织原则法》第35条的规定农村居民点苏维埃议员的议员工作不和本职工作脱离。该法第40条第5款规定，专职代表不超过规定的地方代表机关人数的10%，如果地方代表机关人数少于10人，则专职代表人数只能是1名。①

（四）鄂木斯克州德鲁任斯基农村居民点的地方自治机关的结构和职权

在俄罗斯联邦，地方自治的权力可以由地区——地区辖市、镇、农村居民点的公民直接行使也可以由地方自治机关行使。地方自治的绝大多数权力，都是由地方自治机关行使的，在俄罗斯一般用规定地方自治机关职权的形式来确认地方的权限。

地方自治机关一般有以下职权：

（1）财政预算权；

（2）管理地方财产权；

（3）土地管理和自然环境保护；

（4）建筑、交通、电信、公用事业；

（5）文化服务；

（6）社会保障；

---

① 《俄罗斯联邦地方自治一般组织原则法》第40条 2013年1月20日查看 http://www.consultant.ru/popular/selfgovernment/57_6.html#p1174。

(7) 维护社会秩序和保护公民权利；

(8) 国家法律授权的其他方面。①

鄂木斯克州德鲁任斯基农村居民点的地方自治机关由农村居民点苏维埃、农村居民点自治负责人、农村居民点行政机关构成。在通过决议时三分之二农村居民点苏维埃议员同意方可通过。农村居民点自治负责人是农村居民点的最高权力代表，从年满21周岁有被选举权的公民中通过直接、秘密投票选举产生。农村居民点行政机关是地方自治的执行机关，由农村居民点自治负责人统一领导。

鄂木斯克州德鲁任斯基农村居民点苏维埃主要有下列职权：

(1) 通过和修改、补充农村居民点的章程；

(2) 确认农村居民点当前财政年度的预算和财政执行工作报告；

(3) 确认和修改地方税率和收费并符合国家相关法律；

(4) 通过农村居民点发展计划和方案，并确认其执行情况；

(5) 明确农村居民点地域内的财产分配和管理；

(6) 通过关于建立、组织和结束农村居民点的企业和机关的决议；

(7) 确认和其他农村居民点的合作；

(8) 确认物质和技术条件保障农村居民点地方自治机关的活动；

(9) 对农村居民点的地方自治执行机关和农村居民点自治负责人进行监督；

(10) 通过进行农村居民点地方全民公决的决议和其他涉及农村居民点的决议。②

鄂木斯克州德鲁任斯基农村居民点自治负责人的事务主要有以下五个方面：

(1) 在和其他地方自治机关交往中代表德鲁任斯基农村居民点；

---

① 《俄罗斯联邦地方自治一般组织原则法》第 14 条 2013 年 1 月 20 日查看 http：//www.consultant.ru/popular/selfgovernment/57_3.html#p400。

② Компетенции Совета сельского поселения 2013 年 1 月 20 日查看 http：//dsp-omsk.ru/pages/sovet。

（2）主持和领导农村居民点行政机关方面的工作；

（3）确认地方自治机关工作方向；

（4）采取措施捍卫农村居民点的利益；

（5）执行农村居民点苏维埃的决议。①

鄂木斯克州德鲁任斯基农村居民点行政机关有下列职责：

（1）制定、通过、执行农村居民点财政预算和监督财政预算的执行；

（2）确认或者改变农村居民点税收和收费；

（3）掌握、利用、分配属于农村居民点的财产；

（4）在农村居民点范围内组织起来给居民提供电力、供暖、煤气、水和燃料；

（5）在农村居民点范围内建设公路、道桥和其他交通设施给居民提供便利；

（6）保障在农村居民点范围内的贫穷的居民改善居住条件和居住条件符合住宅立法，组织修造房屋和市政居住费用，为建造房屋创造条件；

（7）创造条件为居民交通出行服务，在农村居民点范围内组织交通服务；

（8）在农村居民点范围内预报和消除紧急情况；

（9）在农村居民点范围内采取措施消除火灾及隐患；

（10）创造条件保障为农村居民点的居民提供通信、饮食、贸易和日常生活服务；

（11）为居民提供图书馆服务；

（12）创造条件为居民提供休闲和文化服务；

（13）保护在农村居民点范围内的历史和文化遗迹；

---

① Полномочия Главы Дружинского сельского поселения2013 年 1 月 21 日查看 http：//dsp-omsk.ru/pages/glava-poselenija。

（14）保障在农村居民点范围内的群众体育活动的条件；

（15）创造条件为农村居民点的居民提供休息场所；

（16）按照联邦法律照管贫困的人；

（17）形成农村居民点档案；

（18）组织生活废物和垃圾的收集和清理；

（19）组织绿化、保护环境；

（20）确认农村居民点总的建设方案，解决水利建设、地块分配和利用、监督土地使用；

（21）命名大街和明确房屋的住宅号码；

（22）组织丧葬仪式和埋葬地点的费用；

（23）组织公民防护、保护居民和农村居民点抵御自然灾难和事故；

（24）在农村居民点范围内组织抢险救灾；

（25）组织和实施措施保护在农村居民点范围内的企事业单位；

（26）采取措施保护在涉水目标和保护区的人身安全和健康；

（27）在农村居民点范围内建立、发展和保障地方医疗健康事业和疗养地。[1]

在俄罗斯不同的农村居民点会有不同的职责，其他的农村居民点行政机关可能还会有国家法律授权的其他方面的职责。

（五）鄂木斯克州德鲁任斯基农村居民点的地方自治机关的分权原则

现行的俄罗斯联邦 1993 年宪法规定，在国家级权力机关实行三权分立原则。尽管 1993 年宪法并没有提出地方自治权力的分权制衡，但是 2003 年 10 月 6 日实行的《俄罗斯联邦地方自治一般组织原则法》要求实行分权和权力制衡。例如地方自治代表机关（苏维埃或议会）通过的规章或法律性文件提交给地方自治行政负责人签署和公布，但是地方

---

[1] 德鲁任斯基农村居民点地方自治章程 2013 年 1 月 21 日查看 http：//dsp-omsk.3dn.ru/index/reshenija_soveta/0-42/。

自治行政负责人有权拒绝签署和公布，并附上理由或修改的建议在十日内退回地方自治代表机关。地方自治代表机关重新审议，并以三分之二多数通过，在七日内地方自治行政负责人必须签署和公布该法律性文件。① 地方自治行政负责人也不能同时担任地方自治立法代表机关负责人。尽管在地方自治实践的过程中俄罗斯地方自治制度的具体落实还存在问题，但俄罗斯的地方自治制度在形式上已经具备了。

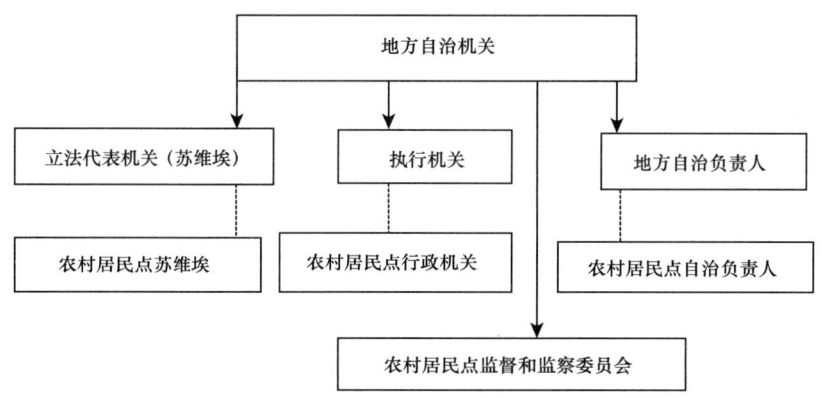

图 5-2　俄罗斯农村居民点地方自治的分权

在鄂木斯克州德鲁任斯基农村居民点 2010 年、2015 年及其以后的补充选举中，地方自治行政负责人和地方自治代表机关负责人是不同的人选，他们在地方自治权力的行驶中是互相制约的关系。他们互相监督和制约，进行公共事务管理，服务于德鲁任斯基农村居民点公民。

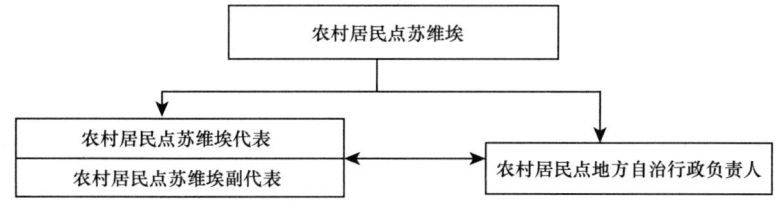

图 5-3　农村居民点地方自治的权力制衡

---

① 《俄罗斯联邦地方自治一般组织原则法》第 35 条 13 款 2013 年 1 月 20 日查看 http://www.consultant.ru/popular/selfgovernment/57_6.html#p1025。

（六）鄂木斯克州德鲁任斯基农村居民点地方自治的财政

根据 1993 年《俄罗斯联邦宪法》第 132 条第 1 款，地方自治机关独立管理地方财产，编制、批准和执行地方预算，设立地方税费，维护社会秩序并解决其他地方性问题。鄂木斯克州德鲁任斯基农村居民点用于解决本地具体问题的各种公民缴费都是公民自愿缴纳的资金。地方内所有居民的缴费额相等，个别公民群体的缴费额可以相对减少，但该人数不得超过地方居民总数的 30%。征收和使用各种公民缴纳资金的问题由地方公民大会决定。农村居民点的收入除地方税收、集资和各种公民缴费，也包括地方自治代表机关依法发行地方债券的收入。此外，地方财产收入、捐赠款项和其他合法进款也都列入地方收入。①

三、德鲁任斯基农村居民点地方自治过程中的选举和政党

（一）俄罗斯地方自治权力的来源和实现

根据 1993 年《俄罗斯联邦宪法》规定，俄罗斯联邦唯一的权力来源是直接行使权力的多民族的人民。人民直接地并通过国家权力机关和地方自治机关行使自己的权利，全民公决和自由选举是人民权力的最高的表现。

1993 年《俄罗斯联邦宪法》还规定，地方自治由公民通过选举直接表达意志的其他形式，并经过选举产生的地方，自治机关和其他地方自治机关来实现。

作为一个最接近民众的公共权力机构，地方自治政府保护公民的利益，这些公民是基于他们在某一行政区划上的共同居住地，保护着该行政区划的居民不可避免的互动。因此，地方自治是俄罗斯政治制度的基础之一。

德鲁任斯基农村居民点的权力通过立法机关、也就是居民点苏维埃

---

① Конституция Российской Федерации 2013 年 1 月 20 日查看 http://constitution.kremlin.ru/。

的选举的途径实现。德鲁任斯基农村居民点的地方自治机关是当地立法机关的执行机关。

（二）德鲁任斯基农村居民点的选举和政党

在俄罗斯独立后相当长的一段时间里，德鲁任斯基农村居民点苏维埃相关的选举除了有俄罗斯联邦共产党的党员作为候选人参加，根本就没有其他政党的影子。但是从2000年普京当选为总统进行垂直权力改革之后，俄罗斯国家杜马当中的主要政党进行自身建设的同时，也把自己的政党建设——地方党部延伸到基层，并且积极地参加基层的选举。

由于俄罗斯鄂木斯克州选举委员会网站资料缺失，没有在网上查到德鲁任斯基农村居民点进行第一届农村居民点苏维埃议员选举的数据。为此笔者多次写信和该居民点苏维埃联系，但一直未获回信。根据已有网上的鄂木斯克州选举委员会的信息资料，从2005年到2019年，德鲁任斯基农村居民点按照单席位选区多数制原则，已经进行了三次正式的居民点苏维埃议员和行政负责人的选举。

2010年10月10日德鲁任斯基农村居民点进行了第二届农村居民点苏维埃议员的选举。本次选举的投票率是39.9%，共有19名候选人登记参加了选举，这19名候选人中有10位候选人来自于"统一俄罗斯"党、1位候选人来自于俄罗斯联邦共产党、1位候选人来自于自由民主党，还有1位候选人来自于公正俄罗斯党。①按照选举的要求，通过秘密投票从他们中间直接选出了10位农村居民点苏维埃议员，任期5年。他们分别是：伊西穆哈梅托娃·阿尼（"统一俄罗斯"党）、卡多奇尼科娃·斯维塔拉娜（"统一俄罗斯"党）、萨留科夫·弗拉基米尔（"统一俄罗斯"党）、铁波罗乌霍夫·安德烈（"统一俄罗斯"党）、鲁帕·尼古拉（"统一俄罗斯"党）、斯杰帕奇金·叶甫根尼（"统一俄罗斯"党）、列募焦纳克·彼得（俄罗斯联邦共产党）、沙思金·阿纳托（"统

---

① 2013年1月20日查看http：//www.omsk.vybory.izbirkom.ru/region/region/omsk？action=show&root=1&tvd=4554027148647&vrn=4554027148643&region=55&global=&sub_region=0&prver=0&pronetvd=null&vibid=4554027148643&type=220。

一俄罗斯"党)、汉扎诺夫·汉扎(独立候选人)、比聂尔特汉·玛丽亚("统一俄罗斯"党)。在这次居民点苏维埃议员选举中,"统一俄罗斯"党大获全胜,获得了8个席位。俄罗斯联邦共产党获得1席。而其他的政党均没有议员当选。这反映了当时这一居民点对各个政党的支持情况。在鄂木斯克州的基层地方自治过程中政党已经开始发挥作用,并且与整个国家的政党建设情况基本上吻合。

2010年10月10日德鲁任斯基农村居民点进行了第二届农村居民点行政负责人的选举。共有3位候选人参加了选举,选举的结果是"统一俄罗斯"党推荐的候选人阿布拉莫娃·娜塔莉亚获得62.84%的选票,取得选举的胜利。① 另外两名参选人,一名是独立候选人,另一名是自由民主党推荐的。②

2015年9月13日德鲁任斯基农村居民点,进行了第三届农村居民点苏维埃议员的选举。本次选举的投票率是40.28%,共有40名候选人登记参加了选举,这40名候选人中有24位是独立候选人、10位候选人来自于"统一俄罗斯"党、2位候选人来自于俄罗斯联邦共产党、2位候选人来自于"苹果"党、1位候选人来自于自由民主党,还有一位候选人来自于公正俄罗斯党。③ 按照选举的要求,从他们中间通过秘密投票直接选出了5位农村居民点苏维埃议员,任期5年。他们分别是:玛利亚·阿列克谢耶夫娜("统一俄罗斯"党)、弗拉基米尔·尼古拉耶维奇(独立候选人)、尼古拉·弗拉基米尔诺维奇(独立候选人)、斯维特兰娜·维克托诺夫娜(独立候选人)、汉展·阿施拉里(独立候选人)。

---

① 2013年1月20日查看http://www.omsk.vybory.izbirkom.ru/region/region/omsk?action=show&root=1&tvd=4554027148001&vrn=4554027147997&region=55&global=&sub_region=55&prver=0&pronetvd=null&vibid=4554027148001&type=234。

② 2013年1月20日查看http://www.omsk.vybory.izbirkom.ru/region/region/omsk?action=show&root=1&tvd=4554027148001&vrn=4554027147997&region=55&global=&sub_region=55&prver=0&pronetvd=null&vibid=4554027147997&type=221。

③ 2019年2月20日查看http://www.omsk.vybory.izbirkom.ru/region/region/omsk?action=show&root=1&tvd=4554027225460&vrn=4554027225460&region=55&global=&sub_region=55&prver=0&pronetvd=null&type=220&number=1。

在随后的 2016 年 9 月 18 日的选举中,又有 3 位候选人通过补选的形式当选为德鲁任斯基农村居民点苏维埃议员,他们是马克西姆·谢尔盖耶维奇(俄罗斯联邦共产党)、伊琳娜·安纳托里耶夫娜(独立候选人)、尼古拉·彼得洛维奇(独立候选人)。

在德鲁任斯基农村居民点苏维埃议员的选举中,"统一俄罗斯"党推荐的 10 名候选人中有 1 名成功当选。2015 年 9 月 13 日德鲁任斯基农村居民点进行了第二届农村居民点行政负责人的选举,选举的结果是独立候选人巴滨采夫·谢尔盖获得选举的胜利。

目前"统一俄罗斯"党在俄罗斯全国共有 82631 个党支部、2595 个地方组织。① 在 2019 年 4 月 7 日举行的德鲁任斯基农村居民点苏维埃议员补选中,有 16 位候选人参加了选举,有 2 名"统一俄罗斯"党推荐的候选人叶夫根尼·尼古拉耶维奇、兰格利茨·娜塔莉亚成功当选。另一名当选的议员是独立候选人萨吾列·叶夫根尼。②

(三) 德鲁任斯基农村居民点地方自治中的问题

苏联解体前的 1990 年 4 月 9 日,苏联最高苏维埃通过了第一部《苏联地方自治和地方经济一般原则法》。但是还没等到落实,苏联就在 1991 年底解体。苏联解体后俄罗斯的地方自治进入到一个新的阶段。在鄂木斯克州德鲁任斯基农村居民点,尽管他们在地方自治工作中取得了一定成绩,但是仍然存在很多现实问题。

1. 农村居民点的地方自治机关的任期问题

现在德鲁任斯基农村居民点的地方自治机关任期为 5 年,这对于农村基层来说显然过长。考虑到人口规模和居民点的面积,在农村居民点、农村基层这一层面,当代俄罗斯地方自治机关比较适合的任期是两年。

---

① 2019 年 2 月 20 日查看 https://er.ru/party/today/。
② 2019 年 2 月 20 日查看 http://xn-80apdbblmbgrh.xn-p1ai/press-center/archive/21407.html。

2. 农村居民点的地方自治机关负责人的任期问题

与农村居民点的地方自治机关的任期问题相关的是农村居民点的地方自治机关负责人的任期问题。现在德鲁任斯基农村居民点的地方自治负责人任期为5年，最多可以连任两届。考虑到权力制衡和保证地方自治负责人更好地工作，应该把地方自治负责人任期改为两年，但可以连任五届。尽管总的任职时间没有改变，但因为干不好两年内就要下台，这对督促地方自治机关负责人的工作，促进农村居民点的地方自治是更好的选择。

3. 农村居民点的地方自治机关是否应有专职代表的问题

现在德鲁任斯基农村居民点的苏维埃有一名专职议员代表，加上农村居民点的地方自治负责人，他们要由农村居民、纳税人专门供养，在基层农村居民点的地方自治机关是否应有专职代表？基层农村的地方自治是否需要有专职议员代表？

4. 农村居民点的地方自治机关的监督问题

如何履行监督职能？这一功能的实现立足于苏维埃议员发挥自己的工作职能。对于不能够履行自己职能的议员，当地已经有了相关的苏维埃议员权力终止和退出制度，退出之后，及时进行苏维埃议员补选。

5. 在第二届德鲁任斯基农村居民点苏维埃议员选举中

"统一俄罗斯"党推荐的候选人大获全胜，但是在第三届选举中，只有一位"统一俄罗斯"党推荐的候选人进入到议员当中。在后来的补选中有两位当选。这首先表明，"统一俄罗斯"党已经开始注意在俄罗斯的地方自治区域进行政党建设并积极投入到竞选中去，但是在从第二届有8位"统一俄罗斯"党的议员选举胜出，到第三届只有1位，差别如此之大，这就表明该党的建设在当地并没有一个坚实的群众基础，在某种程度上"统一俄罗斯"党的议员更多是因为个人的影响力而当选，而不是因为政党的背景。

而俄罗斯联邦共产党在当地的地方自治机关的议员选举中的情况是

比较稳定的，第二届和第三届都是只有一位候选人当选。但这也说明俄罗斯联邦共产党在基层的建设也有问题，也没能吸引大多数选民。在2015年第三届选举中，出现了选举空缺的情况，这说明当地的选民有着自己的投票标准。在之后的补选中，仍然出现了选举空缺的情况，这表明当地的选民本着宁缺毋滥的原则进行选举。

尽管德鲁任斯基农村居民点的苏维埃一个月至少要开一次会议，尽管当地的公民通过地方全民公决、地方市政选举、公民大会等多种方式参与和监督农村居民点的地方自治机关的工作，但是仍然存在如何保证农村居民点的地方自治机关为农村居民点全心全意服务的问题，仍然存在如何对农村居民点的地方自治机关负责人进行更好的监督的问题。

四、鄂木斯克州立法会议选举和政党

（一）20世纪末鄂木斯克州的政党政治进程

苏联解体后，鄂木斯克州在1991年底到1994年上半年还保留着苏维埃体制。1993年12月12日《俄罗斯联邦宪法》颁布后，俄罗斯主要政党和政治组织开始在俄罗斯联邦主体中积极建立全国性的政党和社会运动的区域性分支机构。各政党的建设动力之一是联邦主体和联邦主体立法机构的选举。

由于许多因素，在20世纪90年代，俄罗斯联邦的联邦主体和地区中的政党结构被削弱和退化，政党被当地政治精英边缘化。造成这一结果的主要因素是俄罗斯联邦政党的制度处于初创时期，其在联邦主体的政治过程中没有发挥更大的政治作用。对于大多数政党来说，包括那些经常在国家杜马中占据席位的政党，政党的区域性分支机构只被视为附属机构，其主要任务是在俄罗斯国家杜马的全国定期选举期间开展选举运动。而且这种周期性的运作方式不鼓励各政党积极参与联邦主体和地区性立法机构的政治生活，政党也不能代表和捍卫公共利益。

俄罗斯政党角色的转型和变化已经成为21世纪初俄罗斯政治变革

的主要组成部分之一。这尤其影响了联邦主体政治进程。如果在20世纪90年代，全俄政党基本上围绕国家层面的个别领导人形成和发展，政党仍然处于联邦主体政治空间的边缘，那么现在政党必须在当地政治家的参加下建立联邦主体的区域性分支机构，并在一定程度上扩大其对联邦主体行政机构组建的影响。

1991年下半年的动荡事件彻底改变了俄罗斯的社会和政治局势。1993年12月第一届俄罗斯国家杜马选举成为俄罗斯联邦政党制度形成的真正开始，这是各方在争夺权力及其实施方面的互动和竞争机制。20世纪90年代，在鄂木斯克州境内活动的一个全俄性质的群众性政党是俄罗斯联邦共产党。与该国其他联邦主体情况类似，该州的俄罗斯联邦共产党成员数量在这个时期稳步增长，并建立了基层组织。根据联邦选举委员会数据，在鄂木斯克州，俄罗斯联邦共产党分别在1993年第一届国家杜马选举中获得了12.9%的选票；在1995年第二届国家杜马选举中获得16.0%的选票。在该州活动的主要政党没有任何基层组织。许多政党的代表，如自由民主党、"苹果"党据说有大量的成员和支持者，但这往往具有广告性质。实际上，在鄂木斯克州，根据国家杜马选举结果，自由民主党相应地获得：1993年国家杜马选举中选民19.7%的选票，1995年国家杜马选举中选民15.9%的选票。"苹果"党：1993年国家杜马选举中选民4.4%的选票，1995年国家杜马选举中选民3.6%的选票。①

然而，"行政资源"及其使用导致在鄂木斯克州运作的俄罗斯政党政治力量的发展发生变化。州长加入在俄罗斯联邦占主导地位的政党实际上只不过是他对联邦忠诚的证明。例如，时任鄂木斯克州长的波利扎耶夫从1995年到2002年以某种形式参与了全俄政党"我们的家园—俄

---

① Новиков, С. В. Политические партии в период строительства управленческих структур в регионах РФ. Проблемы историографии и истории [Текст] / С. В. Новиков // Социальные конфликты в истории России: материалы Всероссийской научной конференции. Омск, 22 октября 2004 г. -Омск, 2004. – С. 210.

罗斯"、俄罗斯农业党、"祖国—全俄罗斯"、"统一"党的创建。

在俄罗斯政党初创时期，在当地权力结构的支持下组建政党和团体已成为联邦主体政治格局的一个组成部分。这些政党或团体接受包括其领导和职能不同级别的行政部门的公职人员的财政援助和其他援助。例如在鄂木斯克州1993年的"俄罗斯的选择"、"俄罗斯妇女"党；1995年的"我们的家园—俄罗斯"和"俄罗斯妇女"党；1999年的"团结"党、"俄罗斯妇女"党、右翼力量联盟和"苹果"党，这些组织得到了鄂木斯克州行政权力的支持，为投票人争取权利。根据1999年鄂木斯克州选举委员统计的第三届国家杜马选票的结果，"统一"党在鄂木斯克州获得23.3%的选票、右翼力量联盟获得8.6%的选票、俄罗斯妇女党获得2%的选票。[1]

1995年4月通过的联邦法律《社会团体法》没有包含反映政党细节的规范，它根本没有使用"政党或运动"的概念，这使得任何团体都有权将自己归类为政党。与政治和政治问题无关的组织都可以被接纳为权力结构。

然而，《社会团体法》的颁布对俄罗斯政党制度也有积极的影响。首先，各政党必须制定章程，规定其主要目标和宗旨，参加国家和地方政府的选举，并在选举过程中与地方当局协商。其次，提名和组织候选人竞选活动，参加这些机构的组织和活动。第三，各政党都有权登记和拒绝登记。此外，社团登记机关有权登记政党并签发其国家登记证，或被拒绝登记后政党向国家法院提出申请。该法规定了社会团体活动的基本要求及其根据法律应承担的责任。该法还扩大了公民的权利，使他们能够根据其纲领和章程自由参加社会团体，并在必要时退出社会团体。政党在俄罗斯社会中的作用逐渐发生变化，这主要是由于立法方面的变

---

[1] Новиков, С. В. Политические партии в период строительства управленческих структур в регионах РФ. Проблемы историографии и истории [Текст] / С. В. Новиков // Социальные конфликты в истории России: материалы Всероссийской научной конференции. Омск, 22 октября 2004 г. -Омск, 2004. – С. 211 –212.

化，特别是1998年7月19日《社会团体法》补充和修正案的颁布引发的。法律引入了政治社会团体的概念，即社会团体（包括政党和运动）。政治社会团体通过影响公民政治意愿的形成，参与国家和地方选举，政治参与被确立为国家目标。第四，该法确认政党是国家和社会之间的政治中介。这样一来，它就要完成自己的主要使命——表达公民的意愿和利益。

此外，对政治团体的一个重要要求是必须进行登记："政治社会团体必须进行强制性的国家登记。"根据这个修正案，政党名单应在媒体上公布，每年1月1日需要公布每个社团的登记日期，并提供给所有政党。应有关选举委员会的请求，该法对社会团体和政治团体的区分作了规定："属于政治团体的社会团体必须是民间社会组织。"①

1999年第三届国家杜马的选举进程对鄂木斯克州的政党制度发展产生了影响，导致州立法会议代表的组成发生了显著变化。问题不仅在于独立议员或者是有政党属性的议员的数量增长，而在竞选期间，出现新的政治团体的议员。1998年底，俄罗斯联邦司法部登记了139个全俄政治团体（79个政党，其中44个有权参加1999年的国家杜马选举）。然而，最终只有26个参加了选举。其中，在鄂木斯克州根据联邦选举名单，俄罗斯联邦共产党获得了选票的29.5%、自由民主党获7.2%、"团结"党获20.7%、右翼力量联盟获8%、"苹果"党获8.3%、"祖国—全俄罗斯"获6.7%。②

鄂木斯克州立法议会是鄂木斯克州权力的常设最高立法（代表）机构。鄂木斯克州立法议会第一次选举是在1994年3月20日举行的。在30个席位上选出了21名代表。在补选期间，立法议会最终组成。自

---

① 2019年2月20日查看 О внесении изменений и дополнений в Федеральный закон "Об общественных объединениях" http://docs.cntd.ru/document/901713073。
② Сводная таблица Центральной избирательной комиссии Российской Федерации о результатах выборов депутатов Государственной Думы Федерального Собрания Российской Федерации третьего созыва2019年2月20日查看 http://www.cikrf.ru/banners/vib_arhiv/gosduma/1999/files/1999-Svodnaya_CIK.xls。

1994年12月13日起，它已开始全面运作。代表团由不同社会团体和职业的代表组成。其中大多数人已经有过代表经验，是企业、组织和权力机关的负责人。鄂木斯克州议会于1994年4月12日举行了第一次会议。鄂木斯克地区议会的运作方式、规则和程序由1994年6月21日通过的《鄂木斯克地区立法会议条例》和《鄂木斯克地区行政长官组织法》确定。该法于1995年12月26日颁布。瓦尔纳斯基·弗拉基米尔·阿列克谢耶维奇当选为鄂木斯克州立法会议主席，拉辛·亚历山大·弗罗洛维奇当选为副主席。

根据权力连续性的原则，州立法机关对以前各机构的决定的执行情况进行了监督。鄂木斯克地区立法议会第一届会议的工作是按照法律草案计划进行的。在代表们的优先决定中，制定并通过了第一批法律，确定了鄂木斯克地区立法会议的法律条件，并确定了组织和管理的基本原则。确定了立法和组织活动的主要方向。

在这一届立法会议上先后通过了：《鄂木斯克地区立法会议条例》《鄂木斯克州议会法》《鄂木斯克地区章程（基本法）》《关于鄂木斯克州议会议员地位的法令》《选举鄂木斯克地区行政长官（州长）》《地方政府选举法》《鄂木斯克地区选举委员会法》等。

1998年3月22日，新的立法议会举行了选举。1998年3月22日举行了新的代表团的选举。在鄂木斯克州议会中，有4名妇女当选。组织会议设立了7个委员会：法律建设、法治委员会；财务和预算政策委员会；社会事务委员会；农业委员会；财产委员会；经济政策和投资委员会；教育、科学和文化委员会。成立了1个秘书处、1个审计委员会和1个全权证书委员会，以及3个代表小组：俄罗斯联邦共产党、农民党、社会和谐党。2001年1月23日，又有一个名为"团结"的议会党团注册。瓦尔纳夫斯基当选为鄂木斯克州立法会议主席，阿纳托利·莫舍维奇当选为副主席。

（二）21世纪初鄂木斯克州的政党政治进程

20世纪90年代由于俄罗斯缺乏关于政党的立法，导致了立法机构选举过程的不规范,以及选举进程的问题,从而严重扭曲了议会代表在州立法机构中的代表性。但是,情况发生了变化。2001年7月11日俄罗斯《政党法》生效,该法律不仅对政党的党员数量要求,而且对政党的区域性分支机构提出要求(强制登记分支机构),禁止建立地区性的政党等,这一法律启动了俄罗斯政党政治进程新的开始。

《政党法》生效后,为在俄罗斯不同地区建立独特的政党制度、创造性地建设政治体制打开了机遇之窗。在某些地区,国家权力机构和政党区域分支机构的新机制和新计划正在实施中。这是俄罗斯政党及其在俄罗斯的区域分支机构的强大的创造性潜力的开始。以前对联邦的选举没有任何实际影响的联邦主体选举活动,现在通过各政党的区域分支机构的选举活动成为现实。俄罗斯各政党的区域分支机构成为该区域的公共生活的参与者,其政治进程的参与者。

在2003年国家杜马选举中各政党在鄂木斯克州获得的选票结果(百分比)如下:祖国党7.4%,自由民主党14.3%,"统一俄罗斯"党32.7%,俄罗斯联邦共产党16.2%,右翼力量联盟3.8%,"苹果"党4.2%,"俄罗斯农业党"4.5%。2007年选举的结果:自由民主党8.5%,"统一俄罗斯"党51.4%,俄罗斯联邦共产党17.7%,右翼力量联盟2.2%,"苹果"党2.8%,公正俄罗斯党8%,俄罗斯农业党2.6%。①

应该指出的是,俄罗斯《政党法》生效后,特别是对党员数量做出硬性规定后,在鄂木斯克州政党分支机构的数量明显减少。如截至2003年12月1日有39个政党的地区分支机构,三年后(2006年)其中有18个已经注销。由于缺乏鄂木斯克州居民的大规模支持以及其活动的物质和财政基础薄弱,该州全国性政党的地区性组织的数量减少。因此,2006年根据联邦司法部鄂木斯克地区办事处的检查结果,由于区域性分

---

① Итоги голосования по федеральному округу2019年2月20日查看http://gd2003.cikrf.ru/etc/kniga2.xls。

支机构政党成员人数不足，5个政党在鄂木斯克的分支机构被取消，它们是：俄罗斯共和党、俄罗斯人民共和党、俄罗斯劳动者自治党、支持教育和科学者联盟、俄罗斯社会统一党（精神遗产党）。在2007年又有两个——人民爱国党和自由和人民权力党被联邦司法部注销。

在研究鄂木斯克州的政党政治进程时，应该指出的是，许多俄罗斯政党的鄂木斯克州分支机构都很少参与鄂木斯克州的政治进程。首先，这些政党在鄂木斯克州的政党分支机构的特点是政党缺乏严格的纪律约束和极其松散的组织结构。因此，各个政党分支机构的纵向政治参与非常薄弱，与党中央机构的联系薄弱，内部异质性导致政党内部各个群体之间的矛盾。在这方面，有领导主义、个人野心的斗争和其他消极因素。应该指出，各个政党参与选举是其活动中最重要的职能。一个不参加选举的政党不再是一个政党；没有选举职能，政党其他所有活动都没有意义。

第三届鄂木斯克州立法议会于2002年3月24日举行代表选举。所有30个选区都选出了代表。第一次立法议会代表选举按比例制选举制进行：单一席位选区22人，比例制22人。共有44名代表当选为鄂木斯克地区立法议会议员。新代表的组成中有两名妇女。

在2007年3月19日举行的第四届鄂木斯克州立法会议上，成立了常设委员会：审计、授权和道德委员会。还成立了一个秘书处，并登记了两个议会党团："统一俄罗斯"党和俄罗斯联邦共产党。但是，鄂木斯克州立法会议的席位绝对数量属于"统一俄罗斯"党。"统一俄罗斯"党不仅比竞争对手具有数量上的优势，而且在质量方面也控制着关键位置。

在2007年的第四届鄂木斯克州立法会议选举中，大多数俄罗斯政党区域性分支机构因为候选人资格问题都无法提名竞争性候选人。在竞选期间"统一俄罗斯"党、俄罗斯联邦共产党、俄罗斯自由民主党和俄罗斯爱国者等政党的地方分支机构展开了最大的活动。但是，只有两个政党的代表——"统一俄罗斯"党和俄罗斯联邦共产党获胜进入立法议会。来自"统一俄罗斯"党的候选人在鄂木斯克地区的所有单一席位选区获胜。在比例制选举选区有55.65%的选民投票支持"统一俄罗斯"党,而俄罗斯联邦共产党提名的候选人名单支持率是22.4%,公正俄罗斯党的选民支持率为4%。自由民主党得到了选民4.3%的支持。在鄂木斯克州立法会议中"统一俄罗斯"党的议员代表组成38人的政党党团,在立法议会中占据主导地位。而俄罗斯联邦共产党政党党团则由6人组成。①

鄂木斯克州选民对"统一俄罗斯"党采取的持久立场是由若干因素造成的。第一,该党在鄂木斯克州强有力的组织、对公共生活的真正影响、地方政府以及与民间机构的可持续联系。第二,该党政治价值观的基本观点既体现了该地区最广泛的社会利益,也体现了国家优先事项。第三,该党受一个强大的政治领导人支持,能够赢得各阶层人民的信任,能够对区域社会的政治精英产生真正的影响。

2009年9月,鄂木斯克州州长波利扎耶夫与鄂木斯克州政党领导人举行了会晤。这是因为需要在鄂木斯克州保持社会稳定,以及即将举行鄂木斯克州政府选举(2009年10月11日)。在此期间,鄂木斯克州有7个全国性政党分支机构,但"统一俄罗斯"党、公正俄罗斯党、俄罗斯联邦共产党、俄罗斯自由民主党的地区分支机构影响了该州政治气候的形成。我们可以说,目前政党在鄂木斯克州的社会政治生活中占有极其重要的地位,特别是在选举程序和改变选举立法的背景下。在鄂木斯克州的范围内,政党的政治活动主要在全俄政党的区域分支机构的工作框架内进行,与整个国家的情况不同,这里具有民众的政治同情心。但是,近年来俄罗斯党派数量明显呈下降趋势。2008年的鄂木斯克州有14个全俄政党分支机构注册,但到2009年只有7个全俄政党分支机构注册。

---

① Законодательное Собрание Омской области четвертого созыва 2019年2月20日查看 http: //www.omsk-parlament.ru/? sid = 2825。

各个俄罗斯政党及其地区分支机构的活动差别很大。例如"统一俄罗斯"党地区分支机构的活动力度加大,与非营利组织的互动增加。早在 2008 年该党就与近二百个鄂木斯克州的社会团体签署了合作与协作协议,该协议今天仍然生效。"统一俄罗斯"党地区分支机构正在积极努力使该党成为该地区社会政策的倡导者,并将自身定位为当地民间社会形成的积极参与者。

2011 年 12 月 4 日举行了第五届鄂木斯克州立法会议的选举。议员选举是在混合制选举制度下进行的:22 人在单一议员区,22 人在政党名单上。鄂木斯克州立法会议共有 44 名议员。3 名妇女当选为新的代表团成员。

在 2011 年 12 月 20 日举行的鄂木斯克州立法会议第一次组织会议上,成立的常设委员会有:审计委员会、资格审查委员会和伦理委员会。还成立了一个秘书处,并登记了 4 个代表协会(派别):"统一俄罗斯党"、俄罗斯联邦共产党、自由民主党和公正俄罗斯党。

"统一俄罗斯"党的鄂木斯克州支部的代表团(党团)由 27 名代表组成。俄罗斯联邦共产党——10 名代表,自由民主党——3 名代表,公正俄罗斯党——4 名代表。瓦尔纳夫斯基当选为鄂木斯克州立法会议主席,维诺多维多夫当选为副主席,瓦迪姆·尤里耶维奇当选为副主席。①

2016 年 9 月 18 日举行了新的代表团的选举。议员选举是在混合制选举制度下进行的:22 人在单一席位选区获胜,22 人通过比例制选举制在政党名单选举中胜出。鄂木斯克州立法会议共有 44 名议员。新的代表团中有 2 名妇女当选。

在 2016 年 9 月 29 日召开新的鄂木斯克州立法会议第一次组织

---

① Законодательное Собрание Омской области пятого созыва 2019 年 2 月 20 日查看 http://www.omsk-parlament.ru/?sid=2826。

会议上，成立了常设委员会：审计委员会、资格审查委员会和伦理委员会。此外，还成立了一个秘书处，以核实议员收入、财产和负债的真实性。

在鄂木斯克州立法议会，议员来自四个政党党团："统一俄罗斯"党、俄罗斯联邦共产党、自由民主党和公正俄罗斯党。在 44 名议员中，"统一俄罗斯"党鄂木斯克州支部的代表团（党团）有 31 名代表，俄罗斯联邦共产党 7 名代表，自由民主党 4 名代表，公正俄罗斯党 2 名代表。[①]

根据上述情况，可以得出关于鄂木斯克州政党发展的初步结论：首先，从 20 世纪 90 年代至今的鄂木斯克州政党制度的转型是一个复制俄罗斯联邦层面的政党转型趋势的过程，是地方实际情况和传统、国家立法等综合因素影响的结果，特别是选举对鄂木斯克州政党转型过程有很大的影响。其次，在鄂木斯克州政党转型的过程中，就改变选举立法的条件而言，前后两个阶段是有区别的：20 世纪 90 年代政党快速的发展和转型，首先是原子化的，然后是两极化的政党体制；其次是突然的转变，在 21 世纪的第一个十年，有限的多元政党迅速转化为一个优势政党体制。第三，与俄罗斯《政党法》修改相契合，2008 年之后鄂木斯克州的全国性政党分支机构数量急剧减少，2011 年之后又在一定程度上恢复。目前"统一俄罗斯"党已经在鄂木斯克州立法会议中确立了优势地位。

五、小结

俄罗斯自 30 年前正式开始的社会转型到现在还未结束，但是其转型的宪政基础已经奠定。俄罗斯政党在地方自治制度和联邦主体立法机构选举中已经开始发挥作用。

---

① Законодательное Собрание Омской области шестого созыва（2016 – 2021 гг.）2019 年 2 月 20 日查看 http：//www.omsk-parlament.ru/。

第一，俄罗斯的各主要政党早就开始在联邦主体的层面进行选举的较量。俄罗斯的各主要政党已经在联邦主体立法机构选举中积极进行政治参与并且形成了比较稳定的一党独大的优势政党制度。这一制度的确立和俄罗斯联邦中央层面的政党制度建设相吻合，在一定程度上是联邦政党制度建设在联邦主体层面的翻版。

第二，普京执政以来，俄罗斯政党已经开始重视基层的建设。"统一俄罗斯"党、俄罗斯联邦共产党、"苹果"党、自由民主党、公正俄罗斯党都在基层的农村居民点苏维埃议员的选举中推出了自己的候选人，虽然选举大多数的结果是只有"统一俄罗斯"党、俄罗斯联邦共产党这两个党推荐的候选人进入到当地农村居民点苏维埃。这表明，虽然各个政党已经开始注重基层的选举，但是他们在基层的影响力目前来说还是非常有限的。

第三，俄罗斯的政党制度和地方自治制度的关系是自上而下由国家通过相关立法推动进行的。俄罗斯非常关注地方自治制度的建设，克里姆林宫新闻局 2012 年 6 月 10 日发布消息称，俄罗斯总统普京签署命令，将 4 月 21 日定为地方自治日。

俄罗斯在历史上有着深厚的中央集权和专制主义传统，因此公民自治意识和政党选举意识淡薄。在俄罗斯历史上有着村社传统，它几乎贯穿了全部俄国历史。从中世纪一直存在到苏联农业集体化。十月革命以后特别是集体化以后村社已不复存在，苏联实现了政治权力的一元化控制，国家权力可以直达个人。农村公社是俄国农民在历史上形成的自治机构，是俄罗斯农村的基本组织细胞，是农民生产和生活的主要场所。村社意识被俄国人视为"特殊的俄罗斯精神"。在当代俄罗斯国家的建构过程中，一方面培养公民意识、建设完善的政党制度还需要时间；另一方面政党在地方自治的治理过程中不越职责，更好地为公民和社会服务也是一个迫切的现实问题。

第三节　俄罗斯政党制度建设的未来和国家治理现代化

一、当代俄罗斯不同时期关于政党制度和国家治理的国家政策

（一）叶利钦时期俄罗斯建立两党制的尝试

1991年12月25日苏联解体，但是最终获得主权独立的俄罗斯并没有立即进行西方政治制度运作意义上的议会选举。这与叶利钦本人不喜欢政党有着直接关系，当时俄罗斯历史上的政党留给俄罗斯人太多负面印象。新的宪法还没有制定，1978年4月12日通过的《俄罗斯苏维埃联邦社会主义共和国宪法》在苏联解体之后还在继续发挥法律效用。按照当时的政治情况，从1991年底到1993年底，俄罗斯出现了短暂的议会制共和制。《俄罗斯苏维埃联邦社会主义共和国宪法》规定，最高苏维埃是俄罗斯国家最高的权力机关，但是叶利钦总统认为总统拥有最高权力。最高苏维埃主席哈斯布拉托夫积极反对叶利钦总统。双方处于尖锐的对峙状态，最终1993年10月4日叶利钦炮打白宫。解散最高苏维埃后完全掌控国家最高权力，1993年12月12日《俄罗斯联邦宪法》通过全民公决获得通过，俄罗斯总统制共和制最终确立。

《俄罗斯联邦宪法》第13条承认意识形态多样性和多党制。宪法第四章同时也规定了总统在国家政治生活中的最高权力和地位。根据俄宪法，俄罗斯联邦政府总理由俄罗斯联邦总统经国家杜马同意任命，而不是由在俄罗斯杜马选举中获胜的党组阁，因此在俄罗斯没有西方意义上的执政党。①

---

① Конституция Российской Федерации 2019年3月20日查看 http：//constitution.kremlin.ru/。

在 20 世纪最后十年，在叶利钦的授意下，俄罗斯开始了建立类似于英美的两党制的尝试。第一次尝试是 1993 年杜马选举前盖达尔创立的"民主选择"和沙赫赖的"俄罗斯统一和谐"党；第二次是在 1995 年切尔诺梅尔金的"我们的家园—俄罗斯"和雷布金的社会党，但他们都没有在当时的国家杜马选举中获得成功。从当时的政治情况看，就算在国家杜马选举中获胜，由于政府总理由俄罗斯总统提名，获胜的政党也无法组阁。

20 世纪 90 年代上半叶在叶利钦执政时期俄罗斯发生的社会转型和政党转型都有着相应的民意基础，显示着早期俄罗斯民主的公民投票性质。在未成型的多元化制度下，基本问题在民意调查中得到了解决：从 1991 年到 1993 年在俄罗斯也就是在《俄罗斯联邦宪法》颁布之前，前后有三次全民公决（俄罗斯总统职位的引入、对叶利钦改革进程的信任、1993 年宪法的通过）以及 1996 年 6 月 16 日俄罗斯举行独立后首次总统大选。这一切都以民意、全民公投的结果作为俄罗斯政治制度合法性、社会转型的法理基础。

从"公民投票民主"可以看出，当时的俄罗斯对于走什么样的道路进行的斗争，其实并没有界定行政权力斗争的基本内容。当时的俄罗斯联邦共产党所谓积极的反对派和叶利钦进行了不妥协的斗争。同时具有非集体利益和"混乱民主"特点的新生的总统制联邦制共和国导致俄罗斯联邦中央和联邦主体分权不清，并且先后爆发了两次车臣战争；经济处于混乱和停滞状态。俄罗斯各利益集团争取总统职位的斗争实际上归结为新生俄罗斯社会发展和国家建构道路的选择。

叶利钦时期俄罗斯多党政治制度虽然得以确立，但是俄罗斯政党制度缺少制度规范、自发杂乱而无序，只是在国家杜马中起表决机器的作用。为了支持总统提案在国家杜马的通过，在叶利钦时期俄罗斯国家杜马开始出现了"政权党"——支持总统的党。俄罗斯国家杜马中出现的第一个政权党是 1993 年第一届国家杜马中的"俄罗斯选择"联盟（但是在联邦主体缺少政党分支机构）。

(二) 普京总统第一、二任期：从"政权党"到"优势党"

1999年12月31日，俄罗斯首任总统叶利钦在电视讲话中宣布辞职并且推荐普京作为他的继承人。2000年3月26日普京当选为俄罗斯新一任总统。在当时的第四届国家杜马中有两个根本政治价值接近的政党："团结"党和"祖国"党。2001年7月12日支持普京政策的"团结和祖国"联盟产生，之后"全俄罗斯"又加入其中。普京不仅希望杜马中存在"政权党"，更希望"政权党"能获得超过杜马三分之二的席位，也就是可以通过任何法案的绝对多数，成为"优势党"。2001年12月1日，三大亲总统的政党成功地合并为"全俄罗斯统一和祖国"党，即"统一俄罗斯"党。2003年的第四届杜马选举结果"统一俄罗斯"党成为俄议会第一大党。2007年"统一俄罗斯"党在第五届国家杜马选举中获得超过杜马席位三分之二的315席，"政权党"成了"优势党"。按照俄罗斯宪法规定，宪法的修改需要国家杜马中2/3的多数通过才能够执行，在第五届国家杜马选举中"统一俄罗斯"党的席位已经超过了2/3的多数，成为了真正的"优势党"。

"统一俄罗斯"党在国家杜马中出现一党独大的局面和普京对其的直接支持相关，也得益于普京的垂直权力国家治理方式、建立联邦区制度和"大党"政党制度设计。为了摆脱叶利钦执政时期国家治理的混乱局面，普京采取了一系列的改革措施。具体涉及俄罗斯的政党政治制度。首先是2001年7月12日俄罗斯《政党法》的颁布规范了俄罗斯的政党制度。《政党法》当时曾规定：每个政党的党员人数不应少于1万名。而且要在全国半数以上的联邦主体有地方分部。政党获得杜马不少于5%的选票，突破这个选举门槛才能进入杜马；其次是2004年9月"别斯兰事件"后普京为加强联邦中央垂直权力，11月3日颁布《政府法》，取消对联邦政府总理和部长先前不能加入政党的限制，这就为政党政治打开了参与行政权力的大门；第三，在2004年12月24日第四届国家杜马一读通过了《俄罗斯国家杜马议员选举法》，并在2005年5月19日由普京签署颁布。该选举法取消自1993年以来杜马实行的"混合选举制",改为全部按照"比例代表制"的方式进行选举,即国家杜马所有450个议席,将在取得进入议会资格的政党中,按照其得票比率进行分配。这里选举制度的改革使政党成为国家杜马选举的唯一主体;第四,2006年1月1日普京签署了《关于联邦主体立法机关和执行机关组织总原则》修正案:在联邦主体议会选举获胜的政党有权提出联邦主体行政长官人选,提高了政党在俄罗斯联邦主体最高行政领导人选举中的作用;第五,提高国家杜马的准入门槛。2005年5月19日由普京签署颁布《俄罗斯国家杜马议员选举法》修正案,把杜马的准入门槛从5%提高到7%,这就整合了政党数量。

普京所采取的这一系列政党政治改革促进了政党的整合,但同时也带来了小党的消失,在2007年的第五届国家杜马选举之前,整个俄罗斯只剩下了七个政党。只有七个政党参加了国家杜马选举。社会上的很多群体缺少自己利益的代言人,由于一些政党的消失,和这些政党相关的社会群体排除在体制之外,这就事实上造成了俄罗斯社会的断裂,把一些人推向体制外的反对派。这就为2011—2012选举周期的俄罗斯社会反对普京的大规模示威游行埋下了政治上的伏笔。当时俄罗斯体制内的反对派和体制外的反对派联合起来走上街头,共同反对普京的统治。

(三) 梅德韦杰夫总统任期和普京总统第三、四任期的政党制度改革和国家治理

按照《俄罗斯联邦宪法》的规定,总统最多连任两届,所以普京在不突破《宪法》的情况下,不能够参加2008年的总统选举,在这种情况下,他推出了自己的盟友梅德韦杰夫参加2008年的总统选举。选举的结果当然是没有出乎人们的意料,梅德韦杰夫如期当选,为普京站台。

梅德韦杰夫在2008—2012年担任俄罗斯总统其实只是一个过渡,虽然他的自由主义理念不同于普京。在面临国际经济危机、俄罗斯的石油在国际能源市场上价格大跌的情况下,梅德韦杰夫积极应对进行国家治

理。就任总统的当年,他就把国家杜马的任期从 4 年延长到 5 年,总统的任期从 5 年延长到 6 年。梅德韦杰夫以此来保证政策的稳定,更好地促进国家治理。

梅德韦杰夫在任期内,小幅推进了俄罗斯政党建设,首先为小党进入国家杜马创造政治空间。根据相关法律在国家杜马获得 5% 选票但不到 7% 的政党,可以得到 1 个议席,而得票超过 6% 但不到 7% 的政党,可获得 2 个议席。① 其次,降低组建新党党员人数的门槛,为此修改了《政党法》相关的内容。2010 年 1 月前,新建政党必须有 5 万名党员,在全俄半数以上联邦主体政党分支机构的党员不少于 500 人,在其余联邦主体政党分支机构的党员不少于 200 人;从 2010 年起至 2012 年,新建政党党员必须达 4.5 万,在全俄半数联邦主体政党分支机构党员不少于 450 人,其余政党分支机构不少于 200 人。②

在 2011—2012 年选举周期,特别是在普京参加 2012 年总统大选前后,俄罗斯大批的政治反对派走上街头反对普京和他支持的"统一俄罗斯"党,也就是反对俄罗斯的政治垄断、威权模式和权力固化。2012 年 3 月再次当选为俄罗斯总统后,普京为了解决政治合法性的危机,在第三任期对俄罗斯政党制度建设上进行了一系列重要改革。

第一,再一次修改了《政党法》中对注册政党的最低人数的限制。在普京当选总统之后,2012 年 4 月 2 日俄罗斯关于简化政党注册手续的新《政党法》生效。该法特别规定政党注册的最低人数从 40000 人降到 500 人,即降低了 80 倍。

第二,重新恢复了国家杜马选举的混合选举制。俄罗斯国家杜马在 2014 年 2 月 14 日最终审议通过了新的《俄罗斯国家杜马议员选举法》,

---

① Медведев внес в Думу законопроект о партиях, получивших 5 – 7% голосов2019 年 3 月 20 日查看 https://ria.ru/20090225/163198720.html。

② Федеральный закон от 28 апреля 2009 г. N 75 – ФЗ "О внесении изменений в Федеральный закон "О политических партиях "в связи с поэтапным снижением минимальной численности членов политических партий" 2019 年 3 月 20 日查看 https://rg.ru/2009/05/05/partii-dok.html。

对国家杜马议员选举制度做了进一步完善。该法案规定,将国家杜马议员选举制度从原来只有党派参加的比例制选举制度,恢复为多数制和比例制相结合的混合制选举制度,这就为小党的党员以个人身份参选从而使该政党进入国家杜马打开了大门。

从现实上看,普京第三任期的政党制度改革加快了俄罗斯的政治反对派进入到俄罗斯政坛的步伐,在体制内新进入杜马的小党,同普京总统和俄罗斯当局所进行的合作实际上巩固普京先前政党制度设计的基本成果,暂时稳固了俄罗斯的政治局面。但由于政权、产权的合理关系(转型的本质)还未确定,社会转型远没结束,俄罗斯政党政治制度演化仍在继续。

二、俄罗斯主要政党的现状及其在国家治理中的作用

在过去的30年里,俄罗斯政党制度经历了1991年底到1999年底叶利钦时期的政党发展;2000年到2008年普京第一、二总统任期的政党收缩;再到梅德韦杰夫任期和普京新的任期,俄罗斯的政党再次发展的三个阶段。在这三个阶段中,当代俄罗斯的政党制度已经基本稳固:一党独大、多党并存政党制度,国家杜马的四党政治格局在俄罗斯政坛已经确立,短期内无法改变。在2016年9月18日所进行的第七届国家杜马选举中,"统一俄罗斯"党获得342个席位,再次成为国家杜马第一大党,俄罗斯联邦共产党仅仅获得了42个席位,日里诺夫斯基领导的自由民主党获得了39个席位,米罗诺夫所领导的公正俄罗斯党获得了23个席位。此外,也有祖国党和公民纲领党,以及一名"统一俄罗斯"党的独立候选人在单席位选区以多数制的形式获得了各一个国家杜马席位。

在第七届国家杜马选举之后,目前在俄罗斯政坛,在"统一俄罗斯"党一党独大的同时,俄罗斯的其他政党也在积极的进行自身建设调整。这里我们初步研究俄罗斯国家杜马中最主要的四大政党("统一俄罗斯"党、俄罗斯联邦共产党、自由民主党、公正俄罗斯党)及其与国

家治理的关系。

（一）"统一俄罗斯"党和国家治理

现今俄罗斯第一大政党"统一俄罗斯"党的前身是 1999 年 10 月 3 日成立的跨地区"团结"竞选联盟。经过将近 20 年的时间，它从一个仓促建立起来的、缺乏明确纲领和固定组织的松散竞选团体变成了时至今日在俄罗斯联邦全部 83 个联邦主体（不包括克里米亚共和国和塞瓦斯托波尔市）都有自己的组织机构的全俄第一大政党。

在此期间，它经历了 5 个发展阶段：跨地区"团结"竞选联盟、"团结"全国社会政治运动、"团结"党、"团结—祖国"联盟和"统一俄罗斯"党。1999 年以来，"统一俄罗斯"党的政党形象发生了显著的变化，与此相联系的不仅是"团结"党和"祖国"党的联合，更是"统一俄罗斯"党在三党联合后、特别是在普京成为总统后，该党对自身政治价值导向和具体行为的修正。这其中，现任俄罗斯国防部长绍伊古发挥了积极作用。按照普京的授意，2001 年《俄罗斯联邦政党法》颁布后，2001 年 7 月 12 日，"团结"党（领导人为绍伊古）与"祖国"运动（领导人为时任莫斯科市长卢日科夫）在莫斯科召开代表大会，宣布成立"团结—祖国"联盟。2001 年 12 月 1 日，"团结—祖国"联盟和"全俄罗斯"运动（领导人为时任鞑靼斯坦共和国总统沙伊米耶夫）合并，同时在莫斯科举行代表大会，更名为全俄罗斯"团结—祖国"党，又称"统一俄罗斯"党。2002 年 4 月"统一俄罗斯"党举行第一次代表大会。"统一俄罗斯"党在 2003 年 12 月 7 日俄罗斯联邦第四届杜马选举中获得了 37.57% 的选票，第一次成为俄罗斯国家杜马第一大党。此后在 2007 年第五届、2011 年第六届、2016 年第七届国家杜马选举中连续成为俄罗斯国家杜马第一大党至今。

虽然"统一俄罗斯"党在国家杜马选举中获胜，但按照《俄罗斯联邦宪法》规定政府总理由总统提名任命并授权组织政府，所以在国家杜马选举中获胜的政党"统一俄罗斯"党并没有权力组织政府，因此俄罗斯并没有执政党。在这一点上俄罗斯和世界上许多国家的议会和政党关系是不一样的。但这并不影响该党是"政权党":支持总统普京的党和普京总统支持的党。正是因为"统一俄罗斯"党是"政权党",在普京总统和梅德韦杰夫总统任期内一次也没有发生过叶利钦总统任期内多次发生的、俄罗斯政治体制内的反对派俄罗斯联邦共产党掣肘政府、阻碍相关法案通过的情况。这保证了俄罗斯政治的稳定和延续。

"统一俄罗斯"党有着明确的政治价值,在政治"中间主义"根本框架下"统一俄罗斯"党政党价值导向从自由主义转变为右翼保守主义。"团结"竞选联盟在1999年俄罗斯国家杜马选举选前的纲领具有自由主义的特征:降低赋税,终止对无效企业的支持,规划中产阶级的发展,扩大议会的权力。2001年12月创建大会上通过的"统一俄罗斯"党的纲领主导的仍然是自由主义原则:国家应该创造人们实现自己潜能的条件,独立地解决自己的社会经济问题,清楚地表达了拒绝指望社会帮助的观点。从2002年之后"统一俄罗斯"党的纲领奉行中派主义,没有一个坚定的意识形态导向,而2007年的选举前纲领"普京计划"表达的是国家强力控制下的自由主义—右翼保守主义态度。但是必须强调这样一个事实,"统一俄罗斯"党的形象与国家杜马选举形势相适应。在1999年之后直到2017年,占主导的是其强力爱国主义和国家主义形象。

"统一俄罗斯"党十分注重党的建设。目前该党共有82631个党支部、2595个地方组织。每个党支部依据所在地区的党员数目,有3到50名党员。党员的考察期是6个月。党员要按期缴纳每个月收入的百分之一作为党费。"统一俄罗斯"党的建设在党中央层面有明确分工,党有三套领导班子:党的最高苏维埃,确定党的发展战略,共有成员102人。党的最高苏维埃局有19人,包括当今俄罗斯政坛的大腕格雷兹洛夫、马特维延科(现任俄罗斯联邦委员会主席)、绍伊古(现任国防部长)、索比亚宁(现任莫斯科市市长)和沃罗比约夫(现任莫斯科州州长),主席是现任总理梅德韦杰夫;党的总委员会理事会,在党主席的建议下参加政治生活,和联邦权力机构及地方自治权力机构(俄罗斯名义上是联邦制国家，联邦主体名义上全部实行地方自治）进行互动。共有成员35人；中央执行委员会，其任务是准备党的纲领和文件，共有成员7人。

"统一俄罗斯"党在青年中的建设主要是在2005年11月16日成立了"青年近卫军"作为党的青年基础，年满14周岁到35周岁的俄罗斯公民都可以参加。这是该党的外围组织。

除了党的总委员会通过和权力机构及地方自治机构互动参加国家治理外，俄罗斯各级权力机构包括大多数联邦主体的领导人都是"统一俄罗斯"党的党员，他们直接参加了俄罗斯的国家治理。

（二）俄罗斯联邦共产党和国家治理

1991年"八一九事件"后，根据当时的叶利钦总统令，在俄罗斯联邦领土上的共产党活动被禁止（暂停）。1992年底，俄罗斯联邦宪法法院作出裁决，宣布叶利钦总统关于解散共产党的法令违宪，共产党又恢复了其在俄罗斯联邦领土上的活动并重建。其理事机构是共产党中央委员会。作为俄罗斯政坛有重要影响的左翼政党，俄罗斯联邦共产党参加了自1993年第一届至2016年第七届国家杜马的历次选举并都进入国家杜马。在第一到第三届国家杜马中，俄罗斯联邦共产党党员占据了国家杜马若干委员会主席的职位，并在1996—2002年期间担任国家杜马的主席。

截至2016年1月1日，俄罗斯共产党有85个联邦主体组织（包括在未获国际普遍承认的被合并的乌克兰领土克里米亚共和国和塞瓦斯托波尔市建立的联邦主体组织），2350个地方组织和14151个基层组织。党员人数为162173人。① 在苏联解体后的政治斗争中，俄罗斯联邦共产党和克里姆林宫的立场有时是重合的、有时是有分歧的。因此，在乌克兰总统选举期间，该党声援俄罗斯当局支持亚努科维奇作为乌克兰总统候选人资格的时候，与当时的乌克兰共产党之间的关系出现了一些紧

---

① О партии. Краткая справка 2019年3月21日查看 https://kprf.ru/party/。

张。然而在摩尔多瓦竞选期间，该党在一定犹豫之后，支持由沃洛宁领导的共产党同事，这又与克里姆林宫的外交考虑相矛盾。

由于该党的意识形态把市场经济等同于资本主义，对当代资本主义世界和社会主义发展的认识没能与时俱进，同时在青年中发展党员不够，这就造成了该党的党员不断减少。与此同时，由于政见不合，该党自身也面临着分裂问题。在第七届国家杜马选举当中，这个问题再次显露出来。例如，俄罗斯共产主义者共产党，这个党来自于俄罗斯联邦共产党内部的分裂，目前该党的领导人是马克西姆·苏来金。他在第七届俄罗斯国家杜马选举当中也打着共产党的旗号并获得了除了杜马四个党之外最多的选票、2.27%的选票。这个党作为社会团体成立于2009年5月23日，并在2012年4月22日列宁生日这一天正式建党并在当年6月7日在俄罗斯司法部正式注册成为全俄政党。在2015年6月俄罗斯联邦共产党向莫斯科仲裁法院提起诉讼，控告俄罗斯共产党人共产党，要求其停止使用现在的名称和党的符号，理由是与俄罗斯联邦共产党过度的相似性。2016年7月11日法院驳回了俄罗斯联邦共产党的该项主张。

虽然面对很多现实的问题，但是俄罗斯联邦共产党一刻也没有忘记自身的建设问题，并且在积极发展。该党2015年1月1日党员人数为161569人。该党在俄罗斯联邦的全部83个联邦主体（不包括2014年被俄罗斯兼并的克里米亚和塞瓦斯托波尔）都有联邦主体一级的组织机构。正是由于加强地方组织建设，2015年10月2日伊尔库茨克州州长选举中，俄罗斯联邦共产党党员列夫琴科·谢尔盖当选现任州长。另一位俄罗斯联邦共产党党员巴托姆斯基·瓦季姆2014年9月23日在奥廖尔州当选为现任州长。

俄罗斯联邦共产党早已经成为俄罗斯政治体制内最大的反对派，而目前"统一俄罗斯"党则扮演了苏联时期苏共的角色。虽然俄罗斯联邦共产党自普京执政以来由于内部的意识形态分歧问题发生了几次分裂，但其目前仍旧是当代俄罗斯政坛不可动摇的第二大政党。该党和俄罗斯政府既有斗争又有合作，特别是2014年之后在克里米亚入俄、叙利亚危机中该党都积极支持俄政府相关政策,这意味着俄罗斯联邦共产党正在改变策略,正在成为俄罗斯政治机制内建设性的政治反对派。

(三) 俄罗斯自由民主党和国家治理

1991年4月12日,该党被苏联司法部注册为苏联自由民主党。1992年12月14日,俄罗斯联邦司法部为俄罗斯自由民主党重新登记。

1989年秋天日里诺夫斯基举行组织会议。1990年初党内有13名成员。尽管党员数量如此之少,该党仍在苏联和党内媒体上广泛宣传。1990年3月初,在米哈伊尔·戈尔巴乔夫当选苏联总统后,该党立即宣布成立。日里诺夫斯基接受了一些党派出版物的采访,并在苏共中央委员会新闻中心与法律反对派的另一位领导人,即所谓的"民主力量联盟"的负责人萨哈罗夫举行了几次新闻发布会。1990年3月31日该党称为苏联自民党。2000年代初,俄罗斯自由民主党制定了所谓的"日里诺夫斯基十点计划",其中阐述了该党对俄罗斯国家治理的基本立场:

1. 强大的军队,警察和特种部队;
2. 国家粮食安全;
3. 面向南方(发展中国家)而非西方(美国、欧盟)的外交政策;
4. 改变国家的行政区划,划分为七个省;
5. 国家对科学的支持;
6. 对从外国银行向俄罗斯转移存款的公民实行经济大赦;
7. 国家保障居民银行存款的安全;
8. 国家对酒精、烟草和糖的经营垄断;
9. 军事装备和武器的国家出口方案;
10. 东正教和斯拉夫民族的团结。

根据自由民主党的纲领,该党主张自由化和民主。但是实际上该党是一个俄罗斯民族主义政党。自由民主党断然否认整个共产主义思想和马克思主义。该党认为,国家是人民和社会的主要代表,公民的所有利益都必须服从国家。个人自由也得到承认,但不得与国家和公共利益相抵触。自由民主党呼吁俄罗斯作为一个伟大的国家的复兴,而不是分裂。

在1993年12月12日俄罗斯举行的第一届国家杜马选举中，自由民主党获得22.92%的选票和64个国家杜马议员席位。1995年该党在第二届国家杜马选举中获得11.18%的选票和51个席位。1996年日里诺夫斯基作为该党推荐的总统候选人获得5.70%的选票排名第五。1999年自由民主党获得第三届国家杜马选举5.98%的选票和17个国家杜马议员席位（作为"日里诺夫斯基集团"）。2003年该党在第四届国家杜马选举中获得11.45%的选票和36个国家杜马议员席位。2007年自由民主党在国家杜马第五届选举中获得8.14%的选票和40个国家杜马议员席位。2008年自由民主党推荐的总统候选人日里诺夫斯基以9.35%的得票率排名第三。2011年第六届国家杜马选举自由民主党获得了11.67%的选票，取得了56个国家杜马议员席位。2016年第七届国家杜马选举自由民主党获得了13.14%的选票，取得了39个国家杜马议员席位。

（四）公正俄罗斯党和国家治理

2006年3月24日俄罗斯最高决策层首次提出了建立一个新的政治组织的建议，并希望该组织能够作为"统一俄罗斯"党的另一个替代方案。决策层会见普京总统办公厅副主任弗拉季斯拉夫·苏尔科夫时，与俄罗斯生活党成员及其领导人谢尔盖·米罗诺夫举行了会谈。同年8月29日，谢尔盖·米罗诺夫与"祖国"党领袖亚历山大·巴巴科夫和俄罗斯退休者党领导人伊戈尔·佐托夫在周报《论据与事实》新闻中心签署了一份文件，"祖国"、俄罗斯生活党和俄罗斯退休党开始创建新的党。

三党联合大会于2006年10月28日在莫斯科举行。谢尔盖·米罗诺夫当选"公正俄罗斯：祖国/退休者/生活"新党主席（2009年6月25日起）。该党的政治纲领是在2007年2月26日党的第一次大会上通过的。谢尔盖·米罗诺夫在代表大会上发言时说，他的政党能够打破"统一俄罗斯"党的优势地位以及俄罗斯共产党"工人利益的唯一代表权"。

俄罗斯人民党（根纳季·古特科夫）、社会主义统一党（瓦西里·

舍斯塔科夫)、企业发展党(伊万·格拉乔夫)的成员加入了公正俄罗斯党。在随后的几年,由于党内的分歧,一些著名的政治家例如瓦西里·舍斯塔科夫、奥克萨娜·德米特里耶娃等,以及支持反对派运动的伊利亚·波诺马列夫、德米特里·古特科夫等离开了"公正俄罗斯"党。目前以伊戈尔·佐托夫为首的俄罗斯退休者党和以阿列克谢·茹拉夫列夫为主席的"祖国"党也与公正俄罗斯党分离。

公正俄罗斯党的目标是建立一个"社会公正的国家",并宣布了"新社会主义"的政策。党的意识形态建立在"现代社会主义世界的基本价值观——正义、自由和团结"的基础上。该党主张进行联邦委员会成员的选举,提高议会中的少数党在地方自治管理机构中的代表权,提高市政代表的地位。在公正俄罗斯党的计划中宣布的任务有:国家经济发展战略服从社会优先事项,保障各种形式的国防支出的最佳比例。

公正俄罗斯党和任何其他政党一样,有自己的章程和它所追求的目标和宗旨。这个党的目标如下:

1. 在俄罗斯建设公正、自由和团结的社会;

2. 促进国家发展战略目标的实现——为俄罗斯联邦公民创造体面的生活,建设有效率的国家;

3. 保障俄罗斯联邦公民的社会安全;

4. 参与建立对人民负责的国家权力;

5. 促进保障《俄罗斯联邦宪法》、联邦法律和国际法准则赋予的公民合法权利和自由;

6. 促进俄罗斯民间社会机构和公民文化的发展;

为了实现本章程规定的这些目标,公正俄罗斯党需要:

(1) 对公民进行政治教育、宣传,以提高他们的认识和采取其他行动,在所有领域与民众进行沟通;

(2) 参与社会政治生活,以确保俄罗斯联邦的真正国家权力,并建立社会和有效的国家;

(3) 在平衡国家和社会利益的基础上,促进俄罗斯联邦每个公民利益的建立和发展并为此提供社会伙伴关系；

（4）促进以巩固俄罗斯联邦为目的的社会力量的发展；

（5）开展群众性的组织和公共宣传活动，解释党在实现规定的目标和宗旨方面的立场。

2007年第五届国家杜马选举的结果对于公正俄罗斯党是积极的。该党获得了7.74%的选票，取得了38个国家杜马席位。其后谢尔盖·米罗诺夫代表全党，以及"统一俄罗斯"党、"公民力量"和俄罗斯农业党的代表，向普京总统报告说，他们已经提出了建议，提名第一副总理德米特里·梅德韦杰夫为2008年俄罗斯总统选举候选人。

2008—2009年，公正俄罗斯党接受了来自俄罗斯共产党的"政治移民"（特别是1990—1991年最高苏维埃副主席斯维特兰热和伊利亚·波诺马列娃）。2010年初，公正俄罗斯党与"统一俄罗斯"党签署了协议，同意共同支持"总统梅德韦杰夫和政府总理兼'统一俄罗斯'党主席弗拉基米尔·普京关于战略导弹问题的方针"以及他们的外交政策、国家安全战略、宪法秩序基础，反对极端主义和新出现的分歧。"统一俄罗斯"党对此的反应是，认为应该保留谢尔盖·米罗诺夫担任的俄罗斯联邦会议上院——联邦委员会的主席职位。

2011年5月米罗诺夫辞去俄罗斯联邦委员会主席职务。之后该党越来越持反对"统一俄罗斯"党的立场，引起了该党部分党员抗议。党的创始人之一亚历山大·巴巴科夫说：公正俄罗斯党领导选择的与"统一俄罗斯"党开战的方针是错误的，公正俄罗斯党的主要政治竞争对手是俄罗斯联邦共产党。①

2011年12月举行的第六届国家杜马选举中公正俄罗斯党获得了13.24%的选票，取得了64个议会席位。在2011—2012年的大选前后，该党的一部分党员积极参加了反对伪造投票结果的抗议活动。一些该党议员参加了在莫斯科和其他城市举行的大型集会。同时，谢尔盖·米罗

---

① "Справедливая Россия" Журнал "Коммерсантъ Власть" №9 от 07.03.2016, стр. 18。

诺夫参加了总统选举，结果位居第五位（有5名候选人参加竞选，"反对所有人"一词未出现在选票选项中）。

在2012年总统选举前，一些共同组成公正俄罗斯党的政党退出该党，随后退休党宣布重新组建。谢尔盖·米罗诺夫开始失去盟友。在2012—2014年期间，参加过白丝带抗议活动的人，特别是古德科夫等人离开或被排除在公正俄罗斯党之外。

2013年10月举行了一次公正俄罗斯党代表大会，在会上，党的非正式领袖谢尔盖·米罗诺夫正式担任党的领袖。2014年乌克兰危机的发生和克里米亚的加入使得该党能够与"统一俄罗斯"党、俄罗斯联邦共产党和自由民主党采取共同立场，该党作为"统一俄罗斯"党的反对派的问题也一劳永逸地解决了。

目前所有的四个俄罗斯国家杜马党团在支持普京的外交政策和更广泛的国内政策方针上达成一致。2016年第七届国家杜马选举中公正俄罗斯党获得了6.22%的选票，取得了23个议会席位，这个结果再一次巩固了公正俄罗斯党在国家杜马中的地位。

（五）俄罗斯主要政党的职能及其对国家治理的影响

不管是"统一俄罗斯"党、俄罗斯联邦共产党、自由民主党还是公正俄罗斯党，他们对俄罗斯政府和行政部门的直接影响都是非常有限的。在国家治理的实践中，他们仅仅起着俄罗斯联邦立法的批准和核准作用。在俄罗斯联邦总统的权利高于三权的情况下，政党其实只是俄罗斯联邦总统实现国家治理的立法机关的组成部分，他们的作用是保证总统权力的合法性。

俄罗斯国家杜马的主要议题是立法职能。通过起草和通过法律，国家杜马影响了俄罗斯国家的相关国家治理政策。正是由于第一和第二届国家杜马的政党工作，俄罗斯国家建构的"立法真空"才得以填补。然而，在国家杜马的第三届、特别是第四届大选中，俄罗斯的立法倡议权基本上转移到了行政权力部门。自2007年以来，特别是2016年鉴于支持总统的"统一俄罗斯"党在国家杜马中拥有绝对多数席位，其他政党在国家杜马中发挥的作用非常有限。

三、当代俄罗斯政党制度建设的未来

俄罗斯政党制度的未来发展具有一定的不确定性。即使在短期内也很难预测俄罗斯政党的发展。然而，显而易见的是，他们的未来取决于两个因素：第一，俄罗斯联邦总统作为政策主导对于俄罗斯政党建设的影响；其次，主要政党在俄罗斯联邦总统施政方针、政治空间下制定和实施独立行动战略的能力。

在普京总统执政的第一、二任期间，普京对于选举制度进行了改革，也就是从混合选举制度到完全比例选举制度的转变。这可能表明克里姆林宫选择不将议会中"政权党"作为主要战略参考点，减少政党的数量，扩大单个政党的规模，以及在竞选活动的主要行政和财政资源可供使用的环境中，对所有或大多数其他政党进行"控制"。但事与愿违，俄罗斯是出现了政党数量的减少，但是也没有扩大除了"政权党"之外的单个政党的规模，反倒是将小党挤压到体制之外，出现了政党的社会断裂，在2011—2012年俄罗斯各地街头出现了大规模的示威游行和反政府行动。在普京总统的第三和第四任期间，俄罗斯的政党政治制度由比例制选举制度重新回复混合制选举制度，这就给小党参与政治提供了空间。但是没有改变"统一俄罗斯"党一党独大的局面，而是进一步巩固了这个局面。

在考虑到未来俄罗斯政党发展的时候，我们注意到两个变量的重叠：独大的政党的规模和独大的政党对其他政党的"控制"程度——为俄罗斯国家杜马中的政党制度的运作提供了五种选择，整个政党的发展都可参考这五种选择。

第一种模式是"印度尼西亚模式"（在20世纪的60—90年代，当时的苏哈托总统领导下）。独大的政党在议会中占宪法规定的绝对多数，而其余党派则是其完全忠诚的政治伙伴。然而，政治空间中的决定性人物是总统，他将党作为"传动带"来实施他的计划。

第二种模式是"墨西哥模式"（20世纪的40—90年代）。独大的政党获得绝对多数；而其他政治力量是独立于独大的政党并批评其活动。

第三种模式是"意大利模式"（20世纪的50—80年代）。某一政党在议会中拥有相对多数，并与"初级合伙人"联盟组成政府，他们各自拥有其独立性和自身的明确身份。如果某一政党的受欢迎程度下降，其他政治力量的代表甚至可能领导政府。

还有两种模式，日本自由民主党模式和印度国民大会党模式。这两种模式在社会中建立国家治理的的具体机制，其中国家治理发展的初始条件是不利的：二战后失败的日本殖民遗产、民族异化和印度的极端贫困。

以上这些模式中的主导政党发挥了广泛的精英联盟的作用，并对政治竞争产生了部分制约。他们并没有破坏多元化的社会政治环境，相反，他们为社会创造了一个框架，与古典民主相比有所缩小，但又足够广泛，可以逐步演变为民主的条件。随着时间的推移，意大利和印度转向更熟悉的多党模式，而在墨西哥和日本，主导政党的地位不再像过去那样坚定，最后发生了根本性的变化。印度尼西亚模式可能会在一段时间内从较低的起点开始进行类似的演变，而这种模式正是为了取代苏哈托时代更加多元化的政治体制。

当代俄罗斯政党制度让人想起"墨西哥模式"，虽然两者存在着明显差异。在墨西哥长期独大的政党——革命制度党是一个广泛的精英联盟，一个占主导地位的群众组织。在总统和政党的关系中，革命制度党（更准确地说，党的精英）在内部共识的决定力量基础上，提名该国下一任领导人候选人，每六年更换一次，而且其在党内的行动受到很大限制。在俄罗斯情况根本不同：领导这个角色属于总统，而相关政党是一个支持其各级政策（议会、联邦主体等）的力量。这方面与印度尼西亚苏哈托统治时期的模式比较相近。此外，俄罗斯独大的政党是年轻的（"统一俄罗斯"党由三党在2001年合并组成），这为调整其在政党制度中的作用留下了空间。

"统一俄罗斯"党的未来前景与克里姆林宫的政治选择有关，这取决于总统自身观念的变化，国家的整体情况，普京对候选人的选择等因素。如果继任者是与当前"统治阶级"有着基本相同的政治共识，那么该国的政党情况将不会发生重大变化，即将卸任的总统将能够确保由于他的权威而获得足够"舒适"的权力转移，"统一俄罗斯"党将继续作为俄罗斯的优势党存在。

俄罗斯政党制度建设的进一步发展将取决于克里姆林宫将采取的政治模式的基本选择。原则上，沿着若干途径的发展机会尚未结束。其中有"印度尼西亚模式"（在政权专制改造的情况下）、"墨西哥模式"（在这种情况下，下一任总统的政治资源将不得不减少，使总统依赖政党）、"意大利模式"（如果在选举之后就发展民主，"政党联盟"将部分解散）。事实上在未来对于俄罗斯来说这三种模式都有可能。但是最大的可能性就是未来长期存在的"墨西哥模式"。

四、小结

俄罗斯联邦政治制度的结构预先确定了与政党制度没有直接关系的行政部门在俄罗斯国家政治生活中的主导地位。俄罗斯政党在这种条件下将俄罗斯的总统和联邦行政部门作为支持对象，在国家治理中通过参加国家杜马的选举争夺联邦立法权的席位，通过支持总统或者行政部门的议案参加到国家治理当中去，尽管这些俄罗斯政党参加选举的权利受到各种条件的严格限制。

尽管普京一再声明有必要增加政治生活中政党的作用，但是在事实上由总统指定的内阁中，即使是支持总统的政党也只能在立法决定中发表咨询意见。

此外，俄罗斯政党与政府之间的关系存在一些矛盾。最重要的是：社会政治现代化目标之间的矛盾，包括如何建立有效的多党制度，以及当局实施其成就的方向和优先事项；政党制度的客观社会地位与其组成的政党之间的矛盾，以及它们在俄罗斯社会政治生活中的真实地位；在立法确定其政治活动的形式和方法的背景下，政党积极的社会稳定潜力与其在政治和其他进程中实现的可能性之间的矛盾；公共生活日益政治化，国家的需求增加，以及受过良好教育、具有政治素养的公民与发展中的社会之间的矛盾。

在未来，与过去的 21 世纪头十年一样，俄罗斯各个政党仍将是俄罗斯政治体系的次要因素，俄罗斯的发展取决于总统的政策。因此，俄罗斯政党制度在未来十年的发展将主要取决于俄罗斯总统对于政党建设的谋划，这涉及关于整个俄罗斯政治制度的变化。

如果随后的政治进程将伴随着更大的权力集中化，出现一党独大制度进一步加强，那么其他的国家杜马之外的政党自身的发展和建设只会变得更加困难。同时一党独大制度的进一步加强，也意味着各级选举中行政资源的加强，进一步限制杜马之外的政党对媒体和财政资源的利用。因此俄罗斯的政党在未来参与国家行政权力，直接参与到新国家主义治理的进程中去的道路可能是漫长并且是艰难的。

结语　俄罗斯政治文化及其对俄政党制度和国家治理的影响

俄罗斯著名哲学家别尔嘉耶夫在《俄罗斯思想》一书中指出："在俄罗斯，东西方两种历史潮流在此进行激烈的冲突。俄罗斯文化既不属于东方，也不属于西方，而是一个独立的世界。"① 作为一个千年文明古国，地处欧亚结合部的俄罗斯在世界民族之林中有着不同于欧洲的独特发展道路，孕育了自己与众不同的政治文化。这种政治文化伴随着俄罗斯历史进程的各个阶段，同时也影响到当代俄罗斯的政党制度建设和国家治理。当然在俄罗斯的这种地跨欧亚的政治文化，本质上反映的也是俄罗斯在历史上长期的政权对产权的关系。

一、政治文化的基本含义和功能

政治文化这一概念由美国政治学家阿尔蒙德于 1956 年在美国《政治学季刊》上发表的《比较政治体系》一文中提出。在阿尔蒙德和维巴合著的《公民文化：五个国家的政治态度和民主制度》一书中，政治文化指的是被内化于该社会成员的认知、情感和评价之中的政治体系。在他们看来，存在着村民型、臣民型、参与型的政治文化。政治学家派伊在《国际社会科学百科全书》中对政治文化有这样的认识，他说："政治文化是这样的一套态度、信念和情感，它赋予政治过程以意义和秩

---

① 别尔嘉耶夫《俄罗斯思想》俄文版，莫斯科 2007 年，第 6 页。

序,给出制约政治系统行为的基本前提和规则"。①

概括地说,政治文化就是人们对政治体系与政治运作的认知取向、情感取向和行为取向。政治文化的认知取向通过政治知识、政治教育、政治意识等功能得以体现。政治文化的情感取向通过政治感情、政治传统、政治价值、政治理想、政治信念等功能得以体现。政治文化的行为取向则通过政治目标、政治形式、社会政治活动和政治行为体现。政治文化既有历史的继承性,又有时代的现实性。受制于历史和成长的地理空间,不同背景下的政治文化存在很大差异。

围绕着俄罗斯的政治文化属性和定位,在俄罗斯历史和现实中一直存在着大西洋主义(西欧派)、斯拉夫主义(本土派)和欧亚主义(欧亚派)之争。西方派认为俄罗斯本来是欧洲的一部分,但由于蒙古鞑靼的入侵使得俄罗斯走上了不同于西方的发展道路。本土派则强调俄罗斯文化和发展道路的特殊性。而欧亚派认为俄罗斯既不是欧洲,也不是亚洲,而是特殊的欧亚。

(一) 俄罗斯的政治文化是欧亚结合部文化

在俄罗斯历史上,最初形成的文明形态是9至13世纪基辅罗斯时期的"欧俄文明",它属于欧洲文明的延伸和次生形态。然而随着蒙古人的入侵和金帐汗国的统治,这一西方文明的自然历史进程被打断了,它同亚洲文明相融合形成了一种"欧亚文明"或"东西方结合文明",这成为俄罗斯文明转折的关键。此后数百年来,尽管俄罗斯不断坚持要融入"西方",但总是不为欧洲人所容。在西方看来,俄罗斯的"西化"是一个怪胎,无论是彼得一世的改革,还是叶卡捷琳娜二世乃至后世的道路,都是在使俄国在西方化和现代化的同时进一步强化独裁权力,加强俄罗斯的"亚洲特性"。著名历史学家诺曼·戴维斯在其历史巨著《欧洲史》中就曾写道:"500多年来,定义欧洲的核心问题,始终在于是否应将俄罗斯包

---

① International Encyclopedia of Science, New York, MaCmillian Co. And the Free Press, 1961, vol, 12, p. 218.

括在内。"① 俄罗斯既不是欧洲也不是亚洲,他就是他自己——俄罗斯!俄罗斯是欧亚结合文明,在俄罗斯的成长过程中,拜占庭也就是东罗马帝国和蒙古帝国都对俄罗斯的文明塑造方面起过重要的作用。俄罗斯的东正教来源于东罗马的拜占庭帝国,而其专制制度来自于亚洲的蒙古。

俄罗斯历史中有一些相当严重的政治化情节。这包括蒙古—鞑靼的入侵问题。绝大多数俄罗斯国内历史学家主要从政治内容的角度来看待和研究这些问题,例如,俄罗斯在当时附属于金帐汗国。

事实上,在俄罗斯国内历史文献中,"蒙古鞑靼与俄罗斯"的问题可追溯到18世纪末和19世纪初。它的理解和解释应该与"俄国心态的自我肯定过程","民族自我意识的强化增长的表达"和"历史的高爱国热情"有关。② 这些新时期俄国民族文化形成的社会心理学基础直接影响了俄罗斯国家史学的发展。因此,出现了对俄罗斯古代历史事件的高度情感和戏剧性甚至悲剧性的看法,尤其是蒙古—鞑靼人的入侵和枷锁。但是也有一些俄罗斯历史学家不这么看,比如说卡拉姆津,他就认为蒙古人的到来加速了俄罗斯国内的统一,并且把一些来自东方的行政管理制度传授到俄罗斯,例如"八思哈"制度被带到俄罗斯,促进了俄罗斯社会的发展,特别是蒙古人的专制制度,对于促进俄罗斯的内部统一有重大的帮助。还有其他的学者例如欧亚主义的古米廖夫认为蒙古鞑靼对俄罗斯的桎梏在历史上根本就不存在。

蒙古人对俄罗斯的统治对于俄罗斯来说有积极的意义,肯定也有消极的成分。但是总的来说,由于蒙古帝国西征打开了俄罗斯与亚洲交往的大门,俄罗斯开始第一次把目光投向亚洲,俄罗斯国徽上的东西环顾的双头鹰,就体现了这样一个特点。莫斯科大公国的形成是在蒙古人统治下,受蒙古人挤压的过程中直接形成的,并且学习了蒙古人东方集权

---

① 诺曼·戴维斯:《欧洲史》(上卷),郭方、刘北成等译,北京:世界知识出版社2007年版,第29页。
② Стенник Ю. В. Об истоках славянофильства в русской литературе XVIII века // Славянофильство и современность. СПб. , 1994. С. 17, 19, 20.

国家的特点。俄罗斯之所以能够成为横跨欧亚的国家，更和蒙古的西征有着直接的联系。在某种意义上，俄罗斯是蒙古帝国的翻版，没有蒙古帝国，就不会有现在的横跨欧亚的俄罗斯。

总之，由于蒙古—鞑靼的统治对俄罗斯的文明有着巨大的影响，这种影响使得俄罗斯具有东方国家的特点，例如中央集权制度和专制统治。在蒙古的影响下，俄罗斯的文化具有了一定程度的东方的特点；同时它也有西方的特点，这种东西方结合的文化，使俄罗斯成为俄罗斯自身。在这种东西方结合的文化中，在涉及政权和产权的关系时，政权的地位仍然高于产权，并且政权控制产权。

（二）俄罗斯国家发展道路的三大主义之争

由于俄罗斯横跨欧亚，东西方文明在这里交汇，俄罗斯本身就是独特的欧亚结合部文明，所以从彼得一世改革到现实的今天，俄罗斯对于自己国家发展道路的选择一直很纠结。直到今天，在苏联解体已经有了30年的历史后，在俄罗斯仍然存在着俄罗斯向何处去——国家发展道路路径选择的问题：大西洋主义（西欧派）、斯拉夫主义（本土派）和欧亚主义（欧亚派）之争。

几个世纪以来，关于俄罗斯的特殊本质的概念一直出现在公众意识和理论发展中。恰达耶夫在1836年的第一封哲学信中写道："问题在于，我们从来也没有同其他民族并驾齐驱，我们不属于人类大家庭中的任何一个家族，既不属于东方，也不属于西方，既没有东方的传统，也没有西方的传统。我们仿佛站在时间的历史之外，全人类的普遍教育没有波及我们。世代相传的人类思想之间的美妙联系和人类精神历史使世界其他国家的精神领域达到了当今的文明状态，但对我们却没有发生任何作用。而且，那些在其他民族中早已成为社会和生活的实质的东西，对我们来说还只是理论和哲学的思辩而已"[①]。正是从这里开始，俄罗斯的思

---

① 《恰达耶夫著作全集及通信选》（第1卷），莫斯科：科学出版社1991年版，第323页。

想界对俄罗斯发展道路的深刻思考，才有了西方派和斯拉夫本土派派的争论，才有了大西洋主义与欧亚主义永恒的论战，才有了对自身"特殊使命"的艰难的追求与舍弃。几个世纪以来俄国社会的发展始终贯穿着一条清晰的主线：围绕着三大主义的"传统与现代、保守与激进、民主与专制、西化和本土化、精英与民众"等问题的思想和道路的纷争。

（三）"俄罗斯世界"和新欧亚主义

俄罗斯是世界上最早面对东西方问题的国家。俄罗斯向何处去？这一直是俄罗斯历久弥新的历史和现实问题。在历史上，从第三罗马到第三国际，伴随着帝国意识，俄罗斯有着自己独特的历史。围绕着俄罗斯的发展道路，在历史上俄罗斯的思想家以大西洋主义、斯拉夫主义和欧亚主义为理论基础的争论不断。在历经了20世纪的风雨和跌宕、苏联解体之后，在当今全球化的大背景下，当代俄罗斯仍处在现代民族国家建构的路上。

在笔者看来，现今"俄罗斯世界"作为俄罗斯官方倡导的民族国家建构的概念虽然仍在形成的过程中，但其基本的内容、结构已经比较清晰，其在俄罗斯当代社会的内政外交的现实中发挥的作用已经开始体现。但在全球化的背景下，"俄罗斯世界"能够走多远？这是一个无法回避的问题。俄罗斯一直存在着反西方的传统，从俄罗斯传教士费洛菲的"第三罗马"以及东正教的弥赛亚意识，到20世纪的第三国际，俄罗斯一直存在着对西方的排斥和反西方的理念。"俄罗斯世界"就是这样一个与西方世界相对立的概念。"俄罗斯世界"涉及时间和空间、内政和外交等多个领域。这是一个内容十分丰富的有着俄罗斯特点的独特概念。

目前对"俄罗斯世界"这一提法在俄罗斯学界有两种基本的观点：第一，这是21世纪俄罗斯现实的地缘政治和社会文化的反映。在苏联解体后，"俄罗斯世界"是对于俄罗斯走什么样的道路和向何处去这个问题的当代回答。先前俄官方提出的"可控式民主"、"主权民主"根本无法回答俄罗斯的民族国家建构的道路问题。第二，"俄罗斯世界"这是俄罗斯官方的口号，反映了苏联解体后俄罗斯一部分精英在俄罗斯国力衰落后的后帝国情绪和心态。苏联并非一个民族国家，是有着帝国意识的超越国家主权的共同体，在联合国成立时，苏联作为创始国共有三票，这就是苏联、乌克兰和白俄罗斯三票。这种超越民族国家的共同体的建构，最终在1991年以苏联解体而告结束。"苏联人"最终成了一个历史概念。

在当代俄罗斯民族国家建构的过程中，如何选择国家的发展道路？叶利钦在执政时奉行大西洋主义，主张走欧美的自由主义道路，经济上实行市场经济，作为主权国家完成民族国家建构。但是俄罗斯的社会转型、走欧美道路远远没有想象的那样一帆风顺，其发展道路困难重重。20世纪90年代末，俄罗斯面临着沦为世界二流国家，抑或三流国家的可能。

自普京2000年执政以来，新欧亚主义逐渐在21世纪成为俄罗斯官方行为包括民族国家建构的主导思想。2012年1月23日普京在《俄罗斯的民族问题》一文中讲到："贯穿俄罗斯独特文明的主轴线，是俄罗斯民族和俄罗斯文化"。"我深信，宣扬构建单一民族俄罗斯国家的思想，不仅违背我们一千多年的历史，而且是消灭俄罗斯人民和国家的最简捷的途径，也是消灭地球上任何主权国家的最便捷的途径"。"俄罗斯民族的自觉是以俄罗斯文化为核心的多民族文明，保持俄罗斯文化主导地位为基础，俄罗斯文化的载体，不仅是俄罗斯族人，还有其他民族，都认同这一文化的所有人"。伴随着新欧亚主义思潮，俄罗斯开始在对外关系上改变了原来重欧美的态度开始东西并重，特别是在乌克兰危机后俄罗斯面对现实中的外交困局，对东方更加有所侧重。而"俄罗斯世界"这一俄罗斯官方正式倡导的概念，在笔者看来实际上是俄罗斯历史上的斯拉夫主义在21世纪新的表现，"俄罗斯世界"是当代俄罗斯新时期的斯拉夫主义。

自2014年乌克兰危机以来俄罗斯官方事实上奉行的新欧亚主义的政治实践和民族国家建构过程当中倡导的"俄罗斯世界"——事实上的

斯拉夫主义在今日普京执政时期并存，这说明当代俄罗斯官方民族国家建构及其实践在内政和外交领域中存在偏差、并不是统一的。俄罗斯官方骨子里是地道的斯拉夫主义，但是在实践中特别是在对外关系中却在行动上奉行新欧亚主义，特别是近年积极提倡"大欧亚"战略。2016年6月18日，在圣彼得堡普京第一次提出"大欧亚经济伙伴关系"，正式确立了"大欧亚"战略构想，"大欧亚"战略超出了原苏联的领土范围。

在《民族主义——走向现代的五条道路》一书中，美国学者格林菲尔德把英国和美国的公民主义称为"公民民族主义"；把俄罗斯和德意志的民族主义称为"族裔民族主义"。在笔者看来，当代俄罗斯官方所倡导的"俄罗斯世界"这个概念，在当代民族国家构建过程中是出于文化认同的文化民族主义。文化认同，这是当代俄罗斯民族国家构建的出发点。"俄罗斯世界"是在21世纪新的历史条件下，现代俄罗斯民族国家构建过程中共同的民族文化认同的起点。

当然"俄罗斯世界"本身也存在着一定的问题。从现实来说，俄罗斯在进行现代民族国家建构，处理和苏联的加盟共和国的关系时，并没有把这些已经获得独立的原苏联的加盟共和国看成是外国，特别是把乌克兰和白俄罗斯看成是自己的后花园。这就使包括乌克兰在内的新独立国家对俄罗斯的独联体外交产生不仅是不信任的问题。并且俄罗斯倡导的欧亚经济联盟、"大欧亚"战略的深层动机也一直受到相关国家的怀疑。从理论上来讲，虽然当代俄罗斯民族国家建构中，斯拉夫主义、新欧亚主义可以并存，可是如何化解他们之间的理论内核的不同？这仍然是当代俄罗斯官方和思想界不能回避的一个现实问题。

在俄罗斯现代政治精英中，新欧亚主义的支持者在增加。[①] 法国学者玛丽·热戈也说，克里姆林宫的顾问、外交官、军人、政客，都是新

---

① B. 布加乔夫：《21世纪的俄罗斯与欧洲：一体化还是冲突》，《莫斯科大学学报》2001年第2期第5页。

欧亚主义哲学的支持者，他们突出俄罗斯的独特性。她还说，俄罗斯恢复了历史的延续性，在苏联垮台之后，出现了一个欧亚帝国。①

二、俄罗斯和欧洲政治文化的不同

由于文化成长的历史背景和地缘空间的不同，欧洲的政治文化以个人主义为中心，关注个体的自由和权利。而东方政治文化以共同体为中心，以社会、集体和国家为导向。作为地跨欧亚的大国，俄罗斯的政治文化和欧洲的个人中心主义政治文化存在重大差异和不同，并主要体现在以下三个方面。

（一）俄罗斯政治文化中的国家专制主义导向

俄罗斯横跨欧亚，不同语言和文化的众多民族生活在这片辽阔的疆域中。在这样的条件下，为了整合这些不同的民族，保证他们的认同，国家专制主义导向成为俄罗斯政治文化的重要特点。

同"第三罗马"理论一样，"俄国政治生活中至关重要的决定性因素——中央王权，依然是独裁专制"，而泛斯拉夫民族主义强调"东方与西方这两个世界的根本分歧造成了两者之间不可逾越的鸿沟，而这种对立只有在以武力进行的斗争中才能最后得到解决。在这场斗争中腐朽的西方一定要灭亡，而胜利的俄国一定会发挥核心作用"，"斯拉夫各族中，俄国占有中心的地位"，"斯拉夫人的溪流都应汇入俄国的大海"②，这也足以说明斯拉夫主义就是一种俄罗斯民族沙文主义。这就是被称为"东西结合部的文明"及其特点。凡此种种，可以认为这正是俄罗斯的特殊之所在，并影响着俄罗斯历代统治者的对外决策及其战略。

俄罗斯学者巴塔洛夫强调，在俄罗斯，国家专制主义被认为是"文明的脊梁，保证了社会的整体性和存在，成为全部生活的组织者"③。俄

---

① 玛丽·热戈：《欧亚主义：俄罗斯性的地缘政治》，法国《世界报》2001年6月8日。
② 《普希金抒情诗》，查良铮译，上海：新文艺出版社1958年，第8页。
③ Баталов Э. Политическая культура России сквозь призму civic culture // Pro et Contra. 2002. No3.

罗斯人既惧怕国家和权力，又要亲近国家和权力。由此形成了俄罗斯政治文化和国民性格中的二律背反。这种对国家和权力的认知反映了国家在俄罗斯历史和现实中的核心作用。特别是在苏维埃时期，政治文化的国家专制主义导向保证了苏联在第二次世界大战中动员和集中全国的力量战胜德国法西斯，取得卫国战争的伟大胜利，同时也进一步强化了中央集权。而在当代俄罗斯，虽然国家专制主义导向的传统被削弱，但是在 2000 年普京上台后联邦中央的作用很快得到恢复，直接体现就是垂直权力的加强。

（二）俄罗斯政治文化中的帝国意识和弥赛亚（救世）情怀

俄罗斯的历史和东正教紧密相连，公元 862 年基辅罗斯建立，988 年罗斯在弗拉基米尔大公领导下受洗，接受了来自拜占庭帝国的东正教，1442 年罗斯教会取得独立于君士坦丁堡教会的地位。

东正教信仰对俄罗斯人的大俄罗斯观念、爱国主义、俄罗斯的特殊性等政治意识的形成起了重要作用，并成为俄罗斯人的精神支柱。俄罗斯人以此安身立命来面对东方的伊斯兰教和西方的天主教。特别是俄罗斯继承了拜占庭帝国东正教文化中的帝国意识和弥赛亚情怀，更是深深影响着俄罗斯人的政治意识，成为俄罗斯政治文化中的又一显著特点。为了维护对多民族的国家的统治，超大型的俄罗斯帝国必须依靠专横的权力和强势中央集权国家机器，由此带来的对个体而言是对权力和国家意志的臣服，对国家而言是不断的对外战争和领土扩张。帝国意识的世界情怀对领土扩张起了重要作用，却对俄罗斯民族国家的构建缺乏支持。

西方基督教的其他派别天主教或新教也有弥赛亚意识，但在他们那里弥赛亚保留着最初受膏者（The Anointed One）的本意："被委任担当特别职务的人"[1]。在东正教传入俄国后，弥赛亚意识获得了特别的内容

---

[1] The Anointed One 2019 年 3 月 21 日查看 https：//en.wikipedia.org/wiki/The_Anointed_One。

并且和"第三罗马"情结联系在一起。1453 年 5 月 29 日君士坦丁堡陷落，1510—1511 年间，普斯科夫修道院院长菲洛费伊在给莫斯科大公瓦西里三世的信中提出了"莫斯科——第三罗马"，"所有的基督教王国都统归于您的一个王国，两个罗马已经消失，而第三罗马却正屹立不动，至于第四罗马则将不会再有。因为第三罗马无限忠诚于东正教，所以它是万古长存的"。①这就是著名的"第三罗马"理论。

从"第三罗马"到沙俄帝国的对外扩张，再到"第三国际"及两次世界大战，都体现了俄罗斯的争霸意识，即使第二次世界大战后两极格局的形成中，也不可避免大国沙文主义、强权政治的文化色彩。

（三）俄罗斯政治文化中的家长制传统和"和合性"社会理想

俄罗斯政治文化的家长制传统和"和合性"社会理想源于历史。俄罗斯的"和合性"（Соборность 也被翻译成"聚合性"）社会理想也和东正教有关。与其他基督教教派不同，东正教特别推崇和合性原则。按照俄国斯拉夫派知识分子代表人物亚·霍米亚科夫的阐释，和合性是指东正教徒在共同认识真理和探索拯救之路的事业中，以爱基督和上帝为基础，共同商讨和决定各种事务。这一原则强调统一、和谐与集体主义，与俄罗斯村社文明崇尚的集体主义可谓异曲同工。

以爱为基础的体现自由与统一的"和合性"与俄罗斯传统的村社集体生产方式相结合，使服从于集体、国家、政权及其代表者的集体性、集体主义精神成为俄罗斯民族性格的主要特征。在俄罗斯历史上农业社会"村社"的基本单位就是以家长为首的家庭。作为一家之主的家长领导几十人的家庭从事生产，他的权威无可争议。由于俄罗斯地处高纬，生长期短，农活不能耽搁，需要家长利用权威分配家庭成员在短时间内集中精力完成繁重的农业劳动，以保证秋收。家庭中的其他成员必须执行家长的命令，否则个人利益也必然无法实现。个人的命运依赖于家庭、国家和权力。在这种情况下，个人服从家长、服从领导；反过来家

---

① A. 扎比亚克：《古罗斯文化起源》，莫斯科，2002 年出版，第 267 页。

长、领导照顾、庇护个人。

三、俄式政党、国家治理制度和西方政党及国家治理制度的不同

政治文化对政治行为具有内在的指引作用。俄罗斯政治文化特性对俄罗斯的政党制度和国家治理制度产生了直接的影响，其与西方的政党制度和国家治理制度有很大不同。

首先，以总统制为核心的俄罗斯的新国家主义治理中，俄罗斯总统没有政党的党派属性，超越立法、行政和司法三权之上，这和西方的总统制度是行政制度的一部分明显不同。1991年"八一九"事件后戈尔巴乔夫辞去了苏共总书记的行为可以理解为戈氏在苏联宪法修改后在多党制条件下把苏共塑造为执政党的努力失败后，他以超党派总统的身份保持苏联的尝试。尽管戈尔巴乔夫的努力最后失败，但是超越党派的总统、没有政党属性的总统特性，却被俄罗斯保留下来，并对苏联解体后俄罗斯政党制度的演化产生了重要影响。

1991年苏联解体、俄罗斯新生后，俄罗斯总统的超党派特性在俄罗斯《政党法》第十条中得以确认："俄罗斯联邦总统在任职期间有权暂时中止其政党党员资格。"①《俄罗斯联邦宪法》规定："总统是俄罗斯联邦宪法、人和公民的权利和自由的保证人。"②俄罗斯总统权力巨大，其地位超越于立法、行政、司法三权之上。这在欧美国家治理中是难以想象的。

其次，在俄罗斯现行的政党制度下，政党从属于国家行政权力。俄罗斯存在"政权党"，但没有"执政党"，这和西方政党制度又是不一样的。俄罗斯联邦1993年颁布的宪法第83条规定，政府总理由总统提名，

---

① 《俄罗斯政党法》第10条第3款 见俄罗斯国家法律信息系统官网2019年3月21日查看 http：//pravo.gov.ru/proxy/ips/? docbody=&nd=102071991。

② 《俄罗斯联邦宪法》第88条第2款 见俄罗斯总统官网2019年3月21日查看 http：//constitution.kremlin.ru/。

经国家杜马同意任命，而不是由在国家杜马选举中获胜的党的党首进行组阁。虽然俄罗斯没有执政党，但在国家杜马却存在着"政权党"——支持总统的党。1993年以来在国家杜马中先后出现的"政权党"有"俄罗斯选择"、"我们的家园—俄罗斯"、"团结"党、"统一俄罗斯"党。在俄罗斯，不是权力（在选举中的成果）从属于政党，而是政党从属于行政权力，政党成为行政权力特别是总统权力的附属物，社会政治和选举的代用品。

由于俄罗斯目前政党缺少选民基础，俄罗斯的政党政治在国家治理过程中处于弱势地位。当代俄罗斯政党在国家杜马选举获胜后没有组阁权，所以与国家行政权力绝缘，只承担立法职能和监督职能。西方政党政治的真正意义在于政党代表一定的利益群体对国家权力分配的竞争性参与，即政党通过竞争性选举争取成为执政党，继而通过领导和掌握国家政权来贯彻实现党的政纲和政策，使自己所代表的阶级或阶层、集团的意志上升为国家意志。而在目前的俄罗斯，俄罗斯政党的作用基本上在于为总统的各种政治决定、提供合法性的立法程序。俄罗斯政党既不能监督政府，也不能表达民意，在目前的情况下只是为政治权力的合法性提供一个支撑。

第三，俄罗斯的民主是主权民主。按照普京的说法："俄罗斯是一个根据自己人民的意志选择民主道路的国家。俄罗斯自己走上了这条道路，并遵守所有的普遍民主规则。俄罗斯将自己做出决定，通过何种方式可以保障自由和民主原则的实现，在这个过程中考虑到俄罗斯自己的历史、地缘政治和其他特点。作为一个主权国家，俄罗斯有能力并将独立自主地决定俄罗斯沿着民主道路前进的期限和条件。"[①] 主权民主以爱国主义、强国主义、民族主义为基本特征，让"颜色革命"失去了在俄罗斯发生的理论基础。主权民主，是俄罗斯现阶段转型时期的民主表现

---

① Послание Президента Российской Федерации от 25.04.2005 г. 2019年3月21日查看 http://www.kremlin.ru/acts/bank/36354。

形式，而且必然还要随着俄罗斯国情的发展而变化。

每个国家都有自己的政治文化和历史传统，与此相应，每个国家的不同发展阶段的政党政治制度的表现形式和国家治理的形式也都不可能一样。"强国是目的，发展是核心，民主是手段"，我们有理由相信在历史上曾经战胜法国拿破仑和德国法西斯的俄罗斯民族一定能结合自身政治文化特点，在历史的新阶段早日探索出适合俄罗斯自身发展的政党政治制度建设和国家治理现代化方式。

但俄罗斯的执政者在俄罗斯国家转型和国家治理过程中，在其21世纪经济上升发展、石油美元大量涌入的时期没能及时调整其能源依赖型经济产业结构，没能处理好政权和产权关系、重新国有化其企业，政权重新攫获产权，至今市场经济不到位。这对俄罗斯今后的国家治理和长远发展是非常不利的。

四、小结

在从传统到现代的过程中，任何一个国家的发展道路和发展方式的选择，都和它的政治文化有着深刻的联系。当代俄罗斯国家治理现代化过程中的政党制度建设有它自身的特点，例如没有执政党的"政权党"；是权力决定政党，而不是政党决定权力，这些特点都和俄罗斯的政治文化直接相关。从这个角度来讲，俄罗斯的政党政治制度，似乎是已经注定的发展道路。

传统在当代社会只有经过现代性的改造才会有意义，才能够适应社会的发展。这一点对于俄罗斯来说也应该是适用的。在俄罗斯政权高于产权的情况下，俄罗斯的新国家主义的国家治理还会存在很长时间。

当代俄罗斯的政党制度建设虽然已经基本定型，但是远未结束。未来，伴随着俄罗斯的市场化经济建设，俄罗斯政党制度未来发展的道路，仍有待进一步观察和继续研究。

参考文献

一、中文书目

1. 《马克思恩格斯选集》（第1—4卷），北京：人民出版社1972年版。
2. 《邓小平文选》（1975—1982），北京：人民出版社1983年版。
3. 〔俄〕普京：《普京文集》（2002—2008），张树华、李俊升、许华译，北京：中国社会科学出版社2008年版。
4. 〔俄〕普京：《普京文集》（2012—2014），《普京文集（2012—2014）》编委员编译，北京：世界知识出版社，上海：华东师范大学出版社2014年版。
5. 〔俄〕安德烈·索尔达托夫、伊琳娜·博罗甘：《谁在掌控俄罗斯》，臧博、吴俊译，北京：中信出版社2011年版。
6. 〔俄〕安德兰尼克·米格拉尼扬：《俄罗斯现代化之路——为何如此曲折》，徐葵等译，北京：新华出版社2002年版。
7. 〔俄〕А. П. 齐甘科夫、〔俄〕П. А. 齐甘科夫主编：《当代俄罗斯国际关系学》，冯玉军、徐向梅译，北京：北京大学出版社2008年版。
8. 〔俄〕瓦·奥·克柳切夫斯基：《俄国史》（1—5卷），张草纫等译，北京：商务印书馆2013年版。
9. 〔俄〕叶·季·盖达尔：《帝国的消亡：当代俄罗斯应当从中汲取的教训》，王尊贤译，北京：社会科学文献出版社2013年版。
10. 〔美〕B. 盖伊·彼得斯：《政治科学中的制度理论："新制度主义"

(第二版)》，王向民、殷红伟译，上海：上海世纪出版集团 2011年版。

11. 〔美〕彼得·卡赞斯坦主编：《世界政治中的文明：多元多维的视角》，秦亚青、魏玲、刘伟华、王振玲译，上海：上海世纪出版集团 2012年版。

12. 〔美〕戴维·伊斯顿：《政治生活的系统分析》，王浦劬等译，北京：华夏出版社 1989年版。

13. 〔美〕道格拉斯·诺思：《经济史上的结构和变革》，厉以平译，北京：商务印书馆 1992年版。

14. 〔美〕道格拉斯·诺思等编著：《暴力的阴影：政治、经济与发展问题》，刘波译，北京：中信出版社 2018年版。

15. 〔美〕道格拉斯·诺思、〔美〕罗伯斯·托马斯：《西方世界的兴起》，厉以平、蔡磊译，北京：华夏出版社 2009年版。

16. 〔美〕道格拉斯·诺思、〔美〕约翰·瓦利斯、〔美〕巴里·温格斯特：《暴力与社会秩序：诠释有文字记载的人类历史的一个概念性框架》，杭行、王亮译，上海：格致出版社、上海三联书店、上海人民出版社 2013年版。

17. 〔美〕菲利克斯·格罗斯：《公民与国家——民族、部族和族属身份》，王建娥、魏强译，北京：新华出版社 2003年版。

18. 〔美〕弗朗西斯·福山：《政治秩序的起源：从前人类时代到法国大革命》，毛俊杰译，桂林：广西师范大学出版社 2012年版。

19. 〔美〕弗朗西斯·福山：《大断裂：人类本性与社会秩序的重建》，唐磊译，桂林：广西师范大学出版社 2015年版。

20. 〔美〕弗朗西斯·福山：《国家构建：21世纪的国家治理与世界秩序》，郭华译，上海：学林出版社 2017年版。

21. 〔美〕哈罗德·D. 拉斯韦尔：《政治学：谁得到什么？何时和如何得到》，杨昌裕译，北京：商务印书馆 1999年版。

22. 〔美〕加布里埃尔·A. 阿尔蒙德等：《当代比较政治学：世界视野

（第八版更新版）》，杨红伟等译，上海：上海人民出版社 2009 年版。

23. 〔美〕杰弗里·曼科夫：《大国政治的回归：俄罗斯外交政策》，黎晓蕾、李慧容等译，北京：新华出版社 2011 年版。

24. 〔美〕肯尼斯·米诺格：《当代学术入门：政治学》，龚人译，沈阳：辽宁教育出版社 1998 年版。

25. 〔美〕拉里·戴蒙德、〔美〕理查德·冈瑟等：《政党与民主》，徐琳译，上海：上海人民出版社 2017 年版。

26. 〔美〕莱斯利·里普森：《政治学的重大问题》，刘晓等译，北京：华夏出版社 2001 年版。

27. 〔美〕罗伯特·达尔：《现代政治分析》，王沪宁、陈峰译，上海：上海译文出版社 1987 年版。

28. 〔美〕罗伯特·戈定主编：《牛津比较政治学手册》（上下册），唐士其等译，北京：人民出版社 2016 年版。

29. 〔美〕罗杰·皮尔斯：《政治学研究方法：实践指南》，张睿壮等译，重庆：重庆大学出版社 2014 年版。

30. 〔美〕罗纳德·英格尔哈特：《政治文化研究译丛：现代化与后现代化：43 个国家的文化、经济与政治变迁》，祁玲玲、严挺译，北京：社会科学文献出版社 2013 年版。

31. 〔美〕罗纳德·H. 科斯等：《财产权利与制度变迁：产权学派与新制度学派译文集》，刘守英等译，上海：格致出版社、上海三联书店、上海人民出版社 2014 年版。

32. 〔美〕马克·利希巴赫、阿兰·朱克曼编：《比较政治：理性、文化和结构》，储建国等译，北京：中国人民大学出版社 2008 年版。

33. 〔美〕迈克尔·布林特：《政治文化研究译丛：政治文化的谱系》，卢春龙、袁倩译，北京：社会科学文献出版社 2013 年版。

34. 〔美〕米切尔·罗斯金等：《政治科学（第 6 版）》，林震等译，北京：华夏出版社 2001 年版。

35. 〔美〕迈克尔·麦克福尔:《俄罗斯未竟的革命——从戈尔巴乔夫到普京的政治变迁》,唐贤兴、庄辉、郑飞译,上海:上海人民出版社2010年版。

36. 〔美〕曼瑟·奥尔森:《国家的兴衰:经济增长、滞胀和社会僵化》,李增刚译,上海:上海人民出版社2007年版。

37. 〔美〕尼古拉·梁赞诺夫斯基、〔美〕马克·斯坦伯格:《俄罗斯史》,杨烨、卿文辉主译,上海:上海人民出版社2007年版。

38. 〔美〕乔尔·S. 米格代尔:《社会中的国家:国家与社会如何相互改变与相互构成》,李杨、郭一聪译,南京:江苏人民出版社2013年版。

39. 〔美〕史蒂芬·E. 弗兰泽奇:《技术年代的政党》,李秀梅译,北京:商务印书馆2010年版。

40. 〔美〕Y. 巴泽尔:《产权的经济分析》,费方域、段毅才译,上海:上海三联书店、上海人民出版社1997年版。

41. 〔美〕伊恩·夏皮罗:《民主理论的现状》,王军译,北京:中国人民大学出版社2013年版。

42. 〔美〕詹姆斯·M. 布坎南:《制度契约与自由:政治经济学家的视角》,王金良译,北京:中国社会科学出版社2013年版。

43. 〔美〕乔治·萨拜因、〔美〕托马斯·索尔森:《政治学说史》(上下卷),邓正来译,上海:上海人民出版社2010年版。

44. 〔美〕塞缪尔·亨廷顿:《文明的冲突与世界秩序的重建》,周琪等译,北京:新华出版社2002年。

45. 〔美〕西里尔·布莱克编:《比较现代化》,杨豫等译,上海:上海译文出版社1996年版。

46. 〔美〕西里尔·布莱克等:《日本和俄国的现代化——一份进行比较的研究报告》,周师铭等译,北京:商务印书馆1984年版。

47. 〔挪威〕斯坦因·拉尔森主编:《政治学理论与方法》,任晓等译,上海:上海人民出版社2006年版。

48. 〔意〕G. 萨托利：《政党与政党体制》，王明进译，北京：商务印书馆 2006 年版。

49. 〔英〕艾伦·韦尔：《政党与政党制度》，谢峰译，北京：北京大学出版社 2011 年版。

50. 白晓红：《俄国斯拉夫主义》，北京：商务印书馆 2006 年版。

51. 曹维安：《俄国史新论——影响俄国历史发展的基本问题》，北京：中国社会科学出版社 2002 年版。

52. 陈尧：《新权威主义政权的民主转型》，上海：上海人民出版社 2006 年版。

53. 丛日云：《西方政治文化传统》，哈尔滨：黑龙江人民出版社 2002 年版。

54. 戴桂菊：《俄国东正教会改革（1861—1917）》，北京：社会科学文献出版社 2002 年版。

55. 冯绍雷、相蓝欣主编：《转型理论与俄罗斯政治改革》，上海：上海人民出版社 2005 年版。

56. 冯绍雷：《20 世纪的俄罗斯》，北京：生活·读书·新知三联书店 2007 年版。

57. 冯绍雷：《制度变迁与对外关系——1992 年以来的俄罗斯》，上海：上海人民出版社 1997 年版。

58. 高奇琦：《国外政党与公民社会的关系：以欧美和东亚为例》，北京：中央编译出版社 2011 年版。

59. 关海庭、吴群芳主编：《渐进式的超越：中俄两国转型模式的调整与深化》，北京：北京大学出版社 2006 年版。

60. 关海庭：《中俄体制转型模式的比较》，北京：北京大学出版社 2003 年版。

61. 关雪凌、张猛：《普京政治经济学》，北京：中国人民大学出版社 2015 年版。

62. 何俊志：《选举政治学》，上海：复旦大学出版社 2009 年版。

63. 李渤等：《俄罗斯政治与外交》，北京：时事出版社2008年版。

64. 李路曲：《新加坡道路》，北京：中国社会科学出版社2018年版。

65. 李路曲：《政党政治与政治发展》，北京：中央编译出版社2016年版。

66. 刘淑春：《当代俄罗斯政党》，北京：中央编译出版社2006年版。

67. 李亚洲：《俄共理论与政策主张研究》，北京：中国社会科学出版社2010年版。

68. 李永全：《俄国政党史：权力金字塔的形成与坍塌》，北京：社会科学文献出版社2017年版。

69. 刘显忠：《近代俄国国家杜马：设立及实践》，北京：社会科学文献出版社2007年版。

70. 刘向文、宋雅芳：《俄罗斯联邦宪政制度》，北京：法律出版社1999年版。

71. 刘莹：《普京的国家理念与俄罗斯转型》，北京：北京大学出版社2014年版。

72. 陆南泉等：《俄罗斯国家转型研究》，北京：社会科学文献出版社2013年版。

73. 罗荣渠：《现代化新论》，北京：商务印书馆2004年版。

74. 孟捷：《历史唯物论与马克思主义经济学》，北京：社会科学文献出版社2016年版。

75. 潘德礼主编：《俄罗斯东欧中亚政治概论》，北京：中国社会科学出版社2008年版。

76. 庞大鹏：《观念与制度——苏联解体后的俄罗斯国家治理（1991—2010）》，北京：中国社会科学出版社2010年版。

77. 唐世平：《制度变迁的广义理论》，沈文松译，北京：北京大学出版社2016年版。

78. 夏银平：《俄国民粹主义再认识》，广州：中山大学出版社2005年版。

79. 谢峰：《政治演进与制度变迁》，北京：北京大学出版社 2013 年版。
80. 谢宇：《社会学方法与定量研究》，北京：社会科学文献出版社 2012 年版。
81. 邢广程：《苏联高层决策 70 年》，北京：世界知识出版社 1998 年版。
82. 徐凤林：《俄罗斯宗教哲学》，北京：北京大学出版社 2006 年版。
83. 徐向梅主编：《世界主要政党规章制度文献．俄罗斯》，北京：中央编译出版社 2016 年版。
84. 徐向梅：《由乱而治——俄罗斯政治历程（1990—2005）》，北京：中央文献出版社 2006 年版。
85. 许海清：《国家治理体系和治理能力现代化》，北京：中共中央党校出版社 2013 年版。
86. 阎学通、何颖：《国际关系分析（第三版）》，北京：北京大学出版社 2017 年版。
87. 杨雪冬：《国家治理的逻辑》，北京：社会科学文献出版社 2017 年版。
88. 杨昌宇、陈福胜：《俄罗斯社会转型与宪政之路——文化哲学的视角》，北京：社会科学文献出版社 2009 年版。
89. 杨光斌：《政治学的基础理论与重大问题》，北京：中国人民大学出版社 2011 年版。
90. 杨光斌：《制度的形式与国家的兴衰——比较政治发展的理论与经验研究》，北京：北京大学出版社 2005 年版。
91. 杨光斌主编：《政治学导论》，北京：中国人民大学出版社 2000 年版。
92. 杨光斌：《政治变迁中的国家与制度》，北京：中央编译出版社 2011 版。
93. 叶麒麟：《社会分裂、弱政党政治与民主巩固——以乌克兰和泰国为例》，北京：中央编译出版社 2014 版。
94. 尹保云：《什么是现代化：概念与范式的探讨》，北京：人民出版社

2001 版。

95. 余科杰：《政党学概论》，北京：世界知识出版社 2015 年版。

96. 俞可平：《政治与政治学》，北京：社会科学文献出版社 2005 年版。

97. 俞可平等：《全球化与国家主权》，北京：社会科学文献出版社 2004 年版。

98. 俞可平：《治理和善治》，北京：社会科学文献出版社 2004 年版。

99. 张惠君：《俄罗斯转型进程中的国家治理模式演进》，北京：经济管理出版社 2009 年版。

100. 张建华：《俄国史》，北京：人民出版社 2004 年版。

101. 张树华、刘显忠：《当代俄罗斯政治思潮》，北京：新华出版社 2003 年版。

102. 张寅：《多元文化背景下的民族国家建构》，昆明：云南人民出版社 2015 年版。

103. 赵宬斐：《西方政党发展路径及现代性变革》，北京：中央文献出版社 2013 年版。

104. 赵虎吉：《比较政治学——后发展国家视角》，广州：中山大学出版社 2002 年版。

105. 周淑真：《政党政治学》，北京：人民出版社 2011 年版。

二、俄文书目

1. Абучакра Р., Хури М. Эффективное правительство для нового века: Реформирование государственного управления в современном мире. М.: Издательство «Олимп-Бизнес», 2018.

2. Абрамов, В. Н. Многопартийность в постсоветской России: тенденции, проблемы, общественные потребности / В. Н. Абрамов; Ин-т "Открытое о-во". -М.: Магистр, 1997.

3. Артемов, Г. П. Политическая социология [Текст] / Г. П. Артемов-М.: Логос, 2002.

4. Баюичев И. В., Смирнов Б. В. Местное самоуправление в современной России; Становлениеи развитие-М.: Норма, 2011.

5. Безбородов А. Б. История Коммунистическая партии Советская союза-Москва: РОССПЭН, 2013.

6. Бердяев, Н. А. Душа России [Текст] /Душа России / Николай Бердяев. -Л.: Предприятие "Сказ", 1990.

7. Бердяев, Н. А. Русская идея [Текст] /Русская идея: Основные проблемы рус. мысли XIX в. и нач. XX в.; Судьба России / Н. А. Бердяев. -Москва: ЗАО "Сварог и К", 1997.

8. Белл, Даниел. Грядущее постиндустриальное общество: Опыт социал. прогнозирования / Даниел Белл; Пер. с англ. под ред. В. Л. Иноземцева. -М.: Academia, 1999.

9. Бордюгов Г. А., Касаев А. Ч. Владимир Путин. Рано подводить итоги. -Москва: АСТ, 2007.

10. Бухвальд Е. М. Муниципальная реформа в России: от переходного периода к полномасштабной реализации: [сборник] / Российская акад. наук, Ин-т экономики; отв. ред. Е. М. Бухвальд. -Москва: URSS, 2009.

11. Васильев В. П., Деханова Н. Г., Холоденко Ю. А. Государственное управление: учебное пособие-Москва: Дело и Сервис, 2010.

12. Вебер, М. Избранные произведения [Текст] /М. Вебер. -М.: Прогресс, 1990.

13. Винаградов В. А. Муниципальное Право Российской Федерации-М.: Юрайт, 2015.

14. Виталий Иванов. «Единая Россия». Краткая история партии. М.: Издательство «Европа», 2009.

15. Габричидзе Б. Н. Система органов государственной власти России-Москва: ЮНИТИ-ДАНА, 2013.

16. Гаман-Голутвина, Сравнительная политология-Москва: Аспект Пресс, 2015.

17. Гельман, В. Я. Трансформация в России: политический режим и демократическая оппозиция [Текст] /В. Я. Гельман//-М. : МОНФ, 1999.

18. Голосов, Г. В. Российская партийная система и региональная политика 1993 – 2003 гг. [Текст] /Г. В. Голосов. -СПб. : Издательство Европейского университета в Санкт-Петербурге, 2006.

19. Гусаров Е. Россия проект империя-М. : Издательство Достоинство, 2012.

20. Данилевский Н. Я. Россия и Европа-М. : Издательство Юрайт, 2017.

21. Данилин П. Партийная система современной России. М. : ЗАО «Издательский дом «Аргументы недели», 2015 г.

22. Долуцкий И. И. , Ворожейкина Т. Е. Политические Системы в России и СССР в XX веке (Том1 – 4) -М. : КДУ 2008.

23. Доминик, К. Политическая социология [Текст]: Пер с фр. ; предисл. А. Б. Гофмана. -М. : Изд-во «Весь мир», ИНФРА-М, 2001.

24. Дюверже, М. Политические партии [Текст]: пер. с франц./ М. Дюверже. -М. : Академический Проект, 2000.

25. Заславская, Т. И. Современное российское общество: Социальный механизм трансформации [Текст] / Т. И. Заславская. -М. : Дело, 2004.

26. Заславский С. Е. Основы теории политических партий. Учебное пособие. Москва Издательство «Европа» 2007.

27. Зотова, З. М. Политические партии России: организация и деятельность. [Текст] / З. М. Зотова. -М. : Российский центр обучения избирательным технологиям, 2001.

28. Ильичесская Л. Е. , Комаровский В. С. Россия вXXI веке-М. : Аспект

Пресс 2016.

29. Ирхин Ю. В. Социология культуры［Текст］/ Ю. В. Ирхин. -М.：Экзамен, 2006.

30. Исаев Б. А., Баранов Н. А. Политические отношения и политический процесс в современной России. Учебное пособие. СПб.：Питер, 2009.

31. Кабашов С. Ю. Государственная Служба-М.：ИНФРА-М, 2013.

32. Кагарцский Б. Ю. От империй к империализму-М.：ЛЕНАНД, 2014.

33. Кара-Мурза С. Г. Советская цивилизация-Москва：Алгоритм, 2008.

34. Кисовская, Н. К. Партии и перспективы демократизации в России // Политические институты на рубеже тысячелетий［Текст］/ Н. К. Кисовская. -Дубна：«Феникс +», 2001.

35. Коваленко В. И. Современная российская политика М.：Издательство Московского Университета, 2013.

36. Конституция РФ. -М.：Тенис, 1996.

37. Кортунов С. В. Становление Национальной Идентичности-М.：Аспект Пресс, 2009.

38. Кот В. С. Формирование современных политических сообществ［Текст］/ В. С. Кот. -М.：Мысль, 2005.

39. Красильников Д. Г. Межсистемные политические ситуации в России в XX：вопросы и теории и история-Пермь：Изд-во Перм. ун-та, 2001.

40. Кротков В. О. Авторитарная Власть Кремля в условиях социально-политического транзита-М.：РОССПЭН, 2014.

41. Кынев А. В., Любарев А. Е. Партии и выборы в современной России：Эволюция и деволюция. М.：Фонд «Либеральная миссия», 2011.

42. Кынев А., Любарев А., Максимов А. Региональные и местные выборы 2014 года в России М.：Фонд «Либеральная миссия», 2015.

43. Кынев А., Любарев А., Максимов А. На подступах к федеральным выборам М.: Фонд «Либеральная миссия», 2016.

44. Коргунюк Ю. К. Современная российсскаямногопартийность-М.: ИНДЕМ, 1999.

45. Кузнецова О. В. Региональная политика России-М.: Книжный дом «ЛИБРОКОМ», 2015.

46. Кузьбожев Э. Н., Козьева И. А. История государственного управления в России-М.: Издательство Юрайт, 2013.

47. Кулик, А. Партийная демократия: политические партии в формировании открытого общества на Западе и в России / А. Кулик; Ин-т "Открытое о-во". -М.: Магистр, 1997.

48. Купряшин, Г. Л. Политическая модернизация. [Текст] / Г. Л. Купряшин-М.: Общество «Знание» РСФСР, 1991.

49. Лапаева, В. В. Право и многопартийность в современной России [Текст] / В. В. Лапаева. -М.: Издательство НОРМА, 1999.

50. Липман М., Петров Н. Россия-2020: Сценарии развития. М.: РОССПЭН, 2012.

51. Литовченко А. А. Россия в глобальной политике-М.: Издательство Юрайт, 2017.

52. Лысков Д. Ю. политическая история Русской революция-М.: Пятый Рим, 2017.

53. Малашенко А., Филадова С. Двацать лет Религиозной свободы в России М.: РОССПЭН, 2009.

54. Марахов В. С. Государство в условиях глобализации-М.: КДУ 2013.

55. Макаренко Б. И. и др. Парии и партийные системы: современные тенденции развития. М.: РОССПЭН, 2015.

56. Маркин Е. Сучков Е. Политические Технологии-М.: Русская панорама, 2012.

57. Мухаев Р. Т. Политология-Москва：Проспект，2015.

58. Мучаев Ш. М. Политическая История России-М.：НОРМА，2016.

59. Нольде Б. Э. История формирования Российской империи-СПБ.：«ДМИТРИЙ БУЛАНИН»，2013.

60. Федеральный закон от 11.07.2001 г. № 95 – ФЗ О Политических Партиях-М.：Проспект，2015.

61. Осипов，Г. В. Российская социологическая энциклопедия ［Текст］／Под общей ред. Г. В. Осипов. -М.：НОРМА-ИНФРА-М，1998.

62. Острогорский，М. Демократия и политические партии ［Текст］／М. Острогорский. -М.：РОССПЭН，1997.

63. Педухов，В. В. Демократия участия и политическая трансформация России. ［Текст］／В. В. Педухов. -М.：Academia，2007.

64. Перегудов С. П. Политическая система России в мировом контексте-М.：РОССПЭН，2011.

65. Пешин Н. Л. Государственная Власть и Местное самоуправление в России-М.：Статут 2007.

66. Пивовар Е. И.，Безбородов А. Б. История СССР/РФ-М.：Проспект 2013.

67. Пихоя Р. Г. История государственного управления в России：Учебник. М.：Изд-во РАГС，2009.

68. Пляйс Я. А. Политология в контексте переходной эпохи в России-М.：РОССПЭН. 2010.

69. Рябова А.，Захарова А. К Новой Модели Российского Федерализма-М.：Весь Мир，2013.

70. Российская государственность：опыт 1150-летней история：Материалы Международной научной конференции-М.，Время，2013.

71. Соловьев А. И. Государственная политика：Учебное пособие. М.：Издательство Московского университета，2013.

72. Соловьев А. И. Принятие исполнение государственных решений: М.: Издательство Аспект пресс, 2014.

73. Современный словарь по политологии [Текст] / Под ред. В. А. Мельник. -Минск: Книжный дом, 2004.

74. Степанов А. Д. Митрополит Иоанн Почему Россия не Европа-М.: Москва Русская Народная Линия, 2015.

75. Толлыгина О. А. Идейно-политические контуры партийного ландшафта современной России-Москва.: ИНИОН РАН, 2014.

76. Фурсов А. И. Русский интерес-М.: Товарищество научных изданий КМК. 2014.

77. Хантингтон, С. Третья волна: Демократия на исходе XX века [Текст] / С. Хантингтон-М.: РОССПЭН, 2003.

78. Хантингтон, С. политический порядок в меняющихся обществах [Текст] / С. Хантингтон. -М.: Прогресс-Традиция, 2004.

79. Хуберт Зайпель, Путин: Лотика власти-М.: Время, 2016.

80. Цыганов П. А. Политическая Динамика Современного Мира-М.: МГУ 2014.

81. Черкасов А. И. Местное управление в конституционном механизме стран современного мира-М.: Юрлитинформ, 2014.

82. Шестопал Е. Б. Путин 3.0 Общество и Власть/ Под ред. Шестопал Е. Б. -М.: АРГАМАК-МЕДИА, 2015.

83. Ядов, В. А. Социальные трансформации в России: теории, практики, сравительный анализ [Текст] / В. А. Ядов. -М.: Флинта, 2005.

三、英文书目

1. 马克思、恩格斯：《共产党宣言》（英文版），北京：外语教学与研究出版社1998年版。

2. 〔古希腊〕亚里士多德：《政治学》（英文版），〔英〕本杰明译，上海：世界图书出版公司 2011 年版。

3. 〔英〕约翰·洛克《政府论》（英文版），上海：世界图书出版公司 2011 年版。

4. Almond, G. A., Verba, S., *The Civic Culture: Political Attitudes and Democracy in Five Nations*, Princeton (N. Y.)：Princeton Univ. Press, 1963.

5. Bova, R., "The Political Dynamics of the Post-Communist Transition: A Comprarative Perspective", *World Politics*, Vol. 44, No. 1, October 1991.

6. David Osborn, Ted Gaebler, *Reinventing Government: How the Entrepreneurial Spirit Is Transforming the Public Sector*, Hoboken：Addison-Wesley, 1992.

7. Drucker Peter: *Post-Capitalist Society*, New-York: Harper Business, 1993.

8. David Frisby: Fragments of Modernity. Theories of Modernity in the Work of Simmel, Kracauer and Benjamin. Polity Press, Cambridge 1985

9. George, V., *Wealth, Poverty and Starvation: A World Perspective*, New York: St. Martin's Press, 1988.

10. Giovanni Sartori, Parties and Party Systems: A Framework for Analysis, Colchester: ECPR Press, 2005.

11. Katz, R. S. and Mair, P., "Changing Models of Party Organization and Party Dmocracy: The Emergence of the Cartel Party", *Party Politics*, Vol. 1, No. 1, January 1995.

12. Roberta Thompson Manning, *The Crisis of the Old Order in Russia: Gentry and Government*, Princeton: Princeton University Press, 1982.

四、网站网址

俄罗斯总统官网 http：//www. kremlin. ru/

俄罗斯政府官网 http：//government. ru/

俄罗斯国家杜马官网 http：//duma. gov. ru/

俄罗斯联邦委员会官网 http：//council. gov. ru/

俄罗斯司法部官网 https://minjust.ru/
俄罗斯中央选举委员会官网 http://www.cikrf.ru/
"统一俄罗斯"党官网 https://er.ru/
俄罗斯联邦共产党官网 https://er.ru/
俄罗斯自由民主党官网 https://ldpr.ru/
公正俄罗斯官网 http://www.spravedlivo.ru/

五、俄文主要参考期刊、文献

Власть　1991—2016

Полис　2007—2016

俄罗斯总统国情咨文（1994年2月以来）

《俄罗斯联邦宪法》1993年颁布

《俄罗斯联邦政党法》2001年颁布

附　录

附录1　第一—第七届俄罗斯国家杜马选举结果

1993年12月12日俄罗斯第一届国家杜马选举结果

选举排名	选举团体名称	获得杜马选票百分比
1	俄罗斯自由民主党	22.92
2	俄罗斯选择	15.51
3	俄罗斯联邦共产党	12.40
4	俄罗斯妇女政治运动	8.13
5	俄罗斯农业党	7.99
6	"苹果"党	7.86
7	俄罗斯统一和谐党	6.73
8	俄罗斯民主党	5.52
9	俄罗斯民主改革运动	4.08
10	稳定、正义和发展公民联盟	1.93

1995年12月17日俄罗斯第二届国家杜马选举结果

选举排名	选举团体名称	获得杜马选票百分比
1	俄罗斯联邦共产党	22.30
2	俄罗斯自由民主党	11.80
3	我们的家园——俄罗斯	10.13
4	"苹果"党	6.89
5	俄罗斯妇女政治运动	4.61
6	共产党人—劳动俄罗斯—争取恢复苏联	4.53
7	俄罗斯公众大会	4.31
8	自治劳动党	3.98
9	俄罗斯民主联合——民主选择	3.86
10	俄罗斯农业党	3.78

1999年12月19日俄罗斯第三届国家杜马选举结果

选举排名	选举团体名称	获得杜马选票百分比
1	俄罗斯联邦共产党	24.29
2	统一党	23.32
3	祖国—全俄罗斯	13.33
4	右翼力量联盟	8.52
5	俄罗斯自由民主党	5.98
6	"苹果"党	5.93
7	共产主义者——劳动俄罗斯党	2.22
8	俄罗斯妇女政治运动	2.04
9	退休者党	1.95
10	我们的家园——俄罗斯	1.19

2003年12月7日俄罗斯第四届国家杜马选举结果

选举排名	选举团体名称	获得杜马选票百分比
1	"统一俄罗斯"共产党	37.57
2	俄罗斯联邦共产党	12.61
3	俄罗斯自由民主党	11.45
4	"祖国"联盟	9.02
5	"苹果"党	4.30
6	右翼力量联盟	3.97
7	俄罗斯农业党	3.64
8	俄罗斯退休者党和社会正义者党联盟	3.09
9	俄罗斯复兴党和生活党联盟	1.88
10	人民党	1.18

2007年12月2日俄罗斯第五届国家杜马选举结果

选举排名	选举团体名称	获得杜马选票百分比
1	"统一俄罗斯"共产党	64.30
2	俄罗斯联邦共产党	11.57
3	俄罗斯自由民主党	8.14
4	公正俄罗斯党	7.74
5	俄罗斯农业党	2.30
6	"苹果"党	1.59
7	公民力量党	1.05
8	右翼力量联盟	0.96
9	俄罗斯爱国者党	0.89

2011 年 12 月 4 日俄罗斯第六届国家杜马选举结果

选举排名	选举团体名称	获得杜马选票百分比
1	"统一俄罗斯"共产党	49.32
2	俄罗斯联邦共产党	19.19
3	俄罗斯自由民主党	13.24
4	公正俄罗斯党	11.67
5	"苹果"党	3.43
6	右翼事业党	0.97
7	俄罗斯爱国者党	0.60

2016 年 9 月 18 日俄罗斯第七届国家杜马选举结果

选举排名	选举团体名称	获得杜马选票百分比
1	"统一俄罗斯"共产党	54.20
2	俄罗斯联邦共产党	13.34
3	俄罗斯自由民主党	13.14
4	公正俄罗斯党	6.22
5	俄罗斯共产主义者党	2.27
6	"苹果"党	1.99
7	俄罗斯支持正义退休者党	1.73
8	祖国党	1.51
9	增长党	1.29
10	绿色环境党	0.76

附录2　俄罗斯司法部登记政党名录
（时间截至2019年5月15日）

1. 全俄政党"统一俄罗斯"党
2. 政党"俄罗斯联邦共产党"
3. 政党 ЛДПР—俄罗斯自由民主党
4. 政党"俄罗斯爱国者"党
5. 政党"俄罗斯联合民主党""苹果党"
6. 政党公正俄罗斯党
7. 全俄政党"增长党"
8. 政党"人民自由党"
9. 政党"俄罗斯民主党"
10. 全俄政党"支持俄罗斯妇女人民党"
11. 政党"绿色联盟"党
12. 政党"城市居民联盟"党
13. 全俄政党"俄罗斯人民党"
14. 政党"进步党"
15. 全俄政党"俄罗斯社会民主党"
16. 政党社会正义共产党
17. 全俄政党"俄罗斯养老金领取者党"
18. 政党"俄罗斯城市"党
19. 全俄政党"自由城市居住着党"
20. 政党"俄罗斯生态党绿党"
21. 政党俄罗斯共产主义者共产党
22. 全俄政党"俄罗斯农业党"
23. 社会团体—政党"俄罗斯全民联盟"党

24. 全俄政党支持正义者党
25. 政党"社会保护"党
26. 全俄政党"公民力量"党
27. 政党"俄罗斯支持社会正义养老金"党
28. 全俄政党"人民联盟"
29. 政党"君主党"
30. 政党"公民纲领"党
31. 全俄政党"诚实"（人、正义、责任）
32. 政党"俄罗斯劳动党"
33. 政党"反对一切"
34. 政党"俄罗斯社会党"
35. 政党"俄罗斯老战士党"
36. 政党"俄罗斯劳动联合阵线"
37. 俄罗斯政党"商业党"
38. 全俄政党"祖国"党
39. 全俄政党"劳动联盟"
40. 全俄政党"女性对话"党
41. 全俄政党"乡村复兴党"
42. 全俄政党"祖国捍卫者"党
43. 政党"俄罗斯联邦哥萨克党"
44. 全俄政党"俄罗斯发展"党
45. 政党"俄罗斯民主权利"党
46. 全俄政党"伟大祖国"党
47. 全俄政党"俄罗斯园丁党"
48. 全俄政党"公民倡议"党
49. 政党"俄罗斯复兴党"
50. 政党"民族方针"党
51. 全俄政党"人民反对腐败"党

52. 政党"故乡党"
53. 全俄政党"俄罗斯国际党"
54. 政党"社会改革党—自然资源对人民的利益"
55. 政党"俄罗斯劳动能力受限制者联合党"
56. 政党"善行,保护儿童,妇女,自由、自然和退休人员,防止对动物的暴力行为"党
57. 社会团体政党"俄罗斯农业复兴"党
58. 政党"俄罗斯的替代方案(社会主义选择党)"
59. 社会团体政党"未来父母党"
60. 政党"俄罗斯小企业党"
61. 政党"俄罗斯人民爱国党—人民的权力"党